2014年度山西经济社会发展重大课题

2016年度山西省哲学社会科学规划课题

顾　　　问：申纪兰

编委会主任：李中元

编委会成员：（以姓氏笔画为序）

马志超　王根考　孙丽萍　刘晓丽　杨茂林

宋建平　张章存　赵双胜　高春平　郭雪岗

主　　　编：李中元　杨茂林

执 行 主 编：刘晓丽

副　主　编：马志超

课题组成员：（以姓氏笔画为序）

王勇红　刘晓丽　张文广　张侃侃　李　冰　陕劲松

柏　婷　赵俊明　郭永琴　秦　艳　董永刚

西沟口述史及档案史料

（1938—2014）

李中元　杨茂林　主编

刘晓丽　执行主编

口述史卷二

本卷编者

刘晓丽　赵俊明　郭永琴　张文广

人民出版社

出版说明

《西沟口述史及档案史料（1938—2014）》是2014年度山西经济社会发展重大课题，2016年度山西省哲学社会科学规划课题，是山西省社会科学院"西沟系列研究"课题组历时3年的研究成果，从2013年3月至2014年6月，课题组核心团队经过了艰苦的田野调查、深度访谈与原始档案的拍摄及扫描，拿到了大量的极其宝贵的第一手资料，这些资料全面深刻地反映了山西省平顺县西沟村，怎样从太行山深处的一个偏僻小山村，凤凰涅槃般地成为互助合作化时期的中国名村、成为全国农业金星奖章获得者所在地、第一届至第十二届全国人大代表诞生地的历史图景；到2015年3月，经过课题组全体成员艰苦紧张的专业性努力，这些原始资料成为在乡村社会史、当代中国史、口述史学、妇女史学等研究领域具有很大价值的学术成果。再经过一年多的修改打磨，2016年7月，全套书籍正式交由人民出版社，又经过一年多的出版方与作者双方的多次沟通、协商、精细化打磨，现在，这项研究成果终于要与读者见面了！其间艰辛自不必说！

《西沟口述史及档案史料》涵盖两大内容：一是西沟村民群体性口述史成果，二是从1938年至2014年间西沟村完整原始档案的整理与发掘，它们与本课题另一重要成果——反映西沟专题人物的口述史著作《口述申纪兰》相互印证，在西沟这个小小山村范围内，集专题人物、村民群体、原始档案整理于一体，在相关学术领域内的意义是有目共睹的。

"西沟系列研究"课题是立体性学术研究成果，首先，它突破了书斋式研究范式，课题组成员走向田野，走进被研究者生活之中，走进鲜活的社会现实，将平生所学运用于广泛深刻的中国农村变迁。这种科研体验是全新的，有生命力的，课题组的每一位成员，都在这种科研体验中得到了成长；其次，"西沟系列研究"课题从开题到正式出版，得到了方方面面人士的关注，除课题组成员付出大量的艰辛的劳动之外，从申纪兰以下，本套书中出现的每一位工作人员，都从不同方面为它的成功出版作出了努力。

整套书除已经明确署名部分外，其他分工如下：西沟口述史部分，第一章、第五章、第七章由赵俊明编撰，第二章由刘晓丽编撰，第三章、第四章、第六章由郭永琴编撰，第八章、第九章、第十章由张文广编撰。整套书由刘晓丽最后统稿。

本套书不足之处：口述访谈部分过于碎片化、一些提问缺乏深度，显示访谈者前期功课不足；档案史料部分，注重了史料的内容，忽视了拍摄清晰度，由于重新拍摄难度太大，只能对清晰度加以调整。这两个不足，既有主观原因，也有客观原因，不能不说是一大遗憾。

编　者

2017 年 7 月 29 日

凡例一

一、《西沟口述史》为《西沟口述史及档案史料（1938—2014）》的子课题，共分两卷。上卷记述了西沟在全国率先成立互助组、争取男女同工同酬、治山绿化、大力发展集体经济的历史，下卷记述了西沟党组织、改革开放后西沟推行"双层经营"的联产承包责任制、发展村办企业的历史。

二、《西沟口述史》访谈对象以西沟村现住村民为主，课题组共访谈西沟村民150余人。此外，还对走出西沟出任各级干部的原西沟人进行了访谈，并对在西沟有着工作、下乡、学习、采访经历的各级干部、专家、学者进行了访谈。2014年11月，课题组对大寨村部分干部和村民进行了访谈。在采访西沟现住村民的同时，课题组对与西沟相邻的村镇如川底村、龙镇的部分村民进行了访谈。

三、访谈时间涵盖从1938年西沟建党到2014年6月共76年的历史阶段。

四、访谈内容涵盖西沟的政治、经济、文化、教育、生活、社会保障、人口与计划生育、乡风民俗等方方面面。

五、全书分为十个部分，每部分之前，有对本部分内容的深度论述，既弥补了口述史叙述过程中松散化、碎片化的不足，也是编撰者对本部分内容从中国当代史、合作化史、口述史、村史高度对历史进程中若干问题的基本认识和归纳总结。对于每部分内容中需要较详细解释的历史事件和涉及到的人物，编撰者会在文后注释中详解。

六、由于《西沟口述史及档案史料（1938—2014）》的另一子课题《西沟档案史料》涵盖西沟大量原始档案资料，故为《口述西沟史》提供了大量相关档案原件，使本书成为集口述史料和档案史料相结合的史学著作。

七、行文过程中，遵循口述史的基本叙事方法和通用研究规则，最大限度地保留了口述人讲述的语气和风格。但为了保证上下文的语气连贯，或者纠正一些明显的错误，或为了对地方方言加以解释，编撰者会适当进行文字修补，为增补的文字加（）、［］标出，以示区别。（）种的文字为连贯性文字、［］中的文字为解释性文字。

八、为了照顾访谈文字的完整性和可读性，编撰者所选文字有时与本章节主题不符，但与口述者当时的思绪是连贯的，故予以保留。

九、作为口述史著作，本书遵循传承历史、传承文化的宗旨，对于口述内容中猎奇性的、孤证性的、易引起西沟人歧义的叙述，一概不录。

十、文中数字用法。在编者的论述性文字中严格遵循国家关于出版物数字的用法规定，但是由于口述史研究的特殊性，数字的用法也有其特殊性。如讲述者叙述的年份"56 年""78 年"等，前边一般不加"19"，而叙述者讲到"19"时，原则上予以保留。

十一、为使读者更准确理解原文，正文后附有西沟方言简注。

总　序

一

　　人类文明的演进经历了原始文明、农业文明和工业文明三个阶段。在历时上百万年原始文明阶段，人们聚族而居，食物完全依靠大自然赐予，必须依赖集体的力量才能生存，采集和渔猎是主要的生产活动。大约距今一万年前，人类由原始文明进入到农业文明，通过创造适当的条件，使自己所需要的物种得到生长和繁衍，不再依赖自然界提供的现成食物，农耕和畜牧成为主要的生产活动。在这一阶段，以畜牧为生的草原游牧民族逐水草而居，经常性地迁徙流动，居无定所；以农耕为生的农耕民族通过开荒种地，居住地逐步固定下来，在此基础上形成了农耕文明的重要载体——村庄。纵观历史，不论是社会生产关系的变革还是国家方针政策的调整，作为地缘和血缘关系组成的共同体，村庄始终能够保持一种较为稳定的结构。

　　放眼中华文明发展的历史长河，农业文明时代经历的时间漫长，在中华民族的形成和发展过程中具有不可替代的作用。中华民族创造了灿烂辉煌的农耕文明。历经几千年的发展，农耕文明成为中华民族的珍贵文化遗产之一，是中华文明的直接源泉和重要组成部分。农耕时代，特别是原始农耕时代，由于生产工具简陋，单个的人难以耕种土地，需要多人合作，甚至是整个部落一起耕种，由此产生了人与人之间的合作共存。可以说农耕时代是人和人关系最为密切的时代，也是人和自然关系最为密切的时代。

　　随着社会生产力的发展，人类征服和改造自然的能力日趋提高，随着铁器、牛耕的运用，单个的农户逐渐成为农业生产的核心，村庄成为组织农业生产最基本单元，在农业生产和农耕文明发展过程中起了重要作用。作为族群集聚地的村庄同时也是中华传统文化形成和发生的主要载体。村庄的历史，可以看成是一个民族一个时代的历史缩影。与时代发展有着特殊紧密联系的村庄，它的历史可以说代表着那个时代的历史，蕴含着那个时代的缩影。

　　西沟，一个深藏于太行山深处的小山村，是数十万中国村庄中的一个典型代表。她是中国第一个互助组的诞生地，她曾被毛泽东称赞为边区农民的方向，她是全国第一批爱国丰产金星奖章获得者。在相当长的一段时间里，她是共和国版图上唯一被标出名字的行政村。

清代理学家李渔在《闲情偶寄》中说过"辟草昧而致文明",意即"文明"与"野蛮"是相对的,越是文明的社会,社会的进步程度就越高。马克思认为:"文明是改造世界实践活动的成果,他包括物质和精神两个方面"。西沟人用自己的实践,不仅创造出了丰富的物质财富,创造出了更为丰富的精神财富。由于西沟的典型性和特殊性,村庄中留存有丰富的历史文化信息,保存下了大量的珍贵的档案史料。这些都极具价值,因而引起了我们的关注。

二

西沟是一个什么样的村庄呢?

明代以前的西沟,人烟稀少,还没有形成真正意义上的村落。明代洪武至永乐年间的大移民后,当地人口逐渐增多,村落渐趋形成。清代咸同年间以后,河南省林县(今林州市)的大量移民迁居当地,李顺达便是其中之一,今日西沟的村庄基本形成。在这几百年的历史进程中,西沟和当地的众多村庄一样,始终默默无闻。历史更迭白云苍狗、风云际会,从上世纪三十年代末开始,西沟这个小山村与中国960万平方公里国土上发生的许多重大事件开始产生千丝万缕的联系。伴随着中国革命、建设和改革的历程,这里出了两位在共和国历史上有着相当影响的人物李顺达和申纪兰,西沟的历史也由于这两位人物的出现而发生了翻天覆地的变化。

山连山,沟套沟,山是光头山,沟是乱石沟,冬季雪花卷风沙,夏天洪水如猛兽。这就是民谣中所唱的过去的西沟。这样一个自然条件非常恶劣的穷地方,由于一个人物的出现而发生了根本改变。李顺达朴实、憨厚、善良,是中国农民的典型代表,在他的带领下,西沟的历史掀开了崭新的一页。在抗日战争最艰苦的岁月里,李顺达响应太行区边区政府"组织起来,自救生产"的号召,组织贫苦农民成立了全国第一个互助生产组织——李顺达互助组,组织群众开荒种地,度过饥荒。互助组通过组织起来发展生产,通过合作生产度过困难,在发展生产、支援前线的斗争中做出了突出的成绩,李顺达因此被评为民兵战斗英雄、生产劳动模范,西沟被评为劳武结合模范村。1944年,李顺达出席太行区召开的群英会,被评为一等劳动模范,晋冀鲁豫边区政府授予李顺达"边区农民的方向"的光荣称号,西沟成为中国农民发展的方向。

新中国成立后社会主义建设初期,西沟李顺达互助组向全国农民发出了爱国增产竞赛倡议,得到全国农民的热烈响应,极大地带动了全国农业生产的发展。1952年,中央人民政府农业部给李顺达颁发了爱国丰产金星奖状,他的模范事迹开始在国内外广为传播。1951年到1955年4年间,西沟农业生产合作社农林牧生产和山区建设都取得了显著成就。合作社的公共积累由 120 元增加到 11000 多元。1955 年，社员每人平均收入粮食 884 斤，比抗日以前增加 77%，比建社之前增加 25.1%。这一成就得到了毛泽东主席的充分肯定。合作社副社长申纪兰动员妇女下田参加集体生产劳动，并带领西沟妇女争得了男女同工同酬。《劳动就是解放，斗争才有地位——李顺达农林牧生产合作社妇女争取男女同工同酬的经过》通讯 1953 年 1 月 25 日在《人民日报》发表后，在全国引起轰动，申纪兰由此名扬天下。1950 年和 1953 年，李顺达和申纪兰先后成为全国劳动模范；1954 年，李顺达、申纪兰当选第一届全国人民代表大会代表，两人双双出席了第一届一直到第四届全国人代会；李顺达于 1969 年和 1973 年分别当选为中共九届、十届中央委员。在 20 世纪 50 年代至 60 年代，西沟村成为共和国版图上唯一被标名的行政村。这期间，西沟的社会经济有了长足的发展。1971 年，全村总收入达到 33.64 万元，粮食亩产 533 公斤，总产量达 73.9 万公斤，交售国家公粮 15 万公斤。为了改变恶劣的生态环境，在李顺达和申纪兰的带领下，西沟人开始大面积植树造林，70 年代末，有林面积达 10000 余亩，零星植树 100 多万株，恶劣的生态环境逐步趋好。西沟成为那个时期太行山区农村建设中的一刻璀璨明珠。

党的十一届三中全会以来，农村发生了举世瞩目的变化，在这场伟大变革中，农村始终处于最活跃的状态。改革开放使得村庄这个社会经济细胞更具活力，成为家庭经营为基础、统分结合为特征的双层经营体制的主要载体，在农村经济中发挥着日益显著的作用。西沟在全国人大代表申纪兰为核心的领导班子带领下，把工作重点转移到调整产业结构、发展市场经济上来。村集体先后兴办了铁合金厂、饮料公司、"西沟人家"及房地产开发公司等企业，西沟初步形成了建筑建材、冶炼化工、农副产品加工等外向型企业为主的新格局。2008 年，西沟经济总收入达到 1.5 亿元，实现利税 1000 万元，农民人均纯收入达到 4000 余元，是平顺县农民人均纯收入最高的村庄。此后，为了开展爱国主义教育和生态环境旅游，建设了金星森林公园，修复扩建了西沟展览馆，修建了金星纪念碑和互助组纪念雕塑。在改善生态方面，继续不断地植树造林，现今已有成林 15000 多亩，幼林 10000 多亩。光头山都变得郁郁葱葱，乱石沟到处都生机勃勃。

如今的西沟，已经由过去的农业典型变为绿色园林生态村、老有所养的保障村、西沟精神的红色村、平安敦厚的和谐村。西沟是一个缩影，它浓缩了新中国成立以来中国农村的发展和变迁，承载了中国几亿农民几代人追求富裕生活的梦想。今天，在西沟这种梦想正在一步步变为现实。

随着人类社会的发展，一个个自然村落的消失，从某种意义上讲，可以说是时代的必然，但从另一个方面而言，消失的又是一种传统和记忆。我们就是要传递和记载西沟这样一个村庄的变迁，把这种消失变为历史的存照，把传统和记忆原原本本地留给后人，原汁原味地展示在世人面前。代代相传的不仅是生活，更重要的是精神。建设一个新西沟，让村民一起过上幸福舒心的生活，是西沟人世世代代追求的梦想。望得见山水，记得住乡愁；梦想不能断，精神不能忘。

三

为了能够将西沟这样一个记录中国乡村几十年变迁的村庄的历史真实而详尽地展示给读者，研究选择通过口述史的方式来进行。以山西省社科院历史所研究人员为主体的研究团队，先后编撰出版了《山西抗战口述史》和《口述大寨史——150位大寨人说大寨》两部口述史著作，得到了学术界乃至全社会的认可，在口述史研究方面有着丰富的经验。让西沟人说话，让老百姓讲述，他们是西沟历史的创造者和见证人。通过他们的集体记忆，以老百姓原汁原味的口述来最大限度地还原真实的历史。课题组进行口述访谈的过程中，发现了西沟建国后至今的各种档案资料保存极为完整，为了弥补口述历史的不足，课题组从西沟现存的档案资料中选取价值较高的部分将其整理出版。经过课题组成员三年多的辛勤工作，《西沟口述史及档案史料（1938－2014）》（十卷本）终于完成了。

希望这套书能够真实、立体、全面地展现西沟的历史，并且希望通过课题组成员的辛勤工作，通过书中的访谈对话，通过对过去时代的人物、事件的生动、详细的描述，并且对照留存下来的档案资料，展现出西沟这个中国村庄几十年的历史变迁。同时力求能够为学界提供一批新的研究资料，为合作化时代的农村研究贡献一份力量，也为今天的新农村建设提供更多有益的借鉴。

由于课题参与者专业与学识积累的不同，编撰过程中遗漏、讹传甚至谬误之处，肯定难免，虽然竭尽全力去查实考证，去粗取精、去伪存真的任务很难全部完成。衷心希望社会各界众多有识之士提出宝贵的批评意见。

本套书出版之际，特别感谢西沟村民委员会、西沟展览馆，是他们为访谈活动、收集资料提供了诸多便利条件；感谢所有接受过课题组访谈的人们，正是他们的积极配合和热情支持，才使课题研究能够顺利完成；同时，也要特别感谢接受过课题组访谈的专家学者、作家记者以及曾经担任过领导职务的老同志们的热情支持。可以说，这套书是他们与课题组集体合作的结晶。

是为序。

山西省社会科学院院长、党组书记、研究员

李中元

2017 年 7 月 11 日

序一

一

口述史的起源有西方说和东方说及东西方同时说几种，古希腊的《荷马史诗》和中国藏族的《格萨尔王传》及《诗经》等，被认为是最早的口述历史作品。口述史学真正进入学术殿堂，成为历史学的一门专业分支学科，则是在上个世纪四十年代，当时历史学者亚伦·芮文斯在美国哥伦比亚大学建立了第一座现代口述历史档案馆，用以记录、保存美国普通人生活中有价值有意义的私人回忆资料。他推动了对于福特汽车公司的口述历史访谈项目，开展了公司从最高管理层到普通员工的大量访谈，积累了26000多页的访谈资料，成为该公司最为宝贵的历史资源。此后，哥伦比亚大学作为全球公认的口述史学重镇，推动口述历史在世界范围开展起来。

20世纪90年代开始，对现代史学革新运动有重要影响的年鉴学派第四代学者，注意到了包括人类历史学在内的人文社会科学的危机，对过去的研究方法提出了反思，在研究方法上注重多样化，在研究领域中尝试碎片化，具体领域有微观史、身体史、图像史、记忆史等。年鉴学派在上述领域的代表作有《蒙塔尤》《身体史》《交战中的图像》《记忆之场》等。年鉴学派的这种转向，就与发展中的口述史学建立了天然的联系。年鉴学派与口述史学结合，丰富了史学研究方法，拓宽了史学研究领域，而这一时期的中国史学，由于社会史研究的勃兴，开始了"自下而上"研究历史的史学范式，作为"人"的各个社会阶层尤其是普通百姓生活史，进入了史学家的研究视野。由于过往政治史、制度史、精英史学中普通人文本资料的缺失，或由于年代久远及战乱导致的档案资料缺失，能弥补这一缺失的口述史学开始进入中国史学研究殿堂。

经过二十多年的积累，当今中国口述史学研究领域已经涵盖人物个体口述史、特定行业口述史、特定群体口述史、特定地域口述史、特定文化口述史、特定品牌口述史等，以上领域近几年富有特色的口述史成果有《20世纪中国科学口述史》《"红旗"口述史》《周有光百岁口述》《传承七百多年的民间艺术：三灶鹤舞》等，其中群体口述史研究成果有《老北京人的口述历史》《穿过历史的尘烟：新疆军垦第一代口述史》《泊下的记忆：利物浦老上海海员口述史》《二十世纪妇女口述史》

《畲族妇女口述史》《二战掳日中国劳工口述史》《山西抗战口述史》《口述大寨史——150位大寨人说大寨》等。这些成果在口述访谈的具体操作方法、全书结构策划、口述访谈的深度和广度、口述资料与文本资料衔接度、项目组织者的专业背景及学术水平、团队的人员构成及整体专业水准、成果的学术性及理论性等方面，都有所不同。

《西沟口述史》正是在山西省社会科学院历史所2005年的口述史成果《山西抗战口述史》和2008年的口述史成果《口述大寨史——150位大寨人说大寨》的基础上，对开展村民群体口述史研究的进一步尝试。

二

西沟村原本是山西省平顺县境内一个偏僻的山村，由44个自然庄组成，后由李顺达早年居住的老西沟自然村而得名。据当地方志记载，明代洪武至永乐年间，开始有移民流落于此。清咸丰十一年（1861年）至同治十三年（1974年），河南林县（今河南林州市）人大量迁居平顺县各地。西沟村的李姓、周姓、崔姓、常姓、董姓均为那一时期迁徙而来。1929年，林县人继续迁移至此，老西沟自然村的大部分村民、西沟其他自然村除张姓及前述几个姓氏之外的村民，大多在此时落户西沟。到1949年，全西沟共有村民1148人。[①] 1943年李顺达成立西沟第一个互助组时，西沟境内的自然条件是：沟壑纵横，山梁交错，植被稀少，旱涝频仍，可耕地极少，大多为荒山荒坡，村民饮用水源缺乏，人们生活极度贫困。

西沟能从中国腹地太行山下的一个贫困偏僻的小山村，成为上世纪五十年代互助合作化时期的全国名村，走出两位全国人大代表、全国劳动模范，既有历史原因，有西沟的社会文化原因，也有西沟领头人自身的原因。

20世纪40年代初期，山西抗日根据地正经历着最为艰苦的时期，蝗旱涝灾害频繁，日军又开始了针对八路军和根据地的扫荡和封锁。各根据地开展了大生产运动，西沟村所在的晋冀鲁豫边区政府发出"组织起来""生产自救"的号召，1943年2月6日，李顺达联合五户贫苦农民，组织起边区第一个互助组，也是全国较早的互助组。到1944年，老西沟自然村20户人家中就有19户加入了互助组，到1947年，平顺全县共成立互助组427个。1944年底，晋冀鲁豫边区太行区首届杀敌英雄、劳动英雄大会及战绩、生产展览在黎城县南委泉村召开，李顺达被评为"生产互助一等英雄"；1946年12月，李顺达五年发家计划提前两年实现，太行区第二届群英会召开，李顺达又被评为"合作劳动一等英雄"；1948年底，李顺达被中共平顺县委、中共太行区委、中共太行行署授予"平顺人民的方向""革命时代，人民

---

① 张松斌　周建红主编《西沟村志》，中华书局2002年版，第31页。

英雄""翻身农民的道路"等荣誉称号。

至此，李顺达和他的互助组一路走来。1949 年新中国刚刚成立，11 月，他就作为全国首届农民代表团成员，受到了开国领袖的接见。1951 年，李顺达互助组向全国发起爱国增产竞赛倡议，得到中央人民政府农业部的肯定。1951 年 12 月，以李顺达互助组为依托的西沟初级农业生产合作社正式成立。1954 年，李顺达获得全国农业最高奖章——爱国丰产金星奖章。这一年，加入西沟农林牧生产合作社的农户达到 246 户，易名为西沟金星农林牧生产合作社。

李顺达互助组，与建国后我们国家急需由传统的农业国向工业化国家转变的历史步伐相适应，工业要发展，就需要凝聚全国力量，就需从农业调取资金，支援工业，而传统的一家一户的小农经济，不能适应这样一个历史要求，由此开启了全国性的互助合作化运动；对落后山区的农村和那里的村民来说，要对抗艰苦的自然条件，抵御严酷的自然灾害，要过上小康生活，单凭一家一户的单干力量也是达不到的目的的；对李顺达的个人素质来讲，敢于开拓，没有私心，思维超前，具备了承担这样一个历史重任的个人条件。村里人对他评价道：

> "他这个人就是爱穷（人），谁家穷，就帮谁。他本人也穷，他就是出了个主意，出了个头，威信就威信在这里。就是穷也不怕，就是让你（生）活开，该给你找个轻生活［活计］，能做甚做上个甚。建设这个新农村，盖排房，有劳力的，你能搬砖搬砖，能扛个大梁扛大梁，能扛个小梁就扛个小梁。扛大梁记上个十分，分一块也好，分五毛钱也好，你（都）能挣上。"①

1955 年，时任平顺县委书记的李琳与新华社驻西沟记者站记者马明合作的《勤俭办社，建设山区》，反映了西沟村成立金星农林牧生产合作社以来的变化，这篇文章收入毛泽东主编的《中国农村的社会主义高潮》一书。毛泽东在这篇文章的按语中写道：

> "这里说的是李顺达领导的金星农林牧生产合作社。这个合作社办了三年，变成了一个包括二百八十三户的大社。这个社所在的地方是那样一个太行山上的穷地方，由于大家的努力，三年功夫，已经开始变了面貌。劳动力的利用率，比抗日以前的个体劳动时期提高了百分之一百一十点六，比建社以前的互助组时期也提高了百分之七十四。合作社的公共积累已经由第一年的一百二十元，增加到一万一千多元。一九五五年，社员每人平均收粮食八百八十四斤，比抗战以前增加了百分之七十七，比建社以前增加了百分之二十五点一。这个社已

---

① 刘晓丽、赵俊明 2013 年 5 月 17 日对张朋考的访谈。

经做了一个五年计划，实行三年的结果，生产总值已经达到五年计划的百分之一百零点六。这个合作社的经验告诉我们，如果自然条件较差的地方能够大量增产，为什么自然条件较好的地方不能够更加大量地增产呢？"

就这样，李顺达带领着他的互助组，带领西沟人，开创了偏僻山村走向全国大舞台的历史，西沟人也成为我们这部《西沟口述史》的历史群像。

三

《西沟口述史》共分两卷，即《西沟口述史及档案史料（1938—2014）》的第一卷和第二卷。本书在口述史理论和实践上立足于两个基础：一是有《山西抗战口述史》和《口述大寨史——150位大寨人说大寨》的具体访谈实践，尤其是对于大寨村民的访谈，为本书提供了有益经验，《西沟口述史》在全书体例上也基本沿袭了《口述大寨史》的思路。大寨作为20世纪六七十年代闻名全国的政治名村，与四五十年代的互助合作化名村西沟有着很多相似之处，两个村带头人李顺达和陈永贵、村两委骨干曾经互访，互相向对方取经，两个村的普通村民都有着名村心态，眼界和看问题的视角要高于山西大多数村庄的村民，也有一比高下的积极心态。因此在具体访谈过程中，还要站在名村的视角上提出问题，挖掘被访谈者心中深层次的感悟。二是本书四位课题组成员中，有三位的童年和少年时代生活在山西农村，农村生活融入了他们的成长经历，经过大学本科研究生阶段的历史学专业训练，再回过头来，带着专业的视角，到自己熟悉的农村开展访谈，更容易与村民沟通、被村民接纳，提出的问题接地气，针对性强。根据村民不同文化水平、叙述方式、性格特点，能提出有价值的问题、找到每位被访谈者的"话匣子"也成为本书在《大寨口述史》基础上力求努力的方向。这两点成为《西沟口述史》顺利推进的有利条件。

对于以村民群体为主的访谈，《西沟口述史》在口述史的理论与实践上进行了以下尝试：

口述者在经历历史事件时所处的年龄。《西沟口述史》所涵盖的西沟历史阶段分为两个大的时期：互助组、合作化、高级社、人民公社时期为第一阶段，时间跨度为20世纪40年代初至上世纪七十年代末；家庭联产承包责任制之后为第二阶段，时间跨度为20世纪70年代末到2014年。这样一个时间跨度，对于传统历史学研究来说，时段并不算很长，文本资料保存也大部有迹可循。但对于个人口述记忆来讲，一个人在人生的不同阶段对同一件事的记忆点就会有所不同，历史事件发生时处于不同年龄段的人，今天口述时的记忆兴趣点也会有所不同。比如对西沟的农田水利基本建设，当时还是学生的村民，叙述点就是那些宏大的场面，全县劳力都来参加了，有干部、的当兵的，还有外地来支援的人，可以不去学校上课了，正面感受是主要的；当时已经是成年人并需要养家糊口的村民，叙述点是自己做的贡献大，但干活艰苦，连续苦干不能睡觉，不能回家，以平静的情绪为主；而在这种大规模集体劳务活动中不幸身体受伤的人，则会把自己受伤的情境详详细细地说了一遍又一遍，记忆深刻，情绪激动；当时正值壮年处于领导地位的人，则对事情的叙述有整体把握，对自己在其中的作用叙述较详细，对所说事情感情或感触较深。

口述者的身份及职业。实行家庭联产承包责任制之前，西沟村民的身份基本上是农民，在这之后，社会阶层流动性加快，西沟村民在具体从事职业上则分化为农民、村办企业职工、外出务工人员、村民兼灵活务工人员、国家干部等。因工作群体的相互影响及视野的变化，口述者的叙述角度也会有所变化。上世纪八十年代至今，西沟尝试用多种办法增加集体和村民收入，其中最主要村办企业就是生产核桃露的"纪兰饮料公司"和生产硅铁的"西沟硅铁厂"，这两个村办企业吸纳了大部分西沟青壮年男女村民，起到了增加集体和村民个人收入的作用。对这两个村办企业，处于不同地位的村民的看法就会不同。如纪兰饮料公司主要负责人，对企业的现状及发展有责任感、主动性强，在口述中能说出具体办法，比如扩大广告规模，增加销售渠道，与外界加强联系，增加贷款规模，更新设备等，对困难也有更深入的了解。中层管理者大多在公司工作时间较长，对公司有一定的感情，在口述中表现出主人翁荣誉感，也觉得能为公司的的发展出一份力；一般员工在口述中则更多地将企业发展与自己的工资、业绩挂钩，对企业的季节性停产更多是被动地等待，觉得自己也无能为力，但希望公司一直发展，希望自己的工资收入保持现状甚或增加。对西沟硅铁厂来说，申纪兰和最初创业者对这个厂倾注了极大的心血，抱有深厚的感情，他们在口述中对当初建厂的细节叙述得非常清晰，没有因年龄或时间原因而淡忘，而且随后加入建厂的几位口述者叙述的事实大体一致，显示出这确实是一次西沟上下共同努力、集体创业的艰苦历程。对硅铁厂的普通员工来说，在口述中也认为硅铁厂地位要高于饮料公司，因为硅铁厂不像饮料公司，生产和销售不受季节限制，且硅铁厂的员工以男性村民为主，工资收入也比饮料公司多，西沟人从心理上也觉得硅铁厂更重要一些。2013 年，硅铁厂因生态环境问题而关停，西沟人普遍觉得很可惜，但在口述中又对国家相关政策持理解态度，认为为了西沟生态环境，关停造成污染的硅铁厂是应该的。同时，普通村民口述中还有一点，就是认为西沟是先进村、名村，互助合作化时期就很好地贯彻了国家方针政策，在当前注重生态环境的大背景下，更应该保持先进村的传统，硅铁厂放在其他普通村庄，为了经济效益可以暂缓关闭，但是在西沟就一定要执行国家政策，这也是关停硅铁厂得到西沟上上下下理解的原因。

口述者文化水平的差异。西沟作为历史名村，合作化时期在李顺达领导下，中小学教育取得很大成就，公社化时期还创办了金星大学。目前西沟村两委委员中，学历最高者还属文革前的西沟老高中毕业生，中青年委员则以初中生为多。老高中生代表了当年西沟思维活、观念新、实践快的一批人，他们在联产承包责任制实行初期，在西沟实行林业集体经营、责任田个人耕种的"双层经营"政策下，率先承包西沟的果树、核桃树等经济林，取得了较好的经济效益，在口述这段历史时，大多讲述客观、低调、不事张扬，讲自己的事，也扩展到同村同类人员的事，他们叙述、归纳能力强，与访谈者互动很好，在讲述事情的同时就对那段历史进行了自己的总结，讲述有主题、成篇章。而同年龄段学历较低的人，就需要访谈者更多的提问和引导，且口述内容碎片化，时间上缺乏连贯性。

口述者性格特点。口述者的性格特点在口述访谈中是很关键的因素，对初次访谈者，性格外向的村民能在聊天中自然被引导进入主题，与访谈者互动频繁，便于话题深入，反之，则需要进行几次接触、深入引导，才能得到有价值的访谈资料。性格特点除了关乎天性外，与上述文化程度有一定的关系。受教育程度决定了一个人的见识和在村里的发展，也决定了自身的视野。对于外界的来访者，受教育程度较高的村民比较愿意展开对话，他们也想借此了解外面的世界。如对于上世纪五十年代的栽种苹果树、六七十年代的治滩修堤，性格外向者能口述出很多细节，包括怎么发种子，怎么挖坑，怎么栽种，李顺达又是怎么严格检查，对偷懒者怎么发回重新撒种，"李顺达那厉害！"苹果树怎样从几颗变成满山遍野的过程。申纪兰就是这方面的代表，她的叙述就是有声有色，娓娓道来。对于性格内向者来说，很大的场面可能几句话就说完了。

口述者在村里的地位。这里包括普通村民、村委委员、走出去成为国家干部的西沟人、退休后回到西沟的乡镇干部，西沟的"老干部"，就是在村主要领导岗位退下来的人、从外面企业退休后回到西沟养老的人，还有在村民中德高望重的人。如担任乡镇干部后退休回到村里的人，村里人眼里他们是"公家人"，尤其是退休待遇高，在村里地位也高，他们自己感觉也比较好，家里儿女盖房等事情安排得比较顺心，"孩子的房子给他盖好了，他们住在新房里"，也觉得对得起儿女，享受退休生活较轻松，他们更有精力和心情关心西沟的事情，在口述中能从西沟过去的辉煌中总结今后该怎么做；从西沟走出去在市里面担任干部、退休后没有回到西沟的人，对西沟的叙述就带有回顾性和总结性，更注重西沟过去的经验教训和未来的发展，他们自身的感觉也是比较好；现在担任村主要领导的人，口述中就对西沟的发展、自己担任领导职务以来西沟的变化、西沟未来的展望很明晰，叙述条理，口吻自信稳健，与访谈者互动良好；在联产承包责制初期担任西沟主要领导的人，梳理了自己在位时工作的得失，同样是细节清晰，并对西沟的现状提出了自己的思考，给出了西沟未来发展的具体办法。这些口述资料的质量都非常高，他们可以说是西沟的精英，在西沟的地位较高，做的事情也比较重要。

口述者的性别。性别对口述内容的影响，体现在口述话题和口述内容的深度上。对女性村民，最好访谈者也是女性，这样可以拉近彼此感情距离，便于对口述者加以引导。同样在访谈者引导下，性格内向的女性村民关注面较窄，就是说说家里子女情况、经济状况、未来打算等，对村里事务大多不关心，也说不出什么，唯一感兴趣的就是子女的教育，说说村里的中小学学校，说说当前村里教育教师的萎缩；对性格外向的女性村民，通过拉家常找到她们感兴趣的话题，他们的"话匣子"打开后，就会滔滔不绝地开讲，叙述极其详细，充满感情，有生动的细节，外加肢体语言。如女性村民说到当年为李顺达家做饭，说到在村里幼儿园工作，说到养育孩子的艰辛，顺带数落一下老伴，"孩子都是我带的！"有声有色。还有女性村民说到自己在集体化时期参加劳动中负伤，很详细地说到申纪兰怎样帮她疗伤，说到对自己以后生活的影响，但这类女性在口述过程中没有表现出悲观情绪，更多地是一种语言的宣泄和情绪的梳理，农家生活和劳动场景通过她们的口述表现得淋漓尽致。对于公社化时期的公共食堂，女性村民的回忆就带着性别色彩，说全家到公共食堂吃饭，"就不用回家做饭啦！"这是最有意思的地方，这与男村民对公共食堂的回忆不同，男村民的记忆点集中在吃不饱饭上，对能减轻家务劳动没有切身体会。

村民的集体记忆。主要集中在对李顺达的怀念和评价，对集体经济时代的追忆。对李顺达的怀念在村里的中老年人群体中是普遍存在的，在青年人中，李顺达的口碑也很好。在口述中，村民说到李顺达当初怎样来的西沟，说到李顺达的母亲郭玉芝，说到李顺达对工作的严格要求，说到有村民在集体果树林里摘了一个苹果，被李顺达批评，说到李顺达帮助有困难的人。大家的共同感受是，李顺达思维超前，具有开拓精神，脑子活，肯吃苦，又没有私心，是个难得的好带头人。西沟人认为，西沟过去的辉煌是有了李顺达，李顺达如果活在今天，西沟的发展一定比现在要好。对老一辈西沟人来讲，记忆中的集体化时期，西沟村委会凝聚力强，党组织有力量，干部作风好，带头人以身作则，能服众，每天很"有劲！"但是集体劳动强度确实很大，生活艰苦。对今天的生活，老一辈西沟人觉得"国家有医保，村里70岁以上老年人有福利，过年过节还发面，村里还免费安装有限电视"，对今天的生活满意度高。

"隐形"口述者。因为在村里境遇不同，或自身诉求没有得到满足，或对村里发展现状不满意，有部分村民要求在不具名的条件下，谈了自己的看法，也有很多切实的建议。如对村里为了保持绿化而禁止在山上放羊不满意，"山上绿化已经过了这么多年，不应该禁止放羊"。对村干部工作不满意，"村干部为自己想得多，西沟的发展与名村的要求太远"。对自身成绩的展示，"我自己干自己的，每年养多少只羊，我有我的办法。"只要诚心提出问题，这些口述者还是愿意对西沟以外的人说出自己的心里话。

随着口述史研究成果的不断增多，口述史理论也在不断丰富着，我们希望，《西沟口述史》作为村民群体口述史的又一次实践，能为中国口述史学的建设贡献一份力量。

刘晓丽

2017 年 2 月 23 日

目　　录

口述史卷二

六、太行山下西沟山村 …………………………………………………… 1

　　(一)村容村貌 ……………………………………………………… 9

　　(二)衣食住行 ……………………………………………………… 21

　　(三)婚丧嫁娶 ……………………………………………………… 37

　　(四)乡风民俗 ……………………………………………………… 52

　　(五)福利待遇 ……………………………………………………… 60

　　(六)计划生育 ……………………………………………………… 68

　　(七)医疗卫生 ……………………………………………………… 79

七、土地下放艰难转折 …………………………………………………… 91

　　(一)土地下放晚于邻村 …………………………………………… 94

　　(二)包产到户后的土地经营 ……………………………………… 97

　　(三)果树承包富了能人 …………………………………………… 106

　　(四)核桃树的大发展 ……………………………………………… 117

　　(五)经济作物中药材 ……………………………………………… 124

　　(六)养羊养猪村民再探索 ………………………………………… 129

　　(七)弄潮市场西沟人 ……………………………………………… 149

八、立足时代村办企业 …………………………………………………… 169

　　(一)磁钢厂、造纸厂等企业的探索 ……………………………… 171

　　(二)铁合金厂的辉煌与关停 ……………………………………… 175

　　(三)货真价实的西沟核桃露 ……………………………………… 185

　　(四)西沟矿业公司 ………………………………………………… 202

　　(五)绿色农业蔬菜大棚 …………………………………………… 205

　　(六)潞绣作坊 ……………………………………………………… 207

九、党政组织薪火相传 ·· 214

  （一）培养了几代人的西沟党支部 ····················· 219

  （二）村级民主政治建设 ································· 233

  （三）民兵与共青团组织 ································· 253

  （四）西沟的干部作风 ··································· 266

十、何去何从西沟未来 ·· 278

  （一）留住历史的西沟展览馆 ························· 281

  （二）面向未来的教育理念 ··························· 296

  （三）西沟人看西沟未来 ····························· 316

  （四）外界对西沟的设想——理性小康绿色西沟 ····· 346

西沟方言简注 ·· 349

六、太行山下西沟山村

【深度论述】

"一进石门门两扇，光荣伟绩在眼前。白墙红瓦将军楼，整整齐齐排路边。硅厂轰轰冒白烟，电石长流拉不完。过去想都不敢想，轰轰烈烈盖市场。走到前面往前看，纪兰饮料在眼前。核桃饮料和豆浆，光荣事迹全国传。走到前面把头低，不免进到旅游区。千姿万变花样多，高空设计上石梯。麒麟塔多伟观，坐北朝南保江山。九龙壁墙上挂，八仙过海神通大。金星峰岸上站，西沟发展在眼前。革命干部心连心，奉献一坡历史碑。站在金星往前看，对面就是展览馆。展览馆里把身挺，学习革命老传统。展览馆出来往前行，不要忘了鸳鸯亭。金星峰四向尖，中间五星直冲天。上边青松山连山，下边铺了地板砖，往北看是梯田，往南看战斗水库望不到边，清清流水波浪翻。"①

这不仅是西沟村民常开苗的心声，而且完整地向人们展现了现在西沟的风貌，让人们感受到了西沟人质朴、憨厚、坚韧和勤劳的性格，更反映出其浓浓的红色情节。

最早的西沟自然环境恶劣，土地贫瘠，人们大都分散居住，俗称"住山庄"。现在的西沟就由44个自然庄合并而成，封闭和艰苦的生活环境造就了人们善良朴实、吃苦耐劳、坚强忍耐的个性，但是也滋长了人们一些诸如不爱卫生、对学习不够重视、生活作风懒散等不良的习惯。但是随着农耕文明向工业文明，甚至信息文明的转变，西沟人在生活方式和观念形态上也在发生着改变。

西沟村的形成史与共产党的领导密不可分，这也是形成西沟人深深的红色情结的根源所在。西沟的得名源于李顺达居住的村庄，现在叫老西沟，是分散的44个自然村庄之一。1943年，共产党员李顺达在老西沟组织李文才、路文全、王周则、宋

---

① 刘晓丽2013年5月24日对常开苗的访谈。

金山、桑三则成立了李顺达互助组，通过互助生产，实现了生产自救，顺利度过了春荒。其他人看到互助组开荒种菜，也纷纷要求参加。1944年，老西沟20户人家就有19户参加了互助组。李顺达互助组的成立和他以后取得的成绩都让人们看到了互助合作组的美好前景，同时李顺达在毛泽东同志发表《组织起来》的讲话之前就开展了互助合作，所取得的成绩也得到了党组织的充分认可，党组织开始将其向乡村领袖的模式进行塑造。

1944年10月25日，平顺县召开的劳动模范、杀敌英雄大会，李顺达等三人被评为"一等劳动英雄""支前模范"。10月30日，中共平顺县委作出决定，在全县开展宣传李顺达、学习李顺达、走李顺达道路的生产运动，使李顺达发家致富的经验在全县开花结果。1944年11月21日到12月7日，中共太行区首届杀敌英雄、劳动英雄及战绩、生产展览在黎城县南委泉村举行，李顺达被评为"生产互助一等劳动英雄"。1946年12月在太行区第二届群英会上，李顺达再次被评为"合作劳动一等英雄"。显然，李顺达已经成功地被中国共产党塑造成了一个农民领袖。而在接下来的时间里，随着解放战争的发展，越来越多的农民领袖涌现出来，他们除了"发挥着地方精英的传统功能，维护着村庄利益；另一方面最终成为中共政策的执行者和代言人"。① 这也意味着中国共产党在农村开展工作的基础已经夯实。

1948年11月3日，李顺达五年发家计划提前两年实现。中共平顺县委在李顺达家中召开了庆功会，中共太行区党委赠送了写有"平顺人民的方向"的锦旗，太行行署赠送了写着"革命时代，人民英雄"的锦旗。同年底，为了表彰李顺达互助组"英雄发家，全村致富"所取得的成绩，中共太行区委、太行行署授予写有"翻身农民的道路"的锦旗。这时李顺达互助组的发展模式已经不仅仅代表一个小村庄的发展模式了，而已经成为全国农民发展的共同模式。西沟站在了这个制高点上，西沟人成为共产党在农业战线上培养的重点对象。在这里走出了李顺达、申纪兰、张俊虎三位全国劳动模范。李顺达曾是全国人大代表、中国共产党全国代表大会代表，曾任山西省革命委员会副主任，山西省人大副主任等职。申纪兰是第一届到第十二届全国人大代表，曾任山西省妇联主任。就连西沟的共青团干部都曾多次出席过全国共青团代表大会和山西省的共青团代表大会。多名西沟的村干部在实践中成长起来，被提拔为县乡干部。凡是经历过那个火红的年代的人，提起当年，联系现在，无不对党的领导表现出深深的眷恋。西沟人的集体观念、集体情结都是在李顺达、申纪兰以及村里的共产党员干部的组织、领导下形成的。常开苗就说："一看到好像西沟的集体观念特别强，这个人呢，就是一个老百姓也是特别认真，特别负

<hr>

① 岳谦厚、张基辉：《中共重构下的晋西北乡村领袖——以"张初元模式"为个案研究》，《中共党史研究》2007年第6期。

责。西沟的人很忠实，干甚都是认认真真的，说干甚咱就干甚，做甚也是踏踏实实，反正是有一种吃苦耐劳，勇往直前的精神，干一行爱一行，不管干甚，都是很认真，很出力。在老申的带动下，妇女更是，跟她在一坨了，她挑一担，（我们）跟住也挑一担。"[1] 曾担任西沟村生产小队小队长的张秋财也说过："那会大队有事了，就老李和老申参加。外地客人来了，老李说一说，她就去地了。那会得实干哩。干部都得带头，实干，要不社员就不听。"[2] 因此，在红色情结下形成的集体主义造就了西沟人特别有凝聚力，特别有战斗力，他们整滩造地，修建水库和拦洪坝，植树造林，展现了与天斗、与地斗其乐无穷的壮志豪情。红色情怀为西沟人的血液中注入了团结一致、坚韧不拔，百折不挠的因子，奠定了他们较强的无神论思想，成为西沟人极大的精神财富。

随着时代的变迁，西沟人在党的领导下，不断地与时俱进，改造着自己的客观世界和主观世界。

西沟的整体面貌曾经发生了几次大的变化。20 世纪 60 年代，大寨异军突起，成为中国农业战线的旗帜，人们开始由学西沟，转而开始学大寨。在大寨腾空出世之前，西沟一直是中国农村发展的典范。西沟人深处封闭的大山，思想却不封闭。这是因为，西沟有见过世面的李顺达。早在 1963 年山西省召开农业生产先进单位的代表大会，李顺达就在会上第一次见到了陈永贵。会后，西沟便开始学大寨，扩大了修滩垫地的面积，整修低产田，大力发展养猪。但是李顺达觉得没有到大寨实地考察，还是不够。于是当年 6 月 14 日至 18 日，李顺达和申纪兰、郭玉恩、武侯梨等 7 人赴大寨参观学习。之后，西沟人又先后 6 次赴大寨学习取经。西沟的第一次新农村建设就是从大寨学回的经验。大寨最著名的建筑形式就是俗称"火车皮"的窑洞。这种窑洞修建于 1963 年到 1978 年之间，[3] 由集体组织修建，因此具有很强的规划性，不仅占地面积少，而且房屋分布比较集中，便于管理和相互照顾。此外，房子还比较结实耐用，在当地的口碑很好。这种新的住宅规划、修建模式在那时给人一种耳目一新的感觉。李顺达多次到大寨参观学习，肯定也多少次地在心中将西沟和大寨进行了对比，相比之下大寨最大的变化就在住宅的修建和改造上。西沟人都知道，李顺达最怕占地，这种模式肯定正中他的下怀。而西沟那些破旧的土坯房也让李顺达揪心，早在 50 年代，李顺达就向村民们承诺"共产主义是楼上楼下，电灯电话"。李顺达心里决定，西沟也要变个样。"后底（李顺达）去大寨看了，老李想把瓜地栈［今沙地栈——编者］变变。老李也在这，老申也在这。"但是"全

---

① 刘晓丽 2013 年 5 月 24 日对常开苗的访谈。
② 刘晓丽 2013 年 5 月 25 日对张秋财的访谈。
③ 孙丽萍主编、刘晓丽副主编：《口述大寨史——150 位大寨人说大寨》（下篇），南方日报出版社 2008 年版，第 34 页。

大队不同意，有分裂思想"。[1] 因为，西沟和大寨的地理条件不同，也没有经历大寨那种撼动人心的大洪水，加上"金窝、银窝，不如自己的草窝"的农民意识，遭到反对是必然的，何况搬新房还得作价呢。但是这没有动摇李顺达的信心，他先在沙地栈试点，结果一排排整齐的新房修成后，其他村庄的人也羡慕不已，纷纷要求在自己庄开展新农村建设。就这样在南赛也开始了新农村建设，可惜未见成效。改革开放以后，由于土地下放，集体财产变卖，西沟的集体经济再也无法恢复到以前集体化时期的繁荣，90 年代，村民一般是批了宅基地后自己修建住宅或者翻修旧宅。这一时期，集体主要是组织修建了李顺达纪念亭，将浊漳河的水引到西沟乡，参与修建平（顺）龙（镇）线和古（罗）石（窑滩）公路。两条公路的修成极大地改善了西沟的交通状况，但是吃水问题并没有完全改善。直到 2001 年 6 月，西沟自己请打井队打出了深井，村民可以随便挑水了，2010 年以后，西沟全部安装自来水，西沟缺水的时代一去不复返。

2000 年开始，西沟又进行了大面积的村容村貌改善，也被称为新农村建设。首先就是进行整村搬迁，将辉沟和东峪沟、老西沟的居民搬出来，形成两大块、三大片。然后又到长治的潞城、郊区参观考察，修建将军楼、二层楼等。现在的西沟村民的主体建筑除了李顺达新农村建设时期修建的窑洞，基本都是二层楼模式，将军楼在小区内俯拾皆是。同时，村两委还下大力气整修街道，建设爱国主义教育系列景点和休闲公园，西沟的村容村貌得到巨大变化，真是旧貌变了新颜。

村容村貌在改变，人们的日常生活也在变化。集体化时代的人们衣着单调，在思想深处也不去讲究，交通工具在当时主要是双脚，自行车之类就已经是奢侈品了。至于吃饭，玉米、小米是主食，能吃上玉米面、豆面、白面三合面的面条在当时就算很让人羡慕了。至于人口多，劳力少的人家，吃不饱还得买高价粮。改革开放以后，随着经济的发展，西沟人的衣着服饰开始与城市靠拢。女性也比较喜欢打扮自己，穿些时尚的衣服，烫染流行的发式，现代化的交通工具中，自行车先成为主流，但是现在这里的人比较钟爱摩托车，它既能满足人们对速度的要求，也能比较便捷地深入田间地头。许多人家还有了汽车，虽然低端车比较多见，但是也不乏 PAS-SAT 之类的好车。由于公路设施的便利，人们更愿意乘坐一小时一趟的班车出行。生活条件好了更多的是反映在住和食上。如前所述，20 世纪 70 年代之前，西沟主要居住的都是土坯窑洞，面积小，采光差，而且还居住分散。现在很少能见到土坯房，即使见到也是长期闲置，没人居住了。而在吃上，正如王根考所说的"现在农村生活基本不吃粗粮，你看种的玉米基本全部卖掉。（这里人的）生活习惯他就是

---

[1] 刘晓丽 2013 年 5 月 25 日对张秋财的访谈。

像家里的疙糁、疙瘩，吃个疙瘩相当于比大米、面都贵。"① 疙瘩是当地人用玉米面捏成饼子在面汤中煮熟，作为主食来食用。而现在，大米白面已经成为当地人日常主食，以前的特色主食疙瘩之类已经成为改换口味时的选择。不过当地人食肉很少，这可能是一个传统。由于菜吃得多，而且大部分是储藏时间比较久的蔬菜或腌制菜，因此，食用油的摄入量比较高，一般人家一年七八桶，多的还能达到十几桶。

与饮食习惯相关，高血压和癌症是西沟地区近些年的多发病。这些都得到了西沟卫生院医生的证实。相比其他村，西沟在医疗卫生条件上还是比较好的。这与集体化时期建设全能型村庄有关。西沟很早就建有卫生保健站。1968 年，西沟村卫生保健站改建为西沟村卫生所。同年，中国人民解放军 262 医院组成医疗队到西沟向群众送医送药，宣传卫生科普知识，传授中医针灸技术，开展计划生育宣传和技术服务。1970 年，西沟村卫生所发展成西沟公社卫生院。② 西沟公社卫生院在解放军262 医院医疗队帮助下建立了队办合作医疗制度，西沟的村民可以免费就医。西沟医院的建立对于西沟地区医疗条件的改善也有很重要的意义。卫生院建立后医护人员配备齐当，科室也相对齐全，不仅解决了方圆十几里、二十几里居民的看病难问题，而且卫生院在 80 年代后便着力开展农村初级卫生保健，对于预防恶性传染疾病和小儿疾病做出了贡献。不仅如此，卫生院还设有妇产科，对产妇进行上门接生或住院接生，有效地提升了新生儿的成活率，降低了产妇的死亡率。现在卫生院的工作有两块，一块是基本医疗，一块是公共卫生。基本医疗方面，就是传统的看病，治病。国家实施新型农村医疗合作后，村民到卫生院买药可以报销药费的70%，住院费报销85%，慢性病补偿在60%左右。公共卫生方面，"每年我们乡镇卫生院，下去给老百姓体检，65 岁以上的老年人都建立了档案。重点管理高血压、糖尿病、精神病，0 到 3 至 6 个月儿童的计划免疫。我们基本上每年下去给人家体检，这是全国都有。下去血糖、B 超、心电图，给人家做了，都是免费的"。③ 当然，西沟乡卫生院的条件还是相对简陋的，许多大病、重病还要到县、市一级医院就医。不过，当地人对于疾病的自我认识比较模糊。集体化时期，人们固守陈规，侯雪珍老人跌折了腿，还信守"伤筋断骨一百天"的老理，没有及时就医，落下了腿疼、不能干重体力劳动的病根。直到现在还有一些人害怕别人知道自己患病而受到歧视，有病也不去医院。有一些则是开了药也不当回事，经常忘记吃药，或者省着吃药。这些狭隘的意识都促成了疾病的发展和恶化，与不良的饮食习惯共同成为威胁人们生命的无形杀手。西沟分散的居住环境，造成人们在组织起来之前，彼此的生活环境是

---

① 刘晓丽 2013 年 6 月 11 日对王根考的访谈。
② 张松斌、周建红主编：《西沟村志》，中华书局 2002 年版，第 164 页。
③ 赵俊明 2013 年 5 月 29 日对杨伟民的访谈。

相对孤立的。由于谁也见不到谁，而且生活条件艰苦，且此地极度缺水，因此卫生条件很差。为了改变这一现状，集体化时代，西沟人就积极向卫生条件好的稷山县学习，而且还组织村民展开赶超活动。① 但是，移风易俗需要相当长的时间，需要几代人的努力。西沟村的两委为此真是"大会教育，小会教育，大会讲，小会讲，树榜样，树标兵，形成一种体系"②，力争全方位地改变。现在的西沟不仅村子的建筑布局整齐美观，而且街道也是干净敞亮，人们的家居环境也变得整洁利落了很多，尤其是年轻人的家中更注重布置和雅观。讲卫生的习惯开始如春风化雨般潜入人心。

西沟是在中国共产党的领导下形成和发展的，党的政策在这里得到了忠实的执行，党的影响在这里深入到了乡村生活的每一个角落。每当谈到，西沟人的婚丧嫁娶这些人生大事时，从集体化时代过来的西沟人就会大谈当时的简朴作风，例如传统必须有的彩礼在集体干预下，基本取消了，自由恋爱最为提倡，传统的说媒形式开始受到抵制。人们选择配偶的标准是能受，劳动好。结婚的随礼物品是《毛泽东选集》、农具。新媳妇来婆家，绝大部分是步行或坐牲口而来，婚宴也很简单随便。劳动在当时最光荣，新媳妇上午来，下午就要到地里劳动。土地下放以后，人们的腰包鼓起来了，收彩礼的传统不仅恢复，还开始攀升，结婚的场面也越来越大。现在，娶一个媳妇，彩礼大致已攀升到 10 万元左右，此外还要有房子，置家具、家电之类，有的人家还要汽车。随礼也不再出现那些实物，往往是几十数百元不等的礼金，男方家还要在自家院中办酒席。

西沟由 44 个自然庄组成，通过搬迁整合现在还有 9 个自然村。这些自然村的人相互抱团，处于相对封闭的状态，每逢村里有婚丧大事，一般只是本自然村里的人相互帮忙。随礼的人，除了朋友、亲戚以外，也基本上只是本自然村的人，自然村之间的交流相对较少。村两委成为彼此之间联系的有效纽带，这也是联村下存在的现实问题。

在集体化时代，劳力的多少直接影响到家庭的生存和生活水平的高低。在人们的记忆中，"依劳分配，有劳力的家里可以说粮食是足足够吃的，如果没有劳力，光分口粮，就是填不饱肚子。都是吃饭的，没有劳动的，家庭条件不一样，可是当时也没有办法，只有说是吃不饱就只好买高价（粮）。我是那家里劳力多，过去集体化时候，它就很好，生活就很好"。③ 况且，过去孩子的死亡率也高，谁也不敢保证生下的孩子都能存活。因此，多要孩子，尤其是多生以后可以作为家庭支撑的劳力的男孩对于一个农民家庭就非常重要。现年 18 周岁的侯雪珍老人就说，"跟我岁

① 《生产必须卫生，卫生保证生产——西沟管理区春播运动中卫生赶稷山成绩优异》（1960 年 5 月 1 日），西沟村藏档案。
② 刘晓丽 2014 年 5 月 25 日对张高明的访谈。
③ 刘晓丽 2013 年 6 月 11 日对王根考的访谈。

数差不多（的妇女）都是不少，都是四五个（孩子）"。① 但是随着时代的变迁，伴随着经济的发展，人们眼界的开阔，见识的增长，还有现实的压力，许多西沟年轻人已经放弃了多子观念，现在每家两个孩子，最好是一儿一女，成为西沟生育观念的主流。

西沟的计划生育工作开展得很早。1968 年 9 月，中国人民解放军 262 医院的医疗队就率先在村干部和党员中开展多胎（4 胎以上）女扎手术。并对率先实施结扎手术的三位村干部家属实施奖励。党员干部的率先垂范起到了带头作用，三胎以上的大多数妇女做了结扎手术。但是农村"多子多福"的思想不是短期内可以转变的。1978 年，计划生育在全国普遍实施。中共平顺县委根据中发〔1978〕68 号文件的精神，提出"一个不少，两个多了，三个不要"的口号，在全县贯彻实施计划生育政策。西沟大队坚决执行，并确定奖惩机制。尽管如此，但是这是一项与人的原始本能相左的措施，很难让人在短期内接受，尤其是在农业生产为生存之本的农村。在计划生育政策落实过程中，广大农村干部花费了大量的精力，也受了不少委屈。主持妇女工作的同志道出了她们的艰辛，"都得到家里去，一遍、两遍做工作。那会那做工作可费劲了，有村委的，有时候有乡里的，有个（管）计生的跟上，一起去做工作。你两个就行了呀，你瞧人家两个能行，咱不行？咱也生活不好，咱也养不好孩子，就给人家做这种工作。今天说是明天我去吧，后天我去吧。今天来了叫人家（去结扎），人家说要去了，（一会又说）不合适呀又不去。不去，你能怎样，那就再等人家"。② 在高压政策下，计划生育政策得到了推行，但是阻力仍然很大，一直到 21 世纪最初的几年情况还没有改观。"03 年那个时候相对有难度了。那时候，你像上环啦，查环啦，那就具体到各家去。03 年以前，西沟村是一个信息员，管计生的呗。到 03 年，我上了以后，西沟村是两个，西沟村不是四个支部？原先管的那个人管是一、二支部，原先管那个人是后峧的，我管的是三、四支部，就是古罗、池底这一块。"③而计划生育工作顺利开展则已经是近些年的事了，由于经济的发展，人们接触外界事物增多，经济压力增大，思想观念也开始变化，青年人都想到外面闯荡，实现自己的价值。多生孩子，对他们来说，既是对孩子的不负责任，同时也限制了自己的自由。而且，现代社会激烈的竞争也要求家长从小为孩子创造更好的受教育环境，因此，许多妇女都把主要精力放在了辅助孩子教育上，而男人则主要是挣钱为孩子成长提供物质保证。现在西沟的出生率很低，就是人们生育观念变化的反映。当然，随着计划生育政策实施有年，各方面的配套设施也得到

---

① 刘晓丽 2013 年 5 月 26 日对侯雪珍的访谈。
② 刘晓丽 2013 年 6 月 11 日对郭广玲的访谈。
③ 刘晓丽 2013 年 6 月 11 日对郭广玲的访谈。

了完善，如西沟乡人口与计划生育服务站就设在西沟，可以解决日常的计划生育技术问题，还能给村民提供输液、打针、售药等普通医疗服务。

西沟村两委在发展集体经济，改变村容村貌，引导村民建设社会主义新农村，形成社会主义新农民风貌的同时，始终把改善村民福利待遇放在首位，让村民切切实实享受到社会主义新农村发展的果实。现任党总支书记、村委会主任王根考就曾说："在平顺来说，可以说，福利来说，应该是属我们最高的。"[①] 每年，村里都要给村民发放米面等生活用品，还要负担村民绝大部分的有线电视费用。村委会会根据各自然村情况，公平公正地评选低保户，救济款物优先发放给老人，积极做好新农合和农村养老保险工作。村里为了解决现在年轻人大多数出外打工，或在县城租房照顾孩子学习等现实情况，开始修建敬老院，建成后 60 岁以上的老人都可以入住。在西沟村民眼里，他们是赶上了好时候，他们正在享受着平顺县头等的福利待遇。随着生活条件的提高，福利待遇的增加，人与人之间的关系也越来越和谐。

西沟从集体化时期开始就特别注重丰富村民的文化生活，先后创办了文化室、图书馆，修建了人民舞台和西沟礼堂。还经常组织戏剧演出，而他们自己组织的小剧团不仅能演京剧《红灯记》《白毛女》《智取威虎山》，还曾走出西沟，到别的县去表演。至于体育比赛当时其实也是很多的，只不过村民们说得很少，但是在西沟人当年的照片中多有反映，这也反映了西沟作为全国农村的典型效应。改革开放以后，电视进入千家万户，人们的娱乐方式也丰富起来。

西沟是太行山下平凡无奇的小山村，又是太行山上最璀璨的一颗明珠。这颗明珠是中国共产党领导下，西沟人民艰苦奋斗、自力更生塑造出的一个典型。它的形成和发展深深地打上了始终坚持跟党走的烙印。正如老劳模申纪兰面对朱镕基总理视察西沟时倾吐的肺腑之言那样"没有共产党就没有新中国，没有新中国就没有西沟的今天，没有共产党领导，俺们能干成个啥"。[②] 西沟的共产党人是西沟人改造世界、创造世界过程中的排头兵，先锋官。他们给西沟人做出了最好的榜样，让共产党的形象深深地扎根在群众心中。因此，在平平淡淡的日常生活过程中，中国共产党的政策被高度自觉地落实，西沟人还充分发挥自己的主动性进行了一定程度的创造。西沟的共产党人在整理村容村貌，移风易俗，提高村民福利待遇，繁荣社会主义农村文化等方面所做出的努力与成绩，在一定程度上也坚定了西沟人跟党走的决心。在潜移默化的过程中，共产党提倡的世界观、人生观、价值观成为这里的思想主流和精神支柱。

---

① 刘晓丽 2013 年 6 月 11 日对王根考的访谈。
② 郁旭光：《西沟人的信仰》，《记者观察》2001 年第 6 期。

（一）村容村貌

1. 访谈对象：常开苗（女，1948 年农历五月初五生于平顺县城关乡 [今青阳镇] 崇岩村，高中文化，曾任西沟村妇女主任）

访谈时间及地点：2013 年 5 月 24 日；沙地栈

访谈者：刘晓丽

录音整理：郭永琴

刘： 这条路什么时候修的？

常开苗： 这条路修了十多年了。县里统一整理了这条公路以后，跟底下那个岔岔不很接，所以又下去以后拐个弯，（上下的）车怕有障碍，两厢瞧不见，切了以后，整了整，往里头走了走。重接了以后，就好走了，不拐那个弯了，这条路只是走个小车，跟走个班车，下头那条路走货车，大货车就不来这个村了。

刘： 修路弄了一部分，退耕还林弄了一部分，还怎么弄了一部分？

常开苗： 还迁了两个村庄，辉沟里头有个村来，移到外头了，并到我们这个村上了，还是那个村，但是在这个村上占地了。还有老西沟，老西沟在里头来，公社头上也是盖将军楼，底下也是盖将军楼。来了两个村，两个村修建也得占地了。盖到这个地方房了，还是叫他村上的名。但是在这个村上占地了。

刘： 怎么就弄成这样了？

常开苗： 现在到处都是这个，山山洼洼都往外并了，往大村并了。比如说里头发展林业，不好管理，集中到一个大村庄了，统一管理。辉沟都发展了。老西沟森林公园，两厢是修成旅游区，把这都切出来，一步一步走吧，搬出来先盖房。搬出来，空出来，想建设甚了，发展甚了，那就是村上非占不行。

刘： 你说说西沟这些年的变化吧。

常开苗： 一进石门门两扇，光荣伟绩在眼前。白墙红瓦将军楼，整整齐齐排路边。硅厂轰轰冒白烟，电石长流拉不完。过去想都不敢想，轰轰烈烈盖市场。走到前面往前看，纪兰饮料在眼前。核桃饮料和豆浆，光荣事迹全国传。走到前面把头低，不免进到旅游区。千姿万变花样多，高空设计上石梯。麒麟塔多伟观，坐北朝南保江山。九龙壁墙上挂，八仙过海神通大。金星峰岸上站，西沟发展在眼前。革命干部心连心，奉献一坡历史碑。站在金星往前看，对面就是展览馆。展览馆里把身挺，学习革命老传统。展览馆出来往前行，不要忘了鸳鸯亭。金星峰四向尖，中间五星直冲天。上边青松山连山，下边铺了地板砖。往北看是梯田，往南看战斗水库望不到边，清清流水波浪翻。

鸳鸯亭开始，李顺达发展互助组就是从那里开始，那几个人发展到西沟全面。这是笑话，还是实话？这是笑话，也是实话，也是真事。在我心目中，思想感动下，我就随口说出了这些。这是实事，一点儿也不夸张。我这个心里感动，跃口而出表扬了西沟这个。从石门开始这不是一道了，全说回来了。为什么说高空设计上石梯，这都是从石梯上来，蘑菇亭，又是那个洞，啥的，底下又是牛、羊，一进就走到旅游区来了，你就看见这些东西。千姿万变花样多，各色各样都有，这就也是笑话，也是实话。

2. 访谈对象：张秋财（男，1936 年农历八月二十九生于西沟村沙地栈，中共党员，曾任西沟村生产小队小队长）

马志勤（男，1937 年农历七月初七生于西沟村沙地栈，煤矿工人）

访谈时间及地点：2013 年 5 月 25 日；沙地栈

访谈者：刘晓丽

录音整理：郭永琴

刘：李顺达从老西沟搬出来是什么时候？

张秋财：（李顺达）53 年才移出来，他移出来就在这个托子下面，那有块尖小石头底下住。他一直开会，他在老西沟，叫他开会很费事，说干脆出来，住的原来的那会儿集体喂牲口的马棚。出来是独自一院子，原来是我爸爸的，我爸爸当兵牺牲了。我哥也出来了，到底下集体的盖了个房子，他出来就没了，先到这边。

图 6-1　西沟石门

最后出来，又翻盖，掌上两窑，西厢就是张买兴的旧地方，靠东厢盖了五间房子，二楼。后底去大寨看了，老李想把瓜地栈［今沙地栈——编者］变变。老李也在这，老申也在这，全大队不同意，有分裂思想，可是咱要出钱，不是糊涂要。大队作价，500 来块钱一间房子。

刘：作价什么意思？

马志勤：选上你，你来给咱定价。

张秋财：好的（房子）高价钱，低的（房子）低价钱。你买这个房子，顶新盖下来 500 块钱。那会说起来，我找老李说，太贵呀，咱那个地。（新盖的房子）它是砖（房），垒得不好。刚开始技术不过硬，也是本大队垒来。再一个思想也有关系，给你盖了，也不是给我盖了。技术也不过硬，也不很认真，这样弄起来，一作价，全村都搬了，成一个搬一个。（全村）都搬，往哪走啊？人走不了。原来那个支部书记，我骂他哩，（我家）三辈人，过去的农民，不愿意老人和儿媳妇到一个家，可咱三辈人一直挤挤，往哪里走？分上个也不行，住不开。都知道我骂书记。老李说，让纪兰想办法给你找一个。纪兰也只有一个小房子。我爸爸有毛病，跑肚哩，纪兰跟我两人搬，我那个孩子也搬，（途中）纪兰流开血了。我说老申，不要了，腾开家就达到我的目的了，当家人给我分开就行。他又跑肚，到这是烘着火，不能住这种炕，在家蹲了一黑夜。叫他去其他地方，他不去。新农村，弄一个搬一个，都搬。

3. 访谈对象：张天勤（男，1953 年农历四月十三生于西沟村沙地栈，曾任西沟村生产小队记工员、林业队技术员）

访谈时间及地点：2013 年 5 月 26 日；沙地栈

访谈者：刘晓丽

录音整理：郭永琴

图 6-2　农业学大寨时期的新农村建设

刘：新农村建设是怎么回事？

张天勤：以前都是土坯房子。当时李顺达时候用这个办法，你比如说你（有）五间（房子），三间（房子）。咱这个土房子，人家是作价，比如说一间房是几百块钱，给你作下价来以后，再换砖房。老李用这个办法，（是）为了（解决）老百姓还不了钱（的问题），那时候一块砖才二分钱，一间房子也是个四五百块钱，也价格不高。老百姓适当给你旧房新房一兑，还还不了，逐步年年（还），在大队往来以后，逐步一年一年扣你。你也能生活开，你全扣了他就吃不开（饭）了，就是用这个办法。都是西沟大队烧开的砖，自己的匠人盖开的房子，一茬是大队料，木料也是大队的，瓦也是自己砖瓦（厂）烧开的。

刘： 大部分人都搬进去了？

张天勤： 这就叫排房，先弄这个窑，以后盖开巷子这么一排。（分房是）先弄上单子，抓号了，先排开号，一二三，谁抓上，赶快先把东边的房子搬进来以后，再拆了房子，再弄。那会用大寨的办法，盖新农村。那会人家是号召（建设）新农村了。现在是改革开放了，你有能力的自己再盖盖，没能力的富了再挖挖，就这么回事。

4. 访谈对象：张朋考（男，1937 年出生于西沟村沙地栈，小学文化，中共党员，林场工人）

访谈时间及地点：2013 年 5 月 27 日；沙地栈

访谈者：刘晓丽

录音整理：郭永琴

刘： 新农村是什么时候开始的？

张朋考： 七几年，那会倒行了，山上有树，有土地，有劳力，买上点煤炭，烧上点砖瓦，木料从山上弄，盖新农村快了。那会也叫新农村，现在也叫新农村。

刘： 盖了几年？

张朋考： 两年。瓜地栈一年就盖起来了。我记得马何则当支部书记了。正在村领导那头拆，那头修。过去技术人才少。

刘： 盖了房子，全村都搬进去了？

张朋考： 嗯，现在旧房子就没呐。都是改造了以后的。那会是不错呀。

赵： 一家分几间房子？

张朋考： 一个人得不住一间房。就是说你有三代人给你分上两处。老的和小的能隔开。不是说满足了。有两代人要是孩子小，还能在一个家同住，有个老的就不行了。三辈人不能和小的在一处。也是按家庭情况具体安排。

刘： 集体出的钱？

张朋考： 集体盖起来，当下不用你个人弄钱，大队集体投资。旧房子是作价。椽作了价，很小的椽不管。那会一等的也就 300（块钱）、200（块钱）。

张妻： 旧房子有个规定，拆开，底下不管。往上，木料、椽都给你作了价。料好给得高，很公道。

刘： 你那房子作了多少钱？

张妻： 200 来块钱。那会就没钱，住的都是一间、两间。我那时候住不下，自己还修盖了一个，搞新农村呢，统一拆了。旧家不好了，作价少，新家顶是 200 块钱。住不下，一个家，两个小房，破浑浑的。我自己想办法盖的，又盖了三间。那时我姊妹在长治呢，她们来了住不下，大伙帮助盖的。拆我的房子时，我正把腿跌（折）了，在外面住了两三个月。那会新农村是集体规划。那时候按人口分，分了两个窑洞。那个房子住了25年。这个房子十几年，95、96年的房子。我那会盖的，没办法，两个儿子都娶上媳妇了。（还有）三个姑娘。

图 6 – 3　村民张朋考家的小院

赵：你这房子花了多少钱？

张妻：五六万（块钱）。我光盖这个房子盖了四年，第五年才搬上来。没钱和亲戚借。我四哥在火车站，姊妹们帮我借钱。说实话，我姊妹们有钱，都在外头。到现在还管我。我盖不成，一分钱也没了，我就去我哥那，他退休了，他说，我领着工资，你短多少盖不成？我借了人家三千多块钱。他退休了也领得挺少。那会孩们小，不盖，两个媳妇抢，住不下，愁呢。叫这会，可不盖它。来个亲戚，人来人往，炕没炕，院没院，院也小。

张朋考：交了地皮费1500（块钱）。还有超占费，光大队就交了两三千（块钱）。孩子都念书了，也不少花钱。

5. 访谈对象：张丑则（男，1946年农历七月十二生于西沟村古罗，小学文化，村民）

张喜松（男，1953年农历五月二十五生于西沟村古罗，高中文化，村民）

访谈时间及地点：2013年5月28日；古罗

访谈者：刘晓丽

录音整理：郭永琴

13

图 6-4　20 世纪 90 年代村民所盖住房

刘：李顺达弄的新农村在这个村盖过（房）没有？

张丑则：新农村开始弄了几天，盖了一溜［一行］（房子），没赶上住新农村。池底那是后来（盖）的。盖了盖瓜地栈，古罗、南赛没有。盖的是砖窑。（这里）里头还有几户住着，大队盖的，质量好。用过去的木料。你自己出钱买的，也不贵。

刘：咱这个房子当时用了多少钱？

张丑则：（土地）下放前盖的三间房子。一间 1000 块钱，砖、木料买大队的。那会木料也不贵。砖是大队烧，那会大工垒起来，小工自己找亲戚帮忙。找个大工，那会三块两块一天，半个月盖起。现在几十万（块钱）也盖不起。那会便宜，砖也便宜，一个砖就是两三分钱，大工才两三块。那会的砖就歪，那会的机器，浆心都是配好的。那会都是灰的（砖）没有红的（砖）。后来兴开红砖，不用灰砖了。红砖水洇了是灰的，不洇是红的。

刘：前面的路什么时候修的？

张丑则：这条路是老旧路，有七八年了吧，县里修的。（路）原来在上面，后来改在底下。占地了。修水库占了地，里头水库占了，外头山上挖地，硬打进的土个梁，打那么高，把地占回来。这几年地毁得太厉害。那会老李在的时候，参观的（人）真多，上头接待站卖东西快着呢。

张喜松：接待站修路，占了地太多。这条新路是弄旅游，通金星峰，上头整理了森林公园。来了（人）参观参观。

刘：旅游的路修了多少年了？

张喜松：这是今年才开始。大队党支部书记调县里头了，张高明。他修了个大

14

荒坡个路，机器也能钻进去了。这（次）是拓宽，弄个房子，这是投资人修的。

刘：村里哪年通上电的？

张喜松：六几年。

刘：金星社时候有电没有？

张丑则：有了。58年有了，那是自己发电机发的电。过去小庄上买的小机器。基本上就是瓜地栈、古罗、池底供应这两（三）个村，后来没几年国家就弄过电来了。

6. 访谈对象：王增林（男，1957年1月25日生于西沟村池底，高中文化，中共党员，曾任西沟村党总支副书记、分支书记）

访谈时间及地点：2013年6月6日；池底

访谈者：赵俊明

录音整理：郭永琴

赵：你负责的也是多了？

王增林：负责多，搞第一期电网整改，我领着大家整改，木杆换水泥杆。第二次，水泥杆又不要了，国家又统一弄表，也是拆。整过两次网。第三次解决拆网，整网是老百姓出钱，村里边出钱买杆上头只给弄个表箱，当时集体表都在（村民）家里安了，不好统计，你能偷电，素质不高的偷电，所以不好统计，后来放在杆上拉下来，就是木杆换成水泥杆。第二次表又淘汰了，又换成一种DD862缸式的表，换了以后整过一次，现在又整着一次，隔三五年就整一次，都参加了，国家实际上是补一部分（资金）。

7. 访谈对象：张平江（男，1946年生于西沟村南赛，小学文化）

访谈时间与地点：2013年6月8日；南赛村广场

访谈及录音整理：赵俊明

赵：［指着路边的排房——编者］这房子什么时候修的？

张平江：学大寨时修的，修下好多年了。八几年下放了，下放了30多年了。

赵：你修过没有？

张平江：修过。

赵：就是集体出工出力？

张平江：嗯，出工出力。

赵：这么多房子修了多长时间？

张平江：有2年。

赵：就是冬天没事了修？

张平江：一天都干，冬天冻得不能干。

赵：其他时间不用下地？

张平江：就专门干这个。副业队，专干这个。

赵：副业队有多少人干？

张平江：也有十几个人。就是他〔指着旁边一个老人——编者〕领导来，他是副业队的队长。

赵：这个房子盖了多长时间？

老大爷：哎呀，说不上来了，这个房子2年盖了一排，上下盖了2年，底下这是32孔窑，一年就碹成了，一年10来个人就干成了，上边的房子一年多也盖成了。

赵：用的石头还是砖？

老大爷：不是石头，都是砖。

赵：砖是咱们自己烧的吗？

老大爷：大队烧，自己烧砖，就是大队盖了。

赵：碹起以后就分给大家住？

老大爷：碹起，谁没有谁住，谁有谁就不住。

赵：用掏钱吗？

老大爷：掏钱，还能不掏钱？他给大队掏钱。我们都是挣的大队的工，一天挣八九毛。那时候一天才挣人家七八毛钱，这会儿一天挣一百二三（十块钱）。

赵：哪个钱多呢？

老大爷：一样，这会儿钱不值钱。那会儿钱顶用。

张平江：现在100块钱和那时候一块钱差不多，那会儿一斤白面才3毛钱，这会儿一块半了。

赵：一家能分几间房？

老大爷：大队是，谁没有房给谁住，都掏钱呢。

张平江：那时候你没有房子，一户给两间。有的是房，有的是窑。一间房是400（块钱），后来又涨成450（块钱），一眼窑先是350（块钱），后来就涨成400（块钱）。

赵：哪一年分的？

张平江：弄成就卖给老百姓了，82年下放，81年就分了。79年、80年修的这房子。

赵：那就是81年分的？

张平江：82年夏天我就倒下来了，这里以前就是我的房子来，把我的排房拆了，我搬到上头去住，人家要盖排房，拆了房子的给三眼窑，没拆房子的给二眼窑。

16

三眼的掏三眼的钱。

赵： 那你的房子白拆了？

张平江： 白拆了。

赵： 这以前都有房子了？

张平江： 嗯，可是你的房子作价不高，没有人家的高，给你作点价。

赵： 记得给你作了多少价？

张平江： 3间房作了百把块钱。

赵： 后来又给你分了3眼窑？

张平江： 嗯。

赵： 总共花了1000多（块钱）？

张平江： 1200（块钱）还是1400（块钱）来，记不大清了。

赵： 现在还在窑里住的？

张平江： 哦，住着。

赵： 质量挺好的？

张平江： 最结实了。就是上边顶的木料不好，后来人们又翻修了。时间长了，就是檩条太细，就是自己大队的树，那时候树还没有长起来了。

赵： 现在这房子有没有空的？

张平江： 也有空的，很少。有空的人家在外头的打工，回来还住。

赵： 有没有盖了新房子搬走的？

张平江： 没有搬走的。也有盖的，孩子大了，就盖下了，这个说不下个媳妇，老的住这，年轻的住新房子。

赵： 你喜欢住哪个？

张平江： 我住这个，这个就挺好住，这个冬暖夏凉，这最好住。

赵： 家里用的床，什么时候不用炕？

张平江： 82年下来，刚分上的时候我家里还有炕，后来拆了。还是过炕火来，烧上就暖和炕了。

赵： 什么时候就把坑拆了？

张平江： 我说不上来，拆了好多年了，也有十来年了，后来就拆了。

赵： 为什么把炕拆了？

张平江： 不时兴了。跟形势走了，不要那个了，床底下能放个东西，那个不行。

赵： 炕比床暖和呀？

张平江： 那个暖和，不跟形势，现在村里都没有炕了。

赵： 年龄大了，床不冷吗？

张平江：这会儿都铺的厚。人家有钱的更厚，比那个暖和多了。那会炕不好，夏天太冷了，冬天暖了。主要是没有铺的，那会儿就在席子上睡，起来了身上都是席子印。

8. 访谈对象：张增国（男，1954 年 4 月生于西沟村池底，初中文化，中共党员，村委会副主任）

访谈时间与地点：2013 年 6 月 12 日；西沟村委会办公室

访谈及录音整理：赵俊明

赵：什么时候进村委的？

张增国：十几年了，2000 年进入村委。

赵：分管什么？

张增国：我分管林业和（基础）建设。事多，林业是大事，管得多。书记是第一责任人，主要负责人是我。建设就是弄路什么的，修修路啥的。

赵：进村委前是干什么来？

张增国：种地，在外边包工，主要是本大队包工，垒个石头地基，垒坝啥的，垒不了砖。

赵：包工主要哪方面的？

张增国：那时候就是啥也干。除了垒不了砖，其他都能干啊，主要是打地基、垒坝这些。

赵：主要包政府还是个人的工程？

张增国：主要是个人的多。包盖房子的地基，包下来后，再找几个人帮忙。主要就是附近村子干，最多也就是个三五里地以内，不去远地方。

赵：上任后基础建设多吧？

张增国：多，修路、修桥。

赵：搞不搞招标？

张增国：大工程招标，小工程自己干。

赵：招标一般哪里人干？

张增国：河南的副业队，本地的人干不了。工程大，干个大的这会儿都是河南人干得多，咱自己没工程队，也没有资质。

赵：用的工人咱当地的多？

张增国：嗯。当地多，村里的也有，不多，咱们有些干不了这个。

赵：大工程有哪些？

张增国：最大工程就是修路，修桥。辉沟修桥那个工程也不小，五六年前干的。

赵：修桥投资多少？

张增国：投资了 30 多万（块钱）。

9. 访谈对象：申纪兰
访谈时间及地点：2014 年 4 月 20 日；西沟乡政府
访谈及录音整理：刘晓丽

刘：西沟是哪一年有了电的？

申纪兰：1958 年以前还没有电，1958 年以后才有了电。"大跃进"，打坝、修地，山上栽树，那劳力满满的。

刘：西沟吃水是哪年解决的？

申纪兰：改革开放以后。老百姓说了，纪兰，咱祖祖辈辈没水。有几个老党员，特别是支委，张高明啊，这几个同志都很好，想尽一切办法（解决吃水问题）。县里头吃水也是很困难，开劳模会都移到漳河岸，没有水，后来教马车拉水，最后就改革，就有了水了，来了工程师，打了一眼井。

咱西沟，也想打。省里头罗贵波省长〔曾任山西省人民政府省长——编者〕帮助平顺，把三级提水提到了平顺，当然冬天了，它就塌了，就又不行了。

帮助县里解决了吃水问题，又集中力量解决西沟吃水问题，把三级提水提到了西沟，太贵，后来就有个老技术员来了。我就求他，王工，你给县里头瞧了，再给西沟瞧瞧。他说，哎呀，你这私心很重啊。我说有点私心，西沟吃不上水，我早上五点就挑水，群众他不去挑去能吃上？旱井水库都弄过，但是没有彻底解决了，打出地下水来了，才能彻底解决。他瞧了瞧，他说，你有钱？我说没钱也不怕，肯定要给你钱，你要是打出井来肯定有钱。他说，要打不出来呢？我说，打不出来，咱俩人（交情）就不歪，你少要上点。他说你总得给我点工本费吧？我说是啊，那应该给你点，你要能关心关心了，最好了。咱跟人家说好话，人家这个人瞧了以后，就开始测量了，给平顺打出来了，我想西沟也能打出来。

支委团结一致，给群众办这件事情。那个时候，开了个全国母亲河表彰大会，我坐班车到了北京，县团委书记跟我去的。去了开了会，奖了 20000（块钱），最高奖励，李瑞环发的奖。在公共汽车上，那个团委书记坐到这一边，我坐到那一边，20000 块钱我揣到怀里头，（那是）现金，一直摸住这个钱，回来了，就没有停，就交给了党支部，打井，一分也不短。

打井开始，我就睡不着觉，我说打不出来怎办呀？当然其他人说了，打不出来咱也不怕，我说打不出来就不好交代了。怎交代党支部，怎交代群众？到了最后，打了一月多，快四十天了，那个工程师说："你有钱没有？"我说："你打出水来了，咱再说钱。"他说钱我说水，见了水了，他还说，没有（水），他诈唬〔吓唬〕我，他恐怕我不弄钱。

后来，见了水了，我这眼泪也流出来了。祖祖辈辈没水，我们这里是水贵如油啊，没有油能过，没有水就不行啊，畜牧业发展不了。哎呀，打出水来了，老百姓，特别是那老党员，拄上那（拐）棍都来了，说哎呀共产党真好，纪兰啊，你真把一蛇螂［一腔］鲜血献给了西沟啊，真是全心全意为咱群众办了点事。他那泪都流下来了，我那泪也流下来了，感动那些人都在那瞧着水流，这不容易呀。

刘：要不是你，那个工程师就不来？

申纪兰：认不得人家，人家哪能来？他［支委——编者］都就说了，问题都不在你身上，在我的身上，你不要怕，有你这个名，我都甚也能办了，没你这个名，就不好办了。这个张高明、王根考都是这么说哩，我就支持他们工作，咱不能主他事。

刘：咱们现在还是吃的这个水？

申纪兰：还是。这就不但解决了吃水问题，工业用水也很重要啊！你办工业，养羊也得有水呀！水还是比油重要。老百姓说来，真是没有想到，还安上了自来水。还有高位池。没有高位池，水就上不来。

刘：在这之前老百姓打的是旱井？

申纪兰：那会儿都有个旱井。那个旱井水，它是有时候有，有时候没有，不下雨就流不上来。

刘：没水时候去哪找水？

申纪兰：走多远，看哪有个泉水，早上起来担水，一天只吃一担水。来了就舍不得倒了。看现在这水多好。

图 6-5　村民院子里的旱井

图 6-6　南赛村民国时期的院落

（二）衣食住行

1. 访谈对象：张芝斌（男，1936 年农历腊月十二生于西沟村沙地栈，小学文化，曾任西沟村记工员、农业技术员、生产队小队长、村民小组组长）

访谈时间及地点：2013 年 5 月 24 日；沙地栈

访谈者：刘晓丽

录音整理：郭永琴

刘：集体化的时候老百姓平常什么吃得多？

张芝斌：玉荽和小米多，麦子吃得很少。

刘：麦子卖出去？

张芝斌：麦子不卖，就没有，（就是吃）也是改善改善生活。

刘：豆面都是什么豆子？

张芝斌：豆面也有黄豆也有黑豆。过去吃那个豆面多，（还有）玉米面。过去有榆树，扒下皮来，吃面，那就是顶改善呢。吃面很少。

2. 访谈对象：李平宽（男，1941 年 10 月生于平顺县东寺头乡安咀村，后落户西沟古罗，初中文化，中共党员，退休兽医）

张志考（男，1933 年 3 月生于西沟村古罗，小学文化，曾任生产小队长）

访谈时间与地点：2013 年 5 月 28 日；古罗李平宽家中

图 6-7　西沟传统灶台与锅具

访谈及录音整理：刘晓丽、赵俊明（整理者）

赵：你这房子什么时候盖起来的？

李平宽：89 年来。我这是五间，顶小七间，还包括两间小房子。

赵：花了多少钱？

李平宽：我这个一共花了 16700 来块钱。那会儿在县兽医站，我来的时候存的 8000 多块钱。

赵：那可是不少了，了不得。

李平宽：那会儿就是省吃俭用。那会儿有 8000 多（块钱），我来这盖房子就胆大了敢盖。下乡派饭是二毛五分钱加（一）斤二两粮票，有时候出外头，咱这个当兽医，谁家有个猪病了，你给他瞧瞧，你就给人家钱人家也不要，咱这倒省下了。自己本身（工资）就少，到集体灶上最多一个月 9 块多钱的伙食费，可是你今天下乡去了，这顿就没有给你记，你就省下了，省下这个钱就攒下了。不吸烟，不喝酒，不打牌，省下钱了，不弄什么，你就攒下了。要不敢在这盖房子，心里就有底。

赵：盖房子就没有借钱吧？

李平宽：没有借钱，自己存的钱就够了。那会儿包工才多少钱，我这个房子包工，那会儿我把这个岸垒起来，弄好地基。其他一切都弄好，那个时候包工才 2700 块钱，人家包工那个人和我熟，叫个治平，后来我说，你给我包工多少钱，他说 3000（块钱），我说你说 3000（块钱）就 3000（块钱），人家说你出上 2700（块钱）吧。这不是，我就出了 2700 块钱。你瞧，那会儿要盖这些房子，家里给你抹了，我这就是盖起抹了家以后到现在就没有动过。那会儿要盖成这就觉得了不得了。

张志考：那个时候，大工两块钱，小工一块。

赵：那会儿盖房子的就没有几家吧？

李平宽：反正总共批了十来家吧，我盖这个在排行后边来。我、丑子家，这就是一批来，第一批，西沟以前就没有批过，第一批批地基的时候盖的。

赵：这地基是不是占的土地？

李平宽：这是土地来，还有一个井来，那是小队打的旱井。那会儿大队说，批到这，那个井就归了你了。结果这个下边井坏了，后来我就填了，后来我自己又打了一个井。

赵：那个井用到什么时候？

李平宽：就是有一年下大雨，里头放的水多了，那个井就塌了，赶紧雇上人，就把它填上了。这后来倒好了，有自来水，多方便。

3. 访谈对象：张双红（男，1972 年生于西沟村老西沟，高中文化，中共党员，西沟总支副书记）

访谈时间与地点：2013 年 5 月 29 日；老西沟张俊玲家中

访谈及录音整理：赵俊明

赵： 给孩子把房子盖好了？

张双红： 我一个儿子盖这么大，盖了两个。

赵： 哪年盖的？

张双红： 一起盖的，05 年左右。

赵： 花了多少钱？

张双红： 12 万（块钱）。

赵： 一套一百多平米？

张双红： 10 米乘 9 米。上下楼一套 180 平米。那会儿花了 10 来万块钱。我那会儿包出去，光工钱就是 30000 多块钱。现在一套就得 30000（块钱）。

赵： 现在工钱更高了。

张双红： 那会自己盖（能）省个 20000 块钱。

赵： 那是你辛苦？

张双红： 你把工也搭进去了。

赵： 包的本地人多还是外地多？

张双红： 本地的，反正也不是西沟的，附近村里的。

赵： 有没有河南的？

张双红： 大工程都是河南人干。个人民房人家工程队不给你干，他就挣不了钱。咱这一平米 70 多块钱，人家就不给你干。人家是包工包料。河南上来的一百多块就不行。现在的工资 150（块钱）朝上的，咱这当小工就是 100 块钱。

赵： 大工才这么多？

张双红： 河南过来就没小工，都是大工找当地的小工。只要河南上来，不管会不会垒墙，都按大工算工钱。

赵： 谁干的质量好？

张双红： 一回事，河南也有好匠人，也带的有学徒工。07 年、06 年四川工人在这包的抹墙，四川夫妻两个人承包，那会一平米才三四块钱。人家抹得那墙又平又快，本地人没有那个水平，不用靠杆，河南人也比不上。

4. 访谈对象：秦春娥（女，1966 年生于西沟村老西沟，初中文化，村民）

访谈时间与地点：2013 年 5 月 29 日；老西沟张俊玲家中

访谈及录音整理：赵俊明

赵：盖这个新房子以前是住的啥房子？

秦春娥：瓦房。

赵：自己盖的还是村里的？

秦春娥：自己盖的，土弄起来的，就是土坯房。

赵：以前的房子是你父亲盖的？

秦春娥：父亲盖的那个就是土坯房，后来盖的就是砖瓦房，盖这个新房的时候把那个就拆了。

赵：以前的房子在沟里边？

秦春娥：对。在里边，更不方便。

赵：统一规划了搬到这边的？

秦春娥：老人们都还在里边住的。

赵：里边有多少人？

秦春娥：几个人。

赵：不愿意还是盖不起？

秦春娥：就是六七十岁的老人们，就是他俩还能顾上他们，出来外边也住不开。

赵：孩子盖上孩子住？

秦春娥：（老人）不愿意出来，和孩子住在一起也不方便。一个门也不方便。

赵：还有几个？

秦春娥：最里头沟里还有9个，再往外走还有五六个。都是六七十岁了，都上了岁数了。

赵：咱们村最大的多大？

秦春娥：80几（岁）了。

赵：这种有几个？

秦春娥：就是两个。

赵：总的来说，就是老人多，小孩少？

秦春娥：是。

5. 访谈对象：胡买松（男，1945年生于西沟村古罗，初中文化，中共党员，曾任村会计、党支部副书记、书记）

访谈时间与地点：2013年5月30日；古罗家中

访谈及录音整理：赵俊明

赵：70年代建设新农村的时候，有没有给你分的房子？

胡买松：村里盖了不多一点，都是自己盖的。

赵：你原来住的啥房子？

图6-8 孤寡老人的院落

胡买松：住的土坯房，瓦都没有，每年春天抹上一层泥。

赵：土坯房住到啥时候了？

胡买松：我是83年盖成这样子的，这就是当时最好的房子，原来是集体的饲养院来，批给我的。我这就顶好房子，一直住到现在。

赵：花了多少钱？

胡买松：那会儿那个，我给你说，那会儿互相帮忙，就是变工了，就不花多少钱。

赵：木料呢？

胡买松：买的，一根椽也就是个几块钱，三四块钱。

赵：花了有千把块钱？

胡买松：这个可是不用这么多钱，以前就用不了。你瞧，就是一个大工，那会儿集体化的时候，还不给他钱，我上工了，在队里记上个工，你给我盖了房子以后，我给你帮上个工，一个大工块把钱，也和集体的工差不多。大工也是变工了，那会儿管得死，都是依靠集体，不让你出外头。

赵：83年一直到现在？

胡买松：给孩子修下新的了，结婚的时候就在这个土坯房子。大孩子人家自己盖的，十来年了，我就是帮了些。2008年给小孩子盖的。

赵：旧房子不亮，窗户小。

胡买松：我们这个年龄的人，住不惯那个大房子，这个冬天暖和。过去李顺达他娘就是纺织英雄，点上小煤油灯，什么也能干，现在有电灯了，什么也不干了。

25

现在社会环境好了，不用干了，手工操作，还是过去小农经济思想。

6. 访谈对象：张建中（男，1956 年 11 月生于西沟村刘家地，高中文化，中共党员，西沟村村民小组长、党小组长）

访谈时间及地点：2013 年 6 月 3 日；刘家地

访谈者：赵俊明

录音整理：郭永琴

赵：你以前住几间房子？

张建中：5 间土坯房，祖上留下的。我是两个兄弟，我父亲是两个兄弟。我的大爹在林县参战，牺牲了。我是老大，老二在长治驾校绿化队。

赵：以前住的是什么房子？

张建中：窑洞少，土坯房多。开石头费钱。我盖房子的时候，大的孩子去了昆山，他工资比较高，他出了一部分，我出了一部分。就是两边简单装了装。

赵：你这房子多少钱修的？

张建中：我盖这个房子的时候，一共是花了 11 万（块钱），买一顶砖，从李庄运回来，连运费 36 块钱。

赵：一顶砖是 200 块吧，那会才一毛八一块。

张建中：是。那是顶涨价了，现在买一顶砖，拉回来 93 块钱。

赵：大工工钱多少？

张建中：那会就我的房大包出去一平方（米）是 65 块钱，不铺地，就是光主体工程。

赵：现在呢？

张建中：现在恐怕得 130（块钱）到 140（块钱）。

赵：房子怎么找人盖？

张建中：现在都得包出去，年轻人都出去打工了，找不到人，找人工资不好算。

赵：以前就是相互帮忙？

张建中：以前是，都在村上，你盖房，给我帮上三天五天吧。现在不行。都出去以后，都愿意在外面买房了，谁也不愿意在家。

7. 访谈对象：周明亮（男，1971 年 6 月生于西沟村东峪，初中文化，收购山货药材）

访谈时间与地点：2013 年 6 月 4 日；东峪家中

访谈及录音整理：赵俊明

赵：咱们村有小车的有几家？

周明亮：这个村（东峪）也就三四家。

赵：整个西沟有多少？

周明亮：那个就多了，现在私家车多了。

赵：咱们这边有多少户人家？

周明亮：50多户。

赵：最好的车是什么车？

周明亮：PASSAT［大众汽车旗下的一个品牌——编者］，一个做生意的（车）。

赵：他是干什么的？

周明亮：跑出租。

赵：谁雇他呢？

周明亮：县城里有人雇他。

赵：就和县城的出租一样？

周明亮：一样，跑一趟长治200（块钱）。

赵：普通车一趟一百多（块钱），那为什么用他的？

周明亮：讲排场用他的。再一个领导不合适了，也用他的。

赵：普通老百姓买面包车的多不？

周明亮：多，就是自己家用一用。

8. 访谈对象：王支林（男，1951年生于西沟池底，初中文化，经营粮食加工厂）

　　　　　　郭开花（女，生于平顺县西沟乡赵店村，小学文化，村民）

访谈时间与地点：2013年6月5日；池底家中

访谈及录音整理：赵俊明

赵：房子什么时候修的？

郭开花：85年修的。

赵：这是5间？

郭开花：5间。也是亲戚给借上（钱）。那会儿五六千（块钱）也没有，你还没有攒的千把块钱，怎么能盖得起。这会儿好了。

赵：孩子盖新房了没有？

郭开花：老大盖上了，在下边，老二在外头（潞安）买的。

王支林：发展新农村盖一盖房子。过去集体就不让占土地，后来国家新农村改造住房条件，扩建一点点。

赵：以前不舒服，需要改善改善。

王支林：对。

赵：像你家两个儿子都在外边，能住开，你孙子都快成家了吧。有些人家孩子多，住不开，人家不修哪里够住，很正常。

王支林：就这个意思。

赵：你家冬天就烧的这火，冷不冷？

王支林：房子小。后头再冷就点电暖气，多少暖暖。

赵：这个房子盖起来就用的床，没弄过炕？

王支林：这个没弄过炕，就是床。

赵：以前 70 年代就是炕吧？

王支林：嗯，以前是。

赵：80 年代就不是炕吧？

王支林：取暖条件提升了，不用烧火了，过去的炕就是烧上柴火取暖。这些放东西方便，就用床了。炕对身体好。

赵：冬天这个家能上了 10 度吗？

郭开花：上不了。

赵：如果炕的话，再升 3 度没问题？

王支林：现在咱这个地方就没有那个了，有也很少，那个暖和，这个地方柴火好找。

赵：政府提倡还是自己改了？

王支林：自己都改了。一家兴开了，其他都跟着。还是瞧着床好看，嫌炕不好看。

赵：有没有烧暖气的？

王支林：暖气烧不起，有几家烧的。

郭开花：就是一个小家，两人生个这小炉子，凑合。

王支林：暖不住，很冷的。我不经常去老西沟了。就些老人了，住个窑洞还挺舒服的。

郭开花：集中在一起，瞧见好，有的人家盖起新房子，还没有抹墙呢，都住了四五年了。

赵：盖房子集体管不管？

王支林：集体有规定，必须照着图纸（盖）。有些两个孩子盖两套。

赵：翻盖房子集体管不管？

王支林：不管。有一个房子弟兄俩都在煤矿，就不回来，盖了两套房子，六间二层，就一个老父亲看着。外边盖的这种新房，老年人也不愿意去住。这就是怨领导定方案，又高又大。

郭开花：就都不回来，在外边也买了房子了，孩子也出去了，都搬走了。

赵：盖房子集体给补不补钱？

王支林：不给，没有补，除了山沟里搬出来的。村里这个不给。山沟里出来的一人补 3000 块钱。

郭开花：说是有来，实际上就没有，还押的个人的钱。

赵：你家孩子盖了几间？

王支林：3 间，二层的。

赵：盖以前和你在一起住？

王支林：能住开，小孩都在这生。一个孩子两间房。

赵：在外地的，盖起做什么呢？

王支林：面子上。别人都盖了，咱也得盖了。

赵：3 间房子盖起来得 200000 块钱吧？

图 6-9 村里的小卖部

郭开花：200000（块钱）也不够，那个是好啊，咱觉得人家好。

王支林：咱这个房子冬天不是很冷。

9. 访谈对象：张李珍（女，1952 年 3 月生于西沟村沙地栈，大学文化，中共党员，中国人民解放军第二八五医院妇产科主任、主任医师）

　　　　　　张锦绣（女，1946 年 12 月生于西沟村沙地栈，高小文化，中共党员，工人）

　　　　　　申纪兰

访谈时间及地点：2013 年 6 月 10 日；沙地栈

访谈者：刘晓丽

录音整理：郭永琴

刘：集体的时候生活很艰苦吧？

申纪兰：那会可是真干，说实话了，50年代还吃糠啊，玉茭还得添上糠。过去那个时候连电灯都没有，最贫困是金木水火土，什么也没有，糠菜一年粮，吃不饱穿不上。像李顺达那个互助组，补丁摞补丁，裤裆还要挽疙瘩，鞋掌钉上两层钉。有一双鞋，我就知道，置了七斤半，走道也带不动，老羊工都穿这个。

张锦绣：我记得那时候，还包了饺子。刚有了挂面，那是第一次啊，咱去地里劳动个。河岸地，一过河，老娘就烘起火来了，就把挂面放进个煮煮。可可怜呢，咱那会早起吃罢饭给我嫂那个孩子，江平、她（李珍），我兄弟，这四个人学自行车，走的时候，我母亲问我吃什么饭呀？说喝汤面吧，揪片汤就可高兴了呀。真苦了，吃不上，（人）真是瘦的，讲起来这会还掉泪呢。这会跟上党，真是好。土地不出土地费。

张李珍：瞧见浪费粮食就心疼。

刘：困难时期你们都过过？

张李珍：像我奶奶、我妈食堂打的饭根本不舍得吃，回来就让我们吃了。

张锦绣：那会那鞋是破的。那时候也不像现在能买鞋。我那脚头蛋子前后都是露的，只蒙个脚面。现在天天生活好。

刘：老李脾气不好？

申纪兰：不是脾气不好，是要求严，对子女也一样。现在真是享福了。那会真是受累了。要没有过去的艰苦奋斗，就没有今天的幸福。是不是？两头见星星，黑夜还要点马灯。黑夜也要加班。地里作罢也不能休息，就纳个鞋底，抽空就纳两针，那会又买不到线。我那个鞋还是钉了掌的。我有个大伯子（说），"你脱下鞋来，我给你钉一钉，瞧你把脚磨的"。那会那人劳动是第一位。这会坐也能吃好。这会这生活就是比过去好。国家富强了，群众生活也提高了。跟过去没啦比。那会过年还的吃玉茭面饸饹。这会就平常也是白面汤。

刘：那时学生也是半工半读？

张李珍：我们在平顺一中上学。我奶奶和我妈都有一手好的针线活，衣服都是补了又补［指着老照片——编者］。我都已经十几岁了，还补了。买那布不够做一件衣服，只能做两个袖子。

张锦绣：不是，那会早早都不上学了，那会家庭贫寒。那时你和你小爸爸一起上学了吧。我记得你（张李珍）吃不饱，也不是吃不了，是她小爸爸肚大，她发上两个馒头，她就省一个给她小爸爸。我比她大六岁。那时候家庭可贫寒了。你奶奶生下孩子盖一个被子。生了我，我哥46年当的兵。他的军龄和我的年龄一样。想起那会的家庭，（现在）真是每天过年了。我记得我两个哥不穿的裤子是裆裤吧，把裤腿改过来。（我）下午上学回来倒改好了穿上，到全村谝说这是新裤子，其实是改过的。我跟你妈除了下地以外，拾上点米豆，卖了，接上布，还不够了。给小平做鞋，没钱做鞋面，把我老母亲的大襟衣服，把里面的小襟弄下来做鞋。

10. 访谈对象：张雪明（男，1969年3月生于西沟村古罗，高中文化，中共党员，村委委员）
访谈时间与地点：2013年6月12日；西沟村委会办公室
访谈及录音整理：赵俊明

赵：老百姓有没有卖新鲜的小米和玉米的？

张雪明：就是当年的，咱们这里的小米不好吃，生长期长，米是硬的，煮下稀饭不好吃。山上的好，人家生长期短，那个米软，好吃。东南山那个地方的小米更不好，现在都种成党参、山药这些了。种谷子鸟类糟害得也厉害，那个就不合算。咱们这里的马铃薯就不沙，人家就和咱就隔个十来里地，人家那就好，那里就沙。咱这里的马铃薯也长不下人家那么好，小。你没有去东南山，人家那里的马铃薯才真是好，区别真是大啊。

赵：现在这种地好像都变了。

张雪明：农民你有时候不按季节也不行，节令管死你了，这两天咱还感觉冷了，那个苗它出来就不会长。你就是种得早了，它苗出来也不怎么长。今年旱得厉害，收成受损失大了。我的玉米刚长出小芽来，有一种鸟，出来一颗啄一颗，把苗子下边的种子都吃了，我的半块地就没有了，人家找那个真是准，后来又补了补，生长期90天的，也是想能收个收个，一般来说补栽上效果不怎么好。今年的麻子，现在才往出长，往年的话都很高了。

赵：咱这种麻的多呢？

张雪明：堤岸边都是（种麻的），有的种得多的能换四五十斤油。

赵：你家一年得吃多少油？

张雪明：我基本上一年要吃七八壶油，吃啥都要炒个菜。现在农村吃油多，一个人吃油和两个人没有多大个区别。

赵：吃肉的少？

张雪明：吃肉你就没有那个钱，你比方说过个节，人家有钱的，比方说今天端午了，割上一斤肉，买上一个小瓜子。大多数吃的都是土豆，新鲜菜就不吃，现在土豆芽都老长了，从窖弄出来，扳掉了再吃。吃肉的时候很少，和你说吧，也就是逢年过节割点，过年了，割了十几斤，那就算是不少了。

赵：吃喝和十年前没啥变化。

张雪明：变化不是很大，也是看家庭、看人了，有的是舍不得，有的没有钱，但他一天可是吃得好。你要说舍不得吧，咱这会儿一年也要吃上七八十斤油了，反正总的来说，吃不上猪肉，这个油也不是那时候了。我小时候，一家一个油罐子，布子上沾点油，转一圈擦擦锅底，那也是个炒菜了，现在倒上一两油，它也是炒菜了，那能一样了？不一样，区别大了。

图 6－10 新西沟

11. 访谈对象：张章存（男，1947 年 12 月生于西沟村老西沟，初中文化，中共党员，曾任西沟村党总支副书记）

访谈时间及地点：2014 年 4 月 21 日；西沟村委会

访谈及录音整理：刘晓丽、赵俊明、郭永琴、张文广（整理者）

张章存：小满一般是旱的多，不好种苗。所以到小满，一般谷就都上来了。土地温度也高了。天又旱，一中午就把它晒死了。不好种了。你要打核桃了，（就到）白露了。

张：我看咱们村的商店规模都不大。

张章存：以前统购统销的时候，买什么东西都得到供销社了。现在了，你就是再摆得多，就没有几个人买。开得大了，没人要。

张：这里的购买力不强啊。

张章存：这里离县里近，你花上个两块钱，到县里啥也有，菜多，也能挑一挑。

早上，买一袋菜，一斤两毛钱，你要成袋买，可能五块十块就一袋菜。你要零买一斤就是五毛钱。那是论斤置，你要整袋取，那就是批发，便宜。再一个是新鲜。你要是去弄上菜，搁到那，三天五天没人要，就坏了。这里到城里20分钟一趟车。20分钟坐上车，到城里办个事，一会就回来了。一个多小时，打个来回。

张：我说这的商店怎么这么小。

张章存：你就小也不行，有些东西，搁的时间长了，过期了。搁上那个，卖不了不行。再一个，这会都吃新鲜了。过去割肉一家都要割的十几斤了，这会要吃饺（子）了，弄上个三两斤肉。过（正月）初五了，重新割点，吃个新鲜。我那个儿媳妇以前在饮料厂上班了，饮料厂不上工了，就骑个电动车，买点豆角，买点蒜薹，买点炉面那个面，我去了以后，就给做点炉面。她吃饭的时候，爱变点样。我不会做，也老了，她就是做上点，来给你改善改善生活。

郭：你的宅基地看着比较多啊。

张章存：为什么我那个都是两座呢。他就是老大有两个儿子，批了两座。原先给你三座呢，盖不起。批下来了，盖不起。

郭：那批下来不盖，是不是还要收回去了。

张章存：嗯，要收回去。最多10年，你得盖起，盖不起，就要收回。我那个老三，我两个侄儿都在外面了，他就没有盖。人家都已经追了两次了，要是再不盖，就要收回了。

郭：宅基地一般在什么地方给批了？

张章存：老西沟就都在这儿了，沙地栈底下了。

郭：占不占耕地了？

张章存：耕地不耕地，反正就那一块。

张：要申请吧。

张章存：申请，支委会研究。研究完以后，申请县土地局。

张：决定权在支委会还是村委会？

张章存：需要两委会同意。

刘：宅基地有没有限制？

张章存：就是2分地。

刘：可以几家合起来弄个大的地方吗？

张章存：不行。就是一块一块的。

刘：前天我们去周建红他家，他那个房子怎么那么大？

张章存：批得早。以前批的那个地方了，一点，你就在这盖了。那个时候就是点了，没有尺寸。后来就有了尺寸了，长多少、宽多少，南北是什么，2分地呗。

张：地方是怎么选的？

张章存：得按照村里的规划。

张：李顺达不在村里了，谁在村里主持工作了？

张章存：张俊虎［曾任西沟村党支部书记，全国劳动模范——编者］。老李不在村里了，就有交代，张俊虎主持工作。

张：您经手批了有一百五六十户宅基地？

张章存：嗯。

张：程序是什么？

张章存：他先去申请，两委会研究，研究罢以后，办手续，这一遭办了以后，大队盖了章。最后到了乡里边。乡里边通过了，再上县土地局。土地局把手续批下了，再去给你安排。

张：这个事情在村里是归您管吧？

张章存：大队有分工。谁管啥，谁负责啥，都有分工。

12. 访谈对象：郭爱巧（女，1937 年农历四月初三生于平顺县城关乡［今青阳镇］路家口村，小学文化，曾任西沟村幼儿园负责人、保姆）

访谈时间及地点：2014 年 5 月 10 日；沙地栈

访谈及录音整理：刘晓丽、郭永琴（整理者）

郭：那时候早上一般吃什么饭？

郭爱巧：早上吃疙瘩，玉茭面煮疙瘩［将玉米面捏成饼状，放入小米粥中熬熟］。

郭：干的？

郭爱巧：玉茭面上滚水袋［搅拌］起来，捏捏捏捏，煮出来。煮土豆、煮胡萝卜。

郭：胡萝卜都是自己种的？

郭爱巧：都是自己种的，那会就不兴买。现在这社会真好啊。现在穿的鞋都是买，我穿着自己做的鞋，自己做的鞋舒服。买上的鞋，不知道为什么，后底削我的脚，我自己做的鞋，你有钱买找不着。那会都是做，累的小孩领上被子，小孩瞌睡了，就做这个。

郭：那会就穿这种鞋吧？

郭爱巧：这鞋叫面包鞋。脸长，压布口子就能穿。后底倒兴开这个底（塑料底）。那会呀，可累了，可累了。

郭：你们那会过年不吃饺子？

郭爱巧：吃饺子就是榆皮跟疙瘩面，玉米面，里面包点萝卜丝子。

郭：鸡蛋也没？

郭爱巧：鸡蛋还要去换盐，不换盐就吃不上，豆腐过年的时候，有豆子磨点。

郭：豆腐怎么吃呢？

郭爱巧：也炒点菜吧。那会酱醋就少，炒点土豆丝，蘸上点豆腐，有钱了你背上小米去枭了，卖上个钱，置上点粉条，过年了。过去没钱，想去要钱就得背上米去城里卖了米，才能买点这，买点那。哪像现在。

郭：一年吃不上一顿肉？

郭爱巧：吃不上。

郭：客人来了怎么办？

郭爱巧：亲戚来了也是炒点土豆丝，馍馍也是玉米面。这会谁还吃玉米面。过去苦了，老天爷下雨，不下了吧，就大人小孩，我爸爸领我姐姐姊妹去荒地拾柴火，磕磕绊绊背回家，一坨坐着烘火，冻得呀（浑身哆嗦）。现在烘火还是烧的树格枝光叽叽的。我父母亲那会可可怜，可苦呢。我姊妹8个哩。那会就是那社会。

郭：晚饭还没吃呢吧？

郭爱巧：我姑娘在家卖饭，蒸馍馍、大火烧，烧千层饼。我昨天前晌去来，给我带上。昨天中午，我弟弟来了，包的猪肉饺子，又炒着鸡蛋、豆腐、韭菜，又包着素饺子。昨天中午吃的是猪肉饺子，今天中午吃的是素饺子。现在社会好了，只有我老两个，就要好好吃，不攒了。孩子都在外头。大孙子就叫我好好吃。

郭：村里不给往回拉白菜等蔬菜？

郭爱巧：拉上来卖了呗，不便宜，你拉来一车，你说一斤5毛，就5毛，一斤2毛就2毛。我愿意买一袋，愿意买几个，这会这卖菜的也经常来，一天来一次，这个新鲜菜过年就一直不断，小瓜了，白菜呀。年根发的那旧白菜跟这个新白菜就接住了。

郭：咱们这边都喜欢吃土豆、白菜。

郭爱巧：对。收罢秋装上袋，到过年没有了再买上，就吃到二三月了，这不是二三月有新白菜，苗子白，新菜下来接住，配上豆腐、配上土豆、配上粉条、配上白菜。炒盘了，有客人也可以炒盘，炒猪肉，炒鸡蛋西红柿，炒茄子，不来客人不买，再买个火腿肠。你看我那会我家的媳妇孩子都是老师，过年分福利，现在没有了。以前我孩也分，媳妇也分，分上了就和吃了。老二是工人也分了，老二给上点钱，（老二说）妈你到家买（点东西），吃的没了就买，有了就不买了。社会不歪了。你不劳动，偷，摸，就不行。我都是发这些东西，闺女给点、孩子给点。老俩不是过得不错。媳妇来了买点新鲜菜，孩来了买点新鲜菜，孙子来了买点新鲜菜。来了就给肉、豆腐买上。我这孩子都孝顺。咱来这家，20多岁倒领家过了，亲戚来了，做不了饭，炒菜了，烙饼了，咱累着小孩就给人家做不了饭。

刘：那时家庭可苦呢。

郭爱巧：嗯。你去不到地里边，就得做点家务事。那会年轻，等小孩睡了，我就起来动，那会就有电了，我做到黑夜。白天三顿饭，累着小孩。我是身体好，做了一辈子生活，早上就没有躺过。自己生了小孩，上学校了，早起［早晨］就得早早起来，做饭，小孩上学校了。冬天（早上）5点50就得离开炕，6点就得做饭，七点学校放了下来吃饭来了。后底，孙子又接住，大媳妇生的这个孩子，上地，加工，剁猪菜，一直累大孙子。又得给人家做饭呀。冬天5点50准时地离开炕，赶紧弄咱农村的不烂汤呗，弄进点土豆丝去，拌进白面，还有粉条，他两人就来吃了。这个孙子，还有个娘家的侄儿子，也来这里念书。（他们吃完）再做我们早起的饭。

13. 访谈对象：申纪兰

访谈时间及地点：2014年5月12日；西沟乡政府

访谈及录音整理：刘晓丽

刘：栽树的时候是不是起早贪黑地干啊？

申纪兰：像我们跟李顺达同志栽树，带上干粮，早上走，晚上回来。

刘：带上点啥干粮？

申纪兰：玉米窝窝头，还要填上糠，50年代么，（现在的）年轻人都没吶吃过糠，糠是玉米谷糠，推罢米，丢下那个糠，都要填上玉米吃了，不了肚饥，糠菜半年粮。

勤俭办一切事情，就是不够能够了，够了还能长余，勤俭办一切事业，多会儿也不吃亏。我们还树立了勤俭治家的模范，宋银桥，她是家里头过天气最仔细的一个共产党员。

也有不会过的，有了就大吃二喝，没有了就饿起来了，也有这种典型。人家会过天气的是，有米吃到五黄六月，有新衣穿到过年过节，家有万贯还要补衲一半。当然现在不补了，谁也不补了。每一个群众都应该想到农村也要节约，节约土地也是农民问题么。你过天气家家户户都应该节约，这是说到了千家万户的问题，你到家里头，你瞧电视你开开，不瞧你关了，有那人不瞧还开哩，那不浪费电？都要节约么，本来做一顿饭下了一升半（米）就够了，就下了2升，就浪费半升。半升要经常算下账来，就是个大数字。

增产节约么，你不增产，拿什么节约？生产发展，这是个大方面，增产节约，这也是个大方面。

那会儿这洋槐花都要吃了，现在谁吃？那会儿地里有个玉荬苣子都要打回来烘火〔烧火〕，这会儿谁也不要了。那山上那柴那么多，那会儿长上那青蒿都要刨回来烘的火。那会儿要不了水土保持不了，山上就连蒿都要弄回来烧了，这会儿也不烧了。真是共产党好啊，真是社会主义好。

咱大有大好，小有小好，这都是社会主义哩因素啊。那会儿冬天那炕全是烘上来，李顺达说白天晒太阳黑来躺热炕么，就全指着炕暖哩，连个盖哩什么都没有，就是个席子，那会儿那生活多苦啊，哪有个褥子来。你看这会儿这床单、衬单、背心，数不清这个变化，年轻人想就该着，他一生下来就享受着这些东西，他就想还不满足。不能比呀。

党的政策，一个时期有一个时期（的政策），发展也是一个规律跟住一个规律往前发展哩，也不是一下子就都能弄成个什么样子。这是个物质基础问题。

（三）婚丧嫁娶

1. 访谈对象：张章存（男，1947 年 12 月生于西沟村老西沟，初中文化，中共党员，曾任西沟村党总支副书记）

访谈时间及地点：2013 年 6 月 1 日；老西沟

访谈者：刘晓丽、赵俊明

录音整理：张文广

赵：您是哪一年结婚的？

张章存：67 年结的。我将 20 岁结的婚。结婚时候就是简单办了一下。那个时候就是陪送的钎、镢、扁担、箩头，箩头就是担粪用的。就陪送的这些。

赵：你结婚的时候，有没有请几个人吃顿饭了？

张章存：那个时候，不让弄大锅，在家里边，就是有个亲戚朋友来的时候，支个一桶水的锅，那个时候吃喝也不行。结婚也没有去外边。自愿结婚也不让你铺张浪费。结婚就是从那个后山步行来的。接回来就算了。我娶她的时候，去了两个女的，相跟着我去娶回来，给她接回来。她娘家来了两个女的来送了。集体时候，结婚都是那样子。我刚结罢婚之后，一天黑夜，李顺达去叫我父亲了，他批评了我父亲，说，没和他说。批评的说，要结婚了，也不告。再一个就还小么，再迟几年结么，急甚了。最后，我父亲说来，又没有给他说娶了。他说不行，退了。叫我给西沟乡，那个时候，在龙镇了，叫的是西沟，打上电话，不让（结婚），退了。（我）结了婚了，娶回来了，就这样以后就那了。我们结婚时候，也是步行去了。结婚时候，东坡上，有个叫张俊宽，他比我大两岁，我姐姐家一个小姑嫁给了他。

我们都是一天去的，早上我吃了饭，我媳妇去了她姥姥家，在那吃了点饭，步行就去了龙镇了，去了乡政府，那个时候乡政府的一个秘书，正是我上完小时候的一个老师，班主任，姓牛。去的时候，俊宽和我一起去的，还有三四对了，一起去的。去了以后，我那个老师说了，累了，给倒点水，你们休息休息，没有结婚证，你先登记了，又派张俊宽去县里民政局取结婚证了。要不是来，那天就结不了婚，那个人正好是我的老师。我们中午在那吃了点饭，叫俊宽去拿。我们去了那（是上午）10点多，不到11点，就打发俊宽去了县城了。（张俊宽）到了东坡，又弄了个自行车，去的县城。这样以后，我们休息到下午四点多钟，把这个事情就办了。办了以后，就回了。那一天结了好几对。

刘：结婚的时候，咱们去的时候给人家娘家点什么？

张章存：那个时候，她娘家在河南了。从她这个姥姥家去的。

赵：不给人家舅舅家点东西？

张章存：那个时候，就是一二百块钱。可是一年的收入了啊。她有三个舅舅，母亲、爸爸、婶婶。给了220块钱。她有姊妹五个了，一家就是40来块钱。这五家就分了40来块。结婚的时候就给了她家这些东西。那个时候的200多块钱，就值现在的20000多（块钱）。我一年就是100来块钱，那个时候西沟的收入比较高，一个劳动日一块钱。

赵：这是你结婚时候的事情，那给我们说说你大儿子结婚时候的事吧。

张章存：大儿子结婚的时候，我就是40来岁。就是90年左右，老大娶媳妇花了400多块钱。彩礼、请人吃饭花了400多（块钱），不算房子。我修房子买砖才6分钱，一天用工人才两块钱。那不用多少钱。我盖房买原料就没花钱，一遭使的大队的东西，劳动完以后结算的。

赵：那400（块钱）能够了？

张章存：这400（块钱）是光给人家的。大儿子47（岁）了，和我隔20岁。老大大概是86、87年结婚的。

赵：那你二儿子呢？

张章存：老二家大孩子都22（岁）了。我20岁就结了婚了。21岁生的老大。

赵：二儿子结婚是不是花的就多了，几千块钱？

张章存：1600块钱。彩礼可能是1200（块钱），再买买衣裳下来花了1600（块钱）。我那个老二今年42（岁）了，老大47（岁）了，隔5岁。中间还有个姑娘了。两个儿子结婚也就差五六年。

刘：姑娘嫁的时候陪送点啥？

张章存：姑娘嫁的时候，陪送了两个皮箱，铺盖。

赵：你嫁姑娘的时候，和人家要了多少彩礼？

张章存：400（块钱）。要了400块钱，就都陪给她了。

2. 访谈对象：裴书开（女，1954年3月10日生于平顺县西沟乡赵店村，小学文化，村民）

张淑霞（女，1967年农历十月二十一生于西沟村刘家地，高中文化，村民）

张松娥（女，1954年农历九月初一生于平顺县佛堂岭村，初中文化，村民）

访谈时间及地点：2013年6月8日；南赛

访谈者：刘晓丽

录音整理：郭永琴

刘：你们嫁的时候有没有嫁妆？

裴书开：那会还要钱哩？给你缝个红裤子、红衣裳，还是粗粗的大布弄的。集体的时候，（娶的时候）还是自己走了。那会破四旧，"文化大革命"，缝了一身小丝布衣裳，走上来（婆家）。

张松娥：给你缝上个小红衣裳，这还是不孬。支个大锅，来了娘家的喝了人家的豆面汤，还是豆面和白面（掺着）。那会还是走上来了。

刘：谁去叫你去？

裴书开：他爸爸。去了两个人。农村不是有叫唤的（人），两个女的。冬天垫地，那会来了，什么也不会弄。（我）在娘家上头也有哥哥，下头也有姊妹，都提着我，家里七八个（人），我光在家做做饭，你能念成什么书，赶紧跑上学校上上一小会，回来还得做饭，强着上到四年级。我升到四年级就"文化大革命"了，罢了〔学校停课——编者〕三四年。

张松娥：就跟现在伴娘伴郎意思一样，叫上你来就算了。走，蹬蹬跑上，十来里地。赶娶过来，今天上午娶过来，队长就知道，就叫你上地。成天开会，成天去。

张淑霞：我那会（80年代）就有车了。我娘家也是这个村的，离着五里地，守得这么近。我姊妹三（个结婚）都骑的马，要了五百块钱的彩礼，人家还不让给够，给了480块钱。一共八匹马，两厢四匹马，去了接上就来了。那会500块钱就顶是最高的彩礼。

刘：你们这么大年龄的人结婚都是骑马呢？

张淑霞：不是，人家都是坐车，近了是不行。我爸爸那会好红火，好讲个排场。

裴书开：那会骑马还很稀罕，人都说了张毅〔音〕娶媳妇，她爸爸叫他骑马，（人们）都去瞧。

刘：七八匹马好找吗？

张淑霞：那会有，人家都喂着马，都备着哩，都打扮的马。那会也没能照上个相。我那会也兴集体相。那会 500 块钱就顶最多的彩礼了。

刘：要 500 块钱彩礼是什么时候？

张淑霞：86 年来。

刘：来了准备着房子没有？

张淑霞：那会反正就是那个旧房子吧，也收拾得利利索索的。

裴书开：咱那会［70 年代——编者］来了就住了一个小夯窑子。

张松娥：还不如羊圈的小夯窑。小圪垯炕这么点［用手比画，表示小——编者］。

刘：你们找对象是自己认识的，还是介绍的？

张松娥：那会那个介绍的吧，介绍也是遇人家。那会知道能劳动，能受就行，这会老实可不敢嫁给他，那会嫁的知道很能受。娶了，还不知道人家（怎么样），给了你一条被子，一条小条椅子，冬天也是这，夏天也是这。那会嫁了还不知道这个村是哪呢？我见了一回（新郎）。见了一回，人家介绍的说行就嫁了，接回来是黑夜结了婚。

裴书开：那会当家人说嫁了吧，你也就不能说。你也小了，才十八九（岁）。

刘：父母说行就行？

裴书开：嗯，大人说来行就行。人家是听媒红，人家说行就行。当年那会，我娶上来，那会也兴贴对（联），后底好几个院子，好几家，也瞧不见对子。领上家来了，（我）费劲瞧了瞧院底有个小土窑子贴了（对联），那火着着，人都在那要，也兴几个半大孩子要了，气得我呀。

3. 访谈对象：张天娥（女，1949 年农历六月初六出生于西沟村南赛，小学文化，村民）

马书珍（女，1944 年农历八月二十五出生于西沟村老西沟，初中文化，曾任妇女队长）

赵雪英（女，1947 年农历腊月二十三出生于西沟村南赛，小学文化，村民）

访谈时间及地点：2013 年 6 月 8 日；南赛

访谈者：刘晓丽

录音整理：郭永琴

刘：你结婚的时候怎么闹的？给不给彩礼那些东西？

张天娥：正是"大跃进"时候，（嫁过）来有彩礼来？就地走了 10 来里（地）

哇，毛驴也不叫骑了，反正也不叫支大灶了。我娘家自己喂牲口，送到村口就不叫骑了，叫下来，说检查。就是两个女的叫去，（一共）3人。

刘：做上两身衣裳？

张天娥：就是缝红丝布的衣裳，还有一身，两身放着。那会没甚。那会是粗布里子，外头红丝布衣裳，装着棉花。那会秋衣秋裤都没有，还不兴，就是缝个丝布衬裤。

马书珍：我家娘家一共花了200块钱，很败兴，就不敢说。那是61年。

刘：怎么上礼？

张天娥：一个小队6尺布呗，顶（好）是送帐，再不就是挂个玻璃边。都是队上送，那会就不兴个人送。一个队一个。

赵雪英：那会上礼才上5毛钱、2毛钱。还叫担上萝头拣驴粪。

马书珍：那后来是六家弄，一家一尺（布）。

刘：也不让休息？

赵雪英：来了就得上地、开会，媳妇上地还要广播哩。前村那个典了礼，晚上就要上地。老百姓现在一个月领65（块钱）。住这个家，下雨一直湿的，冬天有时候也返潮。李顺达那会开会，说是摊上个好光景，唱歌呢。比过去了是，以前，吃也吃不上，喝也喝不上，想买什么也没有。那会领上四尺半布票，一个人还穿？炕上没铺的，身上没穿的。那会买上个甚也没有。过年缝上个小夹布衫，春天拆开套呢。那会买个鞋吧，就没那个东西，后来才时兴黑水鞋，球鞋。

刘：你们那会结婚是介绍呢？

张天娥：那会都是媒人，现在是介绍人。那会，吃也吃不上，喝也喝不上，起来，给人家拾驴粪。那会就是劳动，拾粪为主，拾粪、种地。我娶了还给我弄了个粪叉，跟男人一样受，给挣一块钱。想起那会可费事，我爹当队长，追给我个粪叉。可赶那时候，那会也没有钱，那会就是有一间就是一间，有个缸就是一个缸。这会这人是要求房了。那会养四五个孩子都要娶上媳妇了。这会养上四五个还愁死了，借裤子、衣裳，借家，借箱子。男人家就是借上裤子衣裳，那天办事。一般娶回来，来了把衣服从圪崂［角落、墙角］拿出来。

刘：那时候找对象的标准是什么？

张天娥：那会男的就是老实、能受就行。那会都没钱，都是一天一天地受。那会也是不好，论吃吃不好，论穿穿不上。黑夜把孩子奶瞌睡了，把煤油灯吊到这空的，在炕上做鞋，那会儿还没电。

刘：61年过来，给彩礼吗？

马书珍：没有，说实话，那会一百多块钱，200块钱就算最多。我那会念书，最后那年 17（岁）上，念了一季书，花了 40 块钱，人家给出的 40（块钱）。

4. 访谈对象：张光明（男，1986 年 12 月生于西沟村沙地栈，高中文化，中共党员，村委委员、民兵营长）

访谈时间与地点：2013 年 6 月 10 日；西沟村委会办公室

访谈及录音整理：赵俊明

赵：结婚了吗？

张光明：结了。

赵：有没有孩子？

张光明：一个孩子，3 岁了。

赵：媳妇也在村里？

张光明：没事干，看孩为主。孩子稍大了再打工吧。现在孩子两三岁，是最难看的时候。

赵：二十几结的婚？

张光明：23 岁。

赵：当兵刚回来就结了？

张光明：2008（年）还在外头闯荡了一年，2009 年开始搞对象，2010 年结婚。

赵：咱们这里结婚年龄大部分是二十四五岁？

张光明：也有早的吧，大部分是二十四五岁。

赵：你这个年龄村上都结婚了吧？

张光明：和我一茬的都结婚了，有孩子了。

赵：你娶媳妇花了多少钱？

张光明：那会儿还很便宜，一共花了 100000（块钱），不到 110000（块钱）。那会彩礼少，四五万（块钱）。

赵：盖房子、娶媳妇，等于把老百姓一辈子都搭进去了。

张光明：一辈子进去了。

赵：这个年龄的女孩子嫁外地的多不多？

张光明：最远的嫁到南京，大部分基本上是本地的。

赵：你媳妇是哪里的？

张光明：县城的。

赵：娶本地的女孩多？

张光明：去太原这类的，来回跑的，能娶外地的。

图 6 - 11　婚礼上的私家车

5. 访谈对象：郭腊苗（女，1970 年 11 月生于平顺县西沟乡韩家村，初中文化，中共党员，村委委员）

访谈时间与地点：2013 年 6 月 10 日；西沟村委会办公室

访谈及录音整理：刘晓丽、赵俊明（整理者）

刘：你是哪个村的？

郭腊苗：我是南赛的，和房书记一个村。

刘：你们村大了？

郭腊苗：不小，数那个村人多了。

刘：你在村里除了管这个，还管些什么？

郭腊苗：别的就不管，有时候忙不开了，也管一管医疗保险，给人家帮忙。我分管主要就是计划生育和妇女这块。

刘：婚丧嫁娶管不？

郭腊苗：一般村上倒也管了，有时婚丧嫁娶，就是去了给人家帮忙。

刘：村里边有专门组织的没有？

郭腊苗：专门组织的没有。一般就是大队这伙人，西沟这块分片，他那片负责的就管了，他自己解决不了吧，他村里就管了。

刘：村里还有一个领导？

郭腊苗：对。

赵：前两天，下边有一个他儿子死了，我看见申主任都去了。

郭腊苗：那个村申主任都管了，其实到时候都去了。没有组织，就形成这个习

43

惯了，谁家有事就都去了。

赵：年轻人结婚，外头来的多，还是村里走的多？

郭腊苗：女的走得多，都嫁到外边去了。

赵：去哪里的多？

郭腊苗：哪里也有，还有出省的。这会儿念书的就念书，不念书就在饭店打工了，出了外头就在外头找了对象，都嫁出去了。

刘：男孩在外头不好找对象？

郭腊苗：也有找下的，也有可能是外头的。像现在咱村上这条件，还是不很行。虽然说现在条件好，但外头的闺女还是觉得咱这里不是很富裕。

赵：总体来说，结婚年龄一般是多大？

郭腊苗：一般来说，村上结婚，都在 22（岁）、23 岁以后，25 岁以上的也有。现在的这个年轻人，结婚都迟了。有一家儿子刚结婚，他都 28 岁了。

刘：那媳妇多大？

郭腊苗：比他小，24 岁了。这会儿都养得少，都让念书了。

刘：也有个别离婚的吗？

郭腊苗：有，有个别离婚，也不是因为打工，有时候说不上什么原因。有，很少。现在的年轻人，都是自己找对象，不像以前有中间人给你说。现在都是自己找。

刘：男的找对象的情况怎么样？有没有到年龄找不上的？

郭腊苗：哎呀，到了年龄找不上的个别的有几个。一般都能找上。

刘：找本村的多还是外边的多？

郭腊苗：本村的也有，一般是上下左右几个村，都能找上。

刘：年轻人结婚互相认识还是介绍的？

郭腊苗：有互相认识的，也有介绍的。现在咱这地方结婚成了大问题了，这个彩礼要得太多。你瞧有时候要上七八万吧，有时家里没房子，再押上四五万，女方再押上 50000（块钱）。咱是个老百姓，去哪里弄那么多，这是个大问题。

刘：有没有给不了那么多？

郭腊苗：给不上就娶不上，要就得给，现在很普遍。

刘：要多少给多少？

郭腊苗：嗯。没有就借债。

刘：彩礼也带回来，不会留在娘家吧？

郭腊苗：带的很少。这里都是要的多，带的少，都是普遍的。

刘：留下养老或给儿子娶媳妇？

郭腊苗：对。

44

6. 访谈对象：张李珍（女，1952 年 3 月生于西沟村沙地栈，大学文化，中共党员，中国人民解放军第二八五医院妇产科主任、主任医师）

张锦绣（女，1946 年 12 月生于西沟村沙地栈，高小文化，中共党员，工人）

访谈时间及地点：2013 年 6 月 10 日；沙地栈

访谈者：刘晓丽

录音整理：郭永琴

刘：你们结婚的时候有没有彩礼？

张李珍：要彩礼是改革开放以后。但是要彩礼风俗习惯一定有。我奶奶就问我："你要了多少钱呀？"我说："我没要，一分也没要。"她说："傻闺女，不要钱，将来以后，他不疼你。"我们家谁都没要。

张锦绣：没有嫁妆，她结婚在部队，我结婚倒是在家，那时候你妈［申纪兰——编者］送我一个毛主席瓷像，送了我一套《毛主席选集》，一至四卷，一包。你爷爷给了我个甚，毛主席像，毛主席在延安，穿了一层铁皮。什么都没有。就没有彩礼，那会那结婚，说个不好听话，几十块钱就买点随便的衣服就走了。我记得我到典礼时候，你姑父推自行车倒来迎我，你妈还让我到她那地担肥了，转一趟，叫我劳动不忘本，才叫我走呢。

刘：新媳妇刚来，下午就得上地？

张李珍：党支部力量还是很强的。

张锦绣：鼓励大家。一个是带头，一个是教育，这两个分不开。

7. 访谈对象：张章存（男，1947 年 12 月生于西沟村老西沟，初中文化，中共党员，曾任西沟村党总支副书记）

访谈时间及地点：2014 年 4 月 22 日；西沟村委会

访谈及录音整理：刘晓丽、赵俊明、郭永琴、张文广（整理者）

刘：西沟在外面打工的孩子都娶的哪里的媳妇？

张章存：我们西沟在外面打工的小孩，都娶的外地媳妇，像河南、山东、河北等。

刘：对，媳妇都还不错。

张章存：嗯，有些真的很不错，比在本村娶的好。外面来的媳妇，脑子来得快，都挺好。像旁边这家有三个孩子，都在外面，一个在深圳，娶了个四川媳妇。

刘：四川媳妇能干。

张章存：下面有对双胞胎，一个娶的是太原媳妇，老二先结婚，老大年前结婚的。

刘：娶外面媳妇还是不花钱，不用要彩礼。那现在就是说西沟这些年轻人就是愿意出去打工，肯定不愿意留在家里。

张章存：嗯，对，一般的年轻人都出去打工走了，不过也得有机会，走的地方也得对。

刘：出去打工的女孩都怎么样呢？也都嫁外面了？

张章存：女孩去外面打工的不怎么多，也没听说在外面很好的。

刘：哦，外面找对象的不多？按理说是女孩好找。

张章存：嗯，女孩好找，但出外打工的也不很多，反正听父母的多，后来又回来家里找了。

刘：村里人现在是认结婚证呢，还是认婚礼呢？你这个家里不办事就不算结婚，是吧？

张章存：一般结婚都要办一办了。

刘：就是领了结婚证不算？

张章存：结婚证那个，也有没办的，谁知道呢？来了就办事结婚了，谁知道办没办证。

刘：就是办事了大家才知道你结婚了。

张章存：嗯，办了事了，知道你娶上媳妇了，结婚了，好多没有结婚证的你也不知道。

刘：现在是男 22 岁，女 20 岁就可以结婚。

张章存：是男 23（岁），女 21（岁），还是隔两岁，实际上我看电视上讲养生的，女人 25（岁）以前生小孩比较好，超过 28 岁以后生下小孩就不太好。

刘：现在结婚生小孩都晚。

张章存：晚是现在条件好了，过去的时候生小孩多了，现在胎不正也好，胎大也好，都能剖腹，过去哪有这呀。现在的剖腹产，小孩的成活率多高了，现在只要是生下一个来就成活一个。女的 18（岁）、20（岁）结婚的，过去结婚的像这（样）的和她母亲隔 14 岁，14 岁就生了她了。

刘：咱们村里还不少这样的人呢？

张章存：不多，都是过去时候，现在在外面打工的 20 多岁结婚。20 多岁结婚的不少。

刘：打工的多？

张章存：嗯，要不然说成这了，马上就娶，都有小孩了，所以说结了婚一娶就得办过了，再一个 25 岁以前就合适呀。

刘：去上学的人是不是结婚晚？

张章存：嗯，一般是上学校的他们就结婚晚了，念大学了就二十五六（岁）呀，二十七八（岁）呀，都在大学就自己找上对象了。

刘：去年的时候碰到下面那家办白事，那人还不大吧，就是去年6月份来的时候，那是谁家了？

张章存：50来岁，那是马金超［音］家的媳妇。

刘：有多少年了？

张章存：有五六年吧，生了两个姑娘，两个姑娘都找上婆家了。媳妇不在后，他去到西安，家里也没有人了，姑娘也都定了婆家了，他就在西安不回来，搞了几年副业，今年是在西安搞什么硅厂，也是搞硅铁了。硅铁污染大，现在都停了，停了后今年又回来，回来后又不愿意一个人在家，又去了潞城，潞城有养猪场，他又去喂猪去了。

刘：像村里这个事的话要去上点礼？

张章存：一般到这的话，上礼的不多，一般红事办的时候上礼的多，白事的话就是悼念，一般是老的，上了岁数的话，家家户户都要去悼一悼去，不上礼。买点东西，买点香，买点纸，去了给他烧点，磕个头，悼一悼就是年龄大的都去，年轻人不管这事，年轻人感到不太正常，一般去悼念的是老的，年轻的不多了。

刘：要是红事的话是村里都去？

张章存：红事的话是村里都要去了，现在小孩做个满月呀，生日呀，百天呀都去，都上礼。

刘：满月是大家都办了？

张章存：一般是生的那么一个、两个都要办一办，办的话就都去。村里住的近处的去帮个忙，再上个礼，一家下来10来块钱，后来又上到20来块钱，现在都是50块钱、100块钱，越来越多了，这个上礼的风气也不好。实际上是你给他上个，他再给你上个，没意思。

刘：有没有这个我也不给你上，也不让别人给我上的？

张章存：这个不多，你在这生活了，你要和人家遇事了，不然你是孤立的。

刘：咱这打工的都娶的哪的媳妇啊？

张章存：四川的、朔州的、晋城的、襄垣的、潞城的、高平的、屯留的、临汾的、运城的。

刘：就是说都是打工的，有没有上学的在外头找的？

张章存：上学的，以前结婚的，就说不清了，就不回来了。

郭：像咱们现在盖一院房子得多少钱？

47

张章存：一院十来万块钱，那还是以前便宜的时候，现在盖起来得十五六万（块钱）。现在十五六万（块钱）可能也不行了，工人工资高了，一个大工出一天180（块钱），小工一天100（块钱）至120（块钱）。还有现在结婚下来的十来万（块钱），有的光要彩礼得100000（块钱），家里面也得准备，像电视、摩托（车），有的还要房要车。就是女孩你供她上学校下来也得10来万（块钱）。

郭：一般上完学大部分就不会回来了吧？

张章存：嗯，像西沟在外面打工的，自己谈恋爱，自己娶上媳妇的还不用钱。像有的小孩长得帅，能说会道，有些女孩也不要钱。

郭：像这样的多不多？

张章存：这种的也不少了，别说西沟大队，光说老西沟现在有百八十号人，现在结婚不一定要钱，有些结婚的花钱了，有些结婚不要钱还给你钱了，有些可能要了100000块钱就给你追回来了。其实就是和老人要上钱，回来给了子女了，现在是这种的多，有些要100000（块钱），陪嫁的东西还不用两万块钱呢。

郭：像咱们这比如要100000块钱彩礼，女方家是不是还往回陪送呢？

张章存：就是说这了，有些（人家）陪（嫁），一下子取出60000（块钱），拿大红纸写上，陪你60000（块钱），有些要了10来万（块钱），陪你个电视机、电动车，连10000块钱都不够。以前村子里孩子大了以后父母就考虑给孩子娶个媳妇了，找媒人给孩子找媳妇，现在就不用。

郭：你那会是不是也是找媒人了？

张章存：我那会也是找媒人来，我老婆家是东坡的，他父母亲都在河南了，他们也是逃荒上来的，后来又返回去了。那时候她母亲有个弟弟，当兵了没成了家，她母亲走的时候就把我老婆给他搁下，让他照顾她了。她有个姨表姐姐母亲死得早，也是在她舅舅家长大的，她嫁到老西沟，她把我媳妇介绍给我的。

郭：见了见面，相了相亲？

张章存：嗯。

郭：相了几次？

张章存：我相了一次，她也愿意嫁我，最后见了一面，出了300多块钱。主要是她有两个舅舅，她两个舅舅一家100块钱，给了她母亲100块钱，要不然就不用出那么多。

郭：她给你陪了些什么东西呀？

张章存：我结婚的时候刚好是破四旧的时候，原先有骑马、坐轿的风俗。我结婚刚好破四旧了（就）没有（了），（她家）给了我一些箩头、锄头等

郭：那就是娘家给陪了些生产工具？

张章存：嗯，就是些生产工具，其他啥也不陪，那个时候也不骑马坐轿，就是步行。

郭：破四旧让你办酒席吗？

张章存：不让支大锅，也不招待其他人，娘家就来了两三个人。开始西沟的规矩是十字披红，骑上马，弄上八音会吹着，我那会就啥也没有，因为破四旧了，我那时候也比较积极，所以就步行，十字披红也不带了。

郭：你有没有做新衣服？

张章存：做了一件外套。

郭：你结婚的时候怎么办的？

张章存：那就是娘家来了三四个人，招待了一下娘家人。

郭：给人家准备了些酒？

张章存：那时候也不喝酒。

郭：酒也没弄，肉也没弄？

张章存：好像是割了2斤肉，吃了一顿（饭）。

郭：娘家没意见。

张章存：大形势就那个形势，娘家也就不要求那些了。

郭：那个时候村里面结婚都是这样？

张章存：都是这样。

郭：什么时候又开始恢复摆酒席了？

张章存：到了80年代就多了，实际上那个时候结婚最多要的也超不过五六百块钱。

郭：80年代土地下放后有什么变化？

张章存：那个时候女方就是要箱子了。

郭：衣柜什么的要不要？

张章存：没有。

郭：女方不准备被子什么的吗？

张章存：有，男方准备的。

郭：那女方就不给弄？

张章存：也不是，女方来的时候拿几个包袱，买个脸盆、梳子、镜子。

郭：结婚的时候女方提包裹的，咱们这给不给钱？

张章存：也给。

郭：那一般给多少钱？

张章存：像那会一般给一块来钱、两块钱的，超不过五块钱。

郭：现在给多少？

张章存：现在取个钥匙，像摩托（车）或其他，都是成千要的，1000（块钱）或 2000（块钱）。

郭：现在陪送自行车的不多了吧？

张章存：也陪送，像以前陪送自行车、裁缝机，后面都陪送的是钱，或者电视机、摩托（车）。这也是根据社会发展变化的，现在一般娶媳妇先问有车没有，有房没有。

郭：你大孙子结婚的时候是不是也要这些了？

张章存：那倒没有，大孙子结婚的时候要了 70000 块钱。

郭：什么时候结婚的？

张章存：大孙子结婚五六年了。那会要了 70000 块钱，娘家陪送了一辆摩托（车）、一个洗衣机、一台电视，就这些。下来买买家具，房子里弄弄窗帘等也得十来万块钱。大前年我二孙子娶媳妇要了 100000（块钱），连家里面花下来花了十四五万（块钱），最后陪了 30000（块钱），其他东西什么也没有。

郭：这是找的咱本地的媳妇？

张章存：壶关的。现在结婚倒不怎么用父母（管）了，两人说好就行了。

郭：现在相亲的多不多？

张章存：现在相亲的不多了，都在外面打工，早早就有了。

郭：咱们这多大年纪结婚的比较多？

张章存：一般二十一二（岁）到二十五六（岁）的比较多。

郭：30 岁结婚的呢？

张章存：30 岁左右结婚的就很少了，二十六七（岁）以后结婚的就不多了。

郭：咱们这考上大学出去的也是那个年龄结婚的多？

张章存：在外面的那些结婚时岁数就要大点，他们读书出来就在二十五六（岁）了，就晚点。要是高中毕业的话，结婚就在二十四五（岁）了。

郭：四五十年代的时候结婚的男的一般都比女的大吧？

张章存：大一两岁，那个时候特别是东南山上女的十六七岁都就订婚了。

郭：有没有童养媳？

张章存：现在没有，过去时候有。

郭：最晚什么时候还有童养媳？

张章存：我记事的时候就没有童养媳了。70 年代到 80 年代十六七岁的女的都就结婚了，男的是在 23（岁）以前都就结婚了。

郭：咱们这儿的媳妇主要是外村的？

张章存：那个也不等，本村外村的都有。2000 年以前都是本地的，2000 年以后的外地的媳妇就多起来了。

郭：咱们这结婚户口迁回来了吗？

张章存：不迁回来。

8. 访谈对象：申纪兰

访谈时间及地点：2014 年 5 月 12 日；西沟乡政府

访谈及录音整理：刘晓丽

刘：50 年代西沟娶媳妇有没有嫁妆？

申纪兰：那会儿就很简单，一个小排车就把媳妇娶回来了，食堂化那会儿，滚了一锅汤面，大家倒算娶过媳妇了，这会儿可不行。

刘：娶过来第二天就劳动？

申纪兰：娶过来了就参加劳动，我那个弟媳妇就是，上午来了，下午我倒引上去了地里了。那会儿拜堂，给他们个《毛主席语录》，那会儿也很简单，这会儿浪费太厉害，可不一样了，这会儿有钱浪费太厉害，娶媳妇就是 80000 块，90000 块，这还光说彩礼钱，不说盖新房，那会儿才 300 块钱就娶个媳妇。

刘：新媳妇穿不穿红衣服？

申纪兰：穿一身红衣服。

刘：婆家给做上一身红？

申纪兰：典礼的，要上彩礼就是做一身红衣服。

刘：那时候娶回来和老人住在一起？

申纪兰：也有个新媳妇家吧。

刘：昨天村上有人结婚，现在这个结婚有什么程序？

申纪兰：很简单了，村上谁要办事，咱村上积极支持，有困难事情解决不了，帮帮忙，没电了，给他找一找，（还有就是帮忙）做饭。

刘：我看你还是主管呢么。

申纪兰：他都说吧，那也是应了个名。

刘：你就是这个小村的？

申纪兰：是，我就是这个村（沙地栈）的。

刘：去年我们就拍了家结婚的，今年又碰上了，咱就是要把老百姓的日常生活写出来。

申纪兰：结婚是老百姓的一件大事，他要干这件事，干部就为他服务。

刘：我看你早早就去了。

申纪兰：我早上 5 点半倒去了。像这种事情吧，群众也很支持的，像对他都就是个关键事情，咱能帮上点小忙。

刘：结婚对老百姓就是大事。

申纪兰：大事，这是老百姓一件终身的大事。

刘：现在村里头的年轻妇女。嫁到外村的多呢，还是嫁在本村的多？

申纪兰：也有些嫁出外村的，嫁出外村的不少，本村也有，外地来的也不少，现在特别是改革开放以后，五湖四海的。

刘：50年代时候怎样？

申纪兰：50年代就是当地嫁当地。不怎乱，现在是走出去乱了。她先恋爱了，她跟武乡人恋爱了，她倒嫁到武乡了。她走出去了，在太原的，就嫁到忻州了。

（四）乡风民俗

1. 访谈对象：常开苗（女，1948年农历五月初五生于平顺县城关乡［今青阳镇］崇岩村，高中文化，曾任西沟村妇女主任）

访谈时间及地点：2013年5月24日；沙地栈

访谈者：刘晓丽

录音整理：郭永琴

刘：西沟的水土养人是吧？

常开苗：嗯，干部啊，领导啊，好像就自己家的（一样）。像自己的子女，也是特别孝顺，也没有说子女和当家的不养活，吵架，这种事情很少，争吵、打架这种事情也少。婆媳关系、各方面家庭关系都也搞得很好。可以说是家和万事兴，家和气了，什么事情也都很好，家不和，什么都干不好，你想这了，他想那了。三人一条心，黄土变成金。很好了。像我这个家庭，就没有另开什么家，我是住三间房，底下中间那个是老大的，这是老二的（用手指），底下那是老三的。老三在（平顺）县买（房子），老大也在（平顺）县买的（房子），都没有另开，都在自己的地点住了，不是分这个，分那个。没有你要个碗，他要个锅吧，争争吵吵，没啦那种事情。这是习惯性的，他就不会去争吵，他自己光知道我没啦什么，买一个吧，置上个吧，没有跟当家人要这些东西（的习惯）。

刘：你家和睦啊！

常开苗：13口人呢，大的家两个姑娘，那个在天津念大学了，那个在长治，这两天不知道在哪学习了，他家四口吧。老二家3口，孩念书，老二在外头上班，媳妇在县给孩做饭了，这会都去了城关念书了，他家一个小男孩。老三家一个姑娘（节日），一个男孩，他跟他媳妇给孩做饭，都在外头。我俩在家种地。礼拜呀，弄甚（节日）呀，孩们都回来，这个给你买个这，那个给你买个那，谁也只嫌谁给得少了，谁也只嫌谁买得少哩，都成了习惯了。你也不用跟他们要。

刘：领家人领好了，下边也就顺了

常开苗：我跟他爸爸这个人正正气气、踏踏实实的，方向指得明明确确的，该干甚干甚，违法的事情绝对都不干，所以各人干各人事业，各人领各人家庭。从小我就说，大了成家立业比赛，谁过得好算谁。所以大了，都是争强比赛的，都过自己这个天气。好像到这个家庭上聚到一块都是欢欢乐乐的。礼拜天可愿意回来了。我说是人家是三子恨父，你都是三子争父。电视里演七八个孩子，谁也不愿意养活（老人）。你这是他说跟我到一处（住），那个说跟我到一处（住）。哪里也有我的东西。每个地址都有我的东西。大孩子在县里买的房，他那更是甚也有，开开门，水也有，电也有。老二家在县里赁着房子，老二一个孩子，要那些（东西）做什么，买上没有用啊。（孙子、孙女）不念书就都回来了。所以（孩子们）就不嫌你，光想跟你到一处，这两个孙女隔两天打个电话，奶奶，你怎来，那来。

2. 访谈对象：郝秋英（女，1962 年农历三月十七生于西沟村南赛，高中文化，中共党员，西沟村党小组长）

访谈时间及地点：2013 年 5 月 29 日；老西沟

访谈者：刘晓丽

录音整理：郭永琴

刘：说说小剧团的事吧。

郝秋英：那是耍了，30 年前的事，（在）80 年元宵节。那是村上没事，闲耍了呗。耍了，都说咱就组织起来演戏吧。组织起来，就是正月十五，闹了闹正月十五。

刘：那是闹啥来？上党梆子？

郝秋英：农村小调，没什么正经调子。

郭广玲：她演包夫人。

刘：多少人？

郝秋英：十几个二十个人，一个开明、一个树宾、一个建英家汉子，还有个交秀，一个我，有个有松，7 个人。那时正月没事干，耍了。

刘：那会看的人多了吧？

郝秋英：那并不是看戏了，那是看笑话了，瞧稀罕了。那会在南赛，西沟分 4 个片，我在第一片，嫁到第二片来了。

3. 访谈对象：武反珍（男，1948 年生于西沟村刘家地，初中文化，退休教师）

访谈时间与地点：2013 年 6 月 4 日；刘家地家中

访谈及录音整理：赵俊明

赵：家里还有点地？

武反珍：就是媳妇和孙女的，两个人的地。孩子们都不在家。

赵：有一亩地？

武反珍：六七分地。

赵：去地里不去？

武反珍：也去吧。

赵：地里种点什么？

武反珍：玉茭、谷、土豆。还有点小地，种点地蔓［土豆］什么的。

赵：种一分地蔓就够吃了吧？

武反珍：不够，要好几百斤。产量低。

赵：谷子也是种得也够吃了？

武反珍：嗯。

赵：自己买菜买得少？

武反珍：嗯。

赵：种不种其他菜？

武反珍：还种些红萝卜、白萝卜。

4. 访谈对象：张双兰（女，1967 年 3 月生于西沟村南赛，初中文化，村民）

访谈时间与地点：2013 年 6 月 4 日；刘家地家中

访谈及录音整理：赵俊明

赵：咱们这里的人都勤劳？

张双兰：咱这里穷，没有办法，不勤劳就不行。西沟村整个大队还是数这个小村子富，村里在外边的人多，最早打麻将的就是这个村，那时候其他村还没有这个概念。

赵：都是爱干活？

张双兰：该耍的时候耍，该玩的时候玩。这个村的人团结，就是不论是出外头也好，在村里也好，不见街坊邻居生气的，我到来了这儿快 30 年了，真没见过老婆婆和媳妇生气的。

赵：这是因为什么？

张双兰：咱也说不上来是怎么回事。农村呀，弄个什么，我帮帮你。这个村上

54

影响好。

赵：比如孩子结婚就都回来？

张双兰：都回来。

赵：在外边有干的也回来？

张双兰：回来。这是娶媳妇啦，要是办丧事了，你不管是多远的人，太原也好，长治也好，全部也都回来。

赵：是不是以前一大家子？

图 6−12　村民家中的农具

张双兰：也不是。这个村是好几个姓组成的一个村子。

赵：以张姓为主？

张双兰：嗯，按说还是姓武的多，姓武的以前不是这个村的。

赵：姓武的有几个？

张双兰：老弟兄有 4 个，他来到这个村。

赵：是不是有一个当老师的？

张双兰：他是从河南过来的。还有一家，从山那边赵城那边移民过来的，弟兄们多。

赵：就他们那一家子？

张双兰：嗯，弟兄们多。还是姓张的多。反正就是有个事情，（本家）就都来了。

5. 访谈对象：郭腊苗（女，1970 年 11 月生于平顺县西沟乡韩家村，初中文化，中共党员，村委委员）

访谈时间与地点：2013 年 6 月 10 日；西沟村委会办公室

访谈及录音整理：刘晓丽、赵俊明（整理者）

赵：你们村 600 多口人，好多出去打工了，现在村里留下多少人？

郭腊苗：留下多少，这个不很好估计，因为它很分散的。留下就是老人和一些妇女。西沟还有两个厂子，还是比较好，有些人，男的在厂里上班了。其他村的男人都在外头，留的都是妇女。

刘：妇女出去打工的多吗？

郭腊苗：有也很少。因为家里有孩子，你肯定得看孩子，一般都男人出去打工，妇女出去的少。

刘：男的多长时间回来一次？

郭腊苗：这个很难说，有的走得远的，一年也不回来，有的走得近，阴天下雨就回来了。

赵：这么长时间不在，有没有影响到夫妻关系？

郭腊苗：呀，跟上打工，没有。这会儿吵架很少了。现在年轻人结了婚，两口子没有孩子，两个都走了，南赛就好几对这样的，结了婚两口子都走了。有孩子了，生了孩子，男的在外打工，女的在家里。再不孩子也大，把孩子给他父母留下，两人就都走了。有时候在外找事情不好找。现在南赛有两三对，两口子都在外头，把孩子搁到家里，孩子跟着爷爷奶奶。

赵：孩子多大就领出去了？

郭腊苗：南赛村里，孩子还小，这才两三岁。

刘：孩子上学时怎么办？

郭腊苗：村里有小学，跟上爷爷奶奶在家里，送到小学上去了。

刘：要儿子还是要女儿还是差别大？

郭腊苗：这个差别就很大。

赵：现在的年轻人和婆婆关系怎么样？

郭腊苗：现在也不知道是风气还是啥，年轻人结婚后和婆婆关系搞得可好了，以前都是吵架了，现在没有了。现在都年轻了，婆婆还年轻了，年轻人有打麻将，有个孩子老婆婆给看的。你还有什么气可生呢？现在一般不生气。

刘：主要是各有各的收入。老人也有一些收入。

郭腊苗：以前是媳妇伺候婆婆，现在反了。婆婆伺候媳妇和孙子的，伺候上你还怎么的。你还生什么气？早上七、八点起来，婆婆做好饭，媳妇起来吃了，带上孩子出去了。地你不上，你有什么气生。

刘：60多岁的老人，现在观念都转变了，媳妇住好的房子，婆婆住不好的。

郭腊苗：是，现在都变了。

赵：娶了媳妇在一起住一段时间，或出去了，或自己盖了房子，各住各的，矛盾就少了。

郭腊苗：人家就在外头，娶了媳妇就出去打工了，一年也不在家，没有什么气生。

6. 访谈对象：张章存（男，1947年12月生于西沟村老西沟，初中文化，中共党员，曾任西沟村党总支副书记）

访谈时间及地点：2014年4月16日；西沟村委会

访谈及录音整理：刘晓丽、赵俊明、郭永琴、张文广（整理者）

刘：今天有戏，你要去看戏了吧。看不看戏？

张章存：以前的礼堂就是我管了。

赵：看戏也是中午才看了。

张章存：下午才有了。3点多，4点钟开始唱，唱到晚上，晚上杀了戏［戏唱完］之后，黑夜接着唱。昨天黑夜才来。来这唱戏的，有长治的，去年是沁水的，以前也有黎城的红旗剧团，唱的都是上党梆子。河南的也来唱过好几次。河南的来唱的是豫剧。老李活着的时候，唱开戏，要唱一个月。全晋东南各县的剧团都来西沟唱，唱了以后，西沟才能给他签字了。签了字以后，他才能在各市唱了。

赵：这是什么时候呢，哪个年代？

张章存：70年代末80年代初。

赵：那唱戏不掏钱吧。

张章存：哪次也不掏。

赵：管吃吗？

张章存：管吃。

赵：现在掏钱吗？

张章存：现在要掏钱了。以前来这儿的剧团唱戏，管吃。有时候给他个化装费，最多也就这个。河南（的剧团）也来这唱是（因为）李顺达和河南的杨贵关系是深交。杨贵是河南林县的县委书记，最后去了中央水利部，后来就到了中央扶贫办，红旗渠就是杨贵修的。修渠的时候，它要走我们两三个乡镇，它在这接的浊漳河，它修要经过平顺了，平顺不叫它修，它就上不来。

赵：那时候找的老李？

张章存：嗯，老李那时候是平顺县委书记。（杨贵）每年来这慰问一次，带上

57

剧团来给唱戏。两厢的关系非常好，老李也是从河南林县逃荒过来的。杨贵在林县是县委书记，那个时候，林县比较旱。他把山西的漳河就引到河南了。红旗渠很有名了。那地方现在是个大景点。杨贵修红旗渠的时候，对河南作了很大贡献。罢了以后，就上了中央了。河南一个是辉县，辉县的郑云鹤，（一个是）林县的杨贵。

刘：杨贵还活着吗？

张章存：最近说不清了，反正前两年还活的了，和李顺达差不多大，如果还活的话，也90多（岁）了。

赵：那时候一唱就唱一个月？

张章存：不是唱一个月，一个剧团来这，就唱一天，唱完之后就走了。那个县的剧团就又来了，老百姓看得都瞌睡了。这里的这个小礼堂，在晋东南是第一个。

赵：这个礼堂是哪一年修起的？

张章存：七几年修的。修的时候，李顺达是中央委员、（山西）省委常委、革命委员会副主任、长治市委书记、平顺县委书记。

刘：李顺达那会培养了不少技术能手。

张章存：都有，还弄的小文艺、小剧团，来回还要上其他县演出。

刘：剧团是演什么戏了？

张章存：剧团演的是《红灯记》，京剧《白毛女》《智取威虎山》。

刘：能唱了京剧了？

张章存：呀，什么京剧了，就演的那些情节，还有自拍自演的。

刘：像文艺这个，申纪兰怎么样？

张章存：申主任唱歌也行了。

刘：是不是，唱歌还行了？

张章存：以前拍电视那个最后说申主任能不能唱了，申主任说"我唱"，她能唱。就以前上山上播种，最后老太太都上山上累了，她就带着唱歌。唱的是"走一山又一岭，小花背上去播种，现在播上松柏树，再过几年南山清，建设社会主义都有功"。

刘：那是谁编的？她编的还是谁编的了？

张章存：她自己编的，实际上发动起妇女来以后，小脚妇女上山了。人们都说"申纪兰揽事宽，什么事情都让妇女干，狗儿来说提高妇女地位了，可提得不低，从沟底倒提到山顶了"。这是有的女的说她了，申主任就编的"走一山又一岭，小花背上去播种……"

刘："小花背"是什么意思？

张章存：就是大队沟里那个地名叫小花背。

刘：那个就叫小花背？

张章存：嗯，播种这个都是一山一岭，她有时候发动妇女唱。拍过还几次她唱的了，不过她不管文艺队这个，就这开代表会在中央过三八节，她、郭凤莲都唱了。

刘：哦，她也能唱？

张章存：申主任能受了苦，体力好，身体也健壮。你到西沟有坏了（需要修的）这个根本就不用出村。

刘：以前是吧？

张章存：嗯，自己使得锄呀，钎啊，镰啊，斧啊这些个有个好铁匠。

郭：咱们村的文艺活动稿子是谁给编写的？

张章存：以前村上有自己会拉的，就有爱好这个的，就把那些人都收集起来。

郭：文艺活动那词是谁给写的？

张章存：自己组织起来的人，就有人编，自己创造的。

郭：您那会不是组织文艺活动了？

张章存：那个时候，文艺活动就专门组织了个文艺宣传队。

郭：谁负责？

张章存：原先是崔秋喜，那些都是自己编，自己演。

郭：那大队给人家提供点啥帮助？

张章存：误了工，大队都给记工了。

郭：鼓锣都是大队给提供了吧。

张章存：只要爱去，有些是买的，有些是自己造的。演的时候，需要自己造的，自己就造一部分。演的时候需要草帽了，就买上点。镰刀了、箩筐了，都是自己弄。那个时候李旺先在接待站，当站长，人家是市秘书长了，来了也很仔细，就去他那吃饭，就在接待站。接待站也供些资料、烟。队里有时误了也记工。村上支持这个。

郭：我看咱们有个《西沟文艺》，那是接待站弄的还是咱村弄的？

张章存：以前现代戏都演，《沙家浜》啊，《红灯记》啊，这些都还演。就咱们村的文艺队。

郭：出外面演吗？

张章存：去啊。上过黎城，去过部队。

郭：咱那文艺队多少人？

张章存：有六七十个人。

郭：知青下来有没有给咱搞过宣传活动的？

张章存：知青这个没有。知青下来之后，都是大学生。

刘：村里人有信什么宗教的？

张章存：这儿的（人信）宗教一般就少。耶稣有几户。

赵：是全家？

张章存：也不是。

张：有没有信仰佛教的？

张章存：佛教没有。这儿就有耶稣，除了耶稣之外，没有。

张：有没有什么民间信仰？有没有什么庙？

张章存：庙有。有唐王庙、奶奶庙。60 年代、70 年代之后就没有庙了。到 80 年代后，90 年代，有些人带个头修个小庙。这儿这个庙以前，老李人家不姓那个。在毛主席时代，"破四旧"，全部把那个清除了。

图 6 - 13　赶会

（五）福利待遇

1. **访谈对象**：赵玉生（男，1963 年 10 月生于西沟村辉沟，高中文化，中共党员，西沟村支委委员、纪兰饮料公司保管）

访谈时间及地点：2013 年 5 月 25 日；纪兰饮料公司

访谈者：刘晓丽

录音整理：郭永琴

刘：村里福利也行吧？

赵玉生：要比其他村好点。今年村上还一个人分了一袋化肥，硝酸磷。一袋 108（块钱）。合作医疗不管涨多少钱，自己只出 20 块钱，全部是村里补。还有闭路电视。原来闭路（电视费），村里就都出了，一户一个电视是 100 多（块钱）。去年换了机顶盒以后，收视费就贵了。原来说是村里全出呢。申主任说，不能村里全出，（个人需要）10 块也出上 10 块，（让）他也知道村里给他补了多少。因为一个 190（块钱）呢么，全部是大队补了。你要是村里边有些（人）弄不清到底补了没有，反正光知道得钱，反正不要和我家要钱，（任何缴费）我也不管。

刘：过年过节，重阳节也发点东西？

赵玉生：西沟是到春节，每年是要发一袋面，每个人都有，只要是村里的人都有。去年还发了 200 块钱。

刘：还有啥？

赵玉生：再一个，上面有救灾救济（款物），都是给了岁数大的。上边要评上，给的面、棉衣，都是按岁数排，给了岁数大的。

刘：低保是怎么回事？

赵玉生：低保是评了，每年都一评。

2. 访谈对象：张秋财（男，1936 年农历八月二十九生于西沟村沙地栈，中共党员，曾任西沟村生产小队小队长）

马志勤（男，1937 年农历七月初七生于西沟村沙地栈，煤矿工人）

访谈时间及地点：2013 年 5 月 25 日；沙地栈

访谈者：刘晓丽

录音整理：郭永琴

刘：村里给的福利是什么？

马志勤：（到）70 岁（领钱）。现在多了。原先是 70 岁，现在是 60 岁以上都有了。

张秋财：可能是 130（块钱）一个月。原来是 55（块钱）一个月。以前说 60（块钱）。我听说是适当增加，我到村前问，说没啦改了，没下来通知呢。就 55（块钱）也行，你要买个酸菜，足够你（用）。你要到县城能消费了，在这里什么也没有。

刘：现在的生活不错，是吧？

张秋财：月饼，这会咱都不想吃了。那会我们好几口子买着一斤月饼，分开，几个人都得有点，老李家孩子去了给他妈说，人家是分吃（月饼）了。她说，这也不歪，也买了点。过去买不上，也就买不起，这会得赶紧吃，要不就坏了，没人吃了。现在老人高高兴兴，随着社会好活呢。不要有病，有病医院管你治，大病国家报销。一旦不好了，去医院就治疗了。

马志勤：过去，谁见过？头疼脑热，一看，不用花好多钱。

3. 访谈对象：张章存（男，1947 年 12 月生于西沟村老西沟，初中文化，中共党员，曾任西沟村党总支副书记）

访谈时间及地点：2013 年 5 月 27 日；西沟村委会

访谈及录音整理：刘晓丽、赵俊明、郭永琴、张文广（整理者）

赵：咱们村的福利怎么样？

张章存：西沟下放以后，没有把对老百姓的教育放下。西沟地方的犯罪少得多。发给老百姓的合作医疗了，给老百姓发 40 多块钱。再一个闭路（电视费）上，也给你付钱。去年一个人又发了 200 块钱。每年年底大队给每个人发 1 袋面。70 年代以后，老党员 60 岁以上的，只要探住 60 岁，党龄在 60 年以前的，开始就是从 38 年以前，逐步到了 60 年，1 个人给 60 块钱。后来从 90 年代以后，就成了老党员 60 块钱。70 岁以上的老社员 120 块钱。都是村里给的。其他村，从 2000 年以后，有一半村都要有个给老百姓发个东西了。西沟是坚持时间比较长点。过年过节了，老党员、老干部，（村两委都要）慰问慰问，给点东西，转一转。西沟，属于在集体化时候，按你担任的工作（多少），工作时间的长短，给你发个钱，最多发过 2300 块钱一年。如果干得少，时间短，一般当委员没有当过其他职务的，一年也有七八百（块钱）。其他就是 2000 多（块钱）。

赵：那你呢。

张章存：我现在还没有领呢。今天正式不算了。去年大队给安排的到礼堂（干活），去年给我了 1 天 12 块钱，365 天天天算。今年不当支委了就当退清了。这就退下来了。现在当村干部的就是按出勤，出来 1 天，大队给你按天（付工资）。出勤的天数不一样，出勤 1 天的钱是一样的。

赵：你像广玲陪我们，每天都算出勤，算钱了吧。

张章存：算了。每个人最少也是 20 多天的出勤。一年就是三百三四（十天）的出勤。这又没什么礼拜。去年一天出勤就是 40 多块钱，一年差不多 20000 块钱。

赵：两万多块钱不分级别？

张章存：不分。支村两委都算。书记安排我了，有什么事了，都记工，一天 40 多块钱。老百姓给大队干个事了，一天都是 40 多块钱。一年村里的这个开支就是几万（块钱）。那几年，村里的事情比较多，植树造林，光（张）高明在的时候，一年就是十几万（块钱）的开支，用的老百姓。（王）根考上来就考虑这个，有些不用老百姓了，就用支村两委，该记工了给记个工。这个一年大概上能节约一半多。就有五六万（块钱），（张）高明就得十几万（块钱）。

赵：咱们村里的收入主要是那两个厂子的？还有其他收入吗？

张章存：厂里边，下头这个刺绣（厂）。刺绣（厂）也给村里交几万块钱，饮料厂给村里交 10 来万块钱，底下那铁厂交 10 来万块钱。

赵：上头有拨的钱吗？

张章存：一般，干部工资这个，上头都拨的钱了。西沟村上，按国家的规定，头是 7 个，后头是 9（个），按这个拨钱。其余下这个就是村上（自己出）的。从王根考当了书记，长钢不是不开这个（矿）了，西沟又把矿弄了。矿上每年能弄个一二百万块钱。其余下就没有了。

赵：像你们这种结算是年底结算一次？

张章存：年底。一年结一次。村里一年有四五十万（块钱）的开支，还紧呢。还有接待费的开支。咱们村就一个会计。小队也有个统计员，比方说，今次唱戏了，用谁在这帮忙了，罢了，报上来这，大队就有一个是管这个日常（工作）的，赶到最后结账的时候，就都给你结出来了。公布出来，你自己去结算。还有个收益，就是大队的核桃树比较多，有承包费，一包 5 年吧，就把 5 年的都交清了。有包 5 年的，有包 10 年的，一次算清。这也是村上的收入。西沟还算可以的村了。比上富裕的地方不行，但在平顺县还算好的。

4. 访谈对象：张丑则（男，1946 年农历七月十二生于西沟村古罗，小学文化，村民）

张喜松（男，1953 年农历五月二十五生于西沟村古罗，高中文化，村民）

访谈时间及地点：2013 年 5 月 28 日；古罗

访谈者：刘晓丽

录音整理：郭永琴

刘：现在老百姓有什么福利？

张丑则：够 60（岁）往后，给你养老保险。医疗保险多大都有，大队统一给你出了。养老保险国家出，18 岁往上自己交，老的不交，年轻的交。超过 60 岁开始领开（养老金）了。

刘：养老保险缴费有没有档次？

张丑则：六个档次，有一年交 100（块钱）、200（块钱）、300（块钱）、400（块钱）、500（块钱）、1000（块钱）的。领是那么领，交的总数除以 139，交得多，领得多。

刘：除了这些，队里发点啥？

张喜松：70 岁往上老人发的是 150（块钱），等于是大队救济。春节发 1 袋面。去年按人口 1 人发了 200 块钱。

刘：煤怎么弄？

张喜松：1户1吨（煤）。袁纯清［曾任山西省委书记——编者］来了，全山西省都发煤。有线电视（费）村里全出了。

赵：西沟和其他村相比怎么样？

张丑则：比其他村都强。医疗合作吧，大队给出了钱了，福利比其他队都高，大队还给发200来块钱。医疗合作、电视费80%也给出。自己一个电视出50（块钱），有线电视（一共缴费）190多（块钱）了，大队出100多（块钱）。

赵：每天干什么？

张丑则：种种地、看看地，拾拾柴火，不用筛煤，没事干。冬天耍一耍，圪溜圪溜［音ge liu，出去逛］，这会就是享享福。想去哪就去哪转转。受过罪的人，比以前就觉得很享福。医疗合作，有病的80%报销。乡里也能报销。

5. 访谈对象：张文龙（男，1954年2月生于西沟村刘家地，高中文化，中共党员，村委会会计）

访谈时间与地点：2013年6月4日；刘家地家中

访谈及录音整理：赵俊明

赵：村里发福利也都走账？

张文龙：村里去年每人发200块钱，（总共）40多万（块钱）。

赵：还有其他米面都发？

张文龙：过春节，一个人一袋面，这又是七八十块钱，这加起来就得600000（块钱）。看电视，交的闭路费，集体出大头，一户一个电视交192（块钱），大队出140（块钱），这是集体负担。还有医疗保险，参加合作医疗，从去年开始一个人是60（块钱），集体出40（块钱），个人出20（块钱）。

赵：其他地方60（块钱）是个人出？

张文龙：对。西沟是集体给你负担大部分。

赵：算下来得3000000（块钱）够不够？

张文龙：得这么多。

赵：那咱们的收入与支出算下了有些盈余？

张文龙：有。村里这几年还可以。

赵：福利也是这两三年才好起来？

张文龙：以前也有，少，没有发现金，就是过年1人1袋面、1桶油。再有老干部、老党员，70岁以上村民，集体每年发福利。就是发的补助吧，70岁以上村民每年一人120块钱，去年提到150块钱。

赵：老干部更多点？

张文龙：就是按工龄来核算，当了多年干部退了，按照他的职务、时间计算，

64

给他一些补贴。

赵：财务好转是 2000 年之后？

张文龙：对。

赵：刚下放了集体就没啥收入吧？

张文龙：83 年下放，那会儿就不很行。

赵：83 年之前村集体，还挺好？

张文龙：在全县来说，1 个工分 1 块钱，就挺高了。

赵：除了发放，还有点积蓄？

张文龙：是。

赵：83 年把集体分了以后，集体财务的收入一下子就少了？

张文龙：少了。

赵：落得厉害不厉害？

张文龙：也不很厉害，集体有个果园，承包费上交。农业税，按理说是个人出，西沟特殊，就是集体支付了。农业税、农业特产税，这个就得四五万（块钱），计划生育、道路建设、教育附加（费），都是集体交。下来总得 10 来万（块钱）。

赵：不给个人摊派？

张文龙：咱们这边没有啥。义务工、集体工也摊派过。税收是集体付。

赵：有些地方没有收入，集体就名存实亡了。

张文龙：咱这一直是集体，山林就都是集体的，其他地方拍卖荒山，咱们就没有。

6. 访谈对象：牛来有（男，1950 年 8 月生于西沟池底，初中文化，村民）
访谈时间与地点：2013 年 6 月 6 日；池底郭广玲家中
访谈及录音整理：赵俊明

赵：现在的生活感觉咋样？

牛来有：现在好，我就觉得很好，这个社会真好。农村吧，就是说条件，有个低保呀，养老（金）啥的，不顶大事顶小事。这个钱，你 1 个月挣 3000（块钱）也不觉多，你消费大，咱就是少挣他消费就低，我 100 块钱就够花了，你要生病那是另外一件事。我觉得很好，社会相当好。今年 1 个人给你 1 袋化肥，1 袋化肥百八十块钱了，这是申主任拉回来（的），起码化肥不用买。1 个人过年给你 200 块钱，1 个人 1 袋面，家里下来就 5 口人，就是七八袋面，就够半年吃了。

赵：这个每个人都有？

牛来有：人人都有，不管老的、小的。

赵：200 块钱也是每个人都有？

牛来有：都有。想想过去，想想现在，咱就这个条件，多好呢。

赵：与解放前相比不一样了。

牛来有：咱不要说解放前相比，就前几年和现在相比，就不一样。现在用水，水一拧就来，这个水多好了，又干净，也不花个钱，一年一家就是二三十块钱。当然缺水惯了，舍不得浪费，不用也不能叫跑了，也知道节约，不用咱也不得让浪费，就应该节约。社会好不好，真是好。现在家家户户修楼，我老子死了十来年，他就没享受到住这个房。（他那会住）土坯房，下雨天漏水，那就是那个社会。不用说什么养老（金），根本没有享受过，医疗报销也没有。这会儿多好，就好了，现在有了个病了，现在就是交一部分，钱不够能欠下，人家也给你看。我这个手术你交两万（块钱），你交医疗保险了吗，你要没交，国家就不管。拿上本就行。好像你交50%就行，一万块钱你交5000（块钱）就行。好呀，现在你不能说不好，共产党政策是好，有些也不好实行。

那几年农村（许多人）一直生气来，现在不生气了，这有道理，现在住房好了，我把墙也垒上了，你来我这个院肯定是我的，以前乱七八糟的。王增林，快60（岁），（还是）57（岁），当了有30年（干部）了，一直是生产队长，副大队长（管民事调解）。

赵：咱这儿有五保户吗？

牛来有：有。这个村没有，沙地栈有，他是辉沟人，也有病了，我见队里书记又给他拉水，也管他。五保户有，哪个大队免不了有。社会好不好，怎么不好。总的来说，学生啥的，国家从这方面考虑，那方面考虑，也不错。到了地方也不很合适，现在学生念书，确实是问题，都跑到县城了。家里那个儿媳妇，在家她就能种种地，孩子都是十来岁、五六岁，去城里，接接孩子，做做饭，把她就耽误了，我也还得在家种地。还有消费也就低，出外头还得租房子，买菜什么，开支大。总的来说不错了。出门就是小车，一招手就停下了，过去去长治，就那么一趟班车，误了一天就没有了。

赵：现在到长治的车多？

牛来有：现在一小会就到了，一个来小时。

7. 访谈对象：王根考（男，1956年9月29日生于西沟村古罗，高中文化，中共党员，西沟村党总支书记、村委会主任）

访谈时间与地点：2013年6月11日；西沟村委会

访谈者：刘晓丽

录音整理：郭永琴

刘：低保户、五保户这些的评选怎么弄？

王根考：低保是另外的，那个是国家给的。（我们村）低保是 100 多人，国家每年最少可能是（每人给）800 来块钱，多的是 1200（块钱），分等级呢。我们（的低保评选）每年比较是公平公正的，村民小组自己评，村两委审核，一般都没有问题。因为我们村比较分散。你看不要说是其他的，要是召集党员、村民小组长、村民代表评，评不成这个东西，真是不行。我作为党支部书记来说比较了解全村的情况，要他们，你比方说离得这么远，四五公里，他们就根本不清楚谁家什么情况。所以说，我们就把这个下放到村民小组，你就是当面这块，200 来口人评多少户，当面咱们两个就可以比一比，我好还是你好？到底谁该享受国家的政策。所以我们这几年，评定的这个，就根本不会出现任何问题，有些村乡政府来找，我们（村）连我都不找，他就觉得自己不该吃。现在，这个社会，老百姓（生活）好多了。这就是国家的政策好多了，现在老百姓种地还有补贴，过去我们村一年，就集体化时候每年光交税就有十六七万（块钱），当时每年交税就发愁呢。

刘：村财务紧张不紧张，还要给村民发这发那的？

王根考：村上财务前两年还比较紧张，这两年相应地好一点。挂靠的企业比较多，一年收入个三五百万（块钱），给村里发点福利。在平顺来说，（就）福利来说，应该是属我们（村是）最高的。

刘：说一下这个基本福利。

王根考：每年春节（给）老百姓一人一袋面，去年我们每人发了 200 块钱，现金是 200（块钱）。另外 60 岁往上的党员，根据党龄，最少的是 150（块钱），最多的是 300 多（块钱），不等的补贴。在我们村上，只要你是两委班子退下来的老干部，这也是根据你的职务高低、根据你的（服务）年限，可以领（补助），多的能领到 3000 多（块钱），村民们是一年 120（块钱），70 岁以上。党员是 60 岁往上开始领。再一个，我们这个电视，数字化，我们每户给付着 142（块钱），这个不用他们出，合作医疗村出的是大头 40 块钱，我们的福利肯定是一年比一年高，今年更要提高。每年是肯定有提高。

8. 访谈对象：张章存（男，1947 年 12 月生于西沟村老西沟，初中文化，中共党员，曾任西沟村党总支副书记）

访谈时间及地点：2014 年 4 月 22 日；西沟村委会
访谈及录音整理：刘晓丽、赵俊明、郭永琴、张文广（整理者）

张：和以前相比，现在的老人的地位是高了还是低了？

张章存：现在的地位高了，以前，老了以后就是子女养。现在，国家给（养老钱）。以前养老是 55（块钱），现在是 70 块钱。前年是 55（块钱），一开始是 55（块钱），后来就涨到 60（块钱），去年就涨到 70（块钱）。现在会议上说 70（块钱）要涨到 100（块钱）。现在会议上说了，可是还没涨，还是 70 块钱。3 个月领了 210 块钱了。这个钱不是村里给你的，是国家给你的。这是养老，不是新农合，新农合是医疗。到冬天了，登记你岁数。60 岁以下的交钱，60 周岁以上的领钱。70 岁往上的就比 60 岁的领得多，岁数越大领得越多。

张：村里边给发钱吗？

张章存：村里的老干部给发几百块钱。我现在一年能领 3000 块钱。这个村比较富裕，就给老干部发。它是（按）那年限、职务给你算了。像我这 3000 块钱就算是高的，有的就是 1500 块钱、800 块钱、600 块钱、500 块钱。70 岁以上的坐公交（车）不用花钱。我今年 68（岁）了，还没有那个资格了。70 周岁（的老人）公家就给你发那个卡，上公交车上拿出你这个卡来，就不要钱。西沟今年盖养老院，（盖好了）谁要愿意住，就住。要愿意住，吃住都可以。现在正盖了，今年都打地基了。

张：西沟这个村在平顺县是一个什么样的水平？中等吗？

张章存：按西沟现在的名声来说，就是头等。要按其他，比人家其他村的话，人家其他村有的比西沟富庶。你像龙镇有铁矿，一年就弄好几千万（块钱）。现在还盖的新农村的那个房子。

刘：西沟村婆媳关系的都还挺好吧？

张章存：99% 婆媳都还好。

刘：那是大部分吧，风气都还好吧。

张章存：这会不好的少，现在的年轻人有小孩，小孩大了离手了，就放家里大人看着，他们就出去打工了。现在小男孩也好，小女孩也好生下来都是宝。过去找个媒人娶个媳妇了，现在你只要把钱准备好，到时候就给你领回去了，现在都是自由恋爱。以前俩人生气的多，现在都没有。

刘：西沟以前也有生气的，是因为啥？是因为穷，吃不上？

张章存：以前也不是因为穷，是父母包办的那种，俩人说不来，就闹离婚了。

（六）计划生育

1. 访谈对象：张双兰（女，1967 年 3 月生于西沟南赛，初中文化，村民）

访谈时间与地点：2013 年 6 月 4 日；刘家地家中

访谈及录音整理：赵俊明

赵：你是两个姑娘，一个儿子？

张双兰：嗯。

赵：儿子小还是大呢？

张双兰：儿子小。

赵：儿子上学呢？

张双兰：上学呢。

赵：多大了？

张双兰：19（岁）了。

赵：看你显得年轻，孩子都这么大了？

张双兰：年轻甚，老了。也不是有钱，心轻是一个，心重又是一个。

赵：那时候就计划生育了吧？

张双兰：计划生育了。

赵：那时候计划生育严了吧？

张双兰：严了。

赵：罚了多少？

张双兰：3000块钱，儿子95年生的。

赵：家里人口少，就是想生个儿子。

张双兰：那会儿想，就是非得想要个男孩了。

赵：咱们这儿还是生两胎的多？

张双兰：多，以前都要生两胎。这会儿的年轻人也能想开了，姑娘就姑娘，孩子就孩子吧。反正一个孩子很孤单，有一家孩子今年都19（岁）了，今年又生了个姑娘，40多（岁）了又生了一个姑娘。有两个孩子，有个事有个商议的。小时候有个伴，长大以后有个互相照应。

2. 访谈对象：张志斌（男，1940年生于西沟村南赛，小学文化，退休工人）

　　　　　　王金山（男，1948年生于西沟村南赛，中专文化，中共党员，退休教师）

访谈时间与地点：2013年6月7日；南赛房根山家中

访谈及录音整理：赵俊明

赵：孩子多点好还是少点好？

张志斌：你看是怎么样说这个问题。多一点，从本家族来说比较兴旺，如果对社会来说，没什么好处。

赵：为什么对社会没好处？

张志斌：反正是多了没有好处，你养活5个孩子，你（建）房子呀、找媳妇呀、姑娘找工作呀。这个社会搞计划生育，对国对民真是有利。以前咱根本不习惯这种事情。

赵：计划生育对国家有好处？

张志斌：对国对民都有好处。现在适当放宽计划生育也是对的。因为现在老年人太多，老龄化以后，60 岁以上的（人）太多。

王金山：全国数山西老年人最多，60 岁以上的（老人）。

赵：您几个孩子？

张志斌：1 个儿子，4 个姑娘，一共 5 个。

赵：那会让多生？

张志斌：那时候生还奖了 6 块钱，还是 9 块钱。后来就罚了。

赵：你家孩子罚过吗？

张志斌：罚过，超生了，罚款。

3. 访谈对象：郭腊苗（女，1970 年 11 月生于平顺县西沟乡韩家村，初中文化，中共党员，村委委员）

访谈时间与地点：2013 年 6 月 10 日；西沟村委会办公室
访谈及录音整理；刘晓丽、赵俊明（整理者）

赵：计划生育这两年好不好弄？

郭腊苗：好弄。但是就是个别人不很配合。现在弄计划生育，都在外头打工了，找不到。西沟相对来说计划生育还比较好弄。

刘：还得做报表？

郭腊苗：是，这个主要是很麻烦。

刘：现在村里这个生孩子观念不一样了。

郭腊苗：现在不一样了，两闺女就两闺女了，大部分人好弄。你养那么多养不起，你和过去不一样，过去养你不叫念书，现在都要念书了，现在比较好弄了。

刘：工作中遇到难事了怎么办？

郭腊苗：一有难事情了，就向王书记汇报，完了就是大伙解决了。我是分管计划生育的，一般没什么难事，最多也就是多去人家跑跑，多和人家沟通沟通。

刘：你管了几年了？

郭腊苗：06 年开始我管的计划生育。好弄了，一般都好弄，这会儿生了两闺女这个吧，还很主动，要求做了手术。这会儿做手术在县指导站，医生不过百天不愿意给她做。去年老西沟有一个（人），（已经）生了两闺女了，她才生了 40 天，就要去做手术。我说不可能吧，医生人家不给你做。我给她问了问，医生说，等过了百天吧，有个什么事，人家不想承担责任。

赵：政策推进了这么多年，现在都自觉了吧？

郭腊苗：压力太大。

赵：现在生两个孩子的政策变了，是不是 7 周岁？

郭腊苗：不是，现在不管这个了，第一个是姑娘，只要你领了结婚证，就能申请。只要来了西沟大队就能申请第二胎，现在不说那个了，以前是。现在的政策不一样，现在的政策很好。

赵：现在的二胎需要领准生证，批指标是吧？一般好申请？

郭腊苗：一般好申请，现在好申请，只要是农村户口，如果一方是非农户口，就难，就不能申请，申请不上。

刘：我看见有退二胎指标的？

郭腊苗：第一个是闺女，就允许生第二胎，人家自动不生了，不要了。

赵：退二胎与主动做手术有没有奖励？

郭腊苗：有了，退了二胎准生证，一次性给你 5000 块钱。这个奖励了。

刘：她自己主动要做手术有没有奖励？

郭腊苗：她是两个闺女，正常情况。她是男人在外边，回来了，怕误了假期了，乘时间做了手术，省得以后再来。

赵：有没有个别生 3 个的？

郭腊苗：那种也是很少，极个别的，一般没有。

刘：第二个是双胞胎怎么办？

郭腊苗：那就没办法，以前有，现在一般都是两个。

赵：第一个是儿子，再生一个的怎么办？

郭腊苗：再生 1 个，出钱啦，交罚款。

赵：现在罚多少？

郭腊苗：7000 块钱。

刘：如果是两个女孩或一个女孩，她父母有没有待遇？

郭腊苗：一个孩子可以办独生子女证，一个月给 50 块钱。

赵：如果生两女孩到了 60 岁以后，是不是有奖励？

郭腊苗：双女户，父母 60 岁以后，就领开钱了，一个月 50 块钱，这个是国家给的。

4. 访谈对象：张章存（男，1947 年 12 月生于西沟村老西沟，初中文化，中共党员，曾任西沟村党总支副书记）

访谈时间及地点：2014 年 4 月 20 日；西沟村委会

访谈及录音整理：刘晓丽、赵俊明、郭永琴、张文广（整理者）

刘：张书记，第一次实行计划生育是七几年？3 个（孩子）以上的结扎那个。有 3 个带头人么，一个你，一个秦周则，一个张俊虎，你说说是怎么回事了。张俊虎家当时是几个孩子？

张章存：两个男孩，两个女孩。那是前40年来了。县委书记包西沟的支委里边。刚开始，计划生育开头，搞结扎。那个时候，谁也不想用。李振华〔曾任平顺县委书记——编者〕包的西沟，党员领导得带头。三个以上的就是张俊虎〔曾任西沟村党支部书记，全国劳模——编者〕、郭钢柱〔曾任西沟村生产大队大队长——编者〕、我、秦周则〔曾任西沟村团支部书记、民兵营长、西沟乡党委副书记——编者〕。郭钢柱的老婆怀小孩了，7个多月，不能做手术。我们三个就得做。我是三个男孩，两个女孩。秦周则是两个女孩，一个男孩。张俊虎是两个女孩，两个男孩。那个时候，一开始，就是够三个（孩子），不管男女，三胎以上就要结扎。那个时候讲带头，是前天黑夜，一开会说谁带头。你就得带头。秦周则回家和老婆说了，说收拾收拾，明天你去做手术。那个时候，他说话，老婆就听，就去结扎了。张俊虎那个是，老李不在，你是第一副书记，就属你大了。他就不好意思，也就跟着做了。他问我说，你家计划什么时候做了。我说，明天。他说，我也跟你去一起做吧。第二天，老周第一个去了。罢了之后，就是我们两个。

刘：这是七几年？74年吧？

张章存：哦，是。西沟这个计划生育领导都带头了。带头的，那时候给你30来个工，给你面、油、糖，还有苹果。1年多之后，就都做了。

刘：后头就陆陆续续的都去做了。

张章存：嗯。

赵：有没有不做的，比方说已经生了三个姑娘还想生儿子的？

张章存：有。不多，她就躲上走了。原来也比较严。

张：您再说说村上的计划生育吧？

张章存：开始吧，计划生育是我们带头了。有一人生了一个是女儿，第二个还是女儿，在农村来说，他觉得没有个男孩就不行，就想再生一个。两胎行，三胎不管你什么条件，也不能生三胎。有些这个了，他两口就起来跑了，躲计划生育去了。这样以后，领导专门把两委集中上，弄上车辆，盯住她以后，又把她拉上去搞计划生育了。

刘：罚款的话，超生的农民也没啥钱啊。

张章存：有时候，罚款过来要钱，没有钱，就给你过到账上了。

刘：管超生的干部是不是上头压得紧？

张章存：只要你这个村上有一个超生的，就全抹了，就是一票否决。你这个村上再好也好，也不评你模范，一票否决。那个是硬性的。

刘：他那个罚款其实也罚不了多少。

张章存： 罚款也就一两万块钱吧。

张： 村里的计划生育这一块有没有一个类似于民事调解的机构。

张章存： 这儿的妇女主任就管计划生育这个。

刘： 村里刚开始的时候，计划生育就不仅仅是妇女主任的事，是全村的事吧。

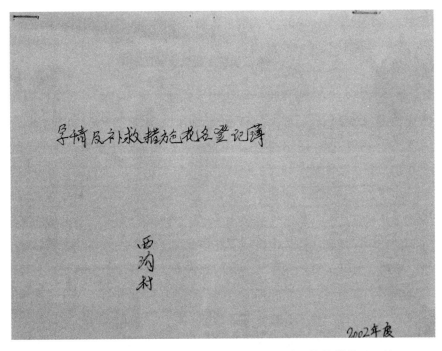

图 6-14　西沟档案：2002 年西沟村妇女孕情和补救措施登记簿

张章存： 一把手管。那几年一弄之后，就是全体两委管，后来是比较好搞了，才有了专门搞计划生育的领导组。计划生育那是硬性的，这都20 年了。因为这个，女的嫁了西沟了，生了小孩了，她母亲的户口不来，小孩也上不了户口。这样就好管理。计划生育可是一票否决。

刘： 张书记，你觉得计划生育搞这么多年，有没有成果？

张章存： 有效果。以前西沟每天增加人了，现在不用说多了，还少了。

刘： 人口的增长肯定比计划生育前要少了。

张章存： 原先这个上头两千五六（百口人）了，现在就已经跌下2000（口人）了。

刘： 两千五六（百口人）是哪年了？

张章存： 这十来年一直是零增长。开始的时候，不管他罚也好，不罚也好，没有男孩，反正要生了。

刘： 下降的原因是因为出生的人口少了吗？

张章存： 生得少了。

73

5. 访谈对象：申纪兰

访谈时间及地点：2014 年 5 月 12 日；西沟乡政府

访谈及录音整理：刘晓丽

刘： 说说你 50 年代接生的事吧。

申纪兰： 我接生了好多，50 年代接来，新法接生，60 年代倒赶不住了，我倒顾不住了，人家去医院接生了。我开始当干部就是新法接生员，村里有一个老太婆，叫个王招根［音］，她是旧（式）接生，她也很积极，（当时有）脐带风、四六风，（我）在县里头住接生训练班，我是新法接生，她是旧的接生，我跟她俩人配合，孩子主要是消毒，脐带问题。妇女是产后风，不敢吃饭，就喝那个清米汤，狻［音 suan，反复洗］啊狻，倒留下不多了，还狻个甚？狻了吃了点饭，得了产后风了。就这两件事情，新法接生救了妇女，解放了妇女，以前妇女生孩子真正是缸沿上跑马哩。我接生了好多妇女哩，跟那个老太婆。那个老太婆很好，她很进步，她后来还是全市的卫生模范。

她是旧法接生，她很用心，她说接了好多都死了，现在哩接一个活一个，这就不容易呀，哎呀，她就说共产党好啊。以前那妇女，最费事生五六个，成两个，成一个，这是多的，都折了，现在哩都活了，共产党好。

赵： 光新法接生这一件事，你就有功德了。

申纪兰： 哎呀，开始时，也不适应吧，年轻，家里头都说，年年轻轻哩去干这，这是群众哩利益问题，妇女哩痛苦问题，领导就安排我去学那个新法接生。

赵： 那时候其他人不敢去？

申纪兰： 不是不敢去，人家就派我去了，我就去受训去了。

6. 访谈对象：崔迈桃（女，1960 年 6 月 4 日生于西沟村，高中文化，中共党员，西沟乡人口与计划生育服务站站长、医生）

访谈时间及地点：2014 年 5 月 19 日；西沟乡人口与计划生育服务站

访谈者：刘晓丽

录音整理：柏婷

刘： 咱这个服务站是哪年建立的？

崔迈桃： 99 年。

刘： 咱这是乡上的？名字叫啥？

崔迈桃： 嗯，计划生育服务站。

刘： 哪个地方让成立的？

崔迈桃： 乡里头。

刘：哪个乡都有？

崔迈桃：嗯，哪个乡都有，接到一个合并的政策，不是人口和计生要并呢？

刘：人口没有了，不要人口了。

崔迈桃：这就是人口与计划生育服务站。

刘：99年到现在已经十几年了，我开始真的不知道这地方，去年去乡卫生院问了，后来发现老百姓都在这里看病，才知道这个地方。是妇科看得好么？

崔迈桃：根据普查妇女的那些。

刘：妇女病是咱这里的任务？

崔迈桃：第一件事情就是接产、流产、上环。咱这是上环、流产。

刘：咱就是这个任务是吧？

崔迈桃：嗯，任务就是上环、流产。

刘：接产也能弄了？

崔迈桃：现在不了，没有生育证了，以前我弄了。

刘：反正你能接生，能弄了。

崔迈桃：嗯，还有药品发放。

刘：就是给妇女发这些东西。

崔迈桃：嗯，不能上环那种的。

刘：每天有多少人来看呢？算过没有？

崔迈桃：这个不等，有妇科病了一般都来这检查了。

刘：你检查了之后她就不用到县里边了，这儿检查了老百姓就放心了。

崔迈桃：主要是相信我肯定能治好了才来么。

刘：可是我看见孩子也看呢，是不是？

崔迈桃：小孩也看，主要是妇科病。检查检查，大部分能好了，好不了咱就告诉人家去县里头。

刘：都有些啥药呢？一般预备点什么药呢？

崔迈桃：一般的常用药，主要普查妇女病是我的任务，完成80%。一般像妇女病阴道炎、盆腔炎、宫颈炎这些就都能瞧。

刘：你都能治了？吃上药就行了？

崔迈桃：不是，要是阴道炎了消上炎就行，其他的都是输液。

刘：那不容易，妇科医生在城里头都是重要的，好妇科医生找的人可多了。城里大医院的妇科医生可有名了。你像感冒啊、发烧啊也来你这里看？

崔迈桃：小病都在这里看。

刘：那你是卫生学校毕业的？

崔迈桃：嗯。

刘：那是老学校毕业的，那就不容易。

崔迈桃：我原来在西沟医院搞妇幼的。

刘：每年评不评先进，县里边弄不弄？

崔迈桃：不弄。

刘：基本上就你们两个人？

崔迈桃：嗯。

刘：哦，那每天忙了。

崔迈桃：原来还有两个人，那两个调走了，合并了。

刘：调哪儿去了？

崔迈桃：药检局。

刘：那你这个村里看病就不分白天晚上吧，黑夜也来呢，黑夜来了你也得管么。

崔迈桃：黑夜人少，只要找上来能管就管了。还管个孕前指导。

刘：那怀孩子前，那前面多了，每次来查，生孩子以后还有很多预防针你管不管打？

崔迈桃：不管，那是他们防疫上的。

刘：每个乡都有防疫站是么？

崔迈桃：都有。

刘：在乡卫生院？

崔迈桃：嗯。

刘：那一块大了，那一块可是复杂了。

崔迈桃：还有在县里打的。那不叫随便乱打。

刘：哦，那个疫苗是统一管理的。那你是学校毕业以后就分到这个医院了？

崔迈桃：嗯。

刘：上环一般是你给她推荐，还是人家自己选了？

崔迈桃：自己选，我也告诉她，上这环就告诉她上这环，根据她的子宫大小。

刘：不过那个钱都是国家付的吧？

崔迈桃：免费的。

刘：老百姓其实没有啥大病，就是这些小病，想找人问一问。

崔迈桃：我量了血压告诉他血压高低，他也很相信。

7. 访谈对象：郭广玲（女，1972 年 9 月 12 日生于西沟村刘家地，初中文化，中共党员，原西沟村委会妇女主任，分管妇女工作的副书记，现西沟村支委委员）

访谈时间及地点：2014 年 5 月 26 日；西沟展览馆

访谈者：刘晓丽

录音整理：郭永琴

刘：啥时候开始管计生、妇女工作的？

郭广玲：进了班子，03年开始妇女工作和计生工作都是我（管），一直到了11年，一直是我干来。

刘：计生和妇女工作不一样？

郭广玲：不一样，也基本是在一起。因为计生都是管一伙妇女。开始我是计生妇女主任，后来我就是分管妇女副书记。

刘：刚开始和最后的工作有什么不一样？难度是越来越小，还是越来越大？

郭广玲：（难度）越来越小，像计生工作是越来越小。这会基本不用，到什么时候你该干什么了，告诉你。人家到时候还要找你，她需要结扎啦，还要找你。感觉这会这个计生和卫生合并成一家以后，对这个工作我感觉上边就（抓得）不紧，一点都不紧。

刘：03年的时候怎么样？

郭广玲：03年那个时候相对有难度了。那时候，你像上环啦，查环啦，那就具体到各家去。03年以前，西沟村是一个信息员，管计生的。到03年，我上了（分管副书记）以后，西沟村是两个（信息员），西沟村不是4个（党）支部？原先管的那个人管是一、二（党）支部，原先管那个人是后峪的，我管的是三、四（党）支部，就是古罗、池底这一块。

刘：计生以前就一直有人管？这个人也是村委的？

郭广玲：就一直有人，几十年了。不在村委里边，这会是管卫生工作，不管计生了。都得到家里去，一遍、两遍做工作。那会那做工作可费劲了，有村委的，有时候有乡里的，有个（管）计生的跟上，一起去做工作。你两个就行了呀，你瞧人家两个能行，咱不行？咱也生活不好，咱也养不好孩子，就给人家做这种工作。今天说是明天我去吧，后天我去吧。今天来了叫人家（去结扎），人家说要去了。（一会儿又说）不合适呀又不去。不去，您能怎样，那就再等人家。

刘：是不是双女户？

郭广玲：对，双女户，一男一女都倒好。两个男孩也不太好，都还想生个女孩呢，可是后底社会经济（发展）了，他都养不起了，这个时候才转变观念，男的、女的一样，生那么多咱也养不起。这会人（思想）慢慢转变，就是不管是生男生女，两个就好。

刘：独生子女多不多？

郭广玲：西沟村就是有两三家独生子女，相对就是有点毛病，不能生，或者是怎样，不是说绝对是想生一个了，不同条件吧。

刘：独生子女有奖励吗?

郭广玲：国家有奖励。国家奖励就是，独生子女，一月给他父母亲领着60块钱。每人60（块钱）。双女户是你要结扎了以后。像我们那个时候，08年以前结扎了的，一次性奖励你500块钱，到60岁以后，才是每个月给你50（块钱）了呀，100（块钱）了，就这样给你吧，50块钱吧。

刘：那是村里给的?

郭广玲：那不是村里，那也是上边，国家就有，县市（给）。

刘：都出去打工了，观念就改变了。

郭广玲：都在外边打工了，你瞧刚结婚的人，生了一个以后，都就不生了，都就不想生了。都是养那个孩子多大了，七八岁了，人都有个三十四五（岁）、四十岁了，不生个好像还是少了点什么似的。这会生出一个来，不要不要，快点结扎。

刘：结扎是50岁以前?

郭广玲：一生二孩就要结扎，不管年龄。

刘：咱这里有表格，知道谁谁多大了?

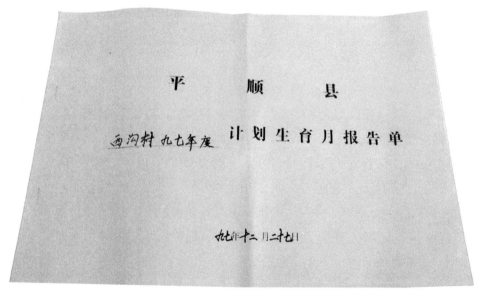

图 6-15 西沟档案：西沟村 1997 年计划生育月报告单

郭广玲：有常住户口，有育龄妇女，有台账。（那个表）过去我弄的。楼道里边也有，咱那个公开栏里也有。台账我干的时候就是接着人家的，台账就不变，一直是在台账上变动，你生了给你加上，死了给你去掉。就有这么个台账，就是个本，4个本本，这么厚。都是各人放各人的，一段一段的东西。人家都有工作记录，你像张文龙干的会议记录，你什么时候谁是怎样了，她生了几胎没有做手术，会议怎么决定来，咱是罚他多少钱，那些会议记录上都有，每年到年底分福利的时候，他家该结扎没有结扎，该交二胎超生费，社会抚养费吧没有交了的，这就不享受村里福利待遇呗，列成个表。我干那几年，这些都有，每年列个清单，上户有几个人，生了多少小孩，这就都要有了。

（七）医疗卫生

1. 访谈对象：秦春娥（女，1966 年生于西沟村老西沟，初中文化，村民）

访谈时间与地点：2013 年 5 月 29 日；老西沟张俊玲家中

访谈及录音整理：赵俊明

赵： 你今年多大了？

秦春娥： 48（岁）了，属马的。

赵： 看起来有点老？

秦春娥： 身体有病，食道癌，做了手术了。

赵： 做了手术几年了？

秦春娥： 今年第五年了，在长治和平医院做的手术。

赵： 那会儿发现是早期？

秦春娥： 嗯，这今年就是第五年。

赵： 做完了没什么感觉吧？

秦春娥： 就是复查了几次，化疗了 4 回还是 5 回了。咱这吃了饭每天就是劳动，去坡上劳动。

赵： 做手术后能不能干重活？

秦春娥： 你就动不了，刀口做得大，缝了 15 针，觉得身上没有劲。

赵： 影响吃饭？

秦春娥： 也有影响。

赵： 你这不吃药了吧？

秦春娥： 需要定期得复查。

赵： 多长时间一次？

秦春娥： 刚开始就是 3 个月，后来半年，后来就是 1 年。

赵： 还是去和平医院？

秦春娥： 嗯。

赵： 做些什么检查？

秦春娥：化验血里有没有癌。

赵：复查一次得多少钱？

秦春娥：一次 1000 多（块钱）。

赵：能报销吗？

秦春娥：人家说这个到卫生局能报销，以前不知道，就没有报过。

赵：做手术报了吧？

秦春娥：在医院的报的。不住院复查这个不能报销，做手术 30000 多（块钱）报销了 7000 多（块钱）。有一部分就不给报，做手术的麻醉药、保养药、床位费、陪侍费就不给你报。

赵：这几年提高了些？

秦春娥：在和平医院那时候报销 50%，现在是 70%。我住院那时候合作医疗交的 10 块钱，现在交成 50 块钱了。

2. **访谈对象**：马书田（男，1954 年 3 月生于平顺县杏城村，中专文化，中共党员，曾任西沟乡卫生院医生）

访谈时间及地点：2013 年 5 月 29 日；西沟乡卫生院

访谈者：赵俊明

录音整理：郭永琴

赵：您在这里多少年了？

马书田：我在这里 40 年。

赵：40 年了，那你多大就来的医院？

马书田：我 19（岁）上来的。

赵：19 岁上，等于说上学出来的？

马书田：嗯。

赵：上的卫校？

马书田：上卫校出来的。

赵：在哪上的卫校？长治卫校？

马书田：长治。

赵：长治卫校毕业回来就来这里了。

马书田：72 年 3 月份来的西沟。

赵：那会上学出来考的卫校？还是毕业分配的？

马书田：高中毕了业，那会是报考，考的是卫校。

赵：毕业回来就到了这里？

马书田：毕业过来就在这里，到这后底，转医院，进修过 2 年多，进修过又来这个地方。

赵：93 年调出去过？

马书田：93 年后底调走了，最近 2010 年又返西沟，卫生体系改革了，50 岁以后就不叫待着了，就又返西沟了。

赵：您是正式的人员？

马书田：嗯。当时西沟医院在下边这个大队盖的房子，破房子，72 年地税（局）的领导盖的，才搬进来，我就来了。那会医生医术也高点，后底这人一直换，换的现在就属我老了，有退休的，有病故的。

赵：那你来之前小医院有几间房子？

马书田：我来之前，就这一孔窑。后底这一排，又盖了一排小房子，生活用房。后底，随着医疗体系改革，现在卫生院都翻修，这（里边的房子）就没啦动。以前病人也多，后底新农合，现在更多了，瞧病也方便，方圆 30 里、50 里这些都过来看病。

赵：你刚来那会有几个医生？

马书田：刚来那会有 12 个，不连护士，正式医生 12 个人。

赵：连上护士有多少人？

马书田：护士那会是 17 个人，当时的医生质量都高，都是大学毕业，分配过来的。后底顶是有"文化大革命"，（知识青年）插队插上，分上过来了。后底随着政策（变化），都返回城市，都走了。余下都是本地的医生，你像大学毕业的也分不到咱这里，也都不愿意来乡下，来的也是本地学校毕业的。

赵：本地的一般都是卫校的，也有医专的？

马书田：医专的也少。

赵：那会有 17 个人，那现在有多少人？

马书田：现在 13 个人。

赵：现在主要有什么业务？

马书田：以前不分防疫、妇幼，啥都得干。现在防疫、妇幼是防疫一个组、妇幼一个组、医疗一个组，分好几个。

赵：现在是不是防疫和妇幼的工作量大了？

马书田：哦，防疫工作量大，打疫苗。农村很苦啊！工资很低，我们的工资现在从 2006 年，才上到一千几百块钱，工资才到了 60%，就是你 100 块钱挣 60 块钱。财政没钱，就靠我们自己收入自己挣。到 12 年后半年，工资才全款，2200 多块钱，还得扣你这个绩效工资、医疗保险、养老保险金。（就是）地区差别，像潞城就不存在这个，人家挣的工资就高。平顺贫困县，财政没钱。工资太低，生活条件差，住房条件也差，你像这上面都成危房了，楼上不能住。我家现在离西沟5里地，东坡往南，（向）龙镇那个方向走。我是73年来了这里，到80年在这里工作呢。村上的领导说，你经常回个家也不方便，把户口迁到西沟，省得你来回跑。（然后）就迁到西沟了，盖了5间房，直到现在。

赵：七几年的时候来看病的人多不多？

马书田：多，方圆十几、二十里地，都在这个小楼上。一共10个病房，每个病房3个人，每天基本上都是满的。那个时候大夫好，那会有个朱广智［音］，他是沁水的。我来的时候都成了老汉了，后底都返城里了。我来换了6个院长。以前老医生一般都是靠进修，没那住过学校，住过学校分配来的，到这里来了养活不了他，工资低，就都走了。一般是本地医生，他来这里参加工作，他也没地方走，老家都是这里的。医疗设备，体检，那会都是不先进，就是靠物理症断，凭临床经验，治好好多病人。现在这医疗设备好了，透视仪、B超、心电图。去了大医院一切都是过机器，咱们这一般是靠搭搭脉，听一听，问问症，这些一般就办了事了。现在实行合作医疗，人家平常到市里，老百姓看不起病了。一过机器没有一两千块钱回不来。现在实行开合作医疗，到市里头报销比例是50%，老百姓感到负担轻一些。即便是这样，他也不愿意到市里，有些检查费他不报销，一般小病到乡里瞧瞧，住六七天医院就办了事了。到咱乡上95%都能报销，到县城是70%，到市里是（百分之）五十。市里以外都是（百分之）五十的报销。这两年，到省里都是（百分之）五十，市里是（百分之）六十，县里是75%，本乡是95%。住院的报销比例高了。生活水平也高了，老百姓一般的杂病少了，心脑血管病、高血压、糖尿病多了。

赵：现在的病以前少？

马书田：以前医疗条件跟不上，诊断不清，像心脑血管病、脑中风、脑出血、脑梗塞、癌症这些病就没听说。以前只听说过结核病，肝炎也挺少。现在这类病就多了。瞧电视上，国家每年心脑血管病死多少人。

赵：是生活习惯还是饮食的问题？

马书田：主要恐怕是饮食问题，再一个生活习惯也不好。像这个西沟村，还有30多户人家，死的都是高血压、癌症、脑出血这些病，都是50岁左右。超过50（岁）以后，55、60岁正经都还活得好，50（岁）左右都得这种病，一年就三四个，都很年轻。50多（岁）都是高血压，出现半身不遂。在村里走走，路上挂拐棍的可多呢。农村更多，饮食上不注意，像高血压，来了给他量量，登记上，让他按时吃药，有时他就忘了，药也忘记吃了，随着病情发展，好像感觉我也不头晕，生活也能自理，也不影响劳动，结果越发展越厉害，脑梗了，脑瘫了，挂拐棍，不能自理了。

赵：七八十年代这种病几乎就很少？

马书田：七八十年代，这种病很没听说，谁来了量量血压也不高。顶多见个脑出血，其他很稀罕。

3. 访谈对象：杨伟民（男，1965 年 2 月生于平顺县龙镇新城，中专文化，中共党员，西沟乡卫生院院长）

访谈时间及地点：2013 年 5 月 29 日；西沟乡卫生院

访谈者：刘晓丽

录音整理：郭永琴

刘：你什么时候来的？

杨伟民：我是 94 年。

刘：94 年那会是啥情况？

杨伟民：94 年这还没有盖呢。

刘：还在这里？

杨伟民：在这里，94 年以前这是个，顶是个砖结构，也是一排房，这个窑洞吧就是这个样，我来的时候上面也有这个房子。03 年盖的房子，我指导盖这个房来。

刘：西沟卫生院什么时候办的？

杨伟民：和这个房同时起来的。

刘：你来的时候，咱这里有多少人？

杨伟民：我来的时候，就是八九个，现在是 13 个人。

刘：编制怎么样，正规领工资的人有多少？

杨伟民：编制不多，基本都是正规领工资的，（另外）是我们这里有 5 个小集体人员。

刘：卫生院干些什么？

杨伟民：平常就是基本医疗，现在就是新农合，新农合老百姓在我们这里看病，看病每人给人家报、统筹，70% 的报（销）。平常也是。

刘：住院也是在这里？

杨伟民：住院也在这里住，住院是（报销）85%。

刘：下边那个村，一个退伍军人要装心脏支架，能不能报销？

杨伟民：心脏支架可能是能报一部分，心脏支架属于慢性病补偿，（报销）可能在百分之五六十，因为这个大医院的东西，咱们不接触，搞不清它，要是慢性病是（报销）60%。新农合这块报的，有慢性病，慢性病占到差不多 30 种，冠心病、高血压、脑梗塞、肺心病、心脏病这里头基本上都包括了。老百姓现在来了，住院基本上都不花什么钱。

刘：公共卫生指什么？

杨伟民：每年我们乡镇卫生院，下去给老百姓体检，65 岁以上的老年人都建立了档案。重点管理高血压、糖尿病、精神病，出生至 6 个月儿童的计划免疫。我们基本上每年下去给人家体检，这是全国都有。下去血糖、B 超、心电图，给人家做了，都是免费的。我们都是用盒子，乡村医生全部给老百姓建起档案了。你像高血压、糖尿病，每个季度随访一次，每个季度都给人家测测血压，因为咱的人手也不是很多，有时候外边学习学习，都有个病有时候请请假，就赶不回来，下去给老百姓体检了，随访这块都是乡村医生。

刘：卫生所的医生是编制外还是编制内？

杨伟民：编制外。有报酬，国家给，补助是每人每个月是 400 块钱。这会不叫赤脚医生，叫乡村医生。

刘：他们还干别的事？

杨伟民：是的。400 块钱要是一个年轻人就是不够他的费用。

刘：有没有做手术？

杨伟民：基本上什么科室都有，（主要）是内科，没有外科医生。做个小手术，县妇幼保健院（会）帮扶我们，我们随时和他们联系。还有县医院。这里离着县城近。

刘：老百姓在这里做过手术没有？你们具体干什么工作？

杨伟民：也有。我们正儿八经基本就是基本医疗、基本公共卫生，只要是老百姓来我们这里看病，基本是随叫随到，24 小时有人值班。现在基本上病人也不算少，天天有，都是小病。我们离县城比较近，这儿的人口比较多，交通比较方便。到农村，有些时候，咱的设备比起来还是比较差，有些时候有设备，没人才，来了也做不了。离县城也近，遇着一个病，人家都去县城。老百姓既然去县城检查，人家就弄上钱奔市里走了，就是弄个癌症的病，老百姓也不说，也不反馈回来。老百姓只是说，检查出来了，检查出来了，知道他是那个（病）。年龄大的，子女知道，他本人不知道。农村人大部分老百姓还是不开放，有些病自己不愿意跟外头说。像高血压、糖尿病这些也不愿意说。

刘：老百姓这些病是增加了还是减少了？

杨伟民：增加了。现在主要是高血压比较多。过去高血压不是很多，现在高血压普遍多了，国家要求 35 岁以上必须给人家测血压。在这个乡里头，基本上来看病，来买药（的人）大部分都是（买）高血压药。你瞧现在是新农合报销呢，老百姓还是自己不注意这个东西，比如说，咱安顿他，你吃那种药，一次吃一片，一天吃两次，有时候他忘了，有时候一天吃一次。有时候价位比较高的药品，老百姓还是享受不起，吃不起。

刘：价位高的药属于新农合吗？

杨伟民：也在，现在是国家基本药，国家定的这一类药品，只允许网上采购，不允许网下采购。去年，国家基本药是302（种），山西省政府的是209（种），今年5月1号出台了，又增加了100多种。老百姓到外边看了病，开的药，他在外边买的药，来咱这个地方，换不了药。他就看中这种药了，你想给老百姓做工作，他就认准这种药了，我拿上盒子、出厂地点，我来跟你要这种药，你没有，我可以到其他地方买这个药。

刘：买药经费？

杨伟民：我们是零差价，国家定的价，比如说，硝苯地平是多少钱，你购上来是多少钱，就卖老百姓多少钱。新农合报销，我们收30%，70%我们先垫付，每月到县城农合报。工作挺碎。

刘：什么药买得多一些？

杨伟民：高血压药多一些。糖尿病，我们这还不很多。糖尿病有时候饮食上就控制了，还不算很高，主要就是高血压。还有就是感冒药。

刘：摔伤、骨折之类外科的有没有来看的？

杨伟民：骨折这一类的，现在条件比较好了。你像骨折、大外伤或者其他的，一般不来我们这里，都跟市里边走了。过去时候交通不方便，有个小骨折，你来了，给他打个石膏，或者小夹板固定。现在人意识比较高了，稍微有点骨折，拍片拍出来稍微有点骨折，人家就往市里边走了。我们乡镇卫生院一般就是慢性病，常见病比较多。

4. 访谈对象：张天娥（女，1949年农历六月初六出生于西沟村南赛，小学文化，村民）

访谈时间及地点：2013年6月8日；南赛

访谈者：刘晓丽

录音整理：郭永琴

刘：你多大年纪了？

张天娥：65（岁），生病了，血脂稠，血压不稳定。

刘：你几个孩子？

张天娥：一个儿子，两闺女。孩子40（岁）了。孙女17（岁）了，孙子15（岁）了。孙子都在县里念书。孩子也是想顾家，供孩子念书就费事。老百姓不要生病就行。老百姓就是这么回事，盼身体好就很好。

刘：这里得高血压的多？

张天娥：得脑梗的多。不知道什么原因，都说可能是吃的东西不对。这会这东西打什么药呢。我这个就是脑梗，一年610块钱的药钱。去长治二院看的病，能报，孩子顾不上咱。孩子挣着钱供孩子念书。这会生病的特别多。这会的东西不好。大棚菜都是药打的。

刘：乡医院能看些什么病？

张天娥：小病，伤风感冒，浮皮燎烧，都能看了，其他病也就看不了了，都在长治看病。

5. 访谈对象：张仁忠（男，1952年6月生于西沟村南赛，初中文化，中共党员，村监督委员会委员）

访谈时间与地点：2013年6月10日；西沟村委会办公室

访谈及录音整理：刘晓丽、赵俊明（整理者）

赵：您今年多大了？

张仁忠：我61（岁）了。52年生的，属龙。

赵：52年出生，六几年就在队里干活了吧，上了几年学？

张仁忠：在平顺中学，上了3年。

赵：初中还是高中？

张仁忠：初中，3年。中间隔了1年，搞"文化大革命"。初二、初三基本就没有学，到68年毕业就回来了。68年，中央号召知识青年到农村接受再教育，后来就回到村里了。回来我就是团支部副书记协助（张）章存工作，还是民兵副营长。后来我在医院学习了一段时间。

赵：能给人看了病吗？

张仁忠：不行，老了。

赵：那会学的中医吗？

张仁忠：不是，在909部队医疗队培训。

赵：培训了多长时间？

张仁忠：没多久，就几个月。后来在医院待了一两年。

赵：在医院做什么？

张仁忠：就是刨药材、制中药、制丸药，就是学这个。七几年就搞合作医疗，瞧病不花钱，那次搞得不成功吧。

赵：具体说说那会是如何搞合作医疗。

张仁忠：就是大队瞧病不花钱，开上药方拿上药走就行。没有维持几年就不行了，后来失败了，当时搞的合作医疗。

赵：那会你会不会抓药？

张仁忠：我没抓过药。我天天就是做丸药、刨药材，在山上刨黄芪、党参、柴胡、当归。

赵：领的人呢还是就自己？

张仁忠：自己采药，我领的十几来个人。

赵：药材自己用还是卖？

张仁忠：不卖，就是大队用。

赵：能用那么多？

张仁忠：各种各样的药材，刨回来加工，做成丸药。

赵：做丸药是村里用还是卖？

张仁忠：不卖，就是大队社员用，搞了一两年，后来不成功，就不搞了。当时山上药材多。

赵：现在山上药材多不多了？

张仁忠：不多了，现在不等开花，就都刨了，繁殖不开。现在就是不行，山上药材就少多了。原来柴胡山里一开花，漫山遍地都是金色的，现在不打了个开花就刨了，撒不下籽，越来越少了。原来山上黄芩可多来，现在山上基本上没有了。

6. 访谈对象：张章存（男，1947 年 12 月生于西沟村老西沟，初中文化，中共党员，曾任西沟村党总支副书记）

访谈时间及地点：2014 年 4 月 25 日；西沟村委会

访谈及录音整理：刘晓丽、赵俊明、郭永琴、张文广（整理者）

刘：村里人一般在哪里输液？

张章存：在这（人口与计划生育服务站）一百四五十块钱就输了，到底下（乡镇卫生院）就得四五百块钱。

刘：哦，那么贵了。乡卫生院可以报销，报销比例是多少？

张章存：报销 70%。

刘：和这出的差不多，怪不到人们愿意到计划生育卫生站了。

张章存：比这还多了。

刘：人口与计划生育服务站不能报销，老百姓愿意来这输。

张章存：你想想，多输 3 天，就超了，各地各到的，麻烦的。

刘：这两边差不多，乡镇卫生院是 400 多（块钱）。

张章存：那得 1000 多（块钱）。我以前在这输，大体上，最多是 150 来块钱，去了下边就得小 400 块钱。

刘：到这输几天？

张章存：到这输 10 天。

刘：那便宜多了。

张章存：下边给你一遭报了，你还得出 400 多块钱。

刘：看来下边贵，计划生育站便宜。那输的药一样吗？

张章存：在大医院，在县城，我就说了，你给我输点血栓通。他就说你只能住一个礼拜。输 5 支吧，他给你输 5 支。要不你就超了，报销不了。不能超过 1000 块钱，超过的，就不给报了。你像我这个输软化血管这个（药），最少得输 10 天。有一次医生和我说，你超了。我去找院长说了，院长说这是以县里的平均数算了。

刘：就是说，县里边每个人平均不能超过 1000（块钱）。

张章存：在计生站都是 5 支，可到乡镇卫生院就只能成 4 支了。我和他说了，他说，你不能说那些。都一样，他只给输 4 支。平时买药，一个人一年就是 70 块钱。买完之后，就是自己出钱。你到下边，就出了好多冤枉钱了。乡卫生院一针 5 块钱，量个血压 3 块钱。你像我测血糖这个，5 块。他要用血糖仪，还有床位费、取暖费。少于 100 块钱，不给报销。超过 100（块钱）了，才给报销。

刘：哦，就是说，太少了，也不报。

张章存：到县城的医院是，500（块钱）以下不给报销。去医院检查，他就说做个 B 超吧，做个尿检吧。下来以后，就不少钱。咱这就什么取暖费、扎针费、量血压全不要钱。

刘：计划生育站主要是管什么了？

张章存：妇女的计划生育。

刘：这方面是公费吧？

张章存：公费。妇科也不花钱。检查妇科的，检查不要钱。

张章存：有个人的媳妇病了。到计划生育服务站，没有人。就去了乡卫生院了。去了以后，他给人家把药开了。去输了一天之后，不让去了。医生也疑惑，输得对不对？就不叫输了。说了，你去县城检查检查吧。你不检查检查也弄不准这个病。没办法了，她去了县医院，住了院。罢了后，她说你给我弄这个药，不能输。他说，来了，我把药给你退了。住了一个礼拜之后，回来就把药退了。退了之后，又扣了 50 块钱。

刘：为啥？

张章存：手续费。

刘：这哪能行呢，那就不去看去了。可是去年访谈的时候，是夏天，去那看病的人也不断。

张章存：后来了，又调回来个姓马的，今年又退休了，没医生了。（医生叫）马书田。他拔个牙呀，态度也好。黑夜就都走了。过年，马书田两口子都在这。你这医院（医生资源）不很可以，你把人家留下，给人家付个钱。他就付钱人家也不想干，他就说话不算数。

刘：院长说话不算数。

张章存：过年，人家就走了，去了长治住了。他是东坡的，医院不行。马书田起来走了，退了，过年去儿子那过年，过了（正月）十五才回来，也不来医院上班。他还隔两三个月退休。以前他是搞计划生育的，弄手术很不错。以前那个院长，姓韩，韩学谦［音］，他胆大，阑尾炎他也敢做。他以前都学过这个，做手术。阑尾炎、盲肠，他都敢做。把脉是中医，咱们这都是西医。看个病，哪儿疼来，胃疼，弄点胃药。这是听你说了，中医是把脉，有什么问题给你开什么药。好中医去根，去病。

赵：附近有没有中医看得好的？

张章存：以前有，以前都是中医，现在没有了。县里有个中医院，现在这个老中医，都是自己开诊所，新回来的中医少。中医是把脉了，给你把脉之后，你看他说得对不对，只要给你说得对，他给你开点药，吃了就好了。中医是他给你说了，西医是让你说了。以前，一个老中医，看妇科了。这里边有个媳妇，以前老是怀不上小孩，怀上之后，就掉了。最后，他的男人和我父亲去找这个老中医，吃了3服草药，好了。这个中医是壶关的。

郭：咱们村有没有好中医。

张章存：没。以前有个姓李的老中医，去世了之后，就没了。

郭：他孩子也不学中医？

张章存：不学，孩子在外头做买卖了。一年能挣好几万块钱了。当医生这个，你得有本事了。你开的药不各事［顶事］，也不能着坏了事。弄不好之后，要命了。以前，有个老中医，他是个兽医，有个人在长治和平医院给人判了死刑了，没治了。这个老中医说，我试试。连着5服草药吃上，（病）好了。后来，找他的比较多。他就看不过来了。一般老医生，不敢冒那个险。我去医院输液了，他说5支和4支一样。那能一样了？剂量不够，你就看不好。他就没有那个技术。没有那个技术，他也不敢给你下那么多药，怕给你吃坏了。

郭：对。1968年，262医院来这里干啥来了？

张章存：以前那都是部队来了，数（部队）医疗队来的时间早了。

刘：他们来干啥来了？

张章存：农村的医疗条件差，他们来看病。他们弄的多了，大病给你做手术，其他病给你看病。慢性病给你弄针灸，他给你示范怎么扎。我还买了一套针，7 块（钱），自己给自己扎，我就还学了一个多月了。村上有了病人，我还给扎针了。比方说你颈椎（患病）了，部队的人给你扎上一下就好了。

郭：部队什么时候来的？

张章存：60 年代末，70 年代初。

刘：部队来了住了多长时间？

张章存：部队来了住了有两三年。长期在这住了。

赵：有多少人？

张章存：有七八个了。还有个郭大夫，那顶团级干部了。

图 6-16 村民拔河联欢

七、土地下放艰难转折

【深度论述】

  农民总是跟土地紧密地联系在一起的，离开了土地的农民就像无水之鱼，处于大山深处的西沟人也同样如此。与众多的山区所不同的是，作为土石山区的西沟，是"山连山沟连沟，山是石头山，沟是乱石沟；冬季雪花卷风沙，夏季洪水如猛兽"的荒凉的不毛之地。在 1955 年高级农林牧生产合作社成立时，全村共有耕地 2000 多亩，分为 26800 多块，零星分布在 332 座大小山头、7 条大沟、232 条小沟内，土地贫瘠并且特别分散。此后，为了治山治水的需要，将 500 多亩特别零碎的山坡小块地退耕还林，对剩余的土地通过填沟造地、打坝造地等方式进行了改造。但是由于住宅用地、学校、机关、厂矿、道路等用地不断增加，使得西沟的耕地总面积一直稳定在 1500 亩左右，人均耕地面积不足 1 亩。正因为如此，合作化时期的西沟对有限的耕地进行合理的精耕细作，对大面积的土地进行林牧业开发，将剩余劳动力转移到副业生产，走出了一条农林牧副综合发展的道路。以 1972 年为例，西沟总收入 30.87 万元，农业收入 13.86 万元，占 44.90%；林牧业收入 5.67 万元，占 18.37%；副业收入 11.20 万元，占 36.28%。

  在此期间，西沟的社员跟着集体走，集体让干什么就干什么，自己基本上不用操心，而这一经营方式也把农民和土地紧密地联系在了一起。这种经营方式一直持续到联产承包责任制实行之前，存在问题也在所难免，部分社员吃惯大锅饭，自主意识较弱，经济效益较低。但相对来说，由于以李顺达和申纪兰为首的集体领导好，而且有一套较为完善的工作制度，农民的收入不断提高，最好时候西沟一个工能够分到一块多钱，在当时的情况下算是搞得比较成功的，西沟人对这一时期普遍比较留恋。

  正是因为以上原因，西沟人从上到下对推行联产承包责任制都想不通，因而西沟下放土地比当地其他地方晚了两年。通过上级派驻工作队不断地做工作，1983 年，西沟全面推行了家庭联产承包责任制，村里的土地全部下放。对农田实行按户承包，自负盈亏、包交征购和提留，超收归己，按人平分土地，以户计算亩数，抓纸蛋分先后，量出全户地亩，划分土地界线，分清管理责任。因为当时西沟的集体经济搞得好，收入在当地属于最高的，社员的生活水平也相对较高。为什么要下放，土地下放以后依靠谁？尤其是一些自己没有劳力，对农业生产不很内行的人们，尤为担心和难以理解。因此，分地经历了一次艰难的思想斗争，但是最终在各方面的压力之下，土地还是下放到户。但农民是最看重实惠的，下放土地后的第一年便是一个大丰收年，获得实惠的农民一下子便认可了这一政策。人们在种地之余的农闲时间或去打零工，或去做一些小生意，获得一些的收入来补贴家用。以前人们对联产承包责任制的认识更多的是理性的分析，通过村民口述他们自己的切身感受，则是一种生动的、感性的认识，并力图对下放土地时的经过和农民的思想斗争有一个客观的认知。同时，通过对承包前后的一些对比，让他们自己说出下放土地的好处。

土地下放之后，西沟在生产经营上难以回避这样几个问题：土地下放以后此前的集体耕作形式难以为继，村里的果园、山林怎么办，集体的工副业怎么经营。这些问题在西沟又是怎么解决的呢？

在土地下放之前，西沟已经基本上实现了农业生产的机械化，农业的生产条件有了极大的改善。土地下放到户后，原有的机械和水利设施如何利用是一个大问题。实行联产承包责任制后，拖拉机、汽车、推土机、铡草机等作价分给社员一部分，出卖了一部分。特别是受到经济的、体制的、自然条件等因素的制约，农业机具骤减，百姓手中没有钱购买农机具，加之人均土地太少，不值得投入；土地划小，地界增多，不便于农机具的使用；山高路陡且土地分散，现代化农机具难以推广。受种种因素的制约，当今的西沟的农业生产可以说是倒退了，又退回到人工耕作。土地如何经营，农业怎么发展，是如今西沟面临的一个较难解决的问题，需要土地流转等农业体制的进一步深化来实现。

在承包前的 1982 年，西沟有 300 多亩苹果园，苹果产量将近百万斤，是集体收入的一个大头。对这些果园怎么样经营，1983 年时村里决定仍然归集体，按当时的市价投标承包到人，承包者自负盈亏，保证树的保存率，包干上交纯利。六年为一个承包期，第一个承包期内，由于市场价上升，果园承包者的收入大增，远远高出其他村民，承包果园的这部分人成为当时西沟最早富裕起来的一部分人，这些从他们自己的口述中能够明显地感受到。由此也使得果园的承包价不断上涨，后来的承包者只注重眼前利益，在投入、管理方面不够用心，果树遭严重的病虫害的威胁。到 90 年代后期，由于原有的果树逐渐老化，品种落后，相继被淘汰，加之病害严重，果园面积大幅度减少，在西沟经济中的作用逐年下降。

在此期间，西沟还发动群众大量种植山桃树、核桃树、山楂树、梨树、葡萄树等，但是由于市场和品种等种种原因的制约，山楂树、梨树和葡萄树都没能形成气候，现今能够收到一定经济效益的只剩下山桃树和核桃树。由于纪兰饮料公司生产核桃露需要大量的核桃作为原料，加之核桃树病害较少，容易管理等优点，核桃树成为今后西沟发展林果业的支柱。

靠山吃山，靠水吃水是中国农民的天性，生长于山区的西沟人不会放过这一便利条件。在山高林密的西沟，柴胡、黄芩、连翘、党参等药材，松子、蘑菇、松油等山货，都较为丰富。在药材、山货成熟的时节，有众多的村民上山挖药材、采山货，用这些收入来补贴他们的家用。但就是这些，在一些较为困难的人家也能算是一种较为可观的收入。当然，有产出就需要销售，由此也产生了通过收购这些产品致富的生意人。

由于农民和土地是永远紧密地联系在一起的，因而他们对土地有着常人难以理解的一种感情，西沟人也不例外。西沟人当年投入了极大的努力改善土地状况，在土地上付出了艰辛的劳动，他们对土地的感情尤为深厚。刚开始要下放土地的时候，西沟人真的是舍不得，都不愿分，但到了后来分开了，而且收入比集体时候还好一些，也就慢慢接受了。但是仅靠极为有限的土地根本不可能使他们富裕起来，土地充其量也就是解决了他们的吃饭问题，这使得他们认识到要想富裕起来就不能只依靠土地，必须发展副业、工业、商业，而要发展这些，农业和土地就成为一种辅助性的东西，作为农民的西沟人在土地上的投入也就少了，可以说种地成为一种捎带，一种业余时间生活的一部分。但是他又离不开土地，即使是没地的人，也还要刨一些小块地，种一些蔬菜，因为别人家有土地，能种这些，自己家就也应该有，因为是农民，就没有必要啥都掏钱去买。这就是农民，也是农民和土地的一种奇特的、复杂的感情。

农村经济除了种植业之外，最重要的便是养殖业。鼎盛时期的西沟，家畜、家禽的养殖是经济中的必要补充，当时有马、牛、驴、骡等大牲畜二三百头。队里办有猪场，申纪兰都当过饲养员，每个生产小队都有羊群，全村有羊一千多只。实行联产承包责任制后，村民有了发展家庭副业和养殖业的自主权，猪、鸡、兔等畜禽的饲养量剧增，涌现出一些养殖专业户。现今村中有养鸡专业户一户，养羊户三户，养猪户四户。受到市场和养殖环境等种种条件的制约，他们也都面临着这样那样的困难，有的是扩大规模遇到资金困难，有的是出去放牧受到诸多限制，有的则是养殖技术方面需要帮助。在西沟这样一个面积广阔的山区，发展养殖业的条件得天独厚，如果能够得到重视，不失为一种好的致富方法。

联产承包解放了农民，让他们可以有更广阔的天地施展他们的聪明才智去发家致富，西沟也同样有着一批极具市场经济意识的人。他们当中大的有买汽车跑运输的，有买三轮车拉客人的，有开商店卖东西的，有开饭店搞经营的，他们是村民中走市场经济的带头人。尽管多数人如今已经放弃了此前的生意，只有个别人还在坚持着。但正是有了他们，才让人看到了西沟农民搏击市场的意识，同样他们也是今天西沟的企业和村委会中干事的中坚。他们的存在，让我们能够看到西沟明天的一些希望。

（一）土地下放晚于邻村

1. 访谈对象：张章存（男，1947 年 12 月生于西沟村老西沟，初中文化，中共党员，曾任西沟村党总支副书记）

访谈时间及地点：2014 年 5 月 29 日；老西沟家中

访谈及录音整理者：张文广（整理者）、刘晓丽、赵俊明、郭永琴

赵：下放土地的时候，咱们这边的老百姓愿意吗？

张章存：不愿意。80 年就让分。老李就说这个要分了。来了以后，谁也不愿意。为什么迟了二年？开始就不愿意么，不愿意就没有分成。在西沟这个大环境中，没有一个人说，我要去弄了。一推再推，推了二年。82 年那年，还是上头一直追这个事，定这个了。定这个以后，才弄这个。分的时候，林业、果园就留下了，土地分了。牲口作价，牛羊作价，这样就分了。先分的是牛羊，冬天就把牛羊分了，后来才分土地。把土地分了，就都自己种了。

他（指李顺达）在的时候，都是小（块）地变大（块）地。后来一分，就变成了大（块）地变小（块）地了。一块大地，分了几十家。

刘：分地时候老百姓也不愿意。

张章存：对啊。不愿意。愿意来西沟就（不）迟下放二年？

刘：党支部也不愿意，老百姓也不愿意。

张章存：后来不下（放）也不行，非下（放）不行。可是人家河南南街，顶住了就是不下（放）。

赵：下放以前一个工能分多少钱？

张章存：以前一个工就一块钱吧。以前的钱就是先给国家交，然后留给集体扩大再生产，然后再给个人。

赵：81、82 年的时候，你家有几个劳力？

张章存：一个半劳力，我一年有 300 多个工，我老婆有 100 多个工，总共 400 多个工。吃一吃，花一花，一年最多就弄 200 多块钱。

赵：下放的时候你家分了多少地？

张章存：这（儿地）少，一人分不下半亩地。

我就想社会这个发展啊。那个时候西沟交税，一年要交十几万税，农业税。西沟（每年）就将近交十几万、二十万斤（粮食），过去那有老百姓不交公粮（的）。

交农业税、特产税。后来不交农业税了，（国家）还给你返（补贴）了。老百姓（种）土地还给你钱，一亩地30（块）啊、50（块）啊。现在这个老百姓种地国家给补贴得不少了。有的种的几百亩，东北的（土地）全部是机械化，国家补贴得更多。

赵：下放土地前和下放土地后，你家的变化大不大？

张章存：肯定要大了。集体化的时候最多一年领二百多块钱。你现在领个三五千块钱都没有以前二百块钱耐花。

赵：下放土地之前你还在村委，那时候还是记工发补助？

张章存：也是记工了吧。那时候是一天一块钱，后来成了一块五，这些它也涨了。八几年的时候，一个工十来块钱。近三四年，一个工到了二十来块钱。这一二年，一个工就到了四五十块钱了。

2. 访谈对象：张芝斌（男，1936年农历腊月生于西沟村沙地栈，小学文化，曾任西沟村记工员、农业技术员、生产队小队长、村民小组长）

访谈时间及地点：2013年5月24日；沙地栈家中

访谈者：刘晓丽

录音整理：郭永琴

刘：下放土地的时候，大家愿不愿意？

张芝斌：那会就一直开会，就那也不想退来，上头也叫退。那会儿讲的是：汽车上坡，上到一半了上不动了，退下来，再加上油，再上。

刘：那会你是不是队长？

张芝斌：是队长，下放（土地）也是不好下放。重往下分土地，一家一户分土地，很费事，谁不愿意要好的，也是自己带头，自己要不好的。

刘：集体的其他东西，像马、骡子这些怎么办？

张芝斌：马、骡子也是经过好几个来回，放下来又上去，上去又往下放。翻来覆去的，下来以后，卖了，作了价。土地也是很不好分，谁不愿意要好的，谁愿意要孬的。

刘：最后哪些没有分？

张芝斌：集体的东西就都分下去了。

刘：山上的树有没有分？

张芝斌：这个坡也分过一段，分了一小片，没有全部下放，有些村分了，这个山没有往下分。财产也大，也分散，也不好分。

刘：果树怎么办？

张芝斌：果树承包了，一年交多少钱（给集体），把果园放给你，作了价，谁的价钱高，谁承包。承包下果园，有些懂管理的（弄得）好，有些不懂管理的弄坏了。后底（从）外头购（回来）一批（新）品种，（让）个人自己种，有些个人可以，这会儿还种呢。有些管理不好，他就弄不了。

刘： 承包的时候，每年给集体交多少钱？

张芝斌： 承包（价）多少钱，你每年交多少钱，剩下就是你的。83 年头一批下放，30 来年了，下放时候也是很费事。

刘： 大寨也是不同意下放？

张芝斌： 大寨我去过两三次。这里的下放也是迟了一阵，也是不想下放来，（可是）上头有政策。现在还想着集体的时候搞得很好了，集体的时候，顺达和纪兰都领导得不错。每年要卖那么些粮食支援国家，打的粮食也不少，只不过有些户（粮食）不很足，肚量大小不一样。那会儿卖了（粮食），支援国家的多，储备的粮食也多，大队储备三四十万（斤）粮食。以前国家也是有些地方不行，也要支援它。

3. 访谈对象：申纪兰

访谈时间及地点：2014 年 5 月 23 日；西沟乡政府

访谈及录音整理：刘晓丽

刘： 咱们这个土地下放是不是先做了一个小试验？

申纪兰： 人家都是 82 年就下放了，咱是 83 年下放的。

刘： 是不是先在一个小村搞了个试验？

申纪兰： 没有搞试验。人家这是统一一个任务，83 年就下放了，一个桌子一个戳子，就分光了。

刘： 老百姓肯定心情挺失落的。

申纪兰： 说实话哩，基层搞这个组织也不容易呀，集体经济少的好下放，集体经济多的不好下放。它急档［马上］放不开，牲口也得分了哩，卖了哩，这个家产有多大？你瞧这办公室？这楼？其他地方就根本没有了，都分了。

刘： 这次土地下放跟土改时候分配土地有啥不一样？

申纪兰： 那跟这不一样，那是土改，四几年的事情。

刘： 那时候老百姓愿意？

申纪兰： 老百姓当然（愿意），他得上东西了，他（能）不愿意？给他东西了还不行？这次是动上才能挣上哩。不一样，性质不一样。

刘： 土地下放的时候，老百姓有没有因为分东西产生一些矛盾？

申纪兰： 那就是分配给你了，都有份。

（二）包产到户后的土地经营

1. 访谈对象：王根考（男，1956 年 9 月 29 日生于西沟村古罗，中共党员，高中文化，西沟村党总支书记、村委会主任）

访谈时间与地点：2013 年 6 月 11 日；西沟村委会

访谈者：刘晓丽、赵俊明

录音整理：郭永琴

刘： 咱们的经济水平在平顺算是领先的吧？

王根考： 在平顺还是可以的。一下放（土地）以后，老百姓不管有劳力没劳力，一下放基本就平等了，粮食问题就解决了。再一个，当时一开始下放（土地），有些把荒地就开（垦）开了，开（垦）开种地。

西沟从发展来说，其他地方是几十年不变。根据西沟实际情况，我们西沟的土地开始是 6 年一变，现在是 10 年一变。根据人口增加减少差别调整，死了人了，迁走了，（土地）就收回来。现在搞红色旅游，我们的地就比较好占。占了，每户补贴，补偿也就是 10 年之内，我们（一亩地）补偿你 500 块钱。但是得服从，到了其他地方，占了土地，（承包期）50 年，就得补偿我个人。

赵： 会不会有矛盾，有没有不愿意让占土地的？

王根考： 不会，他这个（地）都是短期的，地都是短期的，长期的就有他的弊病。我们基本上都是（短期的），树木管理也是，核桃园最多定上 20 年承包（合同），总不是给了你了。

赵： 咱们本身土地就少，一直这么调整下去不就更成小块了？

王根考： 肯定是，机械化就发挥不了作用。现在土地很少，（人均）四五分地，现在四口之家比较多，（一家）一两亩地，还不在一块，有两三块地。现在种地在农村就是捎带，一个妇女在家就捎带了，根本没什么收益。

赵： 山上林子都属于集体的？

王根考： 我们这都属于集体的，这两年不是搞林业改革，但是我们西沟没有动。西沟这么大森林，再一个我们成立森林公园，集体看护，集体搞。你像其他地方，像石城村，今年刨鱼鳞坑，县里组织帮他栽树，他都不让栽，他说我就是要放羊呢。他就觉得荒山就是我的。

赵： 土地如何流转？

王根考： 土地流转回来，也比较难，发展机械化，地还是不多。咱和人家平原不一样。

2. 访谈对象：李平宽（男，1941 年十月生于平顺东寺头乡安咀村，后落户西沟古罗，中共党员，退休兽医，初中文化）

张志考（男，1933 年 3 月生于西沟村古罗，曾任生产小队长，小学文化）

访谈时间与地点：2013 年 5 月 28 日；古罗李平宽家中

访谈及录音整理：刘晓丽、赵俊明（整理者）

赵：地里埋秸秆是从哪一年开始的？

张志考：十来年了。咱这下放土地以前不弄，秸秆除了喂牲口，那时候集中到一起，铡碎了，秸秆还田。下放以后，后来号召地膜覆盖，咱这就覆盖了一年，就不覆盖了。

赵：为什么不覆盖了？

张志考：覆盖和不覆盖咱这个地方差别不大，所以老百姓就不覆盖了，后来就变成这个埋秸秆了。

赵：埋的秸秆一年就能烂了？

张志考：能行。

李平宽：你把玉茭割倒，掰了玉茭，把秸秆放到中间，一行一行的，然后把茬子翻起来，埋住秸秆，中间种上。今年种一年，下一年就在埋秸秆那个地方种，把不埋秸秆那个中间再埋上，就这样轮换。

赵：这个需要人工弄？

李平宽：需要人工埋。咱这是牲口少，你要牲口多了也能犁。有时候用那个牲口犁地，犁地要的钱多，他给犁的深度不够，最深给你犁到四指深，太浅。他为什么要浅呢？他把犁调得浅了以后，牲口不费事，一天犁得多。犁一亩地要上你七八十块钱，那可是厉害了。后来就不用他了。现在那个就是浅，根本就不行，有茬子那个地方茬子也犁不倒，就是这种状况。现在地就少了，一个人才几分地。

张志考：地也很少了，都不用牲口了。

赵：搞建设都占了。

张志考：光建设就占了六七十亩好地，退耕还林种了一部分树。以前这个村有 200 多亩地，现在 100 亩也没有了。那个时候出公粮，捐献国家，这个小队一年就十几万斤了。西沟大队数咱这个小队地多了，那会儿是二百多亩地。

赵：现在地少了？

李平宽：现在这个地真是少了，退耕还林以后，上边栽上树以后，那个种上也就不长了，都有树根了，就是少种一点。

张志考：退耕还林把一多半土地就没有了。

3. 访谈对象：郭刚亮（男，1954 年生于西沟村刘家地，小学文化，村民）

访谈时间与地点：2013 年 6 月 3 日；刘家地董福锁家中

访谈及录音整理：赵俊明

赵：歇着呢？没去地里？

郭刚亮：没有，小苗子，这两天还不该锄呢。

赵：能间苗了吧？

郭刚亮：能间苗了。

赵：播上的玉米用不用间苗？

郭刚亮：间苗了吧。你要是点的那个小机器，就得间苗，要是买的那个双筒的，就是一颗一颗的（种），那个不用间苗。

赵：咱们用的哪种机器多呢？

郭刚亮：像以前用？栽得多。今年天旱，就是机器多，就不用间苗。

赵：小块地可以，大块地费时间了吧？

郭刚亮：也能种。现在那种子也是论颗卖，都是种一颗，那个抓苗也好。

赵：种子价钱也高？

郭刚亮：产量高。

赵：现在咱们的地都是人工种？

郭刚亮：咱地块小，机器来不了。

赵：稍微大的块地有多大？

郭刚亮：有半亩的，有亩把地的。说人多少呢，（家里）人多的地块大点。

赵：一亩地人工种多长时间能种上。

郭刚亮：按来的那个小机器半亩地一个钟头就种上了。

赵：就跟在地里走路一样？

郭刚亮：边走边种，就那样。

赵：化肥怎么弄？

郭刚亮：化肥扬到地里，耕进地里去。

赵：地怎么耕？

郭刚亮：用牲口，雇人家的。

赵：村里有几家有牲口？

郭刚亮：这地方没有牲口，其他村有，犁地的时候就来了。

赵：怎么算钱？

郭刚亮：按亩数，一亩地 80 块钱。咱们村都没有，其他村养牲口的犁地时就来了。

赵：牛还是马？

郭刚亮：骡子。人家专门养上，就挣这个钱。咱也没有养过，人家就是挣那个钱。扬上化肥，人家犁地，种的时候就不雇人，自己人工种。

赵：间了苗就锄，锄几遍？

郭刚亮：锄两遍，耧一遍，总共三遍。天一直下雨，长草了，就得锄，总不能让地荒了。连间苗带锄算一遍，然后锄一遍，再耧一遍。

赵：一亩地三四个工做出来出不来？

郭刚亮：差不多得五六个工。

赵：收时怎么收？

郭刚亮：收也是人工收，有拖拉机拉回来。

赵：总共下来，一亩地得四五个工？一亩能收入一千块钱不？

郭刚亮：种地就不挣钱，人家地多了还行，这个地方地少，就不合算，种地是越多越合算。

赵：你家里有多少地？

郭刚亮：顶大一亩多。

赵：地里有没有果树？

郭刚亮：原来有，也有十几棵。后来都死了。

赵：十几棵果树最好时能卖到多少钱？

郭刚亮：咱种果树那时候就不值个钱，一斤就是五六毛钱。

赵：果树为什么死了？

郭刚亮：生病，有时候管理不好。它就像人得了癌症，治也治不好了。

4. 访谈对象：张小英（女，1961年生，小学文化，南赛村民）

张书爱（女，1958年生，小学文化，南赛村民）

申开凤（女，1955年生，初中文化，南赛村民）

马书桃（女，1955年生，文盲，南赛村民）

访谈时间与地点：2013年6月7日；南赛房根山家中

访谈及录音整理：赵俊明

赵：你们平时用不用下地？

马书桃：下地了，也都下地了。

张小英：下地了吧。今年天就不好，玉茭种上就没有上来，旱得不行。最近才上来，今年不行了，收不上个好秋，迟了，本来该上来的时候旱得就没有上来，一天一天的，迟上来一天就得迟收十天了，它要迟黄［熟］了。

赵：差这么多了，咱们这是这么说。

100

张小英：嗯，今年迟上来的多，大部分都是迟上来的，有的已经有四个叶子了，有的才刚上来，才一个叶子。今年不行了，收不上个好秋了。

赵：去年的庄稼收成不错吧？

马书桃：去年庄稼不错。

张小英：今年有的玉茭没有上来，种上谷子了，有的种上豆子了，现在玉茭也上来了，谷子也上来了，豆子也上来了。

赵：这几年去年的收成最好了吧。

马书桃：不错。

张小英：去年收成不错，一亩地能打 1500 斤玉米。

赵：去年的话一亩地能收入一千块钱？

张书爱：我觉得收不上。

申开风：好地行。好地才有多大一点呀，咱主要都是山地。

马书桃：行，主要是咱这里就没有个啥，都是山。

张小英：行，一亩地弄一千块钱，你就是打上一千二三百斤玉茭，卖一斤玉茭一块钱。好年景行，今年肯定不行。咱这个地，河滩地也是有好的，有孬的，有些土薄，都是垫起来的，垫得厚些的还行，垫得薄的就不行。有的一块地都不一样，有土薄的，有土厚的，里头和外头就不一样。

赵：家里有多少地？

张小英：地不多，二亩多，四口人的地，全部算上，那就是自留地都算上了，好的、差的都算上了。

赵：给你 20 亩地种，你出去打工不了？

马书桃：那就种不了，都是手工种，可不是机器种。

申开风：都是人种了，这地方和其他地方不一样。

赵：弄那个小手扶拖拉机种？

张书爱：不行，上不去，上去下不来，下来上不去。

申开风：你就是眼前这些河滩地，这是平平的，其他都是在山上的，你就上不去。

赵：山上的地多不多了？

申开风：也不很多，反正有一半都在山上了，都是原来那个小块。

赵：那怎么种呀？

马书桃：人扛到大路上，拿独轮车推回来。

5. 访谈对象：郭增贤（男，1951年2月生于西沟村池底，初中文化，村民）

访谈时间与地点：2013年6月6日；池底郭广玲家中

访谈及录音整理：刘晓丽、赵俊明（整理者）

刘：下放土地后你主要干啥？

郭增贤：承包果园。

刘：承包了多少果园？

郭增贤：还差不多，有半亩地，我包了六年，地里三四十棵果树。

赵：一个人就能管理？

郭增贤：能行，不忙。

赵：一下放就承包，效益还行？

郭增贤：行。土地下放了以后，我就坐起来了，（得了）脉管炎，腿疼，歇了十年，在和平医院住过院。

赵：最好的时候三四十棵树一年可以卖多少钱？

郭增贤：那个时候一年弄上几百块钱就不错了，就好了，比集体时候就强多了。集体时一家四口一年领上一百五六十块钱，领不到200块钱。这就是一年的开支，连带孩子上学校，都得有。

赵：还是分开的效率高吧？

郭增贤：分下来就不一样了，生活条件好了，粮食也够吃了。

刘：老百姓是愿意分的？有没有不愿意的？

郭增贤：也有不愿意的，他说这分开了能好管理。他种了一年就好了。自由，早晚由自己。

刘：你家有多少地？

郭增贤：三亩多，那时是六口人，那时候地多。后来退耕还林，就少了。

刘：退耕还林怎么给补贴？

郭增贤：国家每年补，快补偿够了。你有了收益就不给补偿了。

6. 访谈对象：张雪明（男，1969年3月生于西沟村古罗，中共党员，村委委员，高中文化）

访谈时间与地点：2013年6月12日；西沟村委会办公室

访谈及录音整理：赵俊明

赵：最近十来年，粮食的产量每年差别大不大？

张雪明：产量主要看种子，去年都种3138，产量比较低，成熟得好。今年种的潞玉1号，有的是335，这种子都是一颗独苗，现在种子也贵了。到底产量高低也是看你老百姓勤快不勤快，肥料上得足不足。咱俩人买的一样的种子，上肥料不多的肯定不如人家上肥料多的。

赵：年景的差别大不大？

张雪明：今年年景就特殊，现在玉茭苗子才不高一点，往年就很高了。这种年景少，今年旱的时间太长了，收成肯定受影响，这种年份差别肯定就大了。其他时候区别不是很大。在家种地也不合算，一亩地打下1000来斤玉米，一斤一块钱，也才千把块钱，有时候地歪了，经营不善，它也打不下多少。他就要算账了，现在出去打工做小工，一天挣120块钱。比方说，一亩地，春天开始施肥，完了下种，种子还花钱，栽上种子，完了锄上两遍，玉茭一吐缨，还要再耧一遍，再收一收，一亩地下来要十来个工，一天好劳力做上二分地。好多人都算过这个账，一亩地要用20个工，就不用说是120块钱一个工，你就是100块钱一个工，20个工就是2000块钱，所以说种地就不合算。在家里种地的就是我父亲那个年龄的人，还有就是我这样在村里的，也舍不得那个地荒了，我儿子那个年龄的，人家就瞧也不瞧那个地。只要是能出去的，算下这个账来，比方说阴天下雨，清明过后，人家只要一能下种，种上就出去打工了。剩余的就到外边打工，主要咱这个地方企业也少，老百姓收入就没有，出去在外边打工的多。你要是企业多，厂矿多，肯定也就不想出去了。

赵：在家还是好。

张雪明：你最起码总得生活了，种地这个，一亩地打下1000多斤粮食，赚千把块钱，你能顶个啥事。

7. 访谈对象：周德松（男，1956年6月生于西沟村东峪，村委会办公室主任，高中文化）

访谈时间与地点：2013年6月10日；西沟村委会办公室

访谈及录音整理：赵俊明

赵：现在你地里有果树没有了？

周德松：我地里没有了。咱也没时间经营它，经营上还是可以，怎么也比种地强。现在就是一斤卖上一块两块，也比种玉茭强，种玉茭最多打上1000多斤，都卖了卖上1000块钱，你抛了种子、化肥，最多一亩赚六七百块钱。没有多少地，本身咱也地少。加上退耕还林地，一个人还平均不到半亩地，三口人的地，再要分地就成两口人的啦。媳妇人家是非农户，小孙子也是非农户，这不就成了两个人的地了。我是种了我家老二［二弟］两人的地，多种了他两人的地，我家以前是3（个）人，总共是5（个）人的地。

赵：一般不去地里吧。

周德松：家里的［老婆］去，我一般不去，最多种的时候去上一天，收的时候去上一天半天。

赵：咱们分下去土地后有没有变动？

周德松：03年以前，土地没有变，六年一调整土地。六年中间，你迁出人口或者增加人口，在钱上给你取齐。基本口粮一个人平均420斤，你走了一个人你出钱，来的这个人你得钱，在钱上平衡，那会儿都算账了。那会是九分四、九分五，后来算成一毛、一毛几，就是沟里出得少，村上出的比沟里多出一样，都平衡了。03年以后，不算土地账了，搞了退耕还林了，地不平衡了，就没有算这个账。没给你分地，集体给你分钱，你走了一口人，少了一个人的地，你出钱，一下子平衡。09年以前我还兼出纳了，进了核算中心就没有了。

赵：咱们这个耕作方法是倒退了。

周德松：土地还是要往少数人手上流转，土地还是得集中。其他人腾出来搞副业，留下一些愿意种地的人种这个地，不想种地的你去挣其他钱。

赵：现在的复合化肥好点。

周德松：好一点，其他微量元素没有，使唤了化肥土地就结板，使用农家肥土地就是疏松的，微生物高。土地肥力，土地产值，使用的化肥多，其他元素吸收不了，有些有害的东西。数使用有机肥好，现在使用不到了。地边的蒿草，以前都要割上沤了肥，现在没有人弄了。

赵：有没有还用农家肥的？

周德松：很少。养羊的，羊粪没人买，你还得拉，车到不了地里，还得担，还得扛，人们嫌费事。农家肥是好，它没污染，肥效长，但见效慢，时间长，那个能够改善土壤。

赵：你用不用农家肥了？

周德松：我也基本上不用了，就没时间弄它。

赵：再过几十年以后，就不会种地了？

周德松：现在种地，播种有机器，一按就下去了，以前那种方法年轻人就弄不了。

赵：土地应该走流转的路子，村里有没有流转的？

周德松：咱这基本上没有，也有，很少。比如家里人都到外头了，就给了你，他这个什么也不要。主要是给了自己的亲戚朋友，让他种。我们这里集体占其他人一亩地500块钱，定得就是这么多，其他的没有。这里个人很少有流转的。

赵：咱们这土地太少。

周德松：对，咱这一个人还不到半亩地，养不住人，他也就不指望土地为生，都搞副业去了。家里留个老人、妇女，凑合着种地。

8. 访谈对象：申纪兰

访谈时间及地点：2014 年 5 月 23 日；西沟乡政府

访谈及录音整理：刘晓丽

申纪兰：咱是一起倒下放了，口粮田一招［一起］分给社员，把这个牲口也处理了。

刘：汽车也分了？

申纪兰：汽车没有分，还是集体的，拖拉机分了，卖了。

刘：没有分给个人？

申纪兰：谁要卖给谁，谁有钱，作价都来买。

刘：拖拉机分了以后用得怎么样？

申纪兰：大部分都没有了。后来个人才有的买上了汽车，买上了手扶拖拉机。那会儿集体一个队一个手扶拖拉机，它代替多少劳力呀！

刘：转基因这个事你听说过没有？

申纪兰：咱西沟没有那个种子。像咱西沟过去买种子，都是集体给社员买回来，集体还是能给群众服务，现在下放了，就是搞服务。其他地方的地吧，都是 50 年（不动），你有一个人，也一直享受这 50 年。咱西沟是十来年就变一次，人口多了，加上点地；人口少了，就去了点地，这就是为人民服务。你要是 50 年不变，你富了我穷了，连粮都种不上，不变么。

刘：西沟是十几年变一次？

申纪兰：七八年分一次。大变七八年，人口动动，土地也稍微调整，动一动，你要是不变了，不是跟过去一样？

刘：西沟党支部还是起作用的？

申纪兰：党支部还起作用，它还有点经济（实力），没经济（实力），你也穷我也穷，咱俩人都不行，说了话没人能听，办事没人管，要不往正路上领，只是说个人行，就把党的领导削弱了。像石匣沟，这个林坡也管不住了，人家都是个人的，说要栽什么树，人家就不让栽，这是我的，你给了我了，这是政策。咱（西沟）这个，是林业队分了几个片，几个人管着，还是集体的，万贯家当。你要是下放了，人家想砍就砍了，管你呢？人家说不干就不干，你也管不了，是我的么。现在自由思想太厉害，集体占领不了，个人就占领了。从十一届三中全会以后，我们就响应党的号召，口粮田下放了，林坡还是集体经营。

刘：咱们的林坡没有下放？

申纪兰：人家也叫下放来，分片下放，还是以（党的）分支（的形式）管好。要是给了群众吧，就怕没人管了。单单发动群众吧，群众还得有领导呀，我觉着没有领导也不行。我们西沟党支部哩，还是双层经营，就是个人口粮田都放了，集体的林坡、财产，还都是大家的。林坡是几个人承包上，都要收回来。咱要办厂还是集体办厂，西沟党支部领导，谁没本事走不出去，就去工厂上工。

刘：双层经营是西沟党支部研究通过的？

申纪兰：这都是支部研究通过的。

刘：县里头对双层经营是什么意见？

申纪兰：下放还是县委来放了来，来开了"三干会"以后，工作组驻到这，才下放了。

刘：这个双层经营县里边同意了？

申纪兰：县里边？也是做工作吧。咱还是从实践来的，实践说明咱有那个能力经营，还能管理好。我们两万多亩林地，一棵树一块钱，我们是户均万元。双层经营就有这个好处，你个人弄上，就砍光了你也没管不了，成了人家的了么，坡也分了，全下放了。

申纪兰：也是逐步的，不放就不对么，跟不上形势，这个也是逐步找规律哩，摸着石头过河哩。为什么国有资产没有彻底改革了？你要没有国有资产，就没有一切了，就没有本钱了。

（三）果树承包富了能人

1. **访谈对象：**张章存（男，1947年12月生于西沟村老西沟，初中文化，中共党员，曾任西沟村党总支副书记）

访谈时间及地点：2014年5月29日；老西沟家中

访谈及录音整理者：张文广（整理者）、刘晓丽、赵俊明、郭永琴

赵：下放土地的时候，果树下放了吗？

张章存：下放了。原来林业队有30个人管着了。下放以后就承包了。这下放的迟，开始下放的时候，人家80年就下放了，这是82年［应该是83年——编者］才下放的。不愿意下放。

后来西沟开始富了的一部分人，都是下放以后，承包果园。8分钱就承包下了，卖到两三毛、四五毛一斤，还有七八毛。一承包一直干就行。大集体的时候，卖苹果都是毛儿钱，送到长治，再分个等，一等多少，二等多少，三等多少。西沟下来八九十万、百八十万斤苹果，你卖不了也费事了。这样以后，不好分，就带头分了四个片，下边不是四个分支。按这四个分支把果园划了一下。头一次是（承包）六年，为什么是六年呢？果树它是大小年，一年大年，一年小年，头一次是六年，这

不就（承包）下去了。下去了以后，有些人胆大，就弄了些，剩下的就都不敢弄。富了也是承包果园富的。以前有个林业队，三十几个人专管这个了。春天修剪，打药，积粪，一整套。后来承包就是10年，开始是6年，这不就是16年了。有的承包的就挣了几十万块钱了。一年就是一两万，16年，最起码也是十六七万。以前不好卖，后来一到八月十五，大车小车就来了，来了以后就都弄上走了。又贵又走得快。那几年（存款）利息也高，5年就要翻一翻了。

刘：核桃树没有承包？

张章存：这都承包了。

赵：核桃树是怎么承包了？按产量还是按什么？

张章存：就是估了。老百姓来了，谁掏的钱多，谁承包。比方说，这两棵核桃树，加上这块地，顶上50块钱。投标了，谁投的标高，谁承包。

刘：咱们山上的树幸亏没有承包，承包了就完了。当时为什么没有承包？

张章存：八几年老李就还活着了。83年，老李就说，看看吧。群众愿意了，咱再定。怕分下去了，把林给毁了。（苹果树）要是不下放，最少能活150年。老李在的时候，那是有计划的。三朵花里留一朵，结果又大，品种又好，有了质量了，就有了数量了。比如说你结了三个，留一个，它就有七八两重。再一个，你吃的时候，味道也好。管理得好，产量也大。一下放，就不好了。也不给它上肥，修剪了也不修剪，管理也跟不上。所以说，就形成了恶性循环。以前一个树结那么多，现在结得那么少。谁去给它下那么大的本呢。这样以后呢，树大量地减产，今年下了一万斤，明年只能几千斤。

刘：苹果树毁了以后，种成核桃树了？

张章存：毁了以后，在河滩种成梨树了。

刘：核桃树不是李顺达在的时候弄的？

张章存：不是。别人都是收到七八十万斤，西沟承包果树，一个人一年弄了两三万。当时的苹果便宜，现在都贵。

刘：我在城里买的国光苹果都四块多。

张章存：南赛、古罗都有。你像那个时候，原先苹果一毛二，后来一毛八、三毛，三毛成了六毛。我在南赛包了11棵树，一年还弄了六七千块钱。

刘：能收多少斤？

张章存：就那十来棵树，（收）五千多斤。

刘：我记得我在小学的时候，七几年买的苹果，三毛钱一斤，那都是最好的苹果。

张章存：现在这苹果不行，是因为处理不了腐烂病。腐烂病是一种菌啊。老李在的那个时候，把中间的木质部分全部砍了，用那个碱面把去掉的那个部分都涂了。刮风天、雨天不能去。把去掉的部分全部都烧了，埋了。那个腐烂病在刮风、下雨的时候，就会传染。

刘：你一家治理好了也没有用。

张章存：没有用，一有风就都扩散了。它是个菌，在空气中能传播。一有风，它到处来回传播。承包林地后，只能自己管自己。有些承包的人，挣钱也挣上了。当时的存款利息高啊，存一万块钱，几年就翻成两万了。

刘：当时存款利息高。

张章存：这样一弄，他弄上五六万块钱，几年就成了十来万了，再存就去，就成了二十来万了。王根考家以前最穷，他那个时候家里穷，承包苹果弄了十来万。

刘：80年代信用社鼓励贷款。咱这有没有人贷款？

张章存：有。不过大部分不敢贷。我那个兄弟和南赛两个人，他们三个贷了十几万，经营班车，经营了三年就挣回来个车了。挣回来之后，他们几个就分开了。其他两人就把车折给我那个兄弟了。车一旧，要经常修，花了不少钱。他把钱给他两个儿子分了。他要把钱存到银行来，还能弄不少利息。那个时候，谁也不敢贷。后来敢贷了，人家不让贷了。

2. 访谈对象：王根考（男，1956年9月29日生于西沟村古罗，中共党员，高中文化，西沟村党总支书记、村委会主任）

访谈时间与地点：2013年6月11日；西沟村委会

访谈者：刘晓丽、赵俊明

录音整理：郭永琴

刘：咱们苹果树也不错？

王根考：苹果树是60年代的苹果树比较好，我们过去可以说是平顺就数我们的苹果（好）了。有300多亩苹果园，河里、沟里都是，李顺达去东北买来的苹果树栽培，过去苹果是一部分收益，铁厂是一部分收益。后来下放（土地）以后，个人都富了，集体收益就不行了。前几年，集体经济，牲口了、羊了、铁了，全部都卖了。

赵：都是以前的积累，房屋也卖了？

王根考：房屋没有卖了，主要是农机具，你像拖拉机、汽车都卖了。我当时还买了一台手扶拖拉机，才几百块钱，开始还可以。（以前的积累）一下子全部都卖光了。

刘：老百姓其实也不愿意？

王根考：果园当时也都下放了，也都承包了。当时农户谁愿意承包谁承包，通过投标的方式，我当时在西沟承包果园算最多的。83 年下放了，我承包上。当时那个时候，就是感到 83 年下放以前，经济还算不赖，那会的苹果卖一两毛钱。第一年我们就收入万把块钱，83、84 年号称个万元户就了不起了。我们四户。

图 7－1　绿色西沟

赵：你们联合起来包的？

王根考：四户，连我四户。我们一共是能摘三十到四五十车（苹果）。那会苹果不值钱，那会儿还没有很放开市场，我们还是靠的市里，长治市有个果品公司，给人家送过去。

赵：你之前懂得苹果管理技术吧，为什么敢包？

王根考：当时不懂，因为当时不懂才敢承包苹果园。当时真正懂得的不敢承包，所以说不懂得就敢。当时我家里条件是比较差的。当时一个什么思想呢？家里比较贫寒，就是敢拼，胆子大。当时我自己拿着合同，找了 3 个人。有一个人原来是林业队老技术员、老保管员，懂技术的，干了十来天就退了，干了十几天他就不干了。又找了一个原来林业队队长，年龄当时比较大了，已经五六十（岁）了。因为我当时承包的是两块（地方），没有时间去看，一块地方最少得有两个人，你有事了没有人管，就得雇人。当时一共承包了三四回，后来就是追求效益，病虫害不用管。

刘：承包一期是几年？

王根考：一期我们是 6 年，三期左右。因为甚呢？第一期收益相当可观，都知道是发了财了。第二期承包费就比较高了。我第一期承包的果园，有一块地我才交 1600 来块钱。第二期承包费上到 2 万多块钱，同样的地方，翻了十几倍。第三回就更高，一回比一回高，追求经济效益，到了第五年、第六年，不管这管理，只管产量。但是我们有个不好处，就是后来果园品种就不行了，老化了，过去就是元帅、国光、黄香蕉啊，过去的老品种，发展了新品种，后来就淘汰了。后来就不干了。我就是第一期、第二期，我就承包了两期。第三期我干脆就不干了。后来事多了，我 84 年开始进了班子，我还是个委员，相应地事也少点，后来 95 年以后，就比较事多了。后来我们就把这个树卖了，沟里面全部种成核桃树，因为过去就有 1 万多株零星的核桃树，集体化时候，核桃一年收一二十万（斤），以前就有，集体化时代 15000 多株。

3. 访谈对象：张红则（男，1954 年生于西沟村古罗，复转军人，高中文化，村民）

访谈时间与地点：2013 年 5 月 28 日；古罗李平宽家中

访谈及录音整理：刘晓丽、赵俊明（整理者）

赵：下放土地之后没有出去？

张红则：没有，也在家，机会不好，走不了。

赵：有没有承包过果园？

张红则：后来承包了两期，第一期没有赶上，第二期、第三期承包了两期。

赵：包得有多少？

张红则：三四十棵树吧。第二期每年能落两千多块钱，就是那样。第三期果树老化了，苹果也不值钱了。第一期最好，承包费低，一斤苹果交大队一毛二分钱，那个便宜。也有一些是按地片算的，有些地方远，没有人愿意去，估的价钱也就低。第一批我在家，没有事干，秋天帮人家摘果子。那时候果子多，赚的钱多，一个人 6 年都能赚到好几万。我有个哥包了二期，第一期赚了钱了，第二期就没有挣下多少钱。

赵：第二期为什么不行了？

张红则：承包以后，那个树就不行了，产量就不行了。也是分大年小年了。

赵：承包苹果树要投入些什么？

张红则：主要是打药，也得上粪、剪枝、松土。上足粪了产量就不一样。我第二次包上，咱平顺县有个养鸡场，我去那里拉了两次鸡粪，上上一次，以后两年就不用上肥了。收罢秋没有事了，把厕所里的茅粪担上泼到树底下。

赵：2000 年之后就没有了。

张红则：苹果老化了，品种也不行了，个头小，卖不出去。后来大队统一把果树都刨了，全种上梨树了，那个品种不行，就没有效益。就是结下了，那个梨小，核子大，不好吃，再一个不好保存。

4. 访谈对象：张双红（男，1972 年生于西沟村老西沟，中共党员，西沟总支副书记，高中文化）

访谈时间与地点：2013 年 5 月 29 日；老西沟张俊玲家中

访谈及录音整理：赵俊明

赵：你是初中毕业吧?

张双红：我是职业高中。就在西沟上的，87 年还是 85 年上的。

赵：职业高中学点什么?

张双红：那会儿主要就是果林班。那会还是二年制。

赵：你们那会赶的就是初中二年，高中二年?

张双红：初中三年，职业高中二年。

赵：弄过果树吗?

张双红：弄过。那会职业高中也不实践，讲讲理论，谁也没有剪过果树。

赵：你种的地里有果树吧?

张双红：现在都不多了，以前九几年咱这里苹果树还可以。

赵：以前都是果树吧。

张双红：现在都老化了，都种了核桃树。

赵：核桃效益能不能比上苹果?

张双红：比不上，苹果那几年效益相当好。92 年，西沟一斤苹果就卖到一块钱，河南上来，你这个果园地，来了一瞧，给你几千块钱定下，这棵树你就不要给我卖了。来的时候，人家把纸箱子拿来了，人家不来你地里，你给摘下来，人家就来拉来了。92 年卖到一块钱就相当不错了，那会儿西沟苹果树一棵要摘到一千斤了。那就叫千斤树。

赵：最好的年景一家能收入几万块钱?

张双红：多，一年有挣五六万、十来万的，有一部分就是靠这富了的。

赵：这样的家户多不多?

张双红：不多。那会不是种果园的，是承包的西沟村上的老果园，那会相当一部分人承包这个。十来户也多，那会有一百来户，十来万是少数，挣个万儿八千也相当可以。现在我们王书记就是承包果园起的家，那会儿都不敢包，他家以前特别穷，穷到极点了，他倒不怕那个了。那会上交大队就是上千块钱，那会儿买个拖拉机才 600 块钱，他那会还是四个人合伙干，第一年一个人挣了几千块钱，他那份果园两万块钱，后来逐步提高了。就是承包果园挣了钱了。那会儿在西沟只要是好过的，都是承包果园的。

赵：90 年代吧?

张双红：80 年代末，90 年代初。

赵：果园富了村里一批人。

张双红：对，后来其他地方多了，苹果卖个四五毛钱，后来四五毛钱，河南人也不来收，品种也不好了，也不值钱了，管理也跟不上了，就逐步退化了。那会承包十来棵果树，人家大队也不让多，一年就能挣上个两三千块。我结婚就是靠承包苹果赚的那个钱，就一块地，人家不要了，十几棵树，我父亲一年弄个三五千块钱。

5. 访谈对象：张仁忠（男，1952年6月生于西沟村南赛，中共党员，村监督委员会委员，初中文化）

访谈时间与地点：2013年6月10日；西沟村委会办公室

访谈及录音整理：赵俊明（整理者）、刘晓丽

赵：你出去打过工吗？

张仁忠：没有出去过，一直在村里。

赵：就在村里种地？

张仁忠：种点地。原先承包点苹果树。

赵：哪一年承包的，包了几年？

张仁忠：85、86年第一批就承包苹果树，一直到苹果树全部淘汰结束，一直承包十几年了。刚开始承包了100多棵，自己管理。

赵：果园管理得好吧？

张仁忠：我在林业组劳动过三年，对林业、果树管理比较熟悉。西沟的苹果园沟里都是。苹果树都很粗，一棵好树结一千多斤苹果，在果树周围，不用上树就摘满了。原来的品种就是国光，树大，产量高，一棵树要摘一千多斤。

赵：100多棵树能收不少苹果吧？

张仁忠：我包的在山里边。树小，没那么大，在后北沟里，能产万把斤。

赵：最近几年才不行了？

张仁忠：后来苹果树得了腐烂病，六年一承包，体制一直变动，腐烂病一发展，几年倒不行了，控制不住，说淘汰就淘汰了。承包的人就没有长远打算，我结上六年苹果，不行我就不干了，我就不承包了。

赵：承包的果园时在不在村委干？

张仁忠：在呢。那时事情少，有事时开个会，没事自己干自己的。

赵：这几年事多了。现在负责什么？

张仁忠：搞林业。我从八几年和林业组负责荒山绿化，山上的树老一辈把阴坡绿化了，都是松柏树。我们这几年主要是搞阳坡绿化，自己育苗。我们现在基本上阳坡把树都种上了。种的柏村，它耐旱，比松树耐旱。如果你是阳坡，种松树就不行，种柏树就好活。

赵：种柏树是不是影响苹果树了？

张仁忠：苹果主要是（怕）现在的路边这种柏树，新型的这种景观柏树有病，山上的侧柏不影响。景观柏树带的一种锈病菌，冬天这个菌就寄生到这个柏树上了，

112

到了春季以后，一下雨，温度和湿度达到一定程度，柏树开花呀，就是锈病菌，怕爬到苹果树上了。经过风吹，移到苹果树上了，开始苹果树叶子上就有小斑点，后来就长开毛刺。这种菌到冬天就到了柏树上了。这个菌就是在柏树上寄生，夏天就到苹果树上了，冬天就到柏树上啦，互相交替。一有菌树叶上黄色像莠一样，黄颜色，树叶就落了，早早就落了，一落叶子，树的营养就不够，三四年就死了。

赵：这种病好不好防治？

张仁忠：哎呀，现在这种体制，一家一户没法防治，我防治你不防治，我防治只能管住我的苹果树没有，但你的苹果树有了，互相传染。你不防治，赶到冬季那东西就传到柏树。再一个就是风传播，四五公里都有传播，一下雨，一刮风，这个菌就传播得比较远，范围广，想控制这种病，你非得把这个柏树去了。但现在去不了，要绿化，去不了，它发展了，苹果树、梨树这些，管理稍微一松手，就不行了。你要想那个，春天就得打药，发现有这个东西就得赶紧打药，往苹果树上打药，多打几次药，能减轻损害。

赵：苹果树一方面受柏树影响，另一方面是不是效益也下降了？

张仁忠：效益下降是管理还是老的模式，授粉、套袋，技术跟不上。不疏果，结得太稠，就小了。果品跟不来，想卖大价钱就不行。咱也是引进品种，像红富士苹果，可是你的管理跟不上，结得太稠，投资不足，肥料、农药呀，结的果子也比不上一等果子、出口果子，哪能卖上人家那个价钱。

赵：现在你家还有没有果树？

张仁忠：有，四五十棵。好几种呢，红富士、乔纳金、北斗。

赵：没国光了？

张仁忠：国光小，结得多，一过年就发绵了，不好吃了。不像红富士，就是放到五六月份也没事。

赵：去年下了多少果子？

张仁忠：五六千斤。一斤一块钱，比种玉米强。数种玉米不合算啦。最小的苹果，就是落果、歪果，落到地里也卖四五毛。有人来收，做了果酱了。

赵：你这管理得还挺好？

张仁忠：也不行，也有病，主要是我管理，能管理过来，抽空弄，土地少。

赵：那你是种树的能手啊！

张仁忠：反正按以前的管理方法。

赵：其他人家就不行了？

张仁忠：大部分都不行呢，都淘汰了。

赵：你这树是后来种上的？

张仁忠：自己在自己地里种的树。当时西沟从外地购回来的树苗，从山东购回来的树苗，分给社员，各大队都种了，家家户户都种了，当时苹果很值钱。大部分都死了，留下的也没几户了。

赵：土地下放后吧？

张仁忠：是的。以前是国光、元帅。西沟村能产100万斤国光。

赵：什么时候？

张仁忠：就下放中间，刚下放。河南每天有好几十辆车，五毛钱一斤，直接从树上摘下来，不说好赖，就都拉上走了。当时元帅苹果一斤一块，拉到上海（卖）。

赵：那几年包果树可以吧？

张仁忠：可以。四五户包上一片，摘的时候雇上一两个人，挣钱，一年挣好几万。我头一年挣了五千块钱，86年，想都不敢想。因为在集体时候一天挣一块或一块五，一年挣四五百块，后来一年挣五千，不敢想。

6. 访谈对象：周布考（男，1947年1月生于西沟村东峪，小学文化，村民）
访谈时间与地点：2013年6月4日；东峪家中
访谈及录音整理：赵俊明

赵：你在农业社也干过吧？

周布考：干过，每天就是下地，挣工分。西沟那会在平顺县工资最高，一个工一块钱，就是感觉可以。

赵：分了以后就不好了？

周布考：分了以后有一批人富起来了。当时这儿是83年下放，下放的那个时候，就是在西沟村承包果树，那个时候承包了几年果园。

赵：承包了几年？

周布考：头一批和几个人合伙的。第二批，我个人又承包了6年，在村里是比较富的。再后来就不行了，比不上人家了。承包果园那时候也是万元户，当时下放那会儿就是搞副业，一个工是三块钱。我那时候一年收入就是三千多块钱，刚开始感觉就是很可以，就是有钱。包果园那两年可以。

赵：一直包了十几年？

周布考：两次12年，前一次就不行，六七个人合伙包的，20来亩，就是个300多棵树。

赵：一个人人均50棵树？

周布考：差不多，再一个合伙包，大伙搞得不很好。

赵：你们都懂技术？

周布考：我们就不懂，有懂的。有两个懂，之前人家就是管果树的。

赵：刚分了地一年能收入三千多块钱？

周布考：第二批行，自己承包了，能收入那么多钱。第一批也就一年收入千把块钱。最好的时候一年收入也就三千多，有人承包得多的收入多。

赵：崔秋喜说去年他30棵果树卖了三千块钱？

周布考：现在一斤果子卖一块钱。

赵：你们那会可以卖到多少钱？

周布考：两三毛一斤，三毛钱就算是卖得高了，价钱低。

7. 访谈对象：张小英（女，1961 年生，小学文化，南赛村民）

张书爱（女，1958 年生，小学文化，南赛村民）

申开凤（女，1955 年生，初中文化，南赛村民）

马书桃（女，1955 年生，文盲，南赛村民）

访谈时间与地点：2013 年 6 月 7 日；南赛方根山家中

访谈及录音整理：赵俊明

赵：你们家还有苹果树没有了？

张小英：有了，有五六十棵。红富士多，也有几棵元帅。

赵：新种的吧？

张小英：也有新种的，也有嫁接的。就是有五六分地没有种苹果树，剩下的全部都种了苹果树了。苹果树地里种上土豆也不收，种上豆子也不收，就收不了。

赵：基本上就不种了？

张小英：也种，收不收种上，荒不了地就行。

赵：苹果树去年能收入多少？

张小英：去年就没有前年好，收得不多。前年能收三千来斤。现在的果树就不怎么结。苹果叶子上都是黄点子，苹果上、苹果叶子上都长那个东西，就和柏树叶子上一样的。结下苹果也不好卖，有那个人家就不想要。

张书桃：栽上那个柏树，树就都死了。

赵：那就不很合算啊。

申开凤：她家还是不歪了，还有几棵了，其他的树都死光了。

张小英：可不是不合算。现在就没有几家还有了，以前都有来。我家那个还是在沟里头，还差不多。其他都不行了，根本就收不下。

赵：套不套袋子？

张小英：不套，套袋子那个是长得大，好看，好卖，它没有这个好吃。结下以后，这两天就得套袋子，它不见阳光，它和咱这个不一样。我套过一年，吃着就没有这个味好，也没有这个营养价值高，就是好卖，后来就不套了。

赵：有人来收还是自己出去卖了？

张小英：就是上下村卖了，谁来买卖给人家些，也不多，自己吃上一些，送人一些，结得也不大，也不很好。

申开风：就是栽上那个柏树以后，就都死了，几乎就全死了。

赵：以前可以。

张小英：以前苹果好，现在的苹果也不好，就不光，苹果上头长了那个，都是毛乎乎的，和柏树那个叶子上一样，毛乎乎的。现在就不多几家有了，就是那个沟里有，就是往石匣沟走的那个沟里边有，那里没有种的柏树。有几家树也不少。

张书爱：这是一种病，全死了。也有老多几家了，就是那个沟里头有。有也都不很行了。

申开风：咱这汽路边栽的柏树，苹果树就都死了。

赵：是不是十几年前苹果挺好的？

张小英：那个苹果树可是不歪，那会儿没有发现这种情况，树就不死。元帅一毛八九一斤。

张书爱：倒是苹果不错，就是价钱很贱，不值钱，才能买一两毛钱，真是好苹果，就是不值钱。红富士有一年一袋子十块钱就卖了。自己种的这个苹果树就没有发了财，就是以前集体的那个苹果树承包的发了财了。

赵：就是承包集体的苹果树的时候好。

张小英：开始时集体那会儿，第一批、第二批承包的都可以，第三期承包的就不行了，树也老了，价钱也上不去。

赵：咱们村开始承包的有多少家？

张小英：也就是几家。后来就多了，再后来更多了，倒不值钱了。

张书爱：开始很少。后来就都种上了，每家都有几十棵、百十棵树。

赵：你家都是自己种上的？

张小英：都是自己后来种上的，不是以前的树。山上这个松柏树影响苹果树，很受影响，两三年就都死完了。

张书爱：有两三年就死完了。

赵：打药起不起作用？

张小英：就是稍微起点作用，不是很起作用，不起多大作用，药也挺贵的。

张书爱：这几年苹果树都死完了，苹果也值钱了，也没有了。

赵：去年苹果能卖多少钱？

张小英：好的卖一块二，剩下不好的落果、青的卖六七毛钱。

赵：还是种苹果比种玉茭收入多些？

张小英：舍不得刨了，活得了，舍不得。去年的苹果还卖得差不多，今年就不行。

申开风：今年开花都冻了。

赵：也是需要管理？

张小英：今年一冻，全部都没有了，苹果树、桃树、核桃树都没有了，全部都冻死了。倒是开的花，是黑心花，长不住果子，你瞧见它开花了，一黑心，花就落了，可是结不住果子。

张书爱：这个花受伤了，就结不住果子。

赵：少了价钱就高了么？

张小英：哎呀，说不上来。可是就没有，有些你卖得太贵了，你要卖六七块钱，就没有人要。

申开风：价钱高也没有啊。

赵：现在城里那个苹果卖四五块钱了？

张小英：都是套袋子那个苹果，不好吃。就是摘了袋子四五天就摘苹果了，吸收阳光才四五天，脱了袋子以后那个苹果就是白的，它不见太阳。脱袋子的时候看那个天气预报，四五天天气好，脱了袋子，晒得颜色可好了，四五天它就摘，长够那个时间了，没有吸收阳光，可是不好吃。也得打药，不打药从树干上就钻进袋子里了。

赵：现在一年需要打几次药？

张小英：呀，一年得打好几次，四五次，开花前打，开花后还打药，挂上果了还打药，还打防治钻心虫的药，反正打好几遍药，不打药虫子吃得不行。

（四）核桃树的大发展

1. 访谈对象：常开苗（女，1948 年农历五月初五生于平顺县青阳镇崇岩村，高中文化，曾任西沟村妇女主任）

访谈时间及地点：2013 年 5 月 24 日；沙地栈家中

访谈者：刘晓丽

录音整理：郭永琴

刘：说说咱们村的林业吧。

常开苗：你瞧，栽上树，松柏树，栽上山桃树，也是挖上栽的，山上那个桃树、杏树，就是山上各条不能种的地，一直种不是就没有土了，就成了山地，就栽上杏树。下边路边是柏树、杨柳树，这个杨树长可粗可大哩，现在大队不要这个东西，这个东西有甚不好处，枯烂了倒到汽路上。柏树，千年松万年柏，也长不大，也好看，不妨碍汽路。后来不是发展林业，跟畜牧业是相反的，你要发展林业，不能有畜牧业，你要栽上小树，（牲畜）一上坡，都吃尽了。根据形势的变化、社会的变化，还是发展林业比那些好，长起树来，各方面也都需要，万古长青，绿葱葱的，牛羊有些地不需要养也可以，后来就不养这个，一直发展林业。退耕还林，都把差地，不长的地，费工、费力，都栽成林了。核桃、山杏都栽到半山腰的小地里，道路两边，杨树不好了，几年以后就死了，都换成柏树了。下头的果园地都改成小地了，也都改成梨树了。两厢都是小地来，一直变化，都来占的，也没有多少了。过去水库往下，都是林业，你像那苹果红哇哇的。（苹果树）死了以后，改造了它，都死直挺挺的啦，腐烂了。腐烂以后，都把它剥了，从外地弄回种来。

刘：护林防火大队组织人啊？

常开苗：组织上下来回，一直看管。下点（雨），绿草往出一长，就不容易失火了。要是春天，一燎就着了。小草没出来，下头死的干了，一燎就着了。冬天下雪很少，今年就是冬天也没下多大的雪，春天也没有下过雪。

2. 访谈对象：郭苹果（女，1956年农历二月十九生于西沟村老西沟，初中文化，村民）

访谈时间及地点：2013年6月7日；南赛家中

访谈者：刘晓丽

录音整理：柏婷

刘：分地的时候，果树这些咱这里分了没有？

郭苹果：果树没有分，果树是自己本人的。

刘：承包的？

郭苹果：不，（开始是）本人的，后来又是集体的。

刘：原来果树是集体的吧？

郭苹果：集体的，后来又变成自己的，承包以后，树死了以后，不承包了。自己分的地自己栽的树，有这个。

刘：刚下放的时候果树不是还挺好的么？

郭苹果：这个东西腐烂死得快，再一个栽的柏树影响，都死了。

刘：柏树不行，柏树好像和苹果树正好克呢。

郭苹果：都腐烂死了，这个果树腐烂起来可是快。

刘：以前的苹果挺好，西沟的苹果还有名呢。

郭苹果：有名，现在是都没了。

刘：核桃树咱这里没有人弄？

郭苹果：核桃树有。

刘：每家分一些，是吧？

郭苹果：也有本人自己的，有的是承包的。

刘：核桃这两年还行。

郭苹果：今年没有，今年全部冻了，核桃树都冻坏了。

3. 访谈对象：杨中林（男，1962年12月生于西沟村南赛，饮料厂销售经理，初中文化）

访谈时间与地点：2013年5月28日；饮料厂办公室

访谈及录音整理：赵俊明

赵：你家媳妇呢？

杨中林：在家，招呼家里，我还有二亩多地，还承包的村里100多棵小核桃树。

赵：地里种些啥？

杨中林：玉米、谷子、土豆，就是够自己吃。卖了玉米买大米、白面。

赵：核桃树怎么承包？

杨中林：作了片了，有个底价，公开投标，谁出的价钱高，谁出的钱多包给谁。

赵：你这100多棵承包费是多少？

杨中林：去年包的，我那个树小，一年三四百块钱。原先我也包过大树。

赵：核桃树的管理复杂不复杂？

杨中林：相对（来说）不复杂，就是掌握住时间打药，一年打两次就可以。不要让地荒了，现在有除草剂，打点儿。

赵：剪枝这些弄不弄？

杨中林：也弄，（枝条）太稠了，收罢核桃剪一剪，平时剪枝就把核桃弄了。

赵：一次承包是几年？

杨中林：五至六年，价钱不变，合同到期了重新承包。

赵：大些的树承包费怎么样？

杨中林：那就没有等了，有1000多的，有2000多的，有3000多的，收回的钱是村集体的。

赵：种树的时候土地就是集体的？

杨中林：都是属于村里集体的。

赵：占的是土地还是荒地？

杨中林：有的也有耕地里的，那会那个小队，地边上种的就都随了地了，那个是大队作点产量。承包的都是大片的。集体种下的，现在都大了，（过去）大队给报酬，大家种。

赵：村里核桃树有多少？

杨中林：也有好多了，主要在沟沟汊里，河湾地都没有，东峪沟、老西沟、老辉沟都有。早以前西沟苹果多，后来都老化了，没有了。

赵：以前苹果树多？

杨中林：哎呀，那会儿一片一片的都是苹果树，老李在那会儿重视苹果。

赵：李顺达的眼光远啊。

杨中林：是啊。那会儿少。

赵：今年是不是就没有收成？

杨中林：今年就都没有收成，开花了，全部都冻死了。

赵：国家有没有补偿？

杨中林：核桃树冻坏了，这个实际上国家应该给点扶持，（给点）损失费啥的。

赵：管理核桃树你也得去吧？

杨中林：我也得去，老婆一个人不行。

赵：去年核桃收入有多少？

杨中林：我那个收入2000多块钱，树小，不用一直经营它，三天五日就把事情办了，连打核桃得十来天。

赵：核桃好卖不好卖？价钱怎么样？

杨中林：好卖，收的人还多，厂里就收，它比外边市场价贵一毛钱，就不定价，先交过来以后，定了价，最后比外边收的最高价贵一毛钱结算。

赵：厂里一年需要多少核桃？当地的够不够用？

杨中林：需要多了，当地的有时候不够，去外边买成品。

赵：今年就没有了？

杨中林：就是价钱再高也没有货。

4. 访谈对象：张仁忠（男，1952年6月生于西沟村南赛，中共党员，村监督委员会委员，初中文化）

访谈时间与地点：2013年6月10日；西沟村委会办公室

访谈及录音整理：赵俊明（整理者）、刘晓丽

赵：说一下植树造林吧。

张仁忠：山上的松树，都是拿上镰刀播种，每年买上松子，拿上镰刀去坡上播种。西沟这个植树造林动手比较早，现在漫山遍野都是树了。后来也搞过这个播种，现在我们这个就不行，山害太厉害，后来拿上松子也在山上播种过，根本就出不来，就被山害〔鸟〕挖了。

赵：以前就没有这些山害？

120

张仁忠：原来就没有这个，看见小松树都出来了，到后来一瞧，都死了，它把底下的籽都刨了。山上现在有山羊，有了山猪了，树林大了，鸟也多了。

赵：说一下种核桃树的情况。

张仁忠：西沟经济林原先是苹果树，苹果树淘汰了，现在主要就是核桃树，退耕还林也是栽核桃树，有十几年了，02 年开始的。核桃树主要是周期太长，现在都挂果了，核桃树挂果周期太长。四五年才挂果了，树不大，形成产量还得几年。一棵树你要想打几十斤核桃，要十来年，得二三十年产量才行，才能有收入。

赵：核桃树有什么病害？

张仁忠：也有，现在有种冻害，流的黑水，就都死了，也有腐烂病。

赵：具体是什么原因？

张仁忠：弄不清，有些就是受冻。有一些人家管理好，在沟里边，有几户承包片子比较大，一年能收入两三万块钱。

赵：核桃树管理麻烦不麻烦？

张仁忠：每年在树底下打除草剂，上上化肥；到六月二十几号向树上打药。核桃树有一种病，那个一发生，核桃就成黑的了，提前就落了，就没经济价值了。核桃树也得打药，打上两回药，核桃就好了。

5. 访谈对象：房根山（男，1959 年 11 月生于西沟村南赛，中共党员，西沟党总支副书记、南赛分支书记，高中文化）

访谈时间与地点：2013 年 6 月 8 日；南赛家中

访谈及录音整理：赵俊明

赵：90 年代时候苹果树好？

房根山：刚分下来那几年可以。西沟的富裕就富裕在果树上。

赵：你舅舅［指李顺达］眼光远？

房根山：西沟的果树，一年产 100 万斤，价格不高，一毛多钱。那会就靠苹果。开会就说，西沟是"走路不小心，苹果碰到头"。到处都是果树，当时西沟就是"楼上楼下，电灯电话"。土地下放后，苹果树到处普遍都栽，咱不很重视了，慢慢慢慢就不行了。

赵：弄了苹果树后，又种的梨树、核桃树？

房根山：后来又发展，刚开始发展山楂树，大队发展山楂树、核桃树。那几年刚开始发展山楂，实际上不适合，山楂没有市场，种过一批，树都不小了，就没有市场，一毛二毛钱一斤，这就是个工钱，没有市场，全部刨了。种完山楂树，后来才种的核桃树。

赵：梨树有没有种过？

房根山：也种过，效益不行，当时选的品种不好。核桃树发展起来，要比其他都有效益。

赵：核桃树发展得不错。

房根山：这个好管理。现在的核桃树，也是死得太多。种上以后，有些流水流得死了。原来集体的时候，核桃树不出现这种状况。现在这种核桃树说不来，好好的，流水就死了。腐烂了，就死了。死了以后再往出长，过去种的核桃树都有效益了。五六年、七八年的核桃树就有效益了。栽那批山楂树，效益不好，没多大收益。在那几年，西沟栽梨树，也没有效益。

赵：早些选核桃树来就对了。

房根山：没有看对市场。

赵：你舅舅从东北引回来的苹果树。

房根山：苹果树一进西沟，在河道两旁全是苹果树，每年产一百万斤苹果。

赵：发展林果业，也能养住一部分人。

房根山：现在的核桃树，经营好，主要是在集体下放后，一家一户几棵。你要是成片全包给了个人，管理会好些。如果多了以后，他就舍得投资了，效益会好点。像老西沟原来集体时候，就没有人要，多少钱包给你以后，个人经营，管理得好，现在一年要卖到两三万块呢。这就能养住一个人，在家除除草，上上肥，打打药，收一收，就是收核桃的时候辛苦些。

赵：也有那么几户？

房根山：嗯。

赵：咱们这边不多？

房根山：没。咱们核桃树都在自己地里，就不会形成那样规模。都在山上了，这棵树在我地里，那棵在他地里，各是各的。

6. 访谈对象：张高明（男，1956年生于西沟村刘家地，中共党员，高中文化，曾任西沟村委会主任、党总支书记，现任县林业局正科级科员）

访谈时间及地点：2014年5月25日；西沟展览馆

访谈及录音整理：刘晓丽、郭永琴（整理者）

刘：绿化的主要问题是什么？

张高明：西沟85年就开始搞阳坡绿化了。阳坡绿化西沟村是一万亩。这个绿化是太困难，栽了好多遍才成了现在这样。条件太差了，就是石灰岩石，背坡还有些土，它就一点土都没有。当时85年华北地区林业局指导，我们春天育的苗。营养袋育苗是高科技东西。塑料袋装进土去，当时就是我们西沟开始的，首批搞的，能说是第一个。

刘：阳坡为什么不好弄？

张高明：条件差，石头太多，成活不了。必须是营养袋养出来，雨季种进去，七遍、八遍的。遇上个第二年旱，它又死了。

刘：弄了多少年？

张高明：85、86、87，大搞了三年，最后九几年又搞了三年，2002、2003年后又搞了五六年。

刘：这个时候绿化和以前有什么变化？困难是什么？有些什么树？

张高明：困难就是条件差呀。付工资。全村人都来了。村里拿出钱来，各村民小组有任务，你是怎么做。当时工资很低的时候，我这个号召力还是很行的，大家都还听我们这个话了。大的运动搞了三次，实际上陆陆续续搞了二三十年，阳坡绿化。老高的树，遇到旱年就死了。必须是它的根系扎到石头缝里。阳坡绿化，现在已经成功了。山桃不是也挂了果了。主要有山桃、侧柏。

刘：核桃树也是下放以后弄的？

张高明：核桃树重点就是退耕还林以后。2000年以后，原来就有，新的就是五百来亩。

刘：下放以后弄了些苹果树？

张高明：下放以后弄了一部分苹果树，没有成了规模，后底这个东西管理上不是很行。2001年，老果园改造都变成梨树，后底都是搞企业占了，河里头搞成水晶梨，那可是下了大本钱。它底下瞧见是土，它是垫的地，都是石头上挖下去，填进一方土去，都是乱石滩。分着任务，那任务艰巨呢，每天是任务到户、到人，我那时候表态，干不好就是要开除多少党员，就是要开除多少干部，我这个人工作很严格。每天黑夜搞评比，有施工组、有监督组，吓得有的副村长往茅草里滚。你报的完不了，每天排队，每天赶进度，它是有季节性的。再一个那个东西搞群众运动，在东峪开动员大会，更新了几个村民小组，谁拿不下来，撤掉谁。老果园改造不成，我首先下台，我下之前，先处理一部分干部。那就是为了有个警钟，那不是目的，那就是工作方法。我是95年当总支书记，一、二把手都是我来。

刘：苹果树不分的话西沟是不是比现在发展得好？当时苹果树有多少亩？

张高明：不行。三百亩，苹果树不行，一个是咱这个地区苹果赶不上人家，水肥、光照都不是很好。当时山东烟台，我们都去考察过。要是搞这个，是一个产业。但种植业、养殖业必须精细地搞，这个也是一个致富的道路，品种必须更新换代。这个东西几乎是十年一个周期，小周期三年，大周期十年。种植业、养殖业投资大，见效还是有，肯定比种玉茭要强得多。一亩能顶四五亩玉茭了，还是条出路，我计划不能发展苹果树了，它有种腐烂病。在西沟老果园遗留潜伏，腐烂病是特别厉害，所以更新梨和桃，不走来我计划发展葡萄，但是不能搞得多了，只能搞个十几亩，那个东西储藏比较难。

刘： 绿化以后肯定有价值，就看怎么用。

张高明： 这个将来就是咱们这个林，砍倒就是钱。现在国家提倡这个，这些林要保护，在阳曲搞试点。因为这个林不去弄他，保护它，成不了价值。如果要砍，国家生态不平衡，国家必须投资钱，坐到这里看这个山，下来通过旅游，做柏枝养生丸、山毛桃饮料、松针粉，在药剂上搞了加工。通过旅游，买我的药，吃我的东西，搞采集，跟大专院校联系，让孩子们来以后，给他们发上背心，通过他们去家乡宣传去，弄点口碑甚的。再一个将来就是要搞，我们长治平顺是生态好，但是现在国家林业部提倡，林业部就投资钱。这个林，你不到这里动这些东西，我那会计算计算一年就二十几万。所以是老一辈，申主任和李主任栽了栽背坡，背坡我们又补种，通过我们这个班子搞了阳坡绿化，阳坡绿化要比背坡难十倍多了。每年栽树，冬天栽毛桃，春天栽，雨季栽。

（五）经济作物中药材

1. 访谈对象：周明亮（男，1971 年 6 月生于西沟村东峧，山货药材商贩，初中文化）

访谈时间与地点：2013 年 6 月 4 日；东峧家中

访谈及录音整理：赵俊明

赵： 你收药材有多少年？

周明亮： 做了有 20 多年了，我从学校毕业就开始做这。初中毕业就开始收这些东西。

赵： 你懂这些？

周明亮： 我从小就在山上刨药材了，后来自己收药材。

赵： 小时候就刨药材，那时候值不值钱呀？

周明亮： 那个时候柴胡才五六块钱。

赵： 现在柴胡多少钱？

周明亮： 能卖到 30 块钱一斤。

赵： 现在少了吧？

周明亮： 野生的少了，都是自己种植的。

赵： 咱村有没有人种？

周明亮： 也有，西沟很少很少。

赵：主要种些什么？

周明亮：种点黄芪呀、板蓝根呀。

赵：你收药材最远跑多远？

周明亮：哎呀，跑二百里开外。

赵：还去外县？

周明亮：主要去壶关多。

赵：每天都出去？

周明亮：每天出去。

赵：种地不种？

周明亮：种地。种地就不行，你瞧一亩打上一千斤玉茭，想卖一块钱还得卖给人家猪场。你种上一亩玉茭收入上一千来块钱，你种种地、上上化肥、买买种子，就得五六百块钱，种地就没钱。不种也不行，多少得种点。

赵：在咱们村能收上药材不？

周明亮：咱们村里也收上了，很少很少，没有人上山弄。

赵：越远的地方越好收？

周明亮：好收，大部分药材都是大山里才有。

赵：你一年能收入多少？

周明亮：我的这个收入就是一年三四万块钱，开支开支也就不落个钱。你瞧老人也要花，小的也要花，吃吃喝喝，孩子上学，人情来往，开销开销，没有一两万块钱就不行。最多就是落两万块钱。光我这个三轮一年就得万把块钱的开销。

赵：在村里算不算收入高的？

周明亮：中等吧。出去打工一年一个劳力也就是两万来块钱。

赵：你一年大概能收多少斤？

周明亮：到高峰的时候，得好几万斤。

赵：最多的是啥？

周明亮：去年冬天最多的就是党参。

赵：主要是冬天收？

周明亮：冬天主要是收党参、核桃、花椒。

赵：还收土特产？

周明亮：嗯。

赵：好多外地人都找你买？

周明亮：对对。

赵：什么利润最高？

周明亮：现在也可以说什么也高，什么也低。就是高峰时你就多赚点，低峰时你几乎就是挣一毛到二毛。

赵：量大就行了。

周明亮：比如山桃核下来了，我就成吨走，最低利润一斤赚五分钱，那就是以多为胜，比如说拉一趟挣一百，一天跑上四趟，你能挣四百块钱，除了开销也能落三百。你比如收开青皮核桃了，你一斤挣一毛钱，一趟挣二百块钱，你跑三趟就能挣六百块钱。咱这小车一趟就能拉一吨，跑一趟就是挣二百来块钱。

赵：这么小的车，一趟挣二百也可以了。

周明亮：那仅仅就是几天就完了。

赵：这几个月就是弄这些东西。

周明亮：核桃、山桃核，冬天还收个连翘，啥下来收啥。

赵：拉回来还是送走？

周明亮：有些用送，有些不用送，就有人来拉了。

赵：像这些药材就有人来你这里拉？

周明亮：以前送，现在不很送。别人都知道，都来我这里拉。

赵：桃核和连翘量最大？

周明亮：桃核量最大。

赵：你周转的时最多几吨？

周明亮：最多弄十来吨。一斤最少赚一毛钱，十吨挣两三千。桃核下来能挣两三千块钱，连翘下来也能挣两三千块钱。

赵：这些东西下来就收这些？

周明亮：嗯。剩下就收药材。

赵：跑得远的地方当天能回来吗？

周明亮：有回来的时候，有回不来的时候，远了跟别人，跟大老板给他搞货。

赵：一般是哪里的老板？

周明亮：河北、河南，主要是邢台、安国的。

赵：那边的老板也来这里？

周明亮：过来。好多人来找我。

赵：你跟上他们怎么算账？

周明亮：按利润，比如说一吨货是挣一百还是二百、三百，如果和老板协商好，咱们就出去，协商不好就不出去，出去以后什么都是老板管。比如说他不知道什么地方，我就领上他去，一吨抽多少钱，就这样。

赵：附近山上也有药材，村上有没有人挖？

周明亮：有人挖。

赵：连翘下来，采连翘的人多？

周明亮：有采连翘的，有采松果的，有采柏果的，采什么的也有。

赵：采哪个的多？

周明亮：一般采松果和柏的多。

赵：松果是什么？

周明亮：松树上长的，能打松子。

赵：好不好采？

周明亮：好采，松子高峰时 35 块钱一斤。大部分松树上都有，有的多，有的少，也好采。采下来晒干，松子就自动掉下来了。

赵：会采的最多一天能采多少？

周明亮：一碳铵袋最多能打五斤，一般三到四斤，最少三斤，里边的干籽。

赵：咱们收多少钱？

周明亮：开始时 35 块一斤，后来又掉到 30、25。

赵：一天能不能采下一袋子？

周明亮：劳力好能采下两袋子到三袋子。

赵：这还没人干。

周明亮：高峰时都去采，赶到价钱落了，就都不想去了。价钱落了，一斤少挣了 5 块钱，我弄了 25 斤，就把一百多块钱没有了，他就不去了。

赵：主要是采这个和连翘？

周明亮：连翘也有人采，能采一个月。

赵：采这个与收秋冲突吗？

周明亮：收秋就能采了，采一个月到天冷了。林子大了，开始在近处，越来越远，就不愿意去了。

赵：就是靠山吃山，也是季节性的？

周明亮：嗯。季节性的。

赵：采药材的人多不多？

周明亮：不少。

赵：方圆左近收药材的多不？

周明亮：有，多得很。西沟乡就有十几二十个。西沟村就我一个。

赵：你这就是一直做生意？

周明亮：一直就这。

赵：有没有大规模贩运过东西？

周明亮： 前几年贩过一回，没有挣了钱。冬天往河北邯郸卖土豆，一礼拜才挣了三百块钱，一天才几十块钱，我就不干了。主要是土豆收起来了，下了雪，耽误了一个星期，脱了，就赚不回来。

赵： 种党参一亩能收入多少钱？

周明亮： 去年一亩能收入一万多块钱。主要是领导不发展，领导要发展了，都要种成药材了。党参就不少。

赵： 咱们县种得多不多？

周明亮： 今年发展多了，去年不多，山西就数平顺多，山党参、潞党参都有。

赵： 有没有种柴胡的？

周明亮： 有。柴胡一亩地就干不下多少，就干百把斤，柴胡的根小。

赵： 党参一亩能收多少斤？

周明亮： 党参一亩地干三四百斤。

赵： 党参当年种当年就能卖？

周明亮： 要二年，第一年弄上秧子，要倒一次苗，第二年才能收。

赵： 党参对地要求高不高？

图 7－2　经济作物中药材

周明亮： 太好的地还不行，山坡地好，土太厚了的地不行，地太好了还不长。

赵： 种药材主要就是看年景了？

周明亮： 对，价钱一年和一年不一样，种得少了价钱就高，种得多了价钱就低。

赵： 党参好管理吗？

周明亮： 会管理的就行，不会管理的就完了。

赵： 有人种麻吗？

周明亮：有人种，就在地堰边上种的。

赵：种下麻换油?

周明亮：多了就打了，少了就换了。

赵：怎么打呢?

周明亮：就是自己去油厂加工一下。一般就是少种点，就去换了油了。

（六）养羊养猪村民再探索

1. **访谈对象：**张双红（男，1972 年生于西沟村老西沟，中共党员，西沟党总支副书记，高中文化）

访谈时间与地点：2013 年 5 月 29 日；老西沟张俊玲家中

访谈及录音整理：赵俊明

叙述：咱小时候，盼了个礼拜天，还得放驴。那会也没有电视。稍微有点时间就是下地干活。现在的孩子回了家，就是瞧电视、玩电脑，就是这事。

赵：你小时候家里养驴?

张双红：家里养了 4 头驴。

赵：就是干活用?

张双红：嗯。也就是干活用。

赵：但咱们这里地少，用不了吧?

张双红：一年也能卖个一头驴。

赵：生下小驴就卖了?

张双红：那会儿（一头）好驴也卖千把块钱。九几年就没有驴了，就是八几年喂的驴。

赵：驴好养还是牛好养?

张双红：驴拴在坡边，让它吃就行了，牛不能拴住，非放不行，驴（可以）让它转圈吃。

赵：你一个人能放了 4 头驴?

张双红：能放了，拴住就行。

赵：那会山上让放，没有封山?

张双红：也能放，林子大了，不影响了。

赵：现在没人养了?

张双红：西沟村上只有一头驴。

赵：他养驴干什么?

张双红：用了。

赵：就是种地用，还是驮东西？

张双红：犁个地，就是这个，他就是养着了，也没多大用。

赵：牛呢？有没有二三十头？

张双红：我估计就是个十来头。

赵：什么时候牛和驴就少了？

张双红：呀，90年就还有驴，92、93年逐步一直减少，95年、96年就基本上没有驴了。现在养牛也可以。

赵：现在养牛、养羊都可以。

张双红：现在养十来头牛，超过你一个劳力外出打工。一头牛一年赚两千块钱，十来头牛就是二万多块钱。

赵：一只羊一年也差不多赚一千来块钱？

张双红：嗯，现在一只大羊、一只好羊，一千多块钱人家还不卖给你，这还是咱本地羊，绵羊。外地那好羊卖三千块钱了。养羊倒是可以。

赵：那为什么现在没人养呢？

张双红：到这儿是，你养了不叫你放养，圈养需要的资金大。

赵：现在新品种繁殖快呀，一年就三四只？

张双红：嗯，现在有一个羊一窝子就生三四只。

赵：是不是小尾寒羊？

张双红：这儿没有。有一种是黑脸羊，也是那种品种，也是一窝生两三只。村里有养羊的。

赵：有十来户？

张双红：三五户。最大的规模的也就是四五十只。

赵：也是圈养，不让放？

张双红：嗯。一般这么大面积，养十来头牛，就不影响，牛不吃树。羊是什么也啃。

赵：现在村里的牲畜业不行？

张双红：嗯。

赵：咱们这么大的地方，发展牲畜养殖条件挺好的。

张双红：养羊，非得成规模，专人养，几百只才行。如果养了百八十只，一年弄个四五万块钱，没有问题，也可以了。但那个东西也很辛苦，不管阴天下雨，你也得喂上它了。

2. 访谈对象：张双考（男，1944 年生于西沟村刘家地，中共党员，退休工人，小学文化）

访谈时间与地点：2013 年 6 月 4 日；刘家地家中

访谈及录音整理：赵俊明（整理者）、刘晓丽

（其中有张双考妻子、儿子、儿媳的插话）

（刚去家里的时候，张双考老人不在家，出去放羊去了，访谈了他儿子和媳妇，了解了下他家的情况。等到快中午张双考老人才放羊回来，虽说七十岁的人了，但身体健壮，精神很好。）

赵： 你家哪一年开始养的羊？

张双考儿媳妇： 好几年了，三四年了。

赵： 刚开始买了几只？

张双考儿媳妇： 四五只，这个羊繁殖快。

赵： 现在卖不卖？

张双考儿媳妇： 卖了，一年也恐怕就卖个十来只。

赵： 养羊比打工强吧？

张双考儿媳妇： 嗯，这个多受罪了，每天都得出去，下雨天也得出去放。这个东西很缠手，不常经营这个，要是生个病啥的，你也不好弄。

赵： 羊病不多吧？

张双考儿媳妇： 这会儿也有，那会儿就不见说这个羊有啥病，（现在）也得打针、输液。

赵： 现在羊值钱？

张双考儿媳妇： 这会儿啥都得钱。只要有人要，就大小都卖了。

（我们说话的过程中，张双考老人放羊回来了。）

赵： 您哪一年退休的？

张双考： 86 年来。

赵： 那么早就退休了？

张双考： 43 岁就退休的，当时是最后一批接班，有个孩子要接班，和人家领导申请申请，人家也同意，也就退休了。

赵： 现在退休工资不多吧？

张双考： 月月二千来块钱。每年都涨，刚退休的时候，工资低，三百块钱、二百块钱、九十块钱也领过。

赵： 您今年多大了？

张双考： 70（岁）了，44 年出生的。

131

赵：多大去的清华厂？

张双考：我 15 岁到长钢上技校，技校就没毕业，因为我个子大，当时我哥在那里来，就让我上了班了，干了两年学徒工，一个月 15 块钱。17 岁上当兵走了，到 22（岁）上复员，复原到西安蔡家坡西北机场。

赵：在那里干了几年？

张双考：待了 5 年，后来调到清华厂，清华干了十几年，70 年回来的，86 年退休，实际我工龄不短，26 年，43（岁）就退休了。

赵：怎么到的技校？

张双考：当时我哥在长钢当工人来，让我到那里上技校，看见我个子长得大，就让我上班了。

图 7-3 村民放羊

赵：退休回来干些啥？

张双考：哎呀，什么也干，开始种地，包苹果园，养牛、养马，还养羊。

赵：种地是怎么回事？

张双考：承包了大队 10 亩地，都在山上。包了 10 年，那时候就养牛、养马。

赵：承包的地还是荒坡？

张双考：不是荒坡，是土地，人家都嫌远，没有人种，人家就承包给我了。86 年、87 年开始，反正一直包了 10 年，承包的时间还没有到，我就包了苹果园，包了 6 年苹果园，包果园时间还没有到，我就放羊走了。人家不让在这里放羊，封山育林，我就跑到韩家那个岭后，离这里差不多 20 多里地，那里是山庄窝铺，没有人了，一个人也没有了，我就在那里放羊，住到那里，在那里住了 6 年。后来老婆生病了，就回来了。停了二三年，后来又弄上羊了。

赵：包土地的时候交不交承包费？

张双考：一年 200 块钱，我给人家栽上果树，栽上核桃树。

赵：效益行不行？

张双考：不行，甚也不行，就干什么也不行。我包上苹果树，就来了个苹果落价，不值钱了。羊那几年也不值钱，你弄上以后，人家到处都是封山育林，不让放。

赵：承包土地的时候种些啥？

张双考：种点谷子、玉米，那山高，它也黄〔成熟〕不了。离村里有 5 里地，也是住在那里，自己搭个小房子。

赵：您真能吃苦啊。

张双考：你不吃苦怎么办。

赵：种地收入怎么样？

张双考：反正也行，比坐着强。

赵：比村里其他人怎么样？

张双考：有时候也比不上村里的人，反正按你自己的要求，比坐着强就对了，也多少有点收入，收入不大。

赵：那时候承包苹果树的人赚钱？

张双考：那几年包苹果园正经发财，人家不干了，我就包上了，后来赶上我包了，也就不行了。正好赶上苹果落价，树也老化了，也就不行了。

赵：你包了多少苹果园？

张双考：承包费是一年 2500 块钱，有百把棵树，我和家里人都管理，我管理得不错，就是价钱上不去。那就赔坏了，那苹果园就赔了。有两年承包费都不够。

赵：最好的时候怎么样？

张双考：最好的一年行，收入 5000 来块钱，除了承包费，才赚 2500 块钱。到最后连 1000 块钱都卖不上，4 年时间赔了 5000 块钱。

赵：收入不好，不交承包费行不行？

张双考：不行，那个有合同，承包的。

赵：后来又干啥？

张双考：养牛，养马。

赵：养了多少头牛？

张双考：牛最多 8 头，养马最多 3 匹。

赵：最初买了几头牛？

张双考：有人卖我就买，值了钱挣个钱我就卖。也不行，养牛也亏对，比包苹果树强点，也比种地强。

赵：一头牛赚多少钱？

张双考：那会儿牛价钱也不行，最好的一头牛卖500块钱，那会儿牛价钱很贱。

赵：那你的牛不大吧？

张双考：小，牛也小，不行，就不值个钱。那个最多赚几百块钱就了不得。

赵：等于说是承包土地的时候就养牛了？

张双考：嗯。平顺县出席过好几次劳模大会和养殖大户表彰会。

赵：养羊到了哪一年了？

张双考：2000年前边来，没有依据不能说，我拿出那个东西来瞧瞧就知道了，都有根据了。（老人拿出一堆证书来）86年退休以后头一年来，这个是91年的，这个是2000年（养殖）典型户。

张双考老婆：没有少受罪，也没有少赔钱，头一年买上羊，到第五天西沟大队不叫放羊，把我们撵上走了，苹果园赔了一万好几，就给人家受了受，两个人没有少受罪，没有挣下个钱。

张双考：总的来说比坐着强就对了。

赵：你这当劳模有没有奖金？

张双考：没有，就是给个荣誉，物质奖没有。

赵：刚买下羊就不让放了？

张双考：腊月二十五买上，一过正月十五都不让放了，政策下来了，我赶上羊就走。开始买了20多只，最多时候有100多只。

赵：一个人能放过来？

张双考：能行，就是一个人，那会儿还年轻，50来岁，还行。

赵：吃住都在山里？

张双考：吃住生活常年就在那里，就不回这里，老婆和我一起去，当助手。

赵：那个村里就没有人？

张双考：没有了，都移民搬迁走了。

赵：收入怎么样？

张双考：收入也不怎么样，那时羊就不值个钱，最多卖到140块钱一只，那就是好羊。咱买这个羊就是便宜时买上，百儿八十买上，养一养卖了，赚个钱。

赵：这几年养羊可以吧？

张双考：我这个买上才两年，刚开始买了六只母羊，一只公羊。去年卖了38只，卖了差不多4万块钱，这个价格就可以了。

赵：买羊的人是怎么买？

张双考：有时候看大小，有时候论斤买，一斤九块五毛钱。

赵：现在还有多少只？

张双考：差不多 50 只。

赵：一个人能不能招呼过来？

张双考：不行，现在就招呼不过来了，一个年纪大了，再一个在村里，人家到处都是地，不好放，怕吃了人家的庄稼，人家就要说了，两个人招呼，老婆和我一起去。

赵：养的都是母羊？

张双考：公羊也不少，就是今年下的小羊，收过秋就卖了，一只最少也卖一千块钱。咱还是一直受了，多少懒点的人，他就更过不了，咱这贫困地区。

赵：现在村里养羊的多不多？

张双考：刘家地就我一个，南赛有一个，养得比我少，是个残疾人，一条腿，人家也能走路。老西沟有一家，养得不多，20 来只。养这个行，得勤快人弄，懒人不行。这个东西每天要吃东西了。这个东西确实也真行，能弄几个钱。

赵：弄下钱就行了。

张双考：是，现在这个社会没有钱你不行，人你得花钱呢。

赵：只要你勤快就行。

张双考：有一个，咱和人家其他退休的不一样，你那个钱是公家给的，好像是就不知道该怎么了，像是地球上放不下他了，那个不好，也不动了，也不干啥了。

赵：刘家地退休的有几个？

张双考：3 个，有比我小的，有比我大的。

赵：他们干些啥？

张双考：人家啥也不干，每天坐着。我这个人不行，闲不住，能动咱就动。

赵：养羊比较辛苦。

张双考：谁愿意受这个罪，我有时候一个人想，再苦再累没有当兵累，参军最累了，打仗那东西厉害。中印边界我去过，61 年，就在第一线。

赵：那时候怕不怕？

张双考：那个时候不怕，打完了怕，现在想起来怕，那时候不知道怕，就和喝上酒一样，什么也不知道。

赵：你们部队都去了？

张双考：五十五师，独立师。

赵：死了人多不多？

张双考：怎么不多，伤亡惨重了，多了，回来的不多。

赵：你有没有挂彩？

张双考：没有，我命大，去了三个月。

赵：苦不苦？

张双考：苦，那地方空气稀薄，气也喘不上来。可是打开以后，到了中印边界，人家那气候好，一年四季常青，长的竹林，青山绿水。就是从青海往西藏走的路上，唐古拉山，气候就不是气候，上不来气。

赵：物资供应行不行？

张双考：不行，那时候运输也跟不上，国家条件也不行，吃点炒面，仓库底子，也是烂炒面。和那个比一比，可差远了。

赵：哪一年来？

张双考：62年10月份去的，63年3月份回来的。国家也正是困难的时候，什么也没有，当兵的可受罪了，打响以后就好了，战利品多了，罐头、饼干，吃得都不想吃了，什么也是罐头，咱中国没有。

赵：咱们的供给不行。

张双考：咱们就是炒面，最好的就是压缩饼干。印度人家好，牛奶罐头，羊奶罐头，都是罐头，什么也有。

赵：现在好了。

张双考：现在这个生活条件好了。

这会儿我这个养羊什么补助也没有，我一直看电视，电视上说一只羊五块钱的补助，咱们这个没有，我们这个大队不重视这个养羊，它就最反对这个了。

赵：怕破坏了树林？

张双考：其实咱都是个人，你自己栽上树，你能让它吃了？不可能，招呼好就行了。

赵：有时候政策不太灵活。

张双考：太死板，谁不知道把这个树来弄起来，羊吃点鲜草，不要让它把树吃了。

张双考老婆：他这个人就最愿意栽树了，走到哪栽到哪，那会儿在岭上给人家栽了13亩核桃树，回来就给人家放下了，一分钱也没有得上。我说咱在这住的，不是他的社员，你不要给他栽，他不听，人家都是干栽了，他是担上水栽，都栽活了，一分报酬都没有。

赵：怨不得就让他当劳模呢。

3. 访谈对象：郭军显（男，1974年生于西沟村南赛，养羊养殖户，初中文化）

访谈时间与地点：2013年6月9日；南赛河滩

访谈及录音整理：赵俊明

（访谈的时候，郭军显在河滩放羊。）

赵：养羊就是凭辛苦？

郭军显：就是凭辛苦了。

赵：圈养（羊）投资也大了？

郭军显：投资也大。圈养那是钱挣钱了。

赵：对，那就不是苦力挣钱了，那是钱挣钱，必须有规模。你养了几年羊了？

郭军显：快三年了。最初就是买了一只奶山羊。

赵：最初买了就是要养？

郭军显：最初是想喝奶了。后来我就瞧着羊值钱了，就发展开了。

赵：开始买了几只绵羊？

郭军显：绵羊我就没有买，我都是换的，拿小羊换的人家的小羊羔。

赵：三四年就繁殖下这么多？

郭军显：都是拿我的公羊换，生下公羊就换成母的绵羊。

赵：一直换，就没有买过？

郭军显：嗯。

赵：从哪里换？

郭军显：壶关有个贩羊的。他是要这个肉羊，要杀的。

赵：等于说一只山羊就繁殖下这么多？

郭军显：嗯。

赵：现在养绵羊合算还是山羊合算？

郭军显：各有各的优点。山羊比绵羊贵，肉羊山羊一斤15块钱，绵羊一斤13块钱。再一个就是绵羊不挑草，山羊草赖了不吃。再一个山羊是羊绒贵，绵羊毛（一斤）才3块钱，山羊绒140块一斤。

赵：山羊绒收不下多少吧？

郭军显：我买了一个绒山羊种羊，一只山羊一般能梳一斤多。

赵：一只羊一年梳几次？

郭军显：一次，能梳一斤多。

赵：一年能挣个二三百块钱？

郭军显：嗯。一只大羊能梳一斤半绒。干什么事情，你没有先进的技术，永远挣不了钱。不在于多，有些事情必须得精。

赵：只有辛苦也不行，要计算如何养才合算。

郭军显：在平凡的事情上你总得创造传奇，才能挣了钱。本身咱要钱没钱，咱就靠头脑，靠劳动。咱必须得创造机会，必须抢机会，有实力的人家就有机会，咱就得找见机会。我原先就是搞养殖业来，养猪来。为什么我这个羊繁殖这么快？我这个羊我并不是就靠放，我就是连放带喂。一般的羊3年才叫下羊羔，我一年就下了，还是羔羊就下小羊，我3年最少成了十来只了，加上换，我能变成十几二十只。我这还是留有余地地说，明年我就能成100只。

赵：100只你自己能养了？

郭军显：这个养羊不在于你会跑，再放多少只羊，你（就）看几只头羊。看不住头羊，就3只羊，往三个方向跑，你就没办法。

赵：哪只是头羊？

郭军显：拴绳的那只。

我还是失败了一次，两只好母羊死了，要不现在最少也60只了。

赵：为什么死了？

郭军显：还是咱技术不行，两羊一年下了7只，一是下得多，再一是不能让吃上有露水的草。

赵：生了小羊的母羊影响，其他羊也影响吗？

郭军显：也不行，会拉肚子，普通羊也不行。成功都是从失败积累起来的，输不起的人永远赢不起。最起码不是输，输有两种可能，一种就是彻底输到底，再一个就是从输找出经验来。不可能再一次栽到这个上头，就应该更成熟了。

赵：将来想养成多少只羊？

郭军显：明年我就100只，后年就能开始卖了，养上100只，一年卖上五六十只。

图7-4　村民养的羊群

赵：五六十只就可以卖不少钱吧？

郭军显：一年五六十只可以卖五六万。一只羊怎么也能卖1000来块钱，春天这个羊羔，一点点大，到秋天（卖）就是 1000 多。

赵：养五六个月就能卖？

郭军显：从生下来到卖七八个月。

赵：这个头羊就不吃？

郭军显：它吃饱了。我倒准备回了。

赵：今天没露水？

郭军显：嗯，我 8 点出来的。

赵：这得看天了，有露水天时，露水落了才能出来放？

郭军显：嗯，我现在揣摸这个羊，两月以后的羊，我能（让它）一天长半斤毛重。我是两方面，连放带喂，两者结合。

赵：喂饲料？

郭军显：嗯，我自己配的料。

赵：这也需要技术？

郭军显：肯定，技术你得超越一般。即使放羊再多，技术不行，甚至就是买上这个羊，他甚至连本钱都保不住，还会赔钱。生病了或养不大，就赔钱了。

赵：以前养猪养了几年？

郭军显：七八年了，那是 20 年前，最多养 100 多头。

赵：为什么不干了？

郭军显：不是说价钱不行，倒也有一段时间行情不行。我还能维持住。当时申主任还帮我了，我那会倒成了养殖大户，乡里头的人都不错，那会儿我就是县劳模，还是省八五星火计划带头人。喂猪我能坚持，我自己能配了添加剂，高峰期我能抢了时间；低峰期能降低了成本。不具备这两个条件，你凭什么？

赵：现在村里养猪行不行？

郭军显：连 5 年也坚持不了。第一个你降不了成本，全买饲料，造饲料这个人挣了钱。再一个养猪，没有相当的技术不行。甚至喂到半截，这个病主要是预防，只要是得了病了，叫来兽医就晚了，没有用了。需要从食欲上、粪便上看出来。

赵：你养猪赚钱了没有？

郭军显：也赚了一些，盖起了房子。

赵：放羊让不让上山？

郭军显：不让，就在河渠里放。

赵：你的养殖技术从哪里学的？

郭军显：我本身在养猪上就精通。我不会放，我就是连放带养，我能管住羊，这个羊很聪明，越训练越好放。

赵：养猪技术怎么学的？

郭军显：养猪时候我住过培训班，在省里举办的武乡培训班学习了半年。全国养猪十大专家之一的技术员给我们上课，现场实习了，学过这个。什么事情你没有先进的技术，没有相当的灵感，没有超越，你什么也干不好。

赵：今年多大了？上了几年学？

郭军显：39 岁，属虎的。上到初中。我养过兔、养过鸡、养过猪，都干过。

赵：什么最挣钱？

郭军显：什么也挣钱。我觉得养猪最挣钱。

赵：养兔养多少只？

郭军显：三四百只，比猪的规模差远了。

赵：养鸡养多少只？

郭军显：我没有挣了钱，刚开始的时候 300 只，养得不多，不挣钱。养猪挣钱，挣钱必须技术上过关，高峰期你需要 4 个月就能出栏。在武乡培训那个 3 个月就出栏，3 个月可以养到 200 斤重。再一个养殖业具备两个条件，第一必须抢时间，第二必须降低成本。高峰能抢了时间，低谷你能渡过难关。低峰期你维持它，让它一天增重一斤就行了，饲料上控制它，我就是维持，让它也吃饱，但不能死了，用些差点的饲料，饲料你自己配，它这个单价毕竟便宜，增重慢些，到快的时候，一天就要增重 3 斤。

赵：你们村现在养猪的有没有懂技术的？

郭军显：都是瞧见人家挣了钱了，一窝而上，不行，你要抓住机遇搞。他们有的要和我合伙搞，我不和他们干。

赵：你可以出技术啊，让他们给你工资。

郭军显：不行，我的技术不可能传授给他，这个技术有些绝招就不能教给他们。

赵：老张〔指张有松——编者〕养猪还赔钱呢？

郭军显：他就不行，瞎养了，去年死了五六只。

赵：猪为什么死了呢？

郭军显：等猪死开了他才开始发觉。第一方面，猪肚子里有虫；第二方面，有些感冒。猪就是春季和秋季是生病期，这个时候必须预防好，什么事情你抓不住关键，永远挣不了钱。你没有技术，但技术需要经过许多失败，这种人有经验，相当有毅力，能总结我败到哪里，输到哪里了。

我现在想从羊上发展就很快，明年我就是 100 只，后年就能卖 100 只，卖 100 只羊羔。我有 50 只母羊，就能卖 100 只羊羔。

赵：一只小羊羔能卖多少钱？

郭军显: 五百块钱,出生两个月。

赵: 山羊繁殖快还是绵羊快?

郭军显: 还是山羊快,山羊一窝生 2 只,一年两窝就是 4 只。我买的一只种羊,有一个绵羊也是下的两只,你得自己改良。去年买的,1200 卖的,买的时候二三十斤,一年就长这么大,现在有 100 多斤。

赵: 投资买了一只奶山羊和一只种羊?

郭军显: 还买了一只种山羊,这个山羊出绒多。到秋天就大了。现在有 4 只大母山羊,四五只大母绵羊。

4. **访谈对象:张爱斌**(男,1974 年 10 月生于西沟村南赛,中共党员,养殖户,初中文化)

访谈时间与地点:2013 年 6 月 8 日;南赛养猪场

访谈及录音整理:赵俊明

赵: 怎么想起要养猪来?

张爱斌: 想得没啥事干。

赵: 以前干什么来?

张爱斌: 就是在外边打工来。

赵: 去什么地方打工?主要干什么?

张爱斌: 什么地方也去。做建筑,修路、架桥什么的。

赵: 年纪大了不想跑了?

张爱斌: 不想去外边跑了。

赵: 去年刚开始养的?

张爱斌: 去年还可以,今年就不行,春天不行,生猪 5.9 元一斤,卖一头猪贴 100 块钱。

赵: 你卖了几头猪?

张爱斌: 不多,10 头,赔一千块钱。

赵: 这几天行不行?

张爱斌: 生猪 7 块钱,还能维持个本钱,不赚钱。主要是饲料太贵了。玉米现在是一块零五,去年是九毛五。饲料贵,猪价跌,所以不行。

赵: 行情太不稳,能坚持下去?

张爱斌: 这得坚持了,干开了就得干到底。

赵: 养猪就是行情不稳,需要你一直坚持。

张爱斌: 咱主要还是喂得少,规模小,要是喂上十几头母猪就行。场地不够,还要再盖上一排。

赵：能养到 100 头？

张爱斌：能，如果是 10 个母猪，一年就能出 200 头猪。养上 12 头母猪，就能卖 200 头猪，就能养活住一家子，现在就不行。

赵：就你一个人 200 头喂不过来吧？

张爱斌：能，分两批喂了嘛，一批 100 头。

赵：家里的再帮点忙？

张爱斌：家里不帮忙，媳妇在县城陪孩子上学。就我一个人，住在这里。

赵：干这个比出去打工好一些？

张爱斌：嗯，也是很辛苦。最少得坚持 5 年才能有收益。前期投资太大，你盖盖棚，买买设备，就厉害了。如果你有 50 万来，一下子盖起来就很厉害了。

赵：50 万不是个小数啊，能不能贷出款来？

张爱斌：不好贷。现在都是抵押贷款，如果你有工资本了，才能贷出来。咱老百姓就不好贷。

赵：你全部是自己投资的？

张爱斌：嗯。去年投了 6 万块钱。连棚、种猪、吃饲料下来。外边都封闭了，这路还得硬化。

赵：有的小饲养户拿塑料大棚养？

张爱斌：那是单排式的，塑料棚暖和，阳光充足，这个阳光不充足，双排式的不行。

赵：办起来之前就买下这个面包车了？

张爱斌：嗯。5 年了。原来计划跑出租。

赵：跑车行不行？

张爱斌：不行，车太多了。第一年还可以。我买下车就没跑过出租，就是跟着移动架线，他们包我的车。

赵：那挺可以的？

张爱斌：跑了一年，一年差不多挣回个车。这车四万多，干了一年就赚回来了。后来跑了几天出租，不好干。又出去打工，打工倒也行，主要是不自由。早晨五点起来，干到下午五点，如果中午十二点下班，夏天就是两点上班，一天 12 个小时。

赵：你上到初中毕业？

张爱斌：嗯。完了就出去打工，弄了十几年。现在都不很好干，越小越不好干。

赵：养羊比较好干，投资小。你可以捎带养羊？

张爱斌：养羊与养猪不能在一起，互相感染了。

赵：为什么选养猪不选养羊呢？

张爱斌：养羊利润高。咱这个地方不好弄草，以前想的养羊不好干。养羊不好弄饲料，都是放养了。现在不让放。

赵：这里有几家养猪的?

张爱斌：总共4家，现在3家养的。都在这边住，3个房子一人一间。

赵：饲料涨得也厉害。

张爱斌：过了年一吨涨了100块钱。

赵：你在村里有没有土地?

张爱斌：有。一口人就是不到五分地，2口人的，2亩地。山上的地倒不种了，山羊什么吃得太厉害，都是老高的草，路都没有了，种上都让吃了，不顶用。种的河道里的一亩多。

赵：他们［指其他养猪户——编者］都能坚持下去?

张爱斌：都要坚持。

赵：都年轻了?

张爱斌：（指着旁边的猪舍）那个是34（岁）了，这个是35（岁）了。

赵：将来这个场地不够?

张爱斌：这个场地一家养还可以，弄这么多不能干。先这么干吧，以后再去其他地方弄。

5. 访谈对象：张有松（男，1953年生于西沟村南赛，养殖户，小学文化）
访谈时间与地点：2013年6月8日；南赛家中
访谈及录音整理：赵俊明

赵：你喂猪多长时间了?

张有松：这才喂了两年。

赵：喂的几个母猪?

张有松：4个，都能生小猪。

赵：喂的肥猪有多少?

张有松：现在肥猪有十来头，这几天不能很喂，不能让它长得快，价钱不行，喂得多了就不赚钱，弄不好还亏本了。

赵：啥时候可以呢?

张有松：六月下了小猪，赶到过年卖，生猪价钱八块、九块，这个就好些。

赵：这几天生猪几块钱?

张有松：这两天6块，前两天跌到5块了。

赵：没有更小的啦?（看到猪都是半大了。）

张有松：没有了。

赵：（指着大一些的猪说）那能卖了吗？

张有松：不到标准，现在一百二三十斤，得上到一百六七，数上到二百斤以上好卖了。

赵：那需要喂多长时间？

张有松：六七个月。

赵：完全是买饲料喂？

张有松：咱买的玉茭，自己配饲料。玉茭这会儿贵，玉茭最低是一块钱。

赵：自己种的多少地？

张有松：两亩多不到三亩，不够喂。

赵：一头猪需要喂多少玉茭？

张有松：一头猪要五六百斤。

赵：那就不怎么挣钱？

张有松：嗯，五六百斤玉茭要五六百块钱，还得买饲料精了，那就贵了。生猪卖五六块钱就不挣钱，八九块钱才能行，一个猪能赚个五百块钱。

赵：喂猪辛苦了。

张有松：这个东西不挣钱，这个东西是看行情，行情不稳定。需要多喂，一直喂。就是撞了，撞上了对一年能赚个钱，撞不上就不行。

赵：（看到修了一半）准备盖猪圈了？

张有松：盖了6个小间，一个里面养十来头猪，计划养六七十头。

赵：4头母猪就能生四五十头小猪呀。

张有松：马上就相当于四十头猪，马上就生了。

赵：生下正好喂到过年，这一栏行情好的话，能赚多少？

张有松：能挣两三万块钱。儿子在呢，和我一起喂。儿子不在，我就不能到西沟打工去。

赵：现在喂母猪有补贴吧？

张有松：有补贴，一个母猪一年给一百块钱。以往也有，下来不知道到哪里了。今年能给了。今年拿上本［存折］，到信用社拿就行了，就直接打到本上。以往下来就找不见。

赵：你这才养了二年。

张有松：从结婚到现在就一直喂的一头母猪。集体那时候，一个小猪能卖七八块钱，十来个小猪能卖百把块钱，也很合算，很顶用。

赵：集体时候就喂。

张有松：集体时就喂，我喂了三十多年四十年了。有几年小猪特别贵，卖到二

144

百多三百。现在小猪卖二三百就没人喂，人们都出去搞副业了，打上几天工就赚下那个钱了，比你养猪强。所以家家户户都不喂了。

赵： 有些盖了新房没地方喂？

张有松： 有的没有地方喂，这条件人家也不想喂。以前家家户户都喂，卖上几百块钱，还能糊弄糊弄，现在都不喂了，嫌麻烦了。

赵： 这几年你家母猪生下就你自己喂？

张有松： 啊。也有卖的，贱卖也得卖了。近二年自己喂，头一年喂得长到一百五六，一下子就死了五六个。

赵： 为什么了？

张有松： 两天就死了，也不知道感冒还是什么的。赔痛了，一年白干了。后来接着重喂，要按时打针。

赵： 你自己能不能打？

张有松： 人家给你发下药来，你自己就能打。它多少有个小感冒，买点药，自己就给它治了。

赵： 猪粪自己用得了吗？

张有松： 猪粪卖没有人要，原来没有地方养，就在土坡上，粪里有土，人家没有人要。我就放到自己地里，本来一亩地一车就行了，我就上三车。

赵： 那你的玉米比别人打得多吧？

张有松： 也不太多，长得比他们的好。人家都是要那个没有土的粪，我那里有土，50 块钱一方还没有人要，按车也没人要。

赵： 附近这几个村里有没有其他养猪的？

张有松： 有，这村里就三四家了，不是在家里，都在后边了，这还是我带动起来的。养得比我多，最多的养的二三十头，有 4 家，都买的我的小猪，瞧见我喂猪了，出去搞副业不挣钱，在家喂猪吧。

赵： 养羊比养猪赚钱呀？

张有松： 这里不让上山放，羊就买不起。

赵： 羊也可以自己繁殖呀？

张有松： 羊一次才生两个，数猪繁殖得快。

赵： 有没有养牛的？

张有松： 没有，那个更费事了。

赵： 树都大了，放羊也不要紧。

张有松： 就在河滩，没有草，吃不饱，不好弄。这么大山，不然上去。靠山吃山，这个吃不了山。

赵：养猪的就不出去打工了吧？

张有松：不出去了，养个三四十头猪就可以了。不过也是看行情了，猪的行情不稳定。

赵：他们都是盖的猪场？

张有松：自己在后头找了个地方，盖的猪场，土地局来一个人罚了1600块钱。

赵：他们没有办手续？

张有松：手续走了，大队办来，没有经过土地局，人家就不行。实际上大队也让盖了。

赵：你家的是自己的地方？

张有松：我也是瞎占了，原先有一家人，人家盖了新房子了，搬走了，我就占了人家的了。有我自己的一部分，也有人家的。是我一个亲戚。我舅舅，也说来，要就给人家点，不要就不用了。

赵：现在就是大儿子和你在家一起养猪？

张有松：嗯。去年回来了，以前也是打工来。在北京火腿厂干过两年，还在大队铁厂里边干过，都挣得不多，工资都不高。后来回来干脆就不出去了，养猪吧。反正是费事。

6. 访谈对象：王支林（男，1951年生于西沟村池底，粮食加工厂经营者，初中文化）

郭开花（女，生于西沟乡赵店村，小学文化，村民）

访谈时间与地点：2013年6月5日；池底家中

访谈及录音整理：赵俊明

叙述：下放的时候，那时候想咱出不了门，弄个加工厂，再喂些猪。开始喂猪时，在外边盖房子喂。后来村里盖小区，（把猪场）拆了，没地方了。后来又弄了个地方，又弄好了，没多长时间又给占了，又推了，又没地点了。后来就年纪大了，没这个心思了，糊弄一下，养两三只就算了。

赵：最多时养过多少头猪？

王支林：30头，那会儿不挣钱。

赵：那是哪一年？

王支林：04、05年。那时候赔钱了。

赵：养猪得对机会，如果想挣钱，得一直养，就是赶行情了。三至五年会有一轮行情。一年就挣下了，其他两年能维护或少赔点。

王支林：养羊利润大，我知道，咱越来越老了，弄不动了。搁到西沟这个地方，老百姓就是出去搞个副业，在家里干的少。集体没给你提供什么优越条件，集体连个场地也不给你弄，不很支持你，如果是集体给弄，让你干，就好弄些。

郭开花： 愿意干这个，没条件，没地方。

赵： 盖的地方没经过人家？

王支林： 都是废旧地方，没有办过正式手续。人家集体没有让你养，你自己养的，人家不给你提供这些。

赵： 现在搞养殖、畜牧还是可以的。

王支林： 农村也就是一代一代，我这一代，那时西沟还是可以，李顺达可以，你再有多大能力，不让你出去，出不了西沟这村，倒完了。

赵： 之前你还挺能干？

王支林： 以前还行。以前也出不去，老大［指大儿子——编者］弄的养鸡厂，咱开始还得给他帮忙。

赵： 老大的养鸡厂多长时间了？

王支林： 10 年了。现在养的一千多只小的，一千多只蛋鸡。

赵： 雇人了没有？

王支林： 没。就两口子干，雇人就不能干。

赵： 这两年行不行？

王支林： 凑合。两个人下来，比出去当小工强。这个东西变化大，饲料价格上涨高，销售不是很好。也是看行情，一段好，一段不好。（虽然）小工这两年工资提高了，搞副业也挣不了多少，上不了那么多工。

赵： 儿子 02 年、03 年就开始养鸡？

王支林： 02 年开始弄。开始帮助他建厂，你不帮他，还得找工人。让他起了步，本身就是贷款干的。

赵： 投资了多少？

王支林： 具体我也不知道。养鸡这个行业风险大，像禽流感那时候就不行。

赵： 最近是不是好点，国家给点补贴。

王支林： 没有，咱西沟是脱贫地方，没什么帮助。

赵： 什么地方算贫困？

王支林： 除了西沟，山上都有，平顺县其他地方都算。国家都给部分资金。也是亏对［凑合］，孩子念书念的时间长，考试没有考上（大学）。

赵： 出去打了几年工？

王支林： 好几年。也不是不能干，跑得在外边也是不行，搬家工啥都干过。有些文化，不想做苦力。他还养过蝎子，从电视上看的，山东有养的，咱这个地方保证不了温度。养了二年，没有少费劲，等于说是失败了。后来就养鸡，技术都是看书自学的，平时学习好，考试时就不行。

7. 访谈对象：房根山（男，1959年11月生于西沟村南赛，中共党员，西沟总支副书记、南赛分支书记，高中文化）

访谈时间与地点：2013年6月8日；南赛家中

访谈及录音整理：赵俊明

赵：村里40岁以下的人大部分在外边打工？

房根山：对。

赵：打工做什么的多？

房根山：40来岁的就是搞建筑，要是30来岁的人就在厂里边打工。工厂里有一部分，相对稳定，工作时间有限，八个小时。40来岁到50岁，人家工厂就不要你，只能是到建筑工地上打工。

赵：只能给建筑工地当小工？

房根山：嗯。年轻的饭店打工，30几岁在饭店打工的，原来一大批，多的在饭店打工，有的在厂里打工。一般从学校毕业出来没工作的，就在厂里打工。厂里工作时间短，也比较轻松。

图7-5　村民养的牛

赵：像村里自己做点什么事？开个小商店什么的多不？

房根山：咱村里有两三家，再多就护不住，咱这个村六百来口人，村里只有一半人在。再一个打工的，带的子女在城里上学，一半多出去了。

赵：现在村里常住人口有一半。

房根山：没有三百来人，只有 200 多。

赵：我们见有一家养羊的，有几家养猪的？

房根山：有三四家养猪的。去年有三户，有两户是早几年养，就是家里养的十来八头，去年才在外边弄的，一年养个四五十头，这规模比较（可以）。

赵：也是中小型的？

房根山：嗯。

赵：像这些养殖业，村里有没有什么优惠政策？

房根山：优惠条件，就是给你土地，给你找场地。现在国家这个土地局不行，来了还得收费。虽然不是长期经营，人家也不行。

赵：占的耕地？

房根山：不是，就这土地局也不行。咱们这里，不开场还好，只要一开场要钱的就来了。

赵：在自家养没事，养多了就有人来找了？

房根山：嗯。

（七）弄潮市场西沟人

1. 访谈对象：周李斌（男，1974 年 4 月生于西沟村东峪，中共党员，小饭店经营者，初中文化）

访谈时间与地点：2013 年 6 月 6 日；东峪家中

访谈及录音整理：赵俊明

赵：你这里经营些什么？

周李斌：卖菜、饭店、租赁餐具。饭店就我和媳妇两人，自己慢慢做，做点家常菜，我炒菜，老婆帮忙。农村人跑不出去，干这个赚点小钱。

赵：来你这吃饭的多不多？

周李斌：也不很行。

赵：是不是分时段呢？有时多，有时少？

周李斌：也不分什么时段，都差不多。一天平均十来个人吃饭，就这一个店。过几天我也打算不干了，养不住呀，我有两个儿子，需要给人家赚钱呀。

赵：我觉得你这应该可以呀，要不就办流动餐厅，流动餐厅很赚钱，能不能在这里实现？

周李斌：你感觉能维持，我就再维持（饭店）一年试试，是想出去（打工）赚钱。（流动餐厅）在我们这个地方不太现实，办个事情就往简单的方向发展了，就不炒菜什么的。从县城的方向一直往上，就我们这个地方还炒个菜，往下的地方全部不炒菜了，就吃个饭［主要是面］。现在这个地方也全部朝这个方向发展了。

赵：来你这小店吃饭的消费高不高？

周李斌：咱们这个小饭店一桌饭250块钱，都还感觉到有点贵。咱们这个地方实现那个流动餐厅不可能。我们这个（就是）拉上锅碗瓢盆干上两天多少钱，这样现实。（像）长治屯留县，自己把全部家伙都带上，就是主人家买菜，叫两三个人去了以后给人家做，比如一天多少钱你给做这个事。我们这关键还是经济不发达。你不要说300元，就200元就行，咱所有家伙都有，就不用动，全部拉上去做就行。一个厨师不要说600块钱，（给）300块钱就行。咱们这个地方就是不行。关键还是消费低，就没那［没有］。

赵：我们那边（寿阳）现在包饭都是十个凉菜和十个热菜，有鸡、鱼、虾、肘子等，一般三四百块钱一桌。

周李斌：像我们这个地方，这个样子就挣不了钱。我这个地方一般包个饭，也就二百五六，没有突破过三百块钱，但也就是十个菜。你比如说猪肉，从市里边买就是八九块就行了，平顺县就是11块钱。

赵：为啥咱们这个地方物价高？

周李斌：就是高。比如同样买个黄瓜、西红柿，平顺没有（种）菜（的），全部就是从外边来的菜，肯定就是一层一层加到里边，原料比较贵。包括水产品，鱼、虾什么的，这个地方就没有，都是从长治那边往过拉。一个是流通不方便，再一个当地也不产这种东西。

赵：你们这里办事情挺节俭的。

周李斌：我们这个地方什么资源也没有。老百姓办事比如说娶媳妇，有20桌，比如说六千块钱，如果是自己买菜，二千元就行了，亲戚朋友帮忙就够了，肯定他不会出那六千块钱。经济实力还是不行。

赵：来你这吃饭的主要是哪些人？

周李斌：流动、过往的司机，做点小买卖的，过往的人，简单吃点。另外厂里的外地的工人，拉货的，来吃点。也有厂里的接待，极个别，比较少。

赵：你这还卖（压）面？

周李斌：（压）面，一般是饭店自己用得多。还有就是给邻居加工，一袋两袋面，加工收费，一袋赚上十块钱、七八块钱。

赵：卖菜行不行？

周李斌：菜也是主要自己用，（村里人）就是来个亲戚啥的才买点，平常就是吃土豆、白菜，卖不动。菜能卖了也能赚点钱，一筐西葫芦上来后三四天都卖不完，主要是自己用，就是捎带卖一点。村里住的都是年纪大的，消费观念就不行。

赵：也是店里用得多。

周李斌：只能现做现买，不敢多准备。现在这条路上车不多，旅游公路限制大车不让走。主要是做小买卖的，消费有限。村里人家有个小事情，过生日啥的，也在这里包点饭。最多一次就十来桌饭，我两口子干不过来，再找两个帮忙的。

赵：饭店干了多长时间了？

周李斌：我 03 年开的，干了 10 年了。05、06 年以前就比较可以点，因为那时山里开的矿比较多一点，和现在不一样，现在小矿都取消了。当时小矿比较多，当时比较赚钱，比如自己买个车，到山上拉上矿石，自己卖了，赚这个钱了。经常进来炒上几个菜。现在的问题是，一个是小矿没有了，再一个就是大矿，就是有关系的几个大车，就是发个两三天就走了。现在都不是自己的车，都淘汰了。与以前比较就差点。以前一大碗面两块五，现在涨到八块钱，咱这里是七块，平顺县有七块、八块。物价高造成的恶性循环，物价高造成这个。一袋白面 03 年时候 26 块钱，我现在用的都是 83 块钱一袋，这几年的物价一直涨。

赵：你感觉咱们这发展得怎么样？

周李斌：感觉肯定是比以前发展了。比如说我结婚的时候，买个摩托车五千多块钱，感觉就很可以了，96、97 年的时候。可是现在就买个普通的小面包车花四五万块钱，也不是很费劲，这说明肯定是发展了。不是很大，但肯定是发展了。这是说我自己，当然也有买个摩托都为难的，但也有买十几万的小车的。就是这样的，什么时候也不会是平均了。总体肯定是发展了。我上小学的时候，感觉温饱都是问题，现在谁家都是大米、白面。

赵：这是正在盖新房？

周李斌：以前是三间，现在盖成四间了。右边的是 01 年盖的，02 年盖的这个（店），才开始开饭店。

赵：你开饭店以前是做什么的？

周李斌：之前我是在平顺县剧团，住了十来年，（吹）长号，一直是临时工，没转正，后来就回来了。

2. 访谈对象：张雪明（男，1969 年 3 月生于西沟村古罗，中共党员，村委委员，高中文化）

访谈时间与地点：2013 年 6 月 12 日；西沟村委会办公室

访谈及录音整理：赵俊明

赵：进村委之前干啥来？

张雪明：在家搞副业，买了个小机动三轮，拉过几天人。后来社会发展，不让

151

弄那个了，那个不安全。

赵：这个干了几年？

张雪明：有三年吧。那会儿挣个钱不容易，比方说出去今天挣了个二三十，我都要记下来，24年以前来吧。后来就不让机动三轮拉人了，就换成面包车了，机动三轮不安全。

赵：你没有换那个？

张雪明：我没有，当时就掏不起那个钱买。

赵：后来又干啥来？

张雪明：后来就换成四轮拖拉机，在村上谁家盖个房子啥的，给人家搞个运输啥的，拉沙子、水泥、砖这些材料。

赵：这个和出去打工比怎么样？

张雪明：差不多，一开始的时候，买卖好，几乎是天天都有活。往后就不行了，尤其是这两年来了大队以后，更没有人用你了，人家要用你，你没有时间。现在其他人家也有了车，不好干了。

赵：能不能让我看看你的那个小账本？

张雪明：我那个小账本，恐怕前段时间整理东西时都卖了，主要就是记我开三轮那个时候每天能赚多少钱，就是记得那个小账，不是其他的。后来一直在床底塞得，好像是卖了。那时候我主要是想，我花了5000块钱买了一个三轮车，我看一年能不能赚回本钱，总账是看我一年能挣多少，我记了一年，后来就不记了。

赵：村里有没有其它人还记账的？

张雪明：也有，极个别，很少。

赵：那个账本能反映出生活水平来。

张雪明：我和你说，我一天要是能挣上50块钱，就是不少了，那会儿从平顺县拉一个人到龙镇7毛钱，到申家坪是5毛，到西沟3毛，87年那时候来，一年下来我就挣回那个小车来了。

赵：还是做生意好啊。

张雪明：以前农村搞副业，小工一天才挣个十来块钱，一年下来，我每天一般都能挣30块钱，我就是体验，就是记了这个账，那会儿没有公交车，就是跑这个。

赵：你的观念先进啊。

张雪明：也不是，也是逼出来的。那时候搞副业，咱这个人不愿意出去受苦，只能这样。

3. 访谈对象：郭红岗（男，1974 年 12 月生于西沟村南赛，中共党员，西沟村支委委员，大专文化）

访谈时间与地点：2013 年 6 月 12 日；西沟村委会办公室

访谈及录音整理：赵俊明

赵： 你入党比较早了吧？

郭红岗： 回了村里几年，村里发展的。2000 年的时候，当时我在太原了，（我）在太原安装监控摄像，搞了不到两年。我以前是经商，主要搞家电维修，后来从事家电生意，当时咱这个地方没有闭路电视，信号也不太好，主要就是接收长治老顶山上的信号，效果都不很好。我一直和经销商打交道，买上他的机器，回来批发，赚点钱，就是安锅盖［电视接收器］了。和太原、郑州的经销商合作，人家让我和他合作了。后来生意不好，农村都安闭路电视了，市场也小了，利润空间也小了，有些人看见有钱赚，都做这个，卖一套刚开始最多能赚六百，后来挣四百，到二百，最后变成（赚）五十的时候，我就不干了。

赵： 最初做家电是九几年开始做？

郭红岗： 95、96 年时，一套挣 400，从太原拿货是 700 多，在郑州是 680，回来卖 1200、1000。

赵： 那利润相当可观。

郭红岗： 当时第一个是刚流行，再一个是长期在山沟里，看不到外边的世界，接收到的闭路信号都是雪花状，有了这东西替代了，感觉到这就是一种进步。再说当时九几年的时候，正是改革开放，正是邓小平南方谈话以后，说"不管黑猫白猫，抓住老鼠就是好猫"。当时，做什么都挣钱，做什么生意都好做，老百姓也好赚钱。老百姓可以说是一年出去以后，挣三千到四千块钱，他觉得就有价值了。当时消费水平很低，过个春节就是三口人就是（花）600 块钱，当时啥也不贵。

赵： 就做了两三年。

郭红岗： 我做了两年生意，它是说旺季淡季了，最好的时候 20 天挣 4000 块钱。一进腊月以后，根据农村的风俗习惯，农闲的时候，婚丧嫁娶这类多，他就需要这个。人家女方就要求，别人家有一个，咱也得有一个。所以老百姓花个钱，相对来说，就一个姑娘，办一回事，一个儿子一生中娶一个媳妇，合理合情吧，花这个钱，不在乎这个钱多钱少，满足了他的这个需要。不可能因为这弄得心情不舒服。

赵： 当时收入怎么样？

郭红岗： 一年能收入一万块钱。97 年我就买下广州本田摩托车，一万二千块钱，那时候相当可以了。现在落后了，开个面包车，人家都是广本（汽车）了。到了村里后，这个思路各方面，开阔的眼界就少。接触的不是商业，离那个商业界越来越远了。

赵：不干这个了，就在太原跟上老板安装？

郭红岗：对。就是三月份村里打电话告诉我，让我入党了，要到党校学习了，等我回来。

赵：回来后就开始在村里工作了？

郭红岗：当时说下媳妇了，她还是那个保守思想，她在家里，不想让我出去，就在家里吧。也想让我回来，回就回来吧，就这样就回来了。三月份住党校，完了入了党，五月就开始打水井弄水。现在和我一起出去的，人家都发展得好，都比我好多了。

赵：回来能想通吗？

郭红岗：那就是个这，这就是人生，控制不了。不后悔，或许你在外边栽得很惨，这东西说不清。

赵：什么时候买的车？

郭红岗：买了两年了，2012 年，新车。

赵：其余时间干什么呢？还修家电吗？

郭红岗：后来就不修了。因为那个东西，第一个很劳累。另一个就像医生看病一样，得进修学习，那东西更新太快，你比如说当时黑白电视，现在是彩电，彩电有手动的，又增加了遥控，你就得学习这部分知识。后来比如这个液晶电视全部都集成完了，没有必要修了，就是电源供电。

赵：现在的收入与以前做生意比怎么样？

郭红岗：我感觉现在是这样的：挣钱多少无所谓，只要第一个是身体好，再一个是家庭和谐。这个就最好了。你需要花钱的时候有个钱，够花就可以。

赵：经济压力大不？

郭红岗：不要紧，问题也不大，我也考虑了，咱应该创造其他机会赚钱，关注周围的商机，找出路。能挣三千挣三千，能挣两千挣两千，挣不了两千挣一千，总比不挣强。

赵：你的市场意识比较强。

郭红岗：今天中午刚做了个小生意，预定水泥。利用社会关系，只要有需要，有做生意的意识还是能挣了钱。我现在这个情况，我不可能当个工头，领导工人劳动吧，我现在有这个岗位。不是说钱多与少的问题，我现在已到中年，从那里拿个什么东西，有个利润可赚，就算了。你不可能创造发明什么了，那都说假话呢。

赵：人要生存，挣下的钱应该够花才行啊。

郭红岗：在我现有的空间里，在我有限的圈子里，发挥我最大的能量就行了。

比如他挣两万，我挣四万，消费都是一个等级，相对就要好点，思想就相对轻松一点，思想轻松人就快乐点吧。就是这个样子，也一直在奋斗。

赵：你种地不？

郭红岗：我有地，我下地很少，从上了学校以后，我就听了历史老师一句话，从事手工业的就把土地放弃了，工人做工，商人经商，我就不做这个了。我家的地，媳妇下地种。社会分工了，这就是社会的进步。

赵：现在跑车生意怎么样？

郭红岗：几乎每天都跑，跑车与村委会挣钱差不多。

赵：村里有面包车的有几个？

郭红岗：一共有20来个。

赵：像你这样专门拉人的有几个？

郭红岗：他们主要就是护不住啊。这个与社会关系有关。熟人多了，有些人用你一趟，就和你熟了，还会再用你。

赵：你那连襟［指张爱斌——编者］跑车就不行吧。

郭红岗：他不行，他当时可以，和联通一起架塔来。咱这属于非法营运车辆。比如今天学生群体多，学生毕业了，或者长治有考公务员的，哪里有人，你得有这个观念呢。没有信息就不行，现在就是手机、网络。比如你打开电脑，明天长治有公务员考试，在哪个场地。比如有十个去了，咱是第九个，就有买卖呀，第十个就没有买卖呀。比例子了吧。各方面你都得掌握。相对来说，观察周围的每个人的情况，就和当干部一样，你要掌握村民的那个心理，他要弄什么。肯定你得观察，他的语言各方面，你得分析了。你不可能一出门，就念《毛主席语录》，那就成了傻子了。

赵：你觉得你连襟养猪行不行？

郭红岗：我觉得前景不好。规模不行，国家也不扶持。个人经济就做不起来，需要利用国家支持，贷款贷不下来，你顶不住市场冲击。养殖业都不稳定，周期太长，投资十万块钱，喂了50头，当年走了40头，有母猪，有小猪，走完了，都是成猪，比如一头猪三百块钱，人的工资、电费，这是什么概念，工资都不够。打工一天也挣120。搞这个的他都是侥幸心理，想着假如有一天猪价猛涨，我觉得不可能啊。猪价要是猛涨，（就是）一头猪涨成700块钱，也不可能，他那太少。

4. 访谈对象：王支林（男，1951年生于西沟村池底，粮食加工厂经营者，初中文化）

郭开花（女，生于西沟乡赵店村，小学文化，村民）

访谈时间与地点：2013年6月5日；池底家中

访谈及录音整理：赵俊明

王支林： 我承包集体的粮食加工厂，现在都吃细粮，不吃粗粮。现在每天就没人，根本没人加工。

赵： 就是路边那个？

王支林： 嗯。简单加工。冬天还有，搞副业的就回家了，夏天（村里）就些妇女，更没有人。加工厂的糠，本身人家不喂鸡、猪，给了我了，人家不用出加工费。

赵： 加工厂弄的这点够养两只猪了？

王支林： 这也不行，咱这个人机会不好，集体化咱在集体劳动了，下放了孩儿小，外头出不去。口粮地把孩子们都养大，现在这社会发展越来越好，咱都干不了活了。

赵： 给集体交点承包费？

王支林： 给集体一年交 600 块钱。

赵： 机器都是集体的？

王支林： 嗯，咱家里也有一套，家里主要还是场地不方便，人们不愿意来。就到那里承包，也是不行。

赵： 家里老早以前就有机器？

王支林： 嗯。那时候人多，加工的多，现在不行了。

赵： 除了给别人加工，再自己加工一些杂粮卖，行不行？

郭开花： 咱这里不行。

王支林： 离城市不远，人口少，经济来源不发达。

赵： 现在咱们这里吃杂粮的多不多？

王支林： 吃，玉米疙糁、小米、粗面，也吃，不多。

赵： 豆面有吗？

王支林： 有，他们自己有豆。加工本身那个东西太少，加工越少，就越没利润。开开机器，比较费电，不好干，不挣钱。

赵： 不用给他们加工，给他们换？

王支林： 现在倒是社会好，上了年龄就不好办了。

赵： 那你开加工厂够生活了吧？

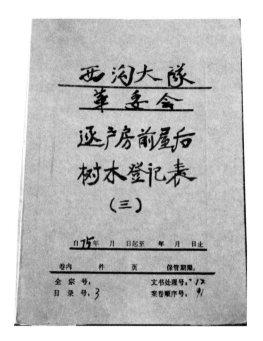

图 7-6　西沟村房前屋后林木登记表

王支林：嗯。差不多开了20多年，中间电不合适，整电［电网改造］，停了几年。刚开始时还可以。那时候可以，人不少。

赵：那时候，种麦子加工白面吗？

王支林：没了，就是玉米。

赵：那会粗粮多？

王支林：那会粗粮多，现在粗粮少了，那会也喂猪、牛，都给加工饲料了。各有各的好处，儿孙自有儿孙福，腿不方便了，没有个活干也不行。

赵：有人加工时叫你？

王支林：有时候打个电话，有时候咱过去。越来越不行，承包第一年、第二年还行，第三四年就不行，五年一承包。

赵：一直是600，一次交清？

王支林：嗯，电费自己出，只承包场地和机器。

赵：家里机器一直闲着？

王支林：也通电，也能用，这边用得少，那边用得多。

赵：加工厂也需要技术？

王支林：需要技术，咱倒是可以，能修理了机器。咱这边种小米少，都不想种，就是够自己吃。种小米嫌费劲，都不想种。

赵：下一期还弄不弄（承包加工厂）？

王支林：下一期可能不弄了。

赵：不弄那就没有人弄了。

王支林：年轻人都不愿意，老人还可以。

赵：附近村里来加工的有没有？

王支林：也少，主要是吃得太少。现在都吃细粮，都是大米、白面。收秋以后还加工些玉米面、小米。

赵：加工小米多不多？

王支林：一家人连几十斤也吃不了。

赵：早上不是都吃小米饭？

王支林：顶多喝个米汤。种得少，现在不吃了，农村的人都变化，城市人都想吃，农村人不愿吃。

郭开花：老年人［五六十岁以上——编者］吃疙瘩饭，年轻人早上喝点奶就行了。玉米打下都卖了，都是买面、买大米。

王支林：咱这土地也少，收不上多少粮食。本身土地就不多，盖盖房、修修路、栽栽树，河滩都占完了。这会儿计划生育，人口就少了。这个村外边都空了。我年

157

龄小时，人就多了，现在都空了，有些出去走了，有些是年轻人打工就不回来了。

3. 访谈对象：周布考（男，1947年1月生于西沟村东峪，小学文化，村民）

访谈时间与地点：2013年6月4日；东峪家中

访谈及录音整理：赵俊明

赵：一直就在村里来？

周布考：一直在村里，没出去过。

赵：看见像在外边退休回来的？

周布考：其实可不是，就一直在村里了，咱这个人比较干净。

赵：以前是村干部吗？

周布考：没有干过，就在村里就种地。

赵：咱们村光种地生活不了呀？

周布考：以前也是搞点副业，除了种地，搞建筑。

赵：大工还是小工？

周布考：大工，就这房子全部能弄下来。

赵：受过苦吗？

周布考：受过，我从小就没当家人［父亲］，我母亲生下我一个月（父亲就死了），就是我母亲抚养我，我25岁刚结婚，母亲就不在了，就靠我自己。受了多半辈子了。

赵：农业社时是在副业队？

周布考：就在村里，不算副业队，就是农业社员。

赵：那会儿带徒弟吗？

周布考：也有，（周）王亮就是跟着我来，不会木匠，就是砖瓦匠，那时候也搞个小包工。

赵：最近几年才不干了？

周布考：身体不太好了，10年前，我57岁时，做了一次大手术，做了个肺部手术，右肺切除了一叶。

赵：恢复得挺好的？

周布考：挺好。就是在地区专门医院做的（手术）。做完手术以后大的活就不干了，就是种种地。

赵：你搞包工，盖房子最兴盛的是哪几年？

周布考：最早也就是九几年，到2004年，那个时候我还干。就是到04年以后我倒不干了。现在就是靠政府，国家政策好，不能劳动了，就是靠国家，吃低保，领的养老保险，维持这个生活。

赵： 维持最低生活？

周布考： 低保每年增加。最高的一个月 140（元），两个人都有，这是最低的标准，一个人一个月 70。够平常吃，够吃，头疼脑热吃个药啥的，大病村上有医疗保险。

赵： 你一直搞建筑、搞副业还可以吧？

周布考： 现在不行，那会儿还可以。

赵： 就是大包包工？

周布考： 不是，就是光做工，人家的料，人家带小工。那时候又挣不了个钱，那会儿一天 25 块钱就最高了。

赵： 刚开始搞建筑最低能挣多少钱？

周布考： 最开始时一天十七八块钱，后来涨到二十五块。

赵： 最低是哪年？

周布考： 就是 2000 年左右，2004 年那会儿大工才 25 块。高工资就没有挣过，后来工资高了，就干不了了。

赵： 干建筑干了 10 年左右？

周布考： 十来年，就个这。我也没有雇过人。就是包上也是几个人搭伙，最后平分。大包人家雇你，按人头分。

赵： 咱们这里盖房子用本地人多？

周布考： 对。就是本地人。村里是一批一批地批房子。现在盖房子的就少了。

赵： 现在村里大工多不多了？

周布考： 不多了。现在盖房子有的找外边的，也有自己干的，现在年轻人都不学建筑了，自己都干不了了。

6. 访谈对象：张双考（男，1944 年生于西沟村刘家地，中共党员，退休工人，小学文化）

访谈时间与地点：2013 年 6 月 4 日；刘家地家中

访谈及录音整理：赵俊明（整理者）、刘晓丽

［其中有张双考妻子、儿子、儿媳的访谈——］

赵： 你养三轮车主要干些啥？

张双考儿子： 跑点运输，出点苦力。川底有一个大理石厂，我在里头给人家清废渣了，外边还跑点小运输。也还可以吧，能顾住。

赵： 养了多少年了？

张双考儿子： 我这个车买了十几年了，准备换新的了。

赵： 多少钱买的？

159

张双考儿子：那会儿买的时候花了一万四五。

赵：算是个好些的车？

张双考儿子：这是个福田158，那会儿还算个好点的车，车上有马达。现在不行了，发展太快。

赵：买下就有干的？

张双考儿子：几乎能吧，全凭自己了，受点苦。自己还经营的一个小铲车，去年买的，就是为了咱自己干活时省点力气，就在厂里放的。

赵：铲车多少钱？

张双考儿子：我买了一个旧的，二手的，一万块钱。在厂里装车用，主要是省点力气。

赵：大理石厂从那里采石材？

张双考儿子：不在咱山上，从南山上，有四五十公里远，拉回来再加工。

赵：销路行不行？

张双考儿子：行吧，人家可能都销国外呢，纯天然的。

赵：厂子大不大？

张双考儿子：厂挺大的，工人很少，都是大型机械，一共用的十几个人，很简单，都是南方人。

赵：你在那里干了多长时间了？

张双考儿子：干了8年了，从一开始就在那里。

赵：不用出去打工？

张双考儿子：我不出去打工，我这好点，还能顾上点家里。

赵：厂里工资怎么算？

张双考儿子：就是按劳动量，有些时候是清出这个石头来还能卖个钱。

赵：那也不错。

张双考儿子：厂里头一般情况下不给你钱，全是指咱卖它那个废石头，你卖下多少算多少，它那里有的是料，你卖了就行。去年就差不多，下来将近落五万多，今年不行。

赵：今年为啥不行？

张双考儿子：销量不行，开工盖房子的太少，生意不如去年。亏对了，能顾住。

7. *访谈对象：牛全秀（女，1966年生于西沟池底，小商店经营者，小学文化）*
访谈时间与地点：2013年6月4日；东峪商店
访谈及录音整理：赵俊明

赵：你这里就卖些小东西？

160

牛全秀：其他的就卖不了。就这些个吧也不行，开得太多，我们这三家都不行，如果开一家还行。

赵：其他的［有两排市场房，大部分都关着门——编者］都关了？

牛全秀：那边就是平顺县旅游公司包的啦，开了一年，第二年倒不很行，第三年坚决不行，这不是关了。

赵：这些房子关了，没人租？

牛全秀：都租的做库房了。

赵：哪里人租的？

牛全秀：也有平顺县的。有的老板包的，放个东西啥的。做什么都不行。

赵：这是哪年盖起来的？

牛全秀：盖起好几年了，有六七年了。

赵：怎么承包呢？

牛全秀：这是第一次。承包一次三年，盖起来一直没修整开，第一年盖起来，第二年没有开，第三年又放了一年，第四年才弄出来的。

赵：你是哪年包的？

牛全秀：我这就是第三年了，我是 2010 年 9 月份租的，我以前在太原打工来。

赵：打工干什么来？

牛全秀：在沙沟做饭，给一个工地做饭。家里让包这个，有一个姑娘在家，让我弄这个，这个不行，还不如打工，打上半年工就挣下这个钱了。

赵：房租多少？

牛全秀：一年三千，这个利润太低了，开这个的太多，价格就卖不起来，中秋节卖个月饼，一箱月饼挣得一块钱，就是卖上一百箱，能怎么样？

赵：等到期了再去打工吧？

牛全秀：干这个不合算，咱一年打半年工就挣下这个钱了。问题是你得交人家。要不是开这个来，你在家做饭能烧柴火，这里不行，这不是夏天用电做饭，冬天是煤球，一个月就得一百块钱的电费。

赵：电费多少钱一度？

牛全秀：就是四毛多一度，还有冰柜，看电视、做饭，下来光电费一年就得一千。你就挣不上一万，就是挣上一万，交人家四五千，就挣不下个钱。

（中间有个人来买了一箱冰糖雪梨，经过讨价还价，36 块钱买走一箱。）

赵：冰糖雪梨有好几种，哪种最好？

牛全秀：娃哈哈的好。娃哈哈的贵，上价就高，就得 36 块钱。

赵：现在本身利润就不高。

161

牛全秀：对了，你要的利润太高了就卖不了。

赵：你们村［指东峪——编者］有多少人？

牛全秀：呀，有100多人吧，我们这个村也有特殊有钱的，也有那特殊没有钱的。你瞧我们这个村就是个沟沟，就不行。

赵：有钱的是干什么的？

牛全秀：有钱的都靠自己的真本事，以前那个主任，周建红包那个电石厂。还有一个德宏自己在矿上，包了个矿，挣了钱了，都靠自己的本事。以下的都一般。

赵：（前一天听说出了一起车祸）出了事的那个是你们村的？

牛全秀：东峪沟的，后边的，不是我们村的，他们那个村还在里边来，现在都迁移到外边了，人都在养鸡场那边新小区那住。

赵：就是他出的事？

牛全秀：这个孩是大意了，就不该出这个事，出这个事牵连到好多家庭，自己赔也赔不起，年轻人，他主要是一时发了。

赵：他多大了？

牛全秀：三十来岁。这两三年就看见他到大变样了，发的，买的小车，抽烟是不抽贱的，看见人也架子大了。他主要是林业局有人，弟兄两个都是包坡了，给林业局植树。人家亲戚来看买奶都不行了，亲戚都说开上车拉的那么多人走了，还喝水了，没有操作好车。你想想刚起步才十来米就冲到沟里去了。

赵：有没有咱们村上的？

牛全秀：没有，都用的是山上的，山上人老实，干活出力，或者是亲戚关系，还有女的也死了。

赵：死了几个？

牛全秀：4个，一共拉了12个还是几个，其他有重伤，有轻伤。重伤都往长治走了，轻的在平顺县。

8. 访谈对象：张中林（男，1970年4月生于西沟村刘家地，中共党员，饮料厂办公室主任，初中文化）

访谈时间与地点：2013年5月28日；饮料厂办公室
访谈及录音整理：赵俊明

赵：有没有种的地？

张中林：家里种的一点，西沟这个地方也就是一个人半亩地。

赵：孩子成家了没有？

张中林：三个孩子，两个都大学毕业了，都没有成家，都在太原打工了。

赵：在哪里上的学？

张中林：都在太原上的专科，一个是水利职业技术学院，一个是交通职业技术学院。还有一个上高中。

赵：三个孩子，经济也紧张吧。

张中林：就是。

赵：你家老婆了？

张中林：我结婚的第二年，从91年开始就开的一个小商店，老婆招呼这个。94年买的三轮车。

赵：属于村里最早走市场经济的一批人？

张中林：逼出来的，农村就是个这。后来07年这里扩路，把我原来开小商店的房子拆了，就去县里边租了个门面，开了个小超市，老婆一个人招呼的。

赵：开超市收入比你上班好吧？

张中林：比我上班强，大的姑娘和大儿子差一年，都上学的时候，一年要3万块钱，我在这里工资不高，去年开始才达到2万。外边的工资水平一直涨，怎么也得提高一些。

赵：超市有多大？

张中林：30平米，上下两层，租的人家体委的，平顺的商铺就是一年一间一万多，这个也是一年租金一万多。

赵：还有一个儿子上高中？

张中林：两个儿子，我是手术失败了，又生了一个儿子，就是自己累点吧。多子多福是一种说法，俗话也说儿多母受苦。无所谓，现在这个事情，孩子们，你给他做不到太多的话，让他自己发展。

赵：许多事情都是逼出来的。

张中林：现在这个社会，主要是要求这个，过去结婚，村里边有房子就行了，现在要求外边有房子，外边买房对村里人来说就买不起。

赵：你是在村里盖的房子？

张中林：五间二层，我是2000年盖的，花了4万多。现在来得20万。现在平顺县城买房子一百平米也得将近30万。

赵：你的房子谁住？

张中林：现在我父亲住，我每天坐公交回县城去。

赵：咱们村里两个孩子的多？

张中林：四十来岁的一般都是两个的多，三十来岁的也是两个，现在的人能想得开，再大一点的，两个姑娘的也有，养什么都一样。

赵：你家在村里算是条件好些的？

张中林：中等吧，这就是说，一般村里的人，妇女在家里没事，男的出去打工，一年弄好也就是挣个两万多块钱，像我在这挣上二万多块钱，老婆挣上个两三万。所以就好一些。

赵：你多个孩子，负担重一些。

张中林：这就是做广告说的"有压力才有动力"。看这个样子，闺女不指望回来。她现在太原打工，不愿意回来，儿子也不愿意回来。姑娘的话找个太原对象就行了，但是也不容易。儿子也是，我说你在太原如果找一个养姑娘的也行，你就落户太原也行，我这个人想开了，你不走这个路，你自己也奋斗不好，你就落户不到太原。

9. 访谈对象：张志考（男，1933 年 3 月生于西沟村古罗，曾任生产小队长，小学文化）

访谈时间与地点：2013 年 5 月 28 日；古罗李平宽家中

访谈及录音整理：刘晓丽、赵俊明（整理者）

赵：你一个人挣工分多少年，家里什么时候就好转了？

张志考：哎呀，这个就是下放以后才好转了。下放时我 49 岁，我跑了 8 年，说实话，我就是得什么干什么，主要就是到河北、山东贩菜，贩运土豆。下放了，最小的（孩子）9 岁。

赵：孩子们有没有上大学的？

张志考：没有，都没有上过，那个时候条件差。大孩子我说你去复习，能上个大学，他没有去，我说你考上我也供你上。二孩子 13 岁考上剧团，现在还在剧团，他顶个副团长，拉二胡了，现在 37 年工龄了。

赵：下放了以后就自己做生意？

张志考：不下放就不由你，一下放，我倒不管了，我就跑开了。后来以后，我就是弄个菜，这回挣个二百，那回挣一百，有时挣几十，我就是那个计划，万元户吧，我怎么也得挣上一万块钱。

赵：哪一年你就成了万元户了？

张志考：我跟你说实话，这个一万够不够，也够了，我跑了七八年。就是冬天，土豆下来才跑。下来苹果拉苹果。我不贪挣钱，就是贪快。49 岁开始跑开，到 57（岁）了，也老了，我就不跑了。我就是在家给人家收，我一个人收了，收了十万斤土豆，一个姨弟，两个外甥，他们三个跑。那一回，干了 28 天，我挣了 1200 块钱，那可就不少了。

赵：后来就不干了。

张志考：就在家里坐着。62 岁那年，在山上开石头，卖石头，弄了 2200 块钱。

后来以后，两个孩子，没有房子，硬把山切下来，盖了六间房子，一共花了13万块钱，这就十来年了。自己没有劳动力，整个都是包工。主要是孩子盖的，我给他出了三四千块钱。

赵：现在谁和你在一起？

张志考：就我一个人，老伴不在4年了。现在这个房子好住，和人家住着不方便，就我一个人。

赵：种不种地了？

张志考：有点地，不去了，大儿子种着，他在合金厂了，20多年了。他要是交了那个（社保钱）也能退休了，他说一交好几万，没有交。

10. 访谈对象：张双红（男，1972年生于西沟村老西沟，中共党员，西沟党总支副书记，高中文化）

访谈时间与地点：2013年5月29日；老西沟张俊玲家中

访谈及录音整理：赵俊明

赵：给我们说说西沟的情况。

张双红：讲大话咱讲不了。

赵：就是随便说点家长里短，你哪年生的？

张双红：72年。

赵：算是村里的能人吧？

张双红：不是能人。

赵：你们这个年龄的出去的多吗？

张双红：出去的没几个。县城买房子，在长治、太原买房子的也有。

赵：出去搞得好的，起码在城里买房子的？如果说买了房子就不回来，就算出去了。

张双红：这样的不是很多。

赵：一个人出去打工能多落些？

张双红：在家就没收入，总得生活。打工的出去跟上工程队，吃住都有了，他那个辛苦点，比较受罪，但能落得多点。他就是抽个烟，来回花个路费，其余的都是挣下的。如果到了其他地方，富士康，你还得租房子，一天挣上一百块钱，落下四五十就不错了。

赵：你这个年龄的出去打工的多不多？

张双红：多，都在外头打工。出不去的，在家里的就不剩几个，也是附近打个短工。西沟村里有个硅厂，用不了几个，大部分都在外边打工。现在这个，从学校出来就不回家。学校一毕业，就在外边饭店啥的打个工。自己干呀，就不回家，回了家也没干的。

赵：你们村在外边自己干的有几个？

张双红：西沟就是有两三个。

现在90后这些人比七几年的要开放。当时也就是89年、90年，省林科所有个人在这里，他说："你跟我去太原，我给你找个打扫卫生的。每天早上把这个楼梯打扫打扫。"那会一个月给90块钱的工资。人家说"给你找个打扫卫生的，九十块钱。再给你买个自行车给人家送菜"。当时咱不去，如果去了肯定比在家好，那会就跑出去，挣九十块钱的地方有你住的地方，还能维持你的生活，再卖点菜。往单位送菜，那相当挣钱。咱就没有出去。

赵：你就没出去过？

张双红：不出去。

赵：还是能过得去？

张双红：老百姓收入，打个短工。

赵：现在还打？

张双红：现在不打了。村里就顾不上，出去一会就打电话叫了，出不去了。后来我一直就打短工。

到98年，我买了个农用车跑运输，跑了十来年，那个相当不错。我进班子才第二届。我是08年进的，才不跑（运输）了。

赵：多大的农用车？

张双红：能拉5吨，北京福田。在农村实用点，主要是跟建筑工地上拉点石粉、砖，出个渣，倒倒工地，我就是跟的一个副业队。

赵：跟他关系好点？

张双红：就是去了以后跟他干，后来一直干了十几年，就是08年进了村委班子以后，才不干了。

赵：现在车呢？

张双红：卖了。

赵：那时买车多少钱？

张双红：才两万六，现在那车顶大就是四万块钱。

赵：跟得工程队一年就能赚回来车钱？

张双红：主要就是2000年刚开始的时候（好干）。他们有就是三轮车，后来咱拉得多。那个车一年赚三五万块钱没有问题。

赵：在村里算是比较富裕的。

张双红：现在弄个车不赚十来万块钱就不行。

赵： 开汽车那时候可以啊？

张双红： 平均也要弄两万块钱。那会弄那个车还是可以，当时也就是孩子小，不花个钱，开销也大点，瞎花了。现在压力大，不敢瞎花。

11. 访谈对象：郭刚亮（男，1954 年生于西沟村刘家地，小学文化，村民）

访谈时间与地点：2013 年 6 月 3 日；刘家地董福锁家中

访谈及录音整理：赵俊明

［访谈中郭广玲提醒说养过汽车，是个老司机。——］

赵： 你是老司机？有驾驶证？

郭刚亮： 有，现在作废了，老了。

赵： 怎么弄的驾驶证？

郭刚亮： 就在村里开来，给大队开，也给私人开。

赵： 自己有没有买过汽车？

郭刚亮： 买过，就是几天，不好算账，就卖了。

赵： 你是哪一年买的汽车？

郭刚亮： 我是 85 年买的，那会儿刚兴开私人买车，买的东风车。那时候车不很贵，就是四万来块钱，贷款买的，那时候比现在好贷款。

赵： 买车拉什么？

郭刚亮： 拉煤炭，往河南拉煤炭，从长治拉上，长治周围都是煤矿，送到河南。85 年买车，到 86 年中旬就卖了。

赵： 不能干？

郭刚亮： 算不了账，没有赔了，卖了车还了贷款，少挣了一点，没有啥意思。

赵： 后来就是给别人开车？

郭刚亮： 给公家、私人都干过。50 岁还开来。

赵： 开车也是一段一段的？

郭刚亮： 嗯，那个活也是有时候好找，有时候不好找。不开了十来年了，年龄也大了，不愿意闹那个了，那个危险。

赵： 村里开车的多不多？

郭刚亮： 多呀，这会儿有吧。

赵： 最近养车的多不多？

郭刚亮： 也有，不多。这会儿一般买私家车的有，小车有，大车不多了。

赵： 跑运输的有没有？

郭刚亮： 不多了，以前有。

赵： 最多的时候西沟有几辆？

郭刚亮：有十几辆。以前那个很大的车就没有，就是 5 吨的车，加个拖车，顶大拉个十来吨，也是超载了。后来就没有了。

赵：你给人家开车能挣多少钱？

郭刚亮：那个时候不挣钱，往山东、河北送煤炭，一个月给 500 块钱。最近几年才涨起来，现在一个月五千多。

赵：现在司机好不好找？

郭刚亮：年轻人好找。

赵：你就一直是开大车？

郭刚亮：我一开始开车，那个时候就是那个老解放车，一开始开那个。后来换成东风车，解放 141 了，就换成这一类车了。

赵：你开车时好不好找活干？

郭刚亮：私人那个人家就有事，给公家是在县铁厂，人家一直有干的。收入也差不多，给公家开按任务算，跑吨公里，那样给你算了。

赵：这几年村里有没有养车跑运输的？

郭刚亮：这会儿没有很大的车，有些农用车，做个小买卖。

赵：是不是下放土地之前就开汽车？

郭刚亮：我很早就在村里开汽车，一开始大队有两辆车，给老百姓拉个东西。

赵：那时候就有驾驶证？

郭刚亮：有啊，你没有能行。我是 76 年拿的，也是考了，去长治考试，那个时候不交钱，你跟车跟上一年，学上一年，开始考实习本，实习上半年以后，然后给你换那个正式本，你就可以一个人开车了。

赵：跟车有没有啥要求？

郭刚亮：在哪也行，只要有车，跟上个车就行。

八、立足时代村办企业

【深度论述】

十一届三中全会以后，党的工作重心转移到了以经济建设为中心上，农村联产承包责任制迅速推行。家庭联产承包责任制的实施，解放了土地，解放了农民。农民一从土地上解放出来，就很快产生了意想不到的效果，那就是乡镇企业的异军突起。乡镇企业的异军突起，很快扭转了市场商品短缺的状况，使城乡人民感到了农村改革带来的实惠。同时，乡镇企业的兴起，也使农民的思想在一个新的层面上得到新的解放。"无农不稳，无工不富，无商不活"的思想春风，从江南吹进了太行山。

1983 年，申纪兰在太原开省劳模会时，就给张俊虎说："西沟得上企业。"1984年，西沟重新组建经济合作社，由申纪兰任社长。这和 30 多年前的农业生产合作社不同，其主要职能是为农民生产提供产前、产中、产后服务，收集致富信息，开辟生产项目。

申纪兰对西沟在新时期的发展有个构想，那就是"远抓林，近抓农，修好路，吃饱肚，村办企业迈大步"。1984 年，她带着村干部走出了大山，要去学习和考察，为西沟选个企业项目。

她们先去了河南新乡市的刘庄。刘庄很有名，毛主席当年那句"人民公社名字好"就是在刘庄说的。后来人们把"名字"两字去掉，就变成了"人民公社好"了。刘庄在 70 年代初以畜牧业为突破口，以造纸、机械、食品等企业起家，10 年发展，已成为著名的"中原第一小康村"。刘庄党支部书记史来贺是和申纪兰同时代的全国著名劳模。申纪兰来到刘庄，参观了造纸厂、食品厂等几个企业。史来贺计划支援西沟成套的纤维板机，利用西沟的万亩森林生产纤维板。从刘庄回来之后，西沟村干部把"纤维板"项目带到山西省林科院去咨询。林科院派人到西沟进行了考察，结论是这个项目不适合西沟：一是西沟缺水，二是原料供应也有问题。林科院的人说，西沟的林子根本不够"纤维板"吃。于是，村干部只好放弃这个想法。

后来，申纪兰、张俊虎、张高明一行人去了天津静海县的大邱庄。大邱庄可谓是后起之秀，从 1977 年开始，大邱庄以"能人"办厂，先后办起了带钢、制管、印刷、电器等几个企业，很快成为"中华第一亿元村"。作为大邱庄党支部书记的禹作敏，被评为全国劳动模范。申纪兰原本想让禹作敏帮忙上个项目，在管理上给予支持，但最终项目没有谈成。

刘庄和大邱庄之行虽然没有谈成项目，但是使得西沟人开了眼界，也更加坚定了西沟要办企业的决心。1983 年，申纪兰和张俊虎在省里开劳模会时，与冶金部一位工程师见了面，说起了西沟办企业的事。工程师建议上一个硅铁厂，说这个项目周期短、见效快、工艺简单，适合西沟干。西沟外出考察也没有个合适的项目，这就决定要上个铁合金厂（即硅铁厂）。

1985 年 3 月，申纪兰和张高明到了太原，找到分管农业的省委副书记王庭栋要资金支持。当年 9 月，省计委的批文就下来了，投资指标也到了县财政。西沟铁合金厂 1800 千伏安 1 号炉正式开工建设。申纪兰一心扑在项目的建设上。建炉需要工字钢，纪兰就带上张高明去太原钢铁公司，找到太钢党委书记王景生进行协调。王景生痛快地满足了西沟的要求。铁合金厂需要钢材边角料，申纪兰就和村委干部周德松去山西化肥厂要，自己还亲自装车。1987 年 11 月 8 日，西沟的一号炉点火了。就在前一天，申纪兰和大家一起背着几十斤重的电极弧装炉，从下午一直干到半夜。8 日下午，西沟的第一炉硅铁出炉了。

1996 年 7 月，铁合金厂又投资 360 万元，建成了 3200 千伏安的 2 号炉。生产时间不长，西沟意识到硅铁市场起落波动太大，决心转产电石产品。于是西沟集资 20 多万，把 2 号炉改造成为电石炉，开始生产电石产品。当年就实现了税收 60 多万元，第二年实现税收 80 万元。一年后，又把 1 号炉改造为 3200 千伏安的电石炉。2002 年，西沟筹建 3 号炉，3 月开工，5 月投产，工期 3 个月。3 号炉建好之后，山东的一位老板给铁合金厂投资了 200 万，厂子就利用这笔钱建了 4 号炉。这样西沟的电石生产就有了一定的规模。企业上缴的税收和费用，大约 500 万元。西沟有 200 多人在企业上班，工资总额达到 100 多万。西沟铁合金厂后来改名为鑫海冶炼公司。但是由于鑫海冶炼公司属于高耗能企业，又有污染，最终在 2013 年 9 月被关停。

90 年代西沟筹建了纪兰饮料公司。1994 年春，申纪兰带着张高明、张文龙去介休找安泰集团老总李安明。李安明是著名民营企业家、全国政协委员。他热情地接待了申纪兰一行，在谈及资金和项目时明确表示：你们去选项目，有了项目谈合作。秋后，申纪兰一行二去介休。这次再见李安明，就把核桃露饮料的项目敲定下来。太行山区有核桃的资源优势，安泰集团投资 100 万元，在西沟建了一个"纪兰饮料公司"。1995 年 3 月，在北京出席全国人大八届三次会议期间，申纪兰与安泰集团在北京举行了签约仪式。安泰集团和西沟一起组建了饮料公司，注册资金 150 万，安泰集团投资 70%，西沟投资 30%。西沟出厂房，安泰集团出机器设备和技术。安泰集团找到北京食品研究所，买到核桃露的配方。97 年 11 月 7 日，饮料公司正式投产。在讨论核桃露叫什么的时候，纪兰说西沟是个老典型，就叫西沟核桃露。专家认为应该叫纪兰核桃露。最初申纪兰觉得在饮料上印上自己的名字，喝完之后就扔了，所以不同意。后来她想了想，认为专家说得有道理，于是就把饮料命名为"纪兰核桃露"。再后来饮料厂扩建，又从省里、市里、县里分别要了一部分资金。

为了对"纪兰核桃露"进行宣传，1998年五一劳动节期间，申纪兰亲自带人在长治的大街上作广告宣传，推销产品。她还亲自出马，把产品打进太原和长治的超市。当年8月15日她到长治跑了四五个单位，向每个单位推销了五六吨饮料，还到太原西山矿务局一次销了30吨饮料。2004年，纪兰饮料获得山西省著名商标。2013年开两会的时候，申纪兰又拿上饮料厂生产的核桃露慰问国旗护卫队，宣传"纪兰核桃露"。为了筹集宣传资金，2013年饮料厂从职工手里筹集了100多万，从银行又贷出来了200多万，厂子还拿出了一部分钱，总共筹集了将近500万。然后在山西卫视、山西公共、黄河台等频道和高速公路上进行宣传，从而扩大了核桃露的知名度。

当然，公司在发展的进程中也是坎坎坷坷，市场的开拓、资金的困扰、机制的运行、素质的提高等，也都让西沟人交了不少的学费，吃了不少的苦头，但是饮料厂在摸爬滚打中一步步地壮大了起来。

2011年西沟成立了西沟矿业公司。2013年冬天，西沟开始建绿色农业蔬菜大棚，产出的香菇销往上海、河南等地。还有两家企业在西沟挂靠，分别是山西纪兰商务有限公司和潞绣厂。1998年，山西纪兰商务有限公司在太原挂牌，这个企业一年给西沟交一小部分钱。在西沟有一个潞绣厂，西沟的十来个农村妇女在家中进行老粗布加工，提供给潞绣厂，厂里给她们一个月一千多的工资。

此外，西沟在1959年兴办了砖瓦厂，1978年兴建了小型塑料厂，利用废旧塑料生产塑料桶。1985年，村集体与西沟供销社联营，购置设备，兴办了罐头加工厂。1994年5月还兴建了坩埚厂、电器厂。但后来这些企业因为经营不善，都倒闭了。

西沟村办企业在曲折中不断艰苦地向前摸索着、前进着。

（一）磁钢厂、造纸厂等企业的探索

1. 访谈对象：申纪兰

访谈时间及地点：2014年4月20日；西沟乡政府

访谈及录音整理：刘晓丽

刘：80年代土地下放后，你带着西沟村委会的人到外头参观、取经，西沟转型也不容易吧？

申纪兰：我带着西沟的人去了南街村［位于河南省漯河市，是中国十大名村之一——编者］、华西村［位于江苏省江阴市，被誉为"天下第一村"——编者］，华西已经不是农业为主，已经成了工业为主了。我还去了大邱庄［位于天津市静海县，是中国农村改革开放的先驱之一——编者］，见了禹作敏［原大邱庄党支部书记——编者］，还去了河南刘庄［位于新乡县七里营镇，中国著名村庄——编者］，见了史来贺［原刘庄党支部书记——编者］，也去过大寨［位于山西省昔阳县，中国著名村庄——编者］，大寨去过好多次。我还去过介休，到过南街村，也去过长治，还去过皇城相府［位于山西省阳城县皇城村——编者］，七一就带领党员到了皇城相府，人家那就有煤，叫大家开开眼界。

虚心使人进步，骄傲使人落后，这是毛主席那会儿就说的，我们学了人家的长处，克服自己的不足，我们就是为了大家，要是个人吧，你怎也行。

西沟那会儿是十年九旱，旱涝风雹年年有，庄家十年九不收。现在呢，再旱也要收点粮，确实不容易，这个农作物，种上了，旱了，种上了，下了冰雹了，咱是旱地，一季呀，人家其他地方是两季，就不一样。你瞧到吴仁宝［原华西村党支部书记——编者］那参观去了，人家是工业化了，人家那是天下第一村，不要说人家是中国第一村了。西沟在平顺还差不多，在市里头就选不上了，咱就没有矿产资源，矿产资源就很重要。

刘：这几个地方每家都办得不一样？

申纪兰：各有各的（长处）。出去了以后，看人家都有煤炭资源，大寨也有煤，人家还有煤运站，跟咱不一样。说是学大寨，那会儿赶紧学，咱就不知道人家还有煤，整梯田，现在那梯田都栽成树了，咱多看人家的优点，少看人家的缺点。

刘：那个七里营不错。

申纪兰：七里营刘庄可以，毛主席视察过，在新乡，书记是史来贺。还去过河南南街村，人家这会儿还是毛泽东思想挂帅。

刘：没有分地。

申纪兰：对，他那儿出方便面。

刘：那儿主要是小麦多。史来贺想帮着西沟上一个项目来？

申纪兰：到了七里营，它是制药厂，史来贺也来过咱这。他说上纤维板项目来，还有俩项目，咱这都不行。改革开放，这是个好事情，当下想不通时是你的水平问题，你说对不对？你想不通是你个人的问题，路线是对的，方向是正的，叫群众富起来了。实践证明，改革开放三十多年，发生了翻天覆地的变化，不改革就没出路，不改革就不能发展，我们也尝到了这个甜头，我们也比十一届三中全会（前的收入）程度不同地提高了几十倍，但是离党的要求和先进单位还差得很远。

刘：西沟办的厂子有铁合金厂，核桃露厂，还办过其他厂吗？

申纪兰：其他都是些小厂，没有办成，淘汰了，你没有资源就不能办，没有交通也不能办，弄起来也是个倒台。有个那个吸铁石厂［磁钢厂——编者］，倒闭了，办起来就不行，跟江苏那买原料，那个厂是有个人诈唬了咱了，本来就不行，他说能行，咱也没有调查，弄出来倒把钱来倒闭到里头了，五百多万。你跟南方运回来（材料）有多远，咱再卖出去，就不行。还有个坩埚厂，就是炼铁用那个坩埚，也垒起来，弄两天，也不行，销路不行，人家壶关那行，咱就不行。这俩厂，特别是那个吸铁石厂不应该弄，损害了集体的利益了，改革就是摸着石头过河哩。

刘：有个纪兰商务有限公司［即西沟人家——编者］是哪一年成立的？

申纪兰：不弄了，早就不弄了，都是打点幌子，他都［他们］想发展，咱觉着跟他就不行，就不弄了。

刘：那是私人弄的？

申纪兰：私人弄的，房地产也是，都想沾光来，反正咱跟上他受伤了，咱就不弄了。

刘：反正你跟他合作感觉不对？

申纪兰：哎，不对咱赶快离开，是集体跟他合作，不是个人，都是支部决定的事情，也不是我来，弄上了，人家找我来了，人家就通知我来了，也不通知他都［他们］。

刘：党支部开会集体决定？

申纪兰：对，弄上了，觉着不行，就赶快跟他弄断关系了。成天引资，还去新疆引过资，那是县里头的。

刘：也是叫你去呢？

申纪兰：嗯，哪里叫去哪里，给县里弄的事情不少，县里那修路工程，那老板来，都是我（出面）跟他搭伙合作的。

2. 访谈对象：周德松（男，1956年6月生于西沟村东峪，村委会办公室主任，高中文化）

访谈时间与地点：2013年6月10日；西沟村委会办公室

访谈及录音整理：赵俊明

赵：村里的厂子也不太好？

周德松：有时候还是体制有问题。你要是私人办了就行，集体办就都不行，他心思就不在这上边。哪个私人弄得塌了？除了集体的弄得塌了，这个塌了是公共的，也不是我的，关系不到他的切身利益。

赵：没有弄过承包啥的？

周德松：也尝试过，那只不过说个话，没有履行合同。咱轧钢厂承包过，还都是自己打的合同，最后塌了，集体也不上交了，也就没事了。个人的话，损失一块钱也是自己的，集体的就是损失了都是集体的，不是我的，我不心痛。体制理不顺，管理跟不上。主要还是咱这个人太缺乏，自己想不上办法，还不想用别人，引不进人才，引进人才你还得留住人才。

赵：是不是主要还是观念问题？

周德松：观念不更新，还是老一套，自以为是，就自己行，其他人就都不行，存在这种问题。

赵：个人的话办不起吧？

周德松：个人办不起来，他就没有那么多钱。硅铁厂后来改成股份制，咱就是参股。

赵：这几年怎么样？

周德松：也不行，就是能护住工人。他也包给外头人了，不是他自己的。

赵：也可以吧。

周德松：实际上办了回硅铁厂，就是解决了一部分劳动力了，有些社会效益，给国家交个不少税，顾了一伙人，村里边贡献不大，还占了不少地。就是第一年包出去后，挣了个钱，上交了一百万，一个人分了 50 块钱。这就是 86、87 年。后来人家走了，轮到咱自己弄，就弄不成了，就倒闭开了。

赵：为什么不让人家干了？

周德松：咱觉得自己能干了，再一个也不用他干了。人家也不想在这，有些事情做不了主。

赵：是不是人家干了会好些？

周德松：市场就不行了，他干也不行。头一年都是拿的钱等货了，第二年咱送上去还要不上钱了是市场问题。今天价钱还行，明天就不行了。就是解决了一部分劳动力。你要算账吧，一年人家雇上五六十个人，也是一笔收入，就是个社会效益。

赵：对老百姓实惠也是好事。

周德松：也好，顾了一些人也算。现在这个刺绣厂，它不交你多少钱，它起码得雇十来个人，解决了十几个人的工作，一个人一个月一千多块钱，一年万把块钱，这十几家不是就好活点了？

赵：刺绣厂交费用吗？

周德松：交一点，交得少。少交一点也行，空的还得雇上人看门呢，坏了你还得维修，这你就啥也不用管了。看门的工资这个起码省下了，雇人一年五六千块钱，这儿五六千，那儿五六千，集中起来不就多了？你要多有这么几个厂，多用一些人，这不是都就富裕了。现在不管集体富裕不富裕，老百姓富裕了，集体也就富裕了，他不找你了，他办什么事情都能办了。你村里这个领导不就好当了？你说什么他也就愿意听你的了。

（二）铁合金厂的辉煌与关停

1. 访谈对象：申纪兰

访谈时间及地点：2014 年 5 月 23 日；西沟乡政府

访谈及录音整理：刘晓丽

刘：铁合金厂是 85 年建的，也是你去跑的？

申纪兰：这个就是我干起来的。

刘：怎么样想起来建铁合金厂？

申纪兰：咱不是没企业？咱县里头有个铁合金厂，后北电站，有个秦书记，他也是西沟人，我说是不是能帮助咱西沟干成个铁合金厂呀？跟人家坐了坐，访了访，人家说，那还不现成？我能帮忙。西沟支委就同意，大家都通过。办一个铁合金厂，至少上一百几十个劳力，咱主要是上劳力。下放了以后，有的走出去了，各奔前程，咱党支部就是为这个没有门路的、找不上地方的来解决问题。办起来这个铁合金厂，我就当上了厂长，我也当采购，我也当厂长，买东西，弄资金，跟支委研究出来。

图 8 - 1　西沟村办企业鑫海冶炼公司

刘：核桃露厂你也是厂长？

申纪兰：不是。厂长一直就是王根考，但是法人代表是我。不弄上我他都［他们〕就弄不上钱。

刘：你不去不行。

申纪兰：办了铁合金厂以后，采购东西去，咱就没钱，连一条烟都没买，就办成了铁合金厂，也真是艰苦奋斗。

刘：不过也是因为你去了。

申纪兰：我去了，也有个特殊的感情，短了东西了，我就去找去了。人家包工包上咱这个厂，人家来找我来了，说短〔缺〕两种材料，人家是包工不包料。短什么材料？叫无缝管，还有个叫几分管，（没材料）明天就要停工，人家来找我来了。我说停了工你不用挣工资，人家说，停工待料，工资照发。他把我倒说住了。我说，停了工我为什么还发工资哩？人家说，打开合同瞧瞧。我倒忘了，哎呀，我瞧了瞧，黑夜我倒睡不着觉了。那年冬天，还下了点小雪，我一个人，五点起来，走出去，六点到赶七点，我到了县了，十几里地，我步行走，滑倒我，我站起来再走。

刘：那时候你多大年纪了？

申纪兰：那会儿也就是个50多岁，走到县里头一个铁厂，有个姓刘的经理，说哎呀，你这么早倒来了？我说是。"你坐什么车？"其实是步行来，也不愿意叫他知道我没车，丢人，我说"车倒走了"，其实是步行来。我说短两种材料，他说："我有一种，还有一种我没有，你到城建局去找找吧，我叫车送你。"我说不用，都到这了。后来人家就给我弄上车，送到我城建局，找见了局长，人家局长说，有这种材料。人家正吃饭，说我给你闹上，说你吃了饭了没有？吃上点，我说吃了。咱再给人家找麻烦，吃饭，人家是双职工，人家也忙。人家马上找上人给我弄上，倒给我送回来了，也没有停工待料。哎呀，这个厂可不容易呀，闹成以后，这个高明是支部书记，我们就搭伙背那个材料，扛那个布袋，就几十斤，蹋〔踩〕上那个楼梯，那会50多岁，我也年轻，他都扛一遭〔趟〕，我也能扛一遭。

刘：背什么东西？

申纪兰：就跟那个焦炭一样，装满电石桶，那会儿也没有个什么吊车，装满以后才能起火。就那一天等装满，弄上电，这个铁水也出来了，哎呀，我说不管怎样，谢天谢地，总算是流出铁水来了。但是现在倒闭了，我很可惜它。人家说，这是高耗能，污染多，人家不让干了。这个厂上二百劳力呀，很不容易呀。现在有那工人找我来了，说我要是守住（这个厂），就奔了小康了，现在也奔不了了。我说奔不了，人家是环境问题，咱再想办法，再搞其他，再搞不污染的东西。可不容易呀，我办件事，虽然是没办好，出力可不少，流汗也不少。

刘：办好了，怎么没有办好？办了多少年么。

申纪兰：村里大部分富起来，也是跟上厂富了。

176

刘：我看一共有四号炉呢，四个炉子，一个一个办起来的。

申纪兰：一个一个办起来的。现在倒闭了，过去总得过它的利，群众富了就行了，群众就是老百姓，咱又没有在里头享受什么福利。真是不容易呀，真还没有达到小康社会，出力倒出得不少了。

刘：你看你受这些苦，支委跟你出去的，看见了，没跟你出去的，也不知道。

申纪兰：他都［他们］就不知道。还有一次，是短［缺］一个大钢板，只有山化［山西化肥厂，在长治——编者］有。去了山化了，人家领导也很关心，中午了，人家都下班了，说叫住到招待所，下午上了班再给你办手续弄东西。其实我就在那个树边底下坐了一中午，赶下午上了班了，咱也去了，人家给咱办了手续，问"休息好了?"我说"好了"。很不容易呀，不办事省事，办事就难，办好更难。这个办企业，尤其咱不通。

刘：你不懂么。

申纪兰：连个螺丝也没有见过，倒办开企业了。

刘：你这个铁合金厂是真正炼铁合金呢，跟58年大炼钢铁不一样。

申纪兰：不一样。这是有电了，真正是炼铁。

刘：真正有人要了，当时卖得也好呢吧?

申纪兰：拉不上焦粉来了，我亲自坐上车，到长钢，去了跟人家领导说好，他都［他们］去了拉不上，我要去了就能拉上。我就是个著名商标就在这哩，人家都认我。也有私心吧，给西沟办事哩，就这也不一定都满意，还可能有人说我坏话。呵呵。

刘：大部分满意就行了，就是毛主席习近平也不能都满意了。

申纪兰：对，你是个人又不是神。

刘：那时候铁合金厂的工人最高工资能挣多少?

申纪兰：哎呀，一年挣二万多块钱。守家在地哩，都是这困难户到里头了。上了二三百劳力就不是个小事情啊，二三百户就都顾起来了，一年增加两万块钱。

刘：而且好多年了。

申纪兰：好多年了，还是给群众办了点事，它再说没利，总是你都［你们］讨上便宜了，我总没有在里领工资。

刘：你没有在里头领工资?

申纪兰：没有! 一月也没有领过，自己还贴上钱，真的是，咱为人民服务，咱可是真服务。

2. 访谈对象：胡买松（男，1945 年生于西沟村古罗，初中文化，中共党员，曾任村会计、副书记、书记）

访谈时间与地点：2013 年 5 月 30 日；古罗家中

访谈及录音整理：赵俊明

赵：当了一段时间的书记？

胡买松：当了四年，87 年到 90 年。

赵：那一段主要做些什么工作？

胡买松：就是 87 年我们上去以后，建了一个铁合金厂，那是西沟办的第一个企业，办起来，就投产了，主要是弄那个。87 年投了产以后，原来那个技术人员就是我们大队的一个人，后来他又经营，他带领我们开始起步，第一年收入就是 110 万。后来就不行了，搞了一年多两年，搞成以后就包出去，包给了长钢。

赵：怎么承包的，交多少钱？

胡买松：哎呀，我和你说，农村办个厂相当不容易，办第一个厂子［铁合金厂——编者］，87 年投产以后，当年收入 110 万。办这个厂子的时候，斗争非常激烈，这个厂原来是乡村联办，贷款实际上是西沟大队贷的款，乡里头就是应了个名义。到 87 年赢利以后，我们大队指导思想是，这个贷款不能还，当时赢利了，我们办企业要利滚利，就和母鸡下蛋一样，扩大再生产，不能分了，因为这是咱第一个企业。乡里边光是个名义，主要是想赶紧还钱，不想担风险。因为这个问题，我就瞧到这个了，我这个人跟了老李、老申一辈子了，实实在在，对得起西沟人民，对得起党，对得起社会。咱就想既然办这个厂，起步赢利了，尽量扩大再生产，再办一些厂，是这观念。但是乡里头行政干预得不行，你就没办法，最后就把我给免了。

赵：什么时候才不管村里的事了？

胡买松：村里头这会儿也给帮点忙。95 年领导就让我去了企业，就到了铁合金厂，我就去厂里，在厂里管后勤。96 年一直到最后因为环保停产，去年我在那站了最后一班岗。一直把炉都拆开，卖了生铁。

赵：厂里最多时候有多少人？

胡买松：百把人。

赵：工人能挣多少钱？

胡买松：过去就是一千来块钱。

赵：那还不错啊？

胡买松：那就可以了，刚开始七八百。开始可以，后来因为没有人才，没有销路，越来越不行。

赵：哪一年开始就不行了？

胡买松：不行了，后来人家周建红［曾任西沟村村委主任，党支部副书记——编者］干了以后，到现在，就一直可以。他又扩建了一个厂［分厂——编者］，就在下边。上边主要是环保问题，国家要求是 10000（千伏安）了，上头那个是 6300（千伏安），现在 6300（千伏安）这个统统淘汰，国家要求淘汰，国家要求最低也得达到 10000（千伏安）。

赵：下边厂里有多少工人？

胡买松：外地承包的，外地老板经营，雇的本地工人。哎，西沟很好来，后来比较乱。西沟在人家李顺达带领下，确实是西沟群众的觉悟非常高，也靠得住。后来的人，新的领导上了以后，特别是这几年，信任度就降低了。再一个，中央政策很好，底下就没有人，老百姓接触不到个干部，不和过去一样。现在主要是农村缺乏人才。

3. 访谈对象：马怀生（男，1945 年 7 月生于西沟村池底，中共党员，初中文化，西山矿务局退休工人）

原海松（男，1952 生于西沟池底，初中文化，长钢退休工人）

访谈时间与地点：2013 年 6 月 6 日；池底郭广玲家中

访谈及录音整理：刘晓丽、赵俊明（整理者）

原海松：现在西沟这个地方，这个污染企业［铁合金厂——编者］九月份就淘汰了，七十多个人每个人的收入就没有了，正常情况下一个月两三千块钱，人就要全部出去打工去。前几年就是本大队自己干来，一百来号人。我从长钢回来，我在那个厂里干了九年，从厂里进第一吨水泥开始，我就一直就在，我是管理人员，管进料出料。后来承包给外边，就不干了。

赵：那时候效益怎么样？

原海松：刚开始效益还可以，生产电石的时候效益不错，污染太大，不让干了，后来不让干了。停了一年多，后来转包给安阳人，生产锰铁。

赵：你干的时候能挣多少？

原海松：那时候工人工资不高，我在干的时候，一天二十来块钱。炉前工最多也打不到 50 块钱。这个厂子是三家合营，村里、平顺县电业局和周建红三家，厂子是周建红弄起来的，他在的时候，能引进钱来，不用外边人，只用几个技术人员，剩下都是村里人。

赵：能给村里上交一些利润？

原海松：交利润是少数，干起来没几年，全都是贷款，每年能把利息还了就不错了。现在包给外边了，就是开一天炉，一个炉一个月交大队一万块钱，两个炉每个月两万块钱，一年一二十万。西沟这个大队，这就不是个钱，你光大队开支要多少，大队养活二十来个人，每个人一天 50 块钱，这就是一大笔钱。

赵：这个是大队定的？

马怀生：也不是大队定的。现在第一代的人都没有了，就留下个纪兰；第二代的也留下，就剩下个别了；第三代就都不能出去。这个村的情况是个什么情况，所有每一届选举也好什么也好，原来这些老同志都留下了，都还继续混吧，你不让他留下他怎么办啊，不管他是二代还是三代领导，他跟着大队走来，总得给个出路，给个生活费吧，就出现这个问题。其他大队，这次选举有你就有你，没有你就下来，选不上就出去打工。

赵：那个厂也能给集体贡献一些。

原海松：主要是解决了劳力问题。

原海松：西沟必须发展经济，没有经济将来是个最穷的地方。

马：接收这个矿山［西沟矿业公司——编者］，我和他们说，从外边请上一个好的工程师，来上一个好会计管财务。西沟去上一个大经理，去上一个支部书记就行了。

原海松：实际上矿山就不是你的，名义上是你的，是长钢给你的，但实际上不是你的，你要的350万是县政府管呢，你就直接管不了。长钢不开了，没有开发意义了，纪兰凭关系要来了，闹下了。几个亿，西沟开不了，就是开矿山的老板给的，西沟是个空架子，空手得人家这个钱。弄下了，西沟经营不了，把这个钱返回县政府。

4. 访谈对象：周德松（男，1956年6月生于西沟村东峪，高中文化，村委会办公室主任）

访谈时间与地点：2013年6月10日；西沟村委会办公室
访谈及录音整理：赵俊明

赵：下放土地后，你就在村里？

周德松：承包了六年果园，和大伙一起，六七个人一起承包的，那是83年。84年我就进了村委会了，那就是改革了，把年龄大的全部退了，这一届村委最大的就是27岁。85年3月，我就去建铁合金厂，开始跑资料、跑图纸；到9月份，土建开了工，我一直在那里。到86年建成投产，由于那时候有些材料不好买，不是有钱就能买上，和申主任跑材料，有些东西还得，有些东西量不大，它是品种多，规格不一样，这个需要一吨，那个需要半吨，不是大量的。和申主任到山化，咱买上钢材和人家换，去太钢，找这个东西。变压器它是特种变压器，在太原冶金变压器厂定制的。卷扬机，也是从太原卷扬机厂专门定制的。我在那待到92年，我是负责后勤人员，建厂的时候，除了申主任就是我。建成以后，有了新领导，我协助人家。到92年，承包了，人事变动，我就回到大队，来到办公室。这个楼里就是我最先搬进来的，负责村里的日常接待啥的，那时候接待站没有恢复了，来个参观什么的，主要是村里接待，一般我和申主任跑。

5. 访谈对象：周俊平（男，1972 年 8 月生于西沟村东峪，初中文化，硅铁厂工人）

访谈时间与地点：2013 年 6 月 5 日；东峪家中

访谈及录音整理：赵俊明

赵：你在哪上班呢？说说上班的情况。

周俊平：在硅铁厂上班。轮班，我们是两班倒，8 个小时（一班）。晚上高峰期不送电，不能生产，其他时间都生产。

赵：效益怎么样？

周俊平：现在效益不如前几年好，今年都不好干。我主要是搞修理的，（负责）修理机器、检修。

赵：工资怎么算呢？

周俊平：计件工资，按生产量算，干得多挣得多。

赵：有没有受过啥培训？

周俊平：前几年，05 年开始，三号炉开了时，厂长让我在平顺培训过，培训过半个月，就可以取证了，先有资格证就可以上岗，上岗以后在厂里然后跟上师傅慢点学。

赵：说说硅铁厂的情况。

周俊平：前几年是村里干的，有销路，管理不好，干得不好，承包给河南老板干。招的工人全部是本地人，就咱们西沟村里的。

赵：招工情况怎么样？现在多少工人？

周俊平：承包的第一个条件是招当地人，两个炉，一个炉 50 多人，一共 100 多人。

赵：待遇怎么样？

周俊平：（实行）产量工资、计件工资。今年的效益不太好，一个月三千左右。效益好时，就三千四五。分工种，各是各的工资，各是各的待遇，发不同的工资。简单工种，不是高温的，活也轻快的，挣得就少些。

赵：说说你以前的经历。

周俊平：上完初中以后出外打工，打了四五年，以前在平顺铁厂干了六七年，也是出炉工。完了就是在厂里干，在（硅）厂里干了 8 年。05 年之前是出炉工，那个更辛苦，就是厂里最苦的（工种）。

赵：那时候待遇怎么样？

周俊平：那时候是学徒工，我学徒那年一天 17 元，挣了三年以后，成了 20 元，后来成了 25 元，慢慢地逐渐增长。05 年一天 17 元，那时候是学徒工，因为你没有技术，就挣不到多少钱。

赵：现在就是厂里的骨干了吧？

周俊平：现在什么都可以干，不用其他人操作，一个人就可以干了，什么也知道，什么都能干，开始一个焊条是什么样子都不知道，现在什么都知道，一看这个东西就知道往什么地方用。

赵：和你一样一直干下来的人多不多？

周俊平：我们那一批留下来的最多还有四五个，一直干下来的就四五个，都是厂里的骨干。

赵：算是小领导吧？

周俊平：我是管修理工的，我是三号炉修理的，三号炉修理工一共 4 个。我也不愿意管，不是说挣钱多少的问题，主要是担责任，领导什么事都找你，带班费二三百，领导让我管。我是说干就干，不干就算，责任心强，底下的人听我的指挥，我让你怎么干你就怎么干，其他是我的事。

赵：弟兄几个？

周俊平：我兄弟两个，兄弟也在硅铁厂干。

6. 访谈对象：董长军（男，1962 年生于西沟村东峪沟，小学文化，铁合金厂工人）

访谈时间与地点：2013 年 6 月 7 日；西沟村池底家中

访谈及录音整理：赵俊明

赵：干出炉工累不累？

董长军：差不多，就是时间短点。出去搞建筑干得时间长点，这个是就那么点活，多会儿干完就能回来。

赵：在自己家比在外边也好些。

董长军：出去那个时间长，一天十几个小时。

赵：自己也能顾上家里？

董长军：也能顾上点家里，种些地啥的。出炉就是那么点活，反正就是三个人，干得快点，干完为止，干完就能下班。好弄了就用不了多长时间，不好干了就用的时间长些。

赵：不好干是为什么？

董长军：不好干主要就是，里边有个包，出了炉流了铁以后，大包里边全是渣，冷了以后，吊出来，这个包要是吊破了就费事了。

赵：破不了就快？

董长军：嗯。破不了，一大块就出来了。

赵：机器往上吊？

董长军：嗯。一个机器把一大块铁吊出来。要是破了以后，就得一块一块往出弄，就费事些。再说里边热，烫得不行，就不好干了。在里边干上一小会了得出来凉快凉快，要不温度太高，受不了。弄了以后拿上土拍了包，完了拿上柴火一烤就完事了。第二天去了一出炉，一放铁，交了铁以后就没事了，就回家了。

赵：媳妇去上班了 [董长军媳妇也在硅铁厂上班——编者]？

董长军：她到点就去。

赵：她一天上几个时间？

董长军：也就是八九个小时，上午8点到12点，下午是2点到6点多。她每天都得去，按日算工。

赵：出铁的时候就去？

董长军：停炉就不去了，你去干什么。

赵：什么时候停炉？

董长军：也停了。

赵：一般是为什么停炉？

董长军：就是效益不好，卖不出去它就停炉了。

赵：去年开工多少时间？

董长军：去年差不多也就是干了半年。上半年停的时间比较长，下半年生产的。

赵：是不是厂里9月份就要停产了？

董长军：据听说9月份停，具体咱说不上来。

赵：停了怎么办？

董长军：出去搞副业吧。你总得生活了。

7. 访谈对象：王根考（男，1956年9月29日生于西沟村古罗，高中文化，中共党员，西沟村党总支书记、村委会主任）

访谈时间与地点：2013年6月11日；西沟村委会

访谈者：刘晓丽、赵俊明

录音整理：郭永琴

刘：咱们这个企业你能说说吗？

王根考：村里的企业开始我们就是两个，纪兰饮料公司和鑫海冶炼厂，其他的都是挂靠的多。

赵：鑫海冶炼就是那个硅铁厂？

王根考：是，就是那个，但是鑫海冶炼今年9月全部关停，因为它属于高耗能企业。按照标准今年就关停了。

刘：是转产还是关停？

王根考：先关停再说，看能搞个什么，根据国家政策来搞。鑫海冶炼的发展史是，开始是硅铁厂，原来上边是西沟铁合金厂，那时 89 年投产，86 年开始建，那时可以说是第一个企业，那个企业当时红了几年，还可以，一年能收个百把万块钱。当时我是第一会计，不是厂长，原来的第一任厂长是现在饮料厂的一个老会计，他在那里当厂长，我在那里当会计。后来 95 年以后我回来以后搞饮料公司，是我一手搞的。95 年我开始搞饮料公司，他又在上面不干了，下来给我当会计，我当厂长。我们的主要企业现在是西沟矿业公司和饮料公司。鑫海冶炼现在主要是高耗能，市场也不太好。

刘：就叫鑫海冶炼？那个也是做了好多年了？

王根考：那个就是 86 年开始，开始是搞硅铁，硅铁不行，后来转产电石，现在是转产冶铁。原来是上面两个炉，下面两个炉。

刘：搞企业怎么难？

王根考：当了书记我才感到搞企业比干村长还难，你搞企业进进原料来，把产品做好，还要保证质量、员工工资、税收，还得有收益，想的事太多。

8. 访谈对象：秦有龙（男，1968 年 10 月 8 日生于西沟村东岭，初中文化，村民）

访谈时间及地点：2013 年 6 月 7 日；东岭沟

访谈者：刘晓丽

录音整理：郭永琴

刘：现在干啥？

秦有龙：现在就在厂［铁合金厂——编者］里上工。这两天光晚上生产，两个班一天上。

刘：什么时候建的厂？

秦有龙：非典那年［2003 年——编者］。一台炉投产早，非典那年，另一台炉正在建设。

刘：怎么上班？

秦有龙：现在行情不很好，电费有高峰、中峰、低峰，就晚上生产。这一段炉不正常，有时白天也干。现在是冷铁，河南家包的，往安阳钢铁厂供应。

刘：原料哪里来的？

秦有龙：从天津还是连云港，咱这儿的矿不行，它这是进口矿。

刘：女工有没有？

秦有龙：女工也有，就是个仪表工了、化验工了。

刘：这两年工资有没有变化？

秦有龙：刚开始低吧，刚开始和产量带了，按吨位，出一吨多少钱，以前是六七十（块钱），现在八九十（块钱），一个月一个月算（工资）。现在一个班就是100多块钱吧。

刘：一个班多长时间？

秦有龙：八个小时，有时候是九个小时。按时间。白天中峰从10点多、11点到下午6点，这一段电费是中峰。晚上是11点以后到早上八点，可能是最低的吧。可能就是利用高峰、中峰。

刘：管理人员哪里的？

秦有龙：外边的，安阳在这里包的，私人包的。总管事的还是这里的吧，法人代表什么的。

刘：饮料厂和这里比那个效益好？

秦有龙：肯定是这里高点，再一个这个厂也快停了，可能到9月份，破产呀什么。他不是污染厉害，国家有这个政策，不让弄了，转产一类吧。

（三）货真价实的西沟核桃露

1. 访谈对象：申纪兰

访谈时间及地点：2014年5月23日；西沟乡政府

访谈及录音整理：刘晓丽

申纪兰：咱组织上还去了介休，学习企业，李安明〔山西安泰集团董事长——编者〕，人家也是个企业家，他是焦炭大王。我去了，他说："老大姐呀，你这么老了，怎来这来了？"我说向你学习来了，你这有工业。他说："你没有煤，这是煤烧，你那没煤就不行呀！你那有什么呀？"我说咱那有树，有苹果树，核桃树，有松树，树多，土地少，没企业。他说："哎，你搞个核桃露吧。"人家提的建议，咱就采纳了，人家还给咱投了100万。人家说，我帮助你搞个核桃露厂，这就是合作，人家给咱请的专家，从北京来，给咱设计，就叫成核桃露。

刘：核桃露厂是哪年建成的？

申纪兰：哎呀，有十几年了，十八九年了，时间不短了。

刘：核桃露厂咱西沟也筹了一部分钱？

申纪兰：嗯。五六十个劳力就顶五六十户呢，他都〔他们〕富了就行了，集体就是为他都〔他们〕服务，就叫成了"纪兰核桃露"。

刘：这个名字是怎么来的？

申纪兰：商标就是纪兰核桃露。大家讨论的时候，说叫什么名字好，我说叫西沟核桃露。专家说了你同意叫西沟核桃露？我说西沟是个老典型，就以李顺达这个西沟，叫这个名字好。专家说，"哎呀，我看不很好，叫什么好哩？我看就叫纪兰核桃露"。我不愿意，我思想不进步，我感到纪兰核桃露，瑙头〔上头〕印上我这个名字，喝了都甾〔音 zai，扔〕了，后来我想了想，人家说得也有道理，人们认可你这个人，就好销，这是个著名商标，你叫出来，对大家有利，人家都不怕牺牲流血，一个名字怕甚？只要对人民有利就行，就叫吧。

刘：核桃露厂里女职工多？

申纪兰：女职工多。

刘：又不用出去打工，在家照顾老人，不是挺好？

刘：咱这个核桃露最远卖到哪儿呢？

申纪兰：最远到太原、长治平顺这一带，咱没有打广告，饮料这个东西必须打广告，不过现在从这个节约上来说，人家能不喝就不喝，要是分个福利，给员工分下去，能讨点便宜，可是钱紧张了，厂子就不发了。

图 8-2　西沟村办企业纪兰饮料公司

2. 访谈对象：李斌（男，1973 年 7 月生于西沟村，高中文化，中共党员，西沟村党总支副书记、纪兰饮料公司经理）

访谈时间及地点：2014 年 5 月 27 日；纪兰饮料公司

访谈者：刘晓丽

录音整理：张文广

刘：咱这个厂子是什么时候成立的？

李斌：咱这个厂子是 1997 年成立，90 年代后期了。

刘：那你说说建厂过程，大致是怎么回事？县里支持的？

李斌：这个厂子啊，我当了这个厂子的厂长也就是两年多。这个厂子建厂的时候，我就在了。具体刚开始，我也不是很太了解。有些事我也听说了，不是我切身经历的。为什么要建这个厂，我也了解点这个东西。建这个厂当时是 1995 年，95 年的时候，申主任去北京开人代会。当时，太原那边的介休，有个安泰集团，安泰集团的老总也是个全国人大代表，这都属于山西代表团，一块进京开两会，和申主任都在一块了。这不是坐一块了，就探讨经济了。申主任就说啊，老区经济上方方面面都比较落后，在工业上更是落后了。他就问到说是，你们那儿有什么资源？她就说是土特产吧，我们那边有核桃。建这个厂子就从核桃上说起了。后来这个老板说这是个好事，不行你办个饮料加工厂吧，说是饮料加工厂生产核桃饮料。关于那个技术啊，配方啊这个就是通过安泰集团得到的。

刘：安泰的老总是谁了？

李斌：安泰集团的老总叫李安明，现在他还是董事长，焦炭大王。这个企业在介休了，也是个上市公司，这个企业做得非常好，当时他在北京都有办事处。就通过北京办事处找到北京食品研究所，买到配方，又由北京食品研究所给咱制图啊，这个场地需要多大，车间厂房需要咋盖，需要些什么设备，这些都是北京食品研究所给他把一系列的东西拿出来。拿出来以后提供给安泰公司。当时组建了个厂子，安泰公司人家掏了 70% 的钱，当时的注册资金是 150 万。他这 70% 就是 105 万。当时我们这个村集体就是西沟大队，投资 50 万。这 50 万用于生产车间。他这个主要就是技术，还有机器设备的投入。

刘：他这投入的其实也不够 100 万吧。

李斌：不够也差不多。这样把这个厂子就建立起来了。建立起来之后，当时这个厂子不在这儿，在马路对面。在集体的时候，那是个旧仓库，把它拆了，在那建的。后来，是 09 年才刚建设的新厂房，这个资金就有银行的贷款，有国家的政策支持。

刘：县里有没有？

李斌：县里没有。我们搞扩建啊，从县里边上到市里边，从市里边上到省里边，都要了一部分。筹建厂是 95 年，产品是 97 年出的，一直到 97 年才投的产。

刘：市场销售怎么样？

李斌：刚开始这个东西，你像市场啊，确实不容易。市场这个东西也比较烧钱，说白了，这个市场也不是平白无故地就来了。这个市场说白了，也得靠经济实力。

187

你有多大的经济实力，你才能弄多大的市场。也不是你拿上这个产品到市场上就有人要。相对来说，消费者主要是本地区的，你像山西的。你说，哦，这就是老劳模的产品。对咱这个产品也比较放心。去年两会的时候，申主任就拿上咱们这个产品，慰问国旗护卫队。在北京，就拿的这个东西。在北京也不是刻意的。那个时候拿着这个产品进京吧，开车去送货，肯定不好去，都戒严了。我们就把这个产品放到长治往北京走的客运车上，大巴，它不是下边有放行李的地方吗？就放到这些地方。我们当时去了两个人，这不也是一大堆货？也不好弄，当时到了客运站了，就有装卸工，给我们搬运这些东西，去了那儿雇上车，往天安门那送。在那儿让搬运工给来回搬运东西，搬运的时候，就说，你们这是什么东西。我说是饮料。他们就说，啊呀，申纪兰我知道，她这个产品我相对来说还是放心的，她做的产品要是不放心，其他的，你还能相信谁的产品？从一个搬运工嘴里说出这个话来，你看，咱也没有录音，也没有提前安排，听了这个话咱也感到非常舒服，最起码说咱这个产品到了北京，普通人还认可这个东西。咱听了心里确实是舒舒服服的。咱没让说是谁访谈啦，这就是一句不经意的话。往国旗护卫队送这个产品，我们也经过检验了。到了北京，都经过食品检验中心。我们去检验了，当时是两会，往两会上送的食品都得检验了。

刘：咱们这是不是两会食品？

李斌：没有进入这个。申主任去北京开会去了。就是拿上点这给子弟兵，就是咱老区人民给子弟兵的一点心意吧，就这个意思。

刘：我在太原的超市见过这个东西。

李斌：哦，在美特好吧。

刘：太原市场打得怎样？

李斌：太原市场打得不好。其实我们真正的走市场啊，也就是从去年的下半年开始。太原的饭店也有，但是不多。真正地去走市场啊，你确实得有实力了。你没有实力，你走着走着就走不下去了。市场要干啥了，要烧钱了。你得消耗了，甚至你要是到不了做市场这个地步，你去做，你的市场和你的销路就不成比例，甚至你的销量还不够你的消费了。你销出去的货物和你在外边的开支就不成比例。

刘：那广告呢。

李斌：关于广告啊，去年我们从银行，从工人那里筹集了一部分资金。我们厂里的工人自己拿出了压箱底的钱，有的一万两万，有的三五万，我们的工人总共筹集了 100 多万。我们从银行又贷出来了有 200 多万，我们的厂子里还有一部分钱，去年我们筹集了将近 500 万。这不是你要去做市场去了，这需要钱了，这不是我们就筹集了这么多钱，我们在山西卫视、山西公共、黄河台还有经济台，还有高速公路上宣传。你像你来回走那个（高速公路），到了太谷一带不是有立交桥？我们在那上面搞了一部分宣传。这样我们光宣传费用就花了 200 多万。你像出去了以后，我们又成立办事处啊，乱七八糟的，这都得相当一部分费用开支啊。你没有钱出去外边，确实是不行。做市场也不是你把产品放到哪儿，哪儿就是市场。目前我们在山西做的市场还是星星点点的。

刘：咱们在长治做得怎样？

李斌：在长治还差不多。可是做这个产品啊，感觉到很吃力。我们这个做企业的，感觉到头上的压力确实是大。你像这段时间，我们就是一个非常淡的一个淡季。因为啥呢，咱们这主要就做的是蛋白饮料。蛋白分两种，一个是植物蛋白，一个是动物蛋白。动物蛋白主要就是奶，牛奶、羊奶等奶制品。植物蛋白你像杏仁露，核桃露啊就是从植物上提取的蛋白，就是一种饮品。你像这个蛋白饮料在天热了以后，它不是一种休闲的、旅游的、解渴的饮品，它是一种营养的饮品。它的定位应该定位到酒店、宾馆里。你像旅游啊，它就主要是解渴了，所以他不会对这种蛋白饮料有购买的欲望。你要个饮料也是果汁了、可乐了，他那个时候想不到营养。所以说，我们这个饮料越到夏季，越是淡季。本身过完年就是春天，这个食品上的各种东西都是淡季，因为刚过了年，家家户户都有存货。都是过年之前准备的，过了年都是走亲访友啊，家里存的东西比较多。有时候不是说这个东西好或不好，有些时候是我们现在没有这方面的需求。可以说一到了春天，三月份、二月份就不用说。可是一到了五一以后，天气又热了。其实，人们买蛋白饮料是在啥时候了，就是在八月十五前，到春节后，就是在这一段时间。

刘：咱们企业从刚开始到现在，在人员上有什么变化？

李斌：我们当初建厂的时候，人员只有生产人员，说白了，就是只把产品给做出来。那个时候就是将近 20 来个人吧。做出来以后，我们也没有销售人员，也没有推广的力度。我们做这个产品就纯粹是靠人家申主任的老面子、老关系，在外面推广推广，反正是一年也做不了多少。可是你说要做市场，从财力、物力、人力这方方面面确实是都不具备，所以说我们都没有真真正正地去做市场去。广告费你的投入，把咱这个厂子全都卖了，也不够广告费。可是你做广告是为了啥啊，还不是更好的宣传，更好的销售？也不能咱把所有的钱都砸进去，去做这个事情了，你也不经营了，也不生产了？你都得把这个钱分开，你有多大的实力，才能干多大的事了。咱们的 500 万就是全部的家底，你不能就把它全部做广告了，其他你就不生活了。这就相当于一个家庭一样，咱不能说是为了买一个房子，家具什么的都没有。你买房子为了干啥，不是为了更好的生活？你不能全部一下子砸进去。除了这部分钱，其他咱还得运转。可是我们一直没有这部分钱，所以企业就一直在艰难中。特别是我们这个小企业，确实是更困难。现在这个电视啊，再偏远的地方都能接收到。为什么说人家现在一直要求做大做强？以前有好多地方产品，现在除了这个土特产，除了真正的全国这个产品卖得比较好的，都是全国的知名品牌啊。地方这个小品牌就不好做了。因为全国这个大品牌，人家都能满足了。你这是什么牌子的，一说是这个牌子的，就要。一说是没听过的，那我就不要。这几年，在摸爬滚打中，我们也往大处走了走。

刘：你刚才说咱们职工自己把钱聚集起来是怎么回事？

李斌：一个就是职工跟咱时间长了，有感情。谁也不愿意让这个企业关了门，运营不下去。就是我对企业有感情，第二个就是我们这个企业给职工吧，也不算是入股，就相当于自己的职工一个集资一样。这个也不说多少，也不是什么股份，也不存在分红不分红，就是给咱们职工利息，这个利息呢就是以贷款的利率，到了年底给。谁家里有急事急需要拿钱了，随时来拿。你要是没有着急的大事，你就放到企业里边，支持企业运营，自己也能拿到一部分收益，这个收益还要高点。你像存款（利率）现在是个三厘多吧，一年的。我们当地信用社这个（贷款）利率，就达到一分多了。我们就以一分多的利率给他结息。你像这个你需要了，就连利带本都给你。你要不需要了，就只把这个利息在年底给你结了。咱这个企业是当地的企业，也都是咱当地的职工，职工都是咱们西沟的。

现在我们组建了一部分销售队伍，也有全县的，也有外地的，这个就不是西沟的了。

刘：现在销售队伍的人多了吧。

李斌：现在也不多，就是20多个。有销售员、业务经理、区域经理。销售人员里女职工偏多点。反正男女也差不多，按比例女职工占60%。

刘：这个工作是不是适合女职工？

李斌：男职工也能干。车间里的修理工、电工还有维修工，特别是难度比较高的设备，是男的，剩下的就都是女的。男工人主要就是修理工、焊工、锅炉工。

刘：咱们这也需要技术工吧。

李斌：我和你说的（那些工种）就都带的技术了。

刘：咱饮料本身的技术呢？

李斌：饮料本身的技术主要就是设备上，这个东西不是说你有多大的技术就能达到多大的水平，主要就是设备，你得通过设备才能看出产品的技术含量了。配料这个就是技术配方，技术配方还得通过一系列的技术工艺才能成为产品了。咱们厂的工资相对来说就是一年要比一年高一点吧。你像就按去年来说吧，应该就算是最高了。你像正常的一个工人，女工吧就将近一万五，（即使）不到一万五，也到了一万三，一年下来。我们这个时间呢，有时候也比较长一点，你像生产，它可不能按时间，它是按批量，为啥呢？做产品呢，咱不能是没做完，就扔下不管了。咱能行不能行了？有时候这个东西得根据实际出发。不能说是后边还有一吨料，我不干了，我走了，这能行不能行？每天咱就是 8 点上班，有的提前点，有的需要清洗设备，提前来清洗来。用锅炉，你得提前半个小时，在大批工人来之前，前面的工序都得准备好了。你不能一上来就开始磨料啊，啥都得准备了。所以说，提前就得有一部分人先来。就是说，一般上是 8 点上班，有些需要提前的，提前半小时来。上了班以后，这一批饮料干完。正常的情况下，中午不下班，我们厂里有一顿工作餐。中午就在厂里边吃饭，不能说是中午咱休息了，下午 2 点多、3 点多再开始干，这不行。这必须是连续作业。正常的情况下，八个小时也就差不多了。因为咱定的这个任务，八个小时就差不多了。就怕啥了，就怕中间哪个环节出现故障，这也很正常，你像哪个水泵坏了，哪个电机有问题了，哪个管道漏了，哪个带松了，你要有点问题这都要延误，他延误个三五分钟，他延误个几分钟，甚至一个电机坏了，半个小时到一个小时，换一个新电机，咱都有备的，你也得更换，换了以后继续干，这就更延长点。前两天，确实感到工人们确实有点累，拖得不行，设备你一停了，再开始的话，这儿有问题了，那儿有问题了。第一天上班的生产量是最小的，量最小，用的时间还最长 。越到了后边，生产了一个礼拜了，甚至把这个量加大，时间还要缩短。上班上到第四五天的时候，这个设备就全部顺当了。所以说，搞我们这个的，不是在机关上班了，上午 8 点上班 12 点下班，下午 2 点上班 6 点下班。这个东西得根据实际情况出发了。有时候你的任务完成不了，有时候你连你任务的 10% 还没有干完，可咱也不能把原材料的 90% 都给扔了啊。自己感觉到心疼不心疼？这个企业，你的工资不是国家给你拨下来的，你的工资是从厂子里效益中得来的。这样下去，咱都赔得不行了，你说咱这个工资从哪儿来，谁给你发？咱这个企业还是大队集体的一个企业，你就是个人，你也得理解，你让老板他赔得就还顶不住了，他拿啥在这儿给你付工资了？

刘：我看的资料咱在改革开放之后，建的企业还不少，但好像都是赔得不行。这个好像还可以。

李斌：嗯，这个相对来说还可以，一直在挣扎中还延续下来了吧。

刘：你对刺绣厂［潞绣厂——编者］了解吗？

李斌：这个是村里引进来的一个项目，反正人家老板也不在。老板委派了一个人，你就给我看工人在这做活就行了。他这个就是按时间了，他那能放下。刺绣你是多大的，我有什么要求，我拿上以后给他付工资。具体销往什么地方我们也不知道。我感觉它这个市场主要就是工艺品这一类。关系都不错，它开业了，我（拿着它）作为一个纪念品，来给祝贺，比方弄一个什么"大展宏图"就类似于这个意思。开业了，给他挂到办公室啊。或者是有的是属于家庭的，朋友啊，买了房了，需要暖房了，拿点什么东西啊，给他拿上几百块钱吧，感觉到钱这个东西花了就花了，我这个东西一直在这放的，有纪念意义，他就记住我了，一说是哪个朋友送给我的。放到卧室，就很温馨。这也是一个农村妇女的剩余劳动力，反正你闲的也是闲着了。工资也不多，一个月工资就是五六百啊。我倒是不懂他这个市场是干啥的，要是我作为一个老板，工艺品店就应该是一个他的主要市场。他这个东西不能做品牌啊，他这个东西就不是一个做品牌的东西。你也不能说是来了，就说我是什么牌子的。他不像是咱们做书包了，把咱们这个包做成 LV 包，我这个东西是个什么牌的。所以说我感觉它就是工艺品一类的。你绣的这个工艺品，我看上了，这个工艺品不错，这个精致，具体是谁绣的，哪个厂家的，也不清楚，反正就是看这个东西我喜欢不喜欢。

刘：对咱们这个厂子，你未来有什么打算。

李斌：我们这个厂子单靠我们这样硬做，也不算回事。我们一直想的就是找个赞助或者说是合作伙伴。我们来这做市场来，也就是把咱这个产品这个质量，咱这个企业这个形象咱都搞好，做好。让这个有志之士吧感觉到在全国有可操作性，做一个全国的大品牌，这也相当于是搞宣传啊，让这个有志之士能看到咱们有希望，让人家觉得咱这个品牌能像这个娃哈哈、今麦郎、可口可乐、雪碧一样，将来能做一个全国性的大品牌。这个东西得干啥呢，就需要大量的投资，甚至就不是三亿两亿的事了，就需要几十亿上百亿，你想做一个全国性的大品牌，没有一个强大的资金后盾根本不行。它有那么大的资金，就有了财力了，还得有人力。

刘：有合作的话，他就可以把他的市场份额给你了。

李斌：他也不一定就是搞这个的。咱山西这个煤炭企业比较多，它想转型了，它有钱啊，有钱干啥了，现在不一直要求是转型发展吗？不光是在地下，在地上也得可持续性。

刘：大寨核桃露和咱们的名字不一样，它叫大寨核桃露，咱不是纪兰核桃露么，大寨那就是几年选一个明星做广告，吸引一批青年人。

李斌：我们这个企业和产品商标用的都是纪兰。

刘：咱们做广告是申纪兰去做吗？

李斌：咱们做广告也有广告带子吧，我们这个广告已经做出去了，在山西电视台，还有这个照片就是申纪兰慰问国旗护卫队的照片。

3. 访谈对象：李新民（男，1961 年 9 月 26 日生于西沟村池底，高中文化，中共党员，纪兰饮料公司副厂长）

访谈时间及地点：2014 年 5 月 27 日；纪兰饮料公司

访谈者：刘晓丽

录音整理：张文广

刘：你是哪一年来咱这儿的？

李新民：我是前年来的，就是咱村的人。我在这儿是管生产。

刘：能具体说说吗？

李新民：我来这个地方就是我们这个经理（把我叫来的）。这个经理年轻，是前年刚换了的。他年轻，好干事，志向也高。大队王书记也支持，王书记以前就是经理，最开厂的时候，王书记就是经理。当上支书以后，就换成年轻人了。生产上，从前年冬天开始还算是不错吧，希望今年的效益能好点。（咱们这厂）主要就是生产核桃露，去年又把厂里的设备全部都更新了。虽说不能说是全现代化生产吧，也顶的半现代化生产了。以前我们用的小机器生产，一天才能生产四五吨，三四吨。现在有七八个小时，一个班，就能生产十来吨，规模也大了。现在是最淡季，非得到了八月十五才行。实际上我也不是搞这个的，没有搞过这个。

刘：领导班子有几个人？

李新民：七八个人。有管生产的，有搞销售的，还有会计、财务、保管，总共七八个。刚开始有 20 多个，大量生产的时候，就有七八十号人，除了有两三小男孩，搞机械、维修的和电工，就都是女工。

刘：工人都是多大年龄的？

李新民：女工基本上是三十来岁的多，这么大年龄的，家里也能轮开了。再老的就不能要，这劳动量大，（老的）就适应不了。

刘：厂里边有什么活动没有？

李新民：我们这的女工多，每年三八节就带上女工们去旅游旅游啊，给她们搞点小福利，到五一了，集体再搞一次。

刘：厂里边的集资是怎么回事？

李新民：前年刚开始的时候，想大搞，也没钱，就起不了步。贷款吧，一时又贷不下来。就和工人说，家里边有多少钱，都拿上来。

刘：大家也愿意。

李新民：倒都愿意。家里边有多的，十万八万的就都拿上来了。

刘：这厂子有多大？

李新民：具体我也弄不清楚。

刘：那你们厂长以后打算怎么干？

李新民：我们厂子外边还有个搞销售的经理，是长治的，有文化，很有头脑，基本上就是他和经理在外面一直跑，搞关系啊，搞销售。具体也订了个计划，主要还是钱的问题，想进一步搞现代化生产，还去外面看看这个搞饮料的大厂。比方说，咱这个成本是一块钱，人家只用六七毛钱，因为（人家的）设备先进、生产量大，所以说算下来以后，成本就低。成本低了，在市场上你就能把住关，就便宜。咱们这个成本还是高，和人家比的话，还是不行。

刘：那就得更新设备。

李新民：你就得有现代化设备。

刘：申纪兰这个品牌倒是能起点作用，可是还得自己跑了。

李新民：饮料行业就是一个竞争比较激烈的行业。

4. 访谈对象：张章存（男，1947 年 12 月生于西沟村老西沟，初中文化，中共党员，曾任西沟村党总支副书记）

访谈时间及地点：2014 年 4 月 19 日；村委会

访谈及录音整理：刘晓丽、赵俊明、郭永琴、张文广（整理者）

刘：西沟这有什么资源？

张章存：西沟的核桃多，现在不是办了个核桃露厂吗？每年干核桃（厂里）要收十来万斤。

刘：现在每年都是这样的？

张章存：嗯，有时候还要多了，前年光饮料厂就收了 30 万斤核桃。去年核桃冻了就没有收的，今年要多点了。老百姓打下核桃来，饮料厂就弄走了。

刘：卖多少钱了？

张章存：最高两块三四（一斤）。

刘：比太原市里面便宜吧。

张章存：嗯，那肯定的，带皮的下来长治市里面一斤是八块。一斤干核桃稍微大点的有五十三四个，要是湿核桃稍微大点的就有十二三个。干核桃在咱们这卖最贵就是十五六块钱，一般卖就是十二三块钱。

刘：城里的人愿意吃核桃。

张章存：一个核桃基本上是一块钱。可是干核桃你五十来个卖上十五块吧，一个核桃也就是三毛钱，这就差远了，会做买卖的一斤出了两块钱，跟着拉走除了运费一斤就挣十来块钱。再一个城里的人为什么愿意吃这个呢，弄开它以后核桃中间有个缝，把核桃取出来能剥皮，把皮一剥，吃的时候就香。

刘：嗯，剥了皮比干核桃好吃。

张章存：干核桃剥不了皮，可是现在讲这个吃核桃不要剥了皮，健脑补肾，对脑好，不要剥皮，吃核桃时候带皮吃，干核桃你就剥不了皮，想剥皮得在水里泡了。

194

刘：以前小时候核桃不是也便宜，谁吃那东西了？

张章存：不好吃是因为它有那个皮，把皮去掉就好吃了。

5. 访谈对象：张中林（男，1970 年 4 月生于西沟村刘家地，中共党员，饮料厂办公室主任）

访谈时间与地点：2013 年 5 月 28 日；饮料厂办公室

访谈及录音整理：赵俊明

赵：你这算是饮料厂的元老了。

张中林：97 年饮料厂一开我就来这儿了，高中毕业，在外边打了一年工，在矿务局。

赵：在哪里矿务局来？

张中林：潞安矿务局。

赵：你那时候文化程度就挺高的？

张中林：我没有住高中，我是职高，就是职业高中刚创立的时候第二批。

赵：那个时候潞安怎么样？

张中林：那个不是行不行，那个时候不像现在这个打工，年轻人出去去哪里也行，就是通过关系，我姐夫在那儿来，去那里做个临时工。

赵：后来就回了这里？

张中林：回来以后，买了一个三轮车，自己做个顶棚，就是拉人，出租拉客，跑了三年。

赵：饮料厂开了就到了厂里？

张中林：对。

赵：你就一直搞销售的？

张中林：不是，我是负责办公室和财务的，原来就我一个人，就是去年才又招了一个人。

赵：算是村里的能人。

张中林：也不能那么说吧，现在就是说我们这个厂吧，主要是不能干，能干的就放不下了。

赵：有从厂里出去的？

张中林：没有，都是老百姓，挣这几个钱，图个轻松。中国的老百姓很容易满足，现在也活得比过去好些了，不受罪了，有医疗补贴，有养老保险，现在社会活得越来越好了，将来一代比一代好，给孩子钱就是有多少给多少，给老子了就得算计着了，老人一般也不在乎。总体上说，社会会越来越好，一代人应该比一代人好，你就是不管他，他也应该比我们活得好，如果说下一代活得还不如我们，那就不对了。

6. 访谈对象：郭宏芳（女，1980 年 5 月生于平顺县西沟乡下井村，中专文化，饮料厂员工）

访谈时间与地点：2013 年 5 月 28 日；饮料厂办公室

访谈及录音整理：赵俊明

赵：你家老公呢？

郭宏芳：他也在这里上班。

赵：在这里上班也挺好的？

郭宏芳：离家里近，能照顾上家。

赵：和公公、婆婆一起住吗？

郭宏芳：不在一起，五间二层楼，一家住一半，结婚时候公公盖下的。

赵：老公家几个孩子？

郭宏芳：两个儿子，老大在县城买了房子了，就婆婆和我们在。

赵：上班和当农民区别大不大？

郭宏芳：上班好像觉得每天有个事情干，每天按时按点的，知道去那里干啥了，在家每天拖拖拉拉的，没有上班这个气氛。

赵：主要负责哪块儿？

郭宏芳：办公室，每天都来，杂事多。

赵：两口子都在厂里上班，收入怎么样？

郭宏芳：一般吧，够花了。

赵：感觉紧不紧？

郭宏芳：还行吧，毕竟在农村，就花不了多少钱。

赵：现在孩子小，花费不大？

郭宏芳：嗯，孩子大了上学啥的花钱就多了。

赵：不上班的时候，在家干些啥？

郭宏芳：回去家，一般也不干啥，就是在家做家务。

赵：有活干的人多？

郭宏芳：主要是忙人多吧，男人都出去挣钱了，妇女都绣十字绣啥的，就都忙，闲人少。

赵：每天上班几个小时？

郭宏芳：8 个小时。

赵：有些事情也能回去？

郭宏芳：也行，有什么特殊事情了，和领导说一下就能走了。

赵：老公是干什么的？

郭宏芳：在销售上，每天外边跑，主要是县里和长治。

赵：回家做家务主要就是你做？

郭宏芳：我做，做饭、洗碗、接送孩子，都是我干。

赵：和公公、婆婆分着吃饭？

郭宏芳：分开了，各吃各的。

7. **访谈对象：**杨中林（男，1962年12月生于西沟村南赛，初中文化，饮料厂销售经理）

访谈时间与地点：2013年5月28日；饮料厂办公室

访谈及录音整理：赵俊明

赵：说一说咱们厂里的情况。

杨中林：生产出来，主要是咱这个资金不到位，广告打不起，你这个销售就比较困难。

赵：就是自己销售？

杨中林：就是自己，外边还有一部分销售人员，在外边跑，可是现在咱这个销售，光是自己跑，没有广告，在外边没有人知道，你就不好跑，相对就比较困难。主要是资金跟不上，想贷点款了，也是不很好贷。

赵：贷款不好贷？

杨中林：不好贷，不是说的那么省事。人家国家也一直支持，支持力度也不小，咱主要是个农副产品深加工。

赵：这几年支持力度挺大的？

杨中林：支持也不小，问题是咱们这个广告费用就比较高。咱这个东西绝对是真的东西，也是好东西，问题主要是打不起广告，知名度都是广告出来的。

赵：现在销量有多少？

杨中林：一年几百万吧，哎呀，上千万很费劲。

赵：有多少工人？

杨中林：加上外边跑的，有四五十个人。

赵：业务有几个？

杨中林：有十几个。

赵：业务怎么给报酬？

杨中林：保底工资加提成，保底就是一千五至两千，另外挣提成。

赵：主要在哪些地方跑？

杨中林：整个山西都跑，省里各个地市都有。

赵：主要销往哪些地方？

杨中林：超市有，也有代理商。

赵：最大的代理商能销售多少？

杨中林：我不清楚。我就是负责县城附近的销售，另外就是往外边发货，他给我打过款订了货以后，我负责给他发货。

赵：发货往哪些地方多？

杨中林：哪里也发，朔州、忻州、孝义这些地方都有。

赵：是不是长治多些？

杨中林：不能那么说，长治主要跑个超市，大的市场、小市场也没有很跑开，我的代理商，代理商给你经营不会给你都到了位，还计划在长治设个办事处。

赵：这几年每年的销量增长大不大？

杨中林：年年都有增长，增量不是很大。主要咱广告打不起，知名度上不去，销量增长也就上不去。

赵：有没有想其他办法？

杨中林：其他你就没有什么办法，只要广告上不去，你就没有其他办法。

赵：你干了多长时间了？

杨中林：十多年了，刚建厂时候不在，我01年进来的。

赵：来了就是搞销售？

杨中林：以前在长治办事处来，我在那里负责销售。

赵：在长治待了多久？

杨中林：待了六七年，刚出去那几年相对品种比较少，销得还比较不错。

赵：那时候比现在好些？

杨中林：现在主要是市场品种太多，花样多了。

赵：等于说是以前的销量比现在好些？

杨中林：对，当时这个蛋白饮料少，现在太多了，露露、大寨核桃露，还有河北、山东也都有。

赵：哪一年从长治回来的？

杨中林：07年回来的。

赵：回来就不怎么好了？

杨中林：就不那么好了，后来找了一个代理商，办事处就撤了，我就回来了。

赵：现在都是代理商经销？

杨中林：都是，大厂它也是。现在这个销售模式就是每年有一个订货会，好比我代理的娃哈哈，你订货，各种各样的，订货以后，你就把款给人家打过去，人家就按比例给你上货，这个差价比较大，那要是你卖完这个了，还要卖，你那个差价就下来了，比如说400万的销售卖完，超过那个的差价就小了，每年有一个招商会，那就是按合同来了。

赵：咱们厂哪些地方有代理商？

杨中林：咱代理商不少，各个市里也都有。你广告上不去，知名度不行，还是销售困难，他也是先打款，来了订单以后咱发货，人家都有合同。

赵：回来就分管销售？

杨中林：嗯，厂里有三个人，代理商太原有一个总办事处，他在外边沟通，操作都有一个模式，各管各。

赵：你这轻松些？

杨中林：我这个能顾上家里。

赵：在厂里也不忙？

杨中林：现在最近生产的厂里还有货，没有很走完。

赵：就是生产一段，休息一段？

杨中林：这个东西不能存，就是生产出来，销售了，你才能再生产，你要不是过期了？

赵：一年生产三四个月？

杨中林：呀，去年就有，人家女的去年都要做二百五六十个工，挣到一万六七了。

赵：按工算，一个工多少钱？

杨中林：按工算，女的加上年限补助，福利啥的，一天50多块钱，一个月就是一千五六百块钱。

赵：这种就挺好的？能顾上家。

杨中林：能顾上，什么也不耽误，出去挣多些也不如这。

赵：合金厂情况怎么样？

杨中林：那个我就不清楚。

赵：咱们厂开工生产的话有多少工人？

杨中林：正经要生产，还得另外招人，固定工人33人，生产还得找三四十人，全自动，机器太快，主要包装不出来，工序多，当天生产的，当天就得包装了。

赵：企业给村里交不交利润？

杨中林：交吧。

赵：承包制还是啥？

杨中林：不是，就是村办企业，就是集体的，不是个人的，申主任就是董事长。

赵：村里派人来管理？

杨中林：村里派干部，李斌，村里的副书记，担任这个饮料厂的经理，我们就都是村里的老百姓、村民。

赵：厂里给不给你们上保险？

杨中林：那会儿有六七个人参加了养老保险，现在倒都退休了有一段时间了。后来着厂里效益不好，就上的个 1000 块钱的，社会上那个。以前那一批企业保险，交了 3 万多，15 年那个，人家现在都退休了，领上钱了，人家正好赶上那个了，就弄好了。我这十几年了，也没有。

赵：食品行业本身就不好做？

杨中林：咱主要是广告不行，出名主要是和宣传挂钩，时间上是早，97 年就开了，一直也没有做起来，现在这方面就难做。

赵：咱们厂将来也不好发展啊。

杨中林：这就是想往好了闹，想贷上一笔款，打打广告，效益再好一点。现在这个经理比较年轻，有想法。原先是现在这个书记当经理来，王根考，思想比较守旧，没有开拓精神。

赵：李斌什么时候当的厂子？

杨中林：干了两年了，这两年有些起色。

赵：厂里好对大家都好。

杨中林：对，有钱了，能给些年终奖啥的。企业不行了，就都不好干。总得手里有钱，就是给你点也有。老百姓多会儿也不好干。就是瞎活了，反正一直奋斗。你要是比起过去了，还算条件好了，起码吃得好了，过去吃糠咽菜。

8. 访谈对象：张俊玲（女，1973 年生于西沟村南赛，初中文化，核桃露厂员工）

访谈时间与地点：2013 年 5 月 29 日；老西沟家中

访谈及录音整理：赵俊明

赵：现在在村干点什么？

张俊玲：没有什么干的，就是在家种点地。在饮料厂上班。

赵：哪一年到饮料厂上班的？

张俊玲：我上了三四年了。

赵：建起新厂才去？

张俊玲：还没建成时就在了。

赵：饮料厂一年能上多长时间班？

张俊玲：哎呀，去年上了 250 个工了。

赵：你们不上工给不给工资？

张俊玲：我们就不说那个，没有星期天，生产的时候就忙，上一天有一天的工资。

赵：不是一年就生产几个月吗？

张俊玲：开始生产了就忙，不生产的时候也要有些人在。

赵：去年一年能挣多少钱？

张俊玲：一万多吧。

赵：那也挺好的。

张俊玲：守在家里，什么也不误。

赵：今年在厂里上班的时间多不多？

张俊玲：今年时间少，没有核桃。平常在厂里边就是砸砸核桃，核桃砸完了。一天做七八吨，几天就做完了。

赵：平时就是砸核桃？

张俊玲：嗯。砸完就没啥事了。

赵：等核桃下来再干？

张俊玲：今年冻得就没核桃，得从外地收。

赵：今年山西大部分都不行。

张俊玲：后来饮料厂就是从河北直接买核桃仁。

赵：你们就省事，工作量少？

张俊玲：是。

赵：但就不挣钱？

张俊玲：嗯。

赵：去饮料厂上班好进吗？

张俊玲：原先村办企业一个队就是先让双女户去，队里没有双女户的话就是抓阄。国家就是照顾计划生育，计划生育也是照顾双女户，双女户做了手术一次性奖励 3000 块钱。

赵：你这就是双女户进去的？

张俊玲：我这个不是，厂里刚开始的时候我才一个孩子，不符合那个条件，我是后来补进去的，现在就是有空缺了往进补人。我是在里头替别人来，人家觉得我干得行，就让我去了。它这个饮料厂活比较重，你去了干活，人家瞧见你还行，有空缺了就让你去了。

赵：生产的时候用的人多一些？

张俊玲：用的人多的时候，就从村里临时雇人。

赵：临时用的人工资怎么算？

张俊玲： 就是包工干活，做开饮料了，就赶不上包装了，临时雇一些人包装，人家他们是计件算工资，干得多挣得多。

赵： 你这算是长期的？

张俊玲： 对。

赵： 你们工资怎么算？

张俊玲： 就是按天算，一天40块。

赵： 厂里有没有食堂？

张俊玲： 平常没有，做开饮料了，忙的时候开食堂，平常就不开。它是那个机器不能停，非得到那里吃饭了，开机器的也是轮流倒地吃饭。

赵： 平常就是回家自己做饭吃？

张俊玲： 自己回到家做饭吃。中午休息，下午冬天了是一点半上班，夏天是二点半上班。

赵： 一年能生产多长时间？

张俊玲： 原先那个机器小，做出来以后包一包，一天生产三四顿。现在这个能生产七八吨，一年也就是生产一两个月。

赵： 平常有多少人？

张俊玲： 三十来个人，平常就是砸砸核桃，捡一捡核桃仁。

赵： 全是女的吗？

张俊玲： 女的十三四个，剩下都是男的，他们主要跑销售，做管理，干活的有三四个。

赵： 企业的规模还是太小？

张俊玲： 对，还是小。

（四）西沟矿业公司

1. 访谈对象：申纪兰

访谈时间及地点：2014年5月25日；西沟乡政府

访谈及录音整理：刘晓丽

刘： 99年西沟搞了个五年规划，你还记得不记得？

申纪兰： 记得。五年规划，我们要搞红色旅游，全面发展，经济要上一个新台阶。那会儿两条路，我们有饮料厂，我们还弄了一个矿业公司，现在的重点就在矿业公司。原来是长钢的，后来长钢不（干）了，他愿意交给咱西沟，不交旁人。因为西沟是个集体的，不是个人的，个人多少人想弄，他不叫〔不让〕弄。

刘：矿业公司原来是长钢的？

申纪兰：长钢挖完了，丢下个底子了，他那债务特别多，他给了咱就顶住了好像，他就这个态度，现在一遭［一起］归了咱了。

刘：那咱这个地方能解决点就业？

申纪兰：不光就业问题，给群众谋点福利吧。

刘：每年村里发点东西？

申纪兰：嗯。就业问题，人家愿意了可以去，咱不组织。

刘：这个矿归西沟是不是好多年了？

申纪兰：不是，才二三年呀。

2. 访谈对象：张章存（男，1947年12月生于西沟村老西沟，初中文化，中共党员，曾任西沟村党总支副书记）

访谈时间及地点：2014年4月20日；西沟村委会

访谈及录音整理：刘晓丽、赵俊明、郭永琴、张文广（整理者）

刘：咱们那个铁合金厂倒闭了？

张章存：以前建红［周建红——编者］在铁合金厂那干了，后来属于高污染，就把房子财产全处理了。西沟现在是弄了个矿业公司，张高明在的时候就来回一直跑。

刘：什么矿业公司啊？

张章存：以前是属于长钢的，长治钢铁厂在那弄的，长钢停产了，这里的矿山也基本上挖完了，西沟就弄上了。

刘：以前是长钢的？

张章存：以前就一直是长钢的，火车路修到这，从这直接就拉走了。后来卖给西沟了。

刘：它是什么矿产？

张章存：铁矿。

刘：现在这个铁矿怎么样？

张章存：铁矿西沟弄回来后没有开采，包出去了，一年也能弄个几百万。

刘：包出去的人是西沟的人还是外面的人？

张章存：包给外面的人了。

3. 访谈对象：王根考（男，1956年9月29日生于西沟村古罗，高中文化，中共党员，西沟村党总支书记、村委会主任）

访谈时间与地点：2013年6月11日；西沟村委会

访谈者：刘晓丽、赵俊明

录音整理：郭永琴

刘："西沟人家"也属于挂牌？

王根考：是，也属于挂牌的企业。咱们这个现在村上的重点企业就是饮料公司。其实是11年4月份我们又通过国资委，通过这一交易平台，长治矿业公司给我们，又买回来了，现在我们又新组织了一个，但是这个企业还没有开始，正在建设，正在搞资源整合。在长钢的上边，我们最终弄了一块，有个西沟矿业公司。现在主要是西沟矿业公司和西沟饮料厂。

赵：咱们村集体的经济状况，主要有哪些？

王根考：村上集体经济的状况现在主要是饮料公司和矿业公司，矿业公司现在还是不行，处于整合阶段，发展阶段，效益在明年。饮料公司还可以。

4. 访谈对象：王增林（男，1957年1月生于西沟村池底，高中文化，中共党员，村监督委员会委员，曾任党总支副书记）

访谈时间与地点：2013年6月7日；池底郭广玲家中

访谈及录音整理：赵俊明

赵：办起来的企业办不下去？

王增林：办个企业，时间一长，销售就不行了。咱这个地方，高科技肯定不行，粗加工也不好做，条件限制死你了。水利只能配套够吃了，真正大工业引回来你又不行，地里又没那个条件，所以不好干，经济就很缓慢。2010年以后，申主任和我们现在的王书记跟矿山几个老板联营引进来，经济相应地还是腾飞，好点了。

赵：这是个什么矿？

王增林：铁矿。去年每人一袋面，给每家解决了闭路费，个人也得拿一部分。

赵：这主要是矿山？

王增林：还有其他厂，也来一点，也交的一些，各个企业捐的，这都是沾我们申主任的光。这是说实话了。全国也就这么一个，申主任真不愧是一到十一届人大代表。我们跟上头保持非常紧，老百姓很憨厚，吃苦耐劳，条件有限，创造效益很少，投入大，见效慢，平川地带盖一个厂100万，我们这盖就得150万。

赵：所以好多企业不想来。

王增林：路不通。当时我在厂里干过，当时人家东北（的）、南方（的），温州的来了。那会儿平顺县连个洗澡的地方都没有，老板还得到长治洗澡，交通又不方便。

赵：南方人来干什么？

王增林：办磁性材料厂，电子类的。干了一段，人家买个东西，还得到长治，平顺还买不下配件，多不方便，人家就不愿意了。你不是就把人家打击了？费用高，有条件的地方，出去就买了，到这个地方，还得开上车蹦蹦地到长治去，可是平顺县进回来又没人要。引进来留不住，然后出去咱们老农太憨厚，又不会讲，咱就吸引不住人家，没有头脑。我说就是咱头脑不行，智力有限。

（五）绿色农业蔬菜大棚

1. 访谈对象：申纪兰
访谈时间及地点：2014 年 5 月 25 日；西沟乡政府
访谈及录音整理：刘晓丽

刘：村里塑料大棚是哪年弄起来的？

申纪兰：去年［03 年——编者］冬天就开始弄了，马书记［长治市委书记马天荣——编者］来西沟调研来，说要在这个科技上发挥西沟作用，西沟是多少年农业带头人了，西沟地少，要一亩地当五亩用，根考［西沟村党支部书记——编者］就接受了这个意见，搞大棚。马书记也介绍了这一方面的情况。这是我们第三个起步。

刘：弄了多少亩？哪的人给咱弄的？

申纪兰：50 亩，请的河南个人。咱的人去长子［长治市长子县——编者］学习去了。

图 8-3　西沟村蔬菜大棚

刘：谁去学习了？

申纪兰：就是王根考，带着他班子里两个人，我也去了一次。看了人家那个长子，遍地是大棚，人家地多，有高标准，有低标准，还有一般的，大棚多了，都发财了。

刘：长子弄了几年了？

申纪兰：弄了好几年了。有一个是直接就跟上海定了合同了，直接就来拉来，成了种菜模范了。他那个科研太丰富，瞧着那个大棚谁也投不起，香蕉也在树上结出来了，红薯也在树上结出来了，投资两个亿。

刘：谁给他们钱？那么有钱？

申纪兰：县里头也给，是个标准的科技，供应全国的苗子。

刘：那就有了名了。

申纪兰：有名了，全国都来买他这苗子。他那地平水浅。

刘：那咱这个香菇大棚弄了也给上海送货？

申纪兰：咱这个往上海走，往河南走，包销，他要不包销你就跟饮料一样，销不动了。

刘：已经订了合同了？

申纪兰：订了。这个香菇是一年一季，长子还有双苞菇，一个上头两个头，我见来，是牛粪养的，还得养上牛才行。

图 8 - 4 西沟村蔬菜大棚里的香菇

（六）潞绣作坊

1. 访谈对象：王根考（男，1956 年 9 月 29 日生于西沟村古罗，高中文化，中共党员，西沟村党总支书记、村委会主任）

访谈时间与地点：2013 年 6 月 11 日；西沟村委会

访谈者：刘晓丽、赵俊明

录音整理：郭永琴

王根考：上面那个纪兰农产品公司，有个龙鼎矿业公司，西沟人家都是挂牌的，不属于我们的。

赵：但是联营挂牌的有十几家？

王根考：联营挂牌有四五家，没有那么多。

刘：创造了什么工作机会呢，吸引咱的劳动力？

王根考：对，现在挂靠还有一个刺绣厂［潞绣厂——编者］，还有一部分农村妇女在家中进行老粗布加工，也是挂靠的。

2. 访谈对象：张彩霞（女，1975 年四月初五生于西沟村古罗，潞绣厂主管生产）

访谈时间及地点：2013 年 5 月 27 日；沙地栈潞绣厂

访谈者：赵俊明、刘晓丽

录音整理：郭永琴

赵：刺绣厂哪年成立的？

张彩霞：这个厂 10 年成立，外面和村里合资。

赵：怎么招工？

张彩霞：先跟老师学，做出作品。

赵：当时多少人报名？

张彩霞：当时有 200 多人吧。现在外面还有，家里的也有，有百把人吧。

赵：怎么算工作量？

张彩霞：计件算，不管卖，人家老板卖。人家让我们做什么，我们做什么，

赵：这是多大的？要绣多长时间？

张彩霞：2 米宽、4 米长，要两年多时间。

赵：怎么绣？怎么计价？

张彩霞：按图绣，图是人家设计好的，按一幅图需要多少时间（计价）。有的比较好学，有的比较难学。

赵：来了就有活？

张彩霞：一直有活。

赵：你们工资多少？

张彩霞：不知道。在厂里的一个月基本工资 600 块钱，厂外的（工人）按计件工算。

赵：每天来几小时？

张彩霞：一天工作 8 个小时吧。每天下午都要收工，看你干多少（活）一天。（计件的）交回来给钱。

赵：一个月能卖多少？

张彩霞：不知道，人家（老板）管。我们只管生产。

赵：那边纺布车是怎么回事？

张彩霞：都有人，都搬回家刺去了。

图 8－5　刺绣手工作坊

赵：在家和在这里随便选？

张彩霞：随便选，你只要学会了就可以参加。

赵：厂里正式的有多少人？

张彩霞：现在在厂里正式的是 10 个刺绣的。

赵：机器怎么回事？

张彩霞：是人家投资的。

赵：都是附近村里的？

张彩霞：来的都是本村的。

赵：上班时间有多长？

张彩霞：每天上午 8 点，11 点半下班，活动时间就是半个小时，没时间去外面。

3. 访谈对象：郝秋英（女，1962 年农历三月十七生于西沟村南赛，高中文化，中共党员，西沟村党小组长）

访谈时间及地点：2013 年 5 月 29 日；老西沟

访谈者：赵俊明、刘晓丽

录音整理：郭永琴

赵：什么时候开始纺布的？

郝秋英：纺纱织布是从前年吧，西沟跟襄垣引进了一批襄子老粗布，报名培训，我这是顶第三批参加，后底［后来］培训了一月，后底按米织起来了，多了也挣不上，顾住家挣个零花钱。

图 8 - 6　村里的织布能手

赵：一个月挣多少钱？

郝秋英：挣五六百块钱吧，你要一直织，再多挣点也不是没有可能，可是人这个身体就吃不消。

赵：你每天纺多长时间？

郝秋英：多少不等吧，有一天织个七八米，那只是偶然的。可是每天早起，冬天明了就走了，除了中午来吃吃饭，赶黑来，什么也不管，多累也不敢休息。

赵：开始在厂子里纺？

郝秋英：开始集中在一个地点，后底，他也提倡往家纺了吧，后底也不很方便。去年冬天我就来了家里，今年这身体也不行了。

赵：一米用多少时间？

郝秋英：刚开始身上不随和，手有时候来不了，弄弄就搓断了，有时候身上就发冷，没呐［没有］活动开一样，弄弄就搓断了。以前吧掌握不住这个技术，有时候机器调不对它了，兑一天，断开了，也发愁，你要是好织了吧也觉得也好织，越织越想织，越不想织了，气得你呀，一会搓断了，一会搓断了。

赵：几等是怎么算？

郝秋英：一等五块钱，布面平，没个垄［坑坑洼洼］，密度也上来了，给你个一等。二等就是拉得长不密，有时候那个垄［坑坑洼洼］太多，算个二等。由他说

209

了吧，这个东西本身就是以前那经理说过，差不多就行了。可是来收来，要求就严了。

赵：接线头有没有影响？

郝秋英：那个线头过来了，拿剪铰铰它，基本铰不开。

赵：机器力量配合好才行？

郝秋英：不说那个，上下配合好，就是线张口不张口，织得好是说机器调对了没有，调不好就断，不好使，这个密度就不够。

赵：机器是自己花钱买还是配的？

郝秋英：他给的吧，签了协议，压了100块钱押金，不织了你交给人家。

赵：比赛是怎么回事？

郝秋英：比赛是前年吧，大前年开始来，到前年接近一年。后底［后来］说公司里织布比赛了，后底［后来］就在西沟参加了预赛，预赛选出来又在新城参加复赛，最后到襄垣开总结会，参加决赛。

赵：复赛在哪里？

郝秋英：在新城来，是个镇，也是属于平顺县。最后在前年12月11号去参加决赛，决赛有12个人参加，在襄子老粗布总公司［襄子老粗布公司位于长治市襄垣县——编者］总部开总结会。

赵：参加决赛几个人？

郝秋英：参加决赛的16个人，取前3名。其他人是荣誉奖。我得了个第一名。第一名是个海尔液晶电视，42英寸。二等奖是个冰箱，三等奖是个双缸洗衣机，荣誉奖是个电饭煲。去年，参加比赛的时候，我儿子办事来，没有去。底下有一个参加比赛来。

赵：每年都有比赛？

郝秋英：年年到过年时候都有决赛。

赵：村里有几个人干这个？

郝秋英：干这个也十几个吧。

赵：跟下面刺绣厂有什么关系？

郝秋英：跟它没关系，它是长治管，织布这个是襄垣管。去年去了后底［后来］得了个荣誉奖，有个电扇。

赵：你得了一等奖，襄子老粗布没聘你个啥东西？

郝秋英：没有，就是给了个电视。

赵：现在地有多少？

郝秋英：退耕还林后底［后来］就没什么地了，一个人二分地。就是后底［后

来], 西沟引上老粗布, 挣两个。再一个, 你有事了, 倒也方便, 也不用请假, 你
织多少, 挣多少, 他来收来, 你有了交给他。没了, 你给他打电话, 他给你送上线
来, 线也现成, 来了穿起梭就行。后底 [后来] 就在这参加过个比赛, 很遗憾, 同
样是织五十次, 我跟底下那个, 同样是三十八秒。扔那五十下 (梭子)。但是, 同
样是五根线, 咱接拽断的线, 往过穿的时候, 它又开了。后底 [后来] 她去参加决
赛了。再一个当时手上都是碰的, 缠着那胶布, 胶布挂住那线了, 没有参加决赛。
有其他事情, 也可以放放它不干。

图 8 - 7　刺绣产品

图 8 - 8　刺绣作坊里的织布机

4. 访谈对象：张彩霞（女，1975 年四月初五生于西沟村古罗，潞绣厂主管生产）

访谈时间及地点：2013 年 5 月 27 日；沙地栈潞绣厂

访谈者：刘晓丽

录音整理：郭永琴

赵：孩子呢？

张彩霞：都有孩子，孩子们都上学了。

赵：孩子在上学？

张彩霞：上学，住校。

赵：村里面陪孩子住校，还能工作？

张彩霞：在家里没有活，织布、刺绣都可以。

5. 访谈对象：李玉秀（女，1951 年 5 月 23 日生，农民）

访谈时间及地点：2013 年 6 月 9 日；沙地栈

访谈者：刘晓丽、赵俊明

录音整理：张文广

刘：咱们这个大学生创业园就不错，这是以平顺县的名义开的吧。

李玉秀：嗯，平顺县委组织部。

刘：这个弄了几年了？

李玉秀：我也不清楚，我是去年 11 月份才来的。以前就是个大学生在这干了两年，（后来他）被提拔了，就交给我了。那个人是大学生村官。

刘：就没见过那个大学生村官啊。

李玉秀：在乡政府了。他没事就在乡政府住着，有事就下村办事了。

刘：办这个商店和其他商店有什么不一样？

李玉秀：主要就是卖平顺的特产，卖村官创业基地产出的产品。这里的山野菜、小麻油都是村官创业基地产出的产品。

刘：咱们这大学生村官创业基地是企业吧。

李玉秀：是，是个小型基地。

刘：像咱们这有没有个人买？

李玉秀：有。

刘：有大量地买么？

李玉秀：大量地买没有，旅游的人过来买一点。

刘：组织部下头这种商店，其他地方还有没有了？

李玉秀：县里其他地方就说不上来了。

刘：咱们这效益咋样？

李玉秀：主要还是旅游的人来的买。

刘：咱们这主要是什么时候来的人多一些？

李玉秀：夏天的时候。

刘：都哪的人来了？

李玉秀：什么地方的都有。

刘：咱们这的产品应该再加一些，或者每个品种再多摆一点。

李玉秀：嗯。以前不是这个样子的，就是去年冬天才变成这个样子的。以前就像超市里边那样一排一排的。去年冬天么，他说是展销么。

刘：是你的意思么？

李玉秀：不是，是领导的意思。

刘：咱卖的这些产品是厂家送过来的？

李玉秀：这都是咱本地的。

图 8-9 西沟村大学生创业园

213

九、党政组织薪火相传

【深度论述】

"七七事变"之后西沟党政组织的建立与发展

1916 年 8 月，平顺县治恢复。西沟境内的南赛隶属于韩家主村，余之隶属于圪台上主村。1937 年引进编村制，西沟全境分设池底、沙地栈、南赛三个行政村，村政权组织为村公所，村公所设村长、副村长和专门委员若干人，实行委任制。

1937 年卢沟桥事变后，日本政府不断向华北增派军队，扩大侵略战争。11 月 13 日山西省会太原失守，1938 年 2 月 20 日，长治沦陷。在此国家生死存亡关头，八路军挺进敌后，在山西开辟抗日根据地。1937 年 11 月，八路军挺进晋东南，创建了太行山区第一个抗日根据地。1938 年 1 月，中共太南特委派共产党员来到平顺组建了"中共平顺县工作委员会"。至此，平顺县有了中国共产党的组织。1938 年 4 月中旬，平顺县第一个中共党组织——中共池底支部宣告成立。在池底支部的积极活动和影响下，1938 年 10 月，老西沟和南赛两个村也建立了支部。老西沟、池底、南赛 3 个村党组织的建立，使西沟人民有了进行新民主主义革命的带路人和主心骨，标志着西沟人民彻底翻身、当家做主的日子即将到来。

1939 年 12 月 18 日后，日寇兵分三路，由汉奸李福泽领路，从池底、南赛、南沟三个方向侵入西沟，先在沙地栈杀死了部分群众后，又在老西沟磨石凹（后中共西沟村党支部把磨石凹定名为"血泪凹"）的一个窑洞里，用烈火烧、机枪扫，残杀了杨来发、张新喜、李水则和他们的亲属等 16 人。在另一处山沟的石岩里，用机枪打死了 3 名群众，还放火烧毁了西沟的房屋、家具及其柴草等全部财产。全村乌烟滚滚、尸横血映。

日寇的惨杀激起了村民的义愤，共产党员、民兵队长李顺达领导全村民兵、群众苦练本领，户户造雷，一手拿枪，一手拿锄，劳武结合，英勇杀敌，1940 年，百余日寇第二次侵入西沟，满沟地雷开了花，枪声四起，山炸路炸厂院炸，炸得鬼子哇哇号哭，血肉横飞。

1940 年 1 月 13 日，平顺县抗日民主政府成立，抗日民主政权开始推行民主政治。1941 年，西沟境内的池底、沙地栈、南赛三个行政村都按照"三三制政权"（即共产党员、中间力量、左派进步分子各占三分之一）的要求，民主建政，选举了村长、副村长、村各专门委员会主任。1941 年，村公所改称村政委员会。1944 年，沙地栈村改名为西沟村。

1942 年，西沟被晋冀鲁豫边区政府表彰为"劳武结合模范村"，李顺达被平顺县抗日政府表彰为"劳务结合英雄"。在这一年的一次群众大会上，李顺达经组织批准，公开了自己的共产党员身份。他站在会场的桌子上大声宣布，"我就是共产党员"，在民众中第一个展示了共产党员的形象。

在抗日战争期间，为了使人民度过饥荒，解决根据地军民吃饭、穿衣问题，西沟党支部积极组织贫苦农民成立互助组。1943 年 2 月 6 日，共产党员李顺达响应边区政府"组织起来""生产自救"的号召，在 1940 年以来季节性帮工互助的基础上，组织李达才、路文全、王周则、宋金山、桑三则 5 户贫苦农民成立了全国第一个农业生产组织——李顺达互助组。西沟互助组成立一个月就由 6 户发展到 16 户。西沟互助组的发展，推动了平顺县的互助生产深入发展，使灾民们顺利度过了灾荒，有力地支援了驻地部队和机关。平顺县也被评为劳武结合双优县。

在 1942 年至 1945 年的抗日战争中，和 1946 年至 1948 年的解放战争中，西沟党支部领导民兵参军参战，出入火线，历经河南的林县、汤阴，山西的老顶山、老爷山、长治、太原等战役。李顺达、宋金山等同志，各参战在十七八次以上。西沟民兵为人民解放事业作出了贡献。

新中国成立后西沟党政组织的变迁

1949 年 10 月 1 日，中华人民共和国成立，西沟历史进入了一个新纪元。1953 年 8 月 5 日，平顺全县划分为 101 个乡，西沟、南赛、池底 3 村合并为西沟乡，选举产生乡长、副乡长和各专门委员会主任。三个村的中共支部委员会也合并为一个支部，称西沟乡支部委员会。1958 年 8 月，实行人民公社体制，支部委员会易名为中共西沟管理区支部委员会，西沟成为西沟金星人民公社下属的西沟管理区。村政权开始成为政权政治和经济管理合之为一的组织，突出了政治，削弱了经济管理，形成了长期的以党代政，以政统经局面。1962 年撤销管理区，改为大队，支部相应地改为中共西沟大队支部委员会，西沟管理区也改为西沟生产大队管理委员会。

1967 年，毛泽东提出"革命委员会好"的指示后，各地行政机关均改为"革命委员会"，党组织改为"核心小组"。西沟大队总支委员会易名为中共西沟大队核心小组，村政权改为西沟大队革命委员会，更加突出了"以阶级斗争为纲"的政治。1970 年 12 月，中共西沟大队核心小组改称为中共西沟大队总支委员会。

新中国成立后，西沟村民兵以行政村设民兵连，以主村设排和班。60 年代末改制为民兵营，分片设四个连。西沟民兵成为艰苦奋斗、建设山区的生力军。从初级社到高级社，民兵组织根据李顺达绘制的蓝图，向穷山恶水宣战，组成荒山造林、筑坝疏洪、平滩造地三个"突击队"，发扬革命战争年代的硬骨头精神，治了两条沟，筑坝700米，造林2000亩。

1958年，西沟民兵战斗水库破土修建。西沟民兵又组成"突击队"，承担了开采石料、运石任务。一年开山运石5000余立方米，保证了工程的顺利施工。因为西沟水库是以西沟民兵为主体，动员了附近乡村民兵参加修筑，因此被命名为"民兵战斗水库"。这一年，民兵还响应毛泽东主席"大炼钢铁"的号召，建成高炉，土法上马，炼出生铁；深翻土地200余亩。

1949年6月25日，平顺县青年工作委员会在申家坪等4村完成建团试点。1950年3月，西沟、南赛、池底三村成立新民主主义青年团支部。1953年，西沟、南赛、池底三村合并，团组织也同时合并，设一个总支，原各支部成为分支。1957年，新民主主义青年团改称共产主义青年团。

十一届三中全会后西沟党政组织的变迁

1978年12月18日至22日，中国共产党第十一届中央委员会第三次全体会议在北京举行，全会对党的农村政策做出重大调整。党的十一届三中全会以后国家废除了政社合一的人民公社制度，在农村建立了乡镇基层政权和村民委员会群众性自治组织，形成了"乡政村治"的农村基层治理模式。乡镇政府是我国政府行政体制中最基层的行政机关，是国家政权的最末梢，是党和国家在农村工作的基础。乡镇政府作为国家政权机构的基层组织，自上而下管理农村。村民委员会属于基层群众自治组织，其权力是本村村民赋予的，自下而上地对本村进行自我管理。

1982年，西沟村政权由革命委员会恢复为西沟大队管理委员会，虽仍是政社不分，但已初露民主政治之光芒。1984年3月，人民公社改为乡，西沟村党组织也更名为中共西沟村支部委员会，西沟生产大队管理委员会改为西沟村民委员会。村民委员会成为最基层的政权组织。村民委员会主任、副主任、委员由村民大会直选产生。1995年7月，中共西沟村支部委员会也易名为中共西沟村总支委员会。

党的十一届三中全会以后，党的中心工作转移到了以经济建设为中心上，农村联产承包责任制迅速推行。这一巨大的历史转折使全体党员接受了一次更加深刻的思想教育和社会主义初级阶段理论教育。实行农村联产承包责任制初期，党员及干部曾一度对形势要求心存疑虑，一些党员思想上有"辛辛苦苦几十年，一夜回到解放前"的模糊认识，联产承包责任制迟迟没有落实。为了消除疑虑，澄清思想认识，团结一致向前看，支部在申纪兰、张俊虎、张高明等领导下，组织党员认真学习中共中央的农村改革政策，开展"实践是检验真理的唯一标准"的大讨论，真正弄清了大是大非，明确了农村改革的目标和前景，消除了党员干部和广大群众的思想顾虑，结合西沟经济发展实际实行了统分结合、双层经营的生产责任制。党的十四大以后，西沟村党总支把坚持经济建设为中心、坚持四项基本原则、坚持改革开放列为党的思想建设的重点内容；坚持以"一课三会"为主要形式对全体党员进行了邓小平建设有中国特色社会主义的理论教育。

1995年4月13日上午，中共中央政治局常委、书记处书记胡锦涛视察西沟并做了重要指示，胡锦涛提出"（西沟）应该培养年轻人，也就是培养年轻农村干部，现在需要有一批三十来岁的早一点把他们吸收到班子里来"。在这之后，西沟两委响应胡锦涛同志的号召，大量发展年轻党员和年轻干部，将一批三十来岁的年轻人吸收到了西沟的两委班子中。1999年以来，西沟党总支又把"三讲"和"三个代表"作为党的思想建设的主要内容，使党组织始终保持了纯洁性、战斗性，成为西沟人民进行经济建设的核心力量。

党的十一届三中全会以后，改革民兵活动形式，仍以行政村设民兵营，以主村设排、班，以单位制定各项年度指标。除村里的重大活动需要组织民兵会战外，民兵一般实行基层负责管理评估，营组织抽样检查评估，突出了灵活性，重视了实效性。改革开放十多年，民兵组织民兵突击队参加了村办企业建设、森林突击管理、阳坡绿化和漳河提水工程等重大活动。各主村民兵排、班也在开辟新果园、拥军优属、科技致富等领域作出了突出贡献。

党的十一届三中全会后，西沟共青团组织在生产斗争和科学实验中作出了积极贡献。张高明还出席了中国共产主义青年团第十一次全国代表大会。西沟村团总支被团中央授予模范团总支称号。

1938年4月—1953年8月池底、西沟、南赛历任支部书记名表

姓　名	性别	支部名称	任职时间	支部沿革
张文成	男	中共池底村支部	1938年4月—1946年5月	
胡光则	男	中共池底村支部	1946年5月—1947年12月	
马何则	男	中共池底村支部	1947年12月—1953年8月	1938年4月，成立平顺县第一个支部——池底支部。1953年8月5日，3个支部合并为西沟乡支部。
李顺达	男	中共西沟村支部	1938年10月—1952年12月	
马玉兴	男	中共西沟村支部	1952年12月—1953年8月	
张勤则	男	中共南赛村支部	1938年10月—1946年12月	
赵相其	男	中共南赛村支部	1946年12月—1953年8月	

1953 年 8 月—2000 年 12 月历任支部（总支）书记名表

姓 名	性别	任职时间	支部沿革
马何则	男	1953 年 8 月—1963 年 2 月	
张俊虎	男	1963 年 3 月—1969 年 11 月 1983 年 7 月—1987 年 1 月 1991 年 11 月—1995 年 6 月	1953 年 8 月—1958 年 8 月，称西沟乡支部，1958 年 8 月—1962 年 5 月称西沟管理区支部，1962 年 5 月—1967 年 3 月称西沟大队支部，1967 年 4 月—1970 年 11 月称西沟大队核心小组，1970 年 12 月—1984 年 3 月，称中共西沟大队总支，1984 年 4 月—1995 年 6 月称西沟村支部，1995 年 7 月称西沟村总支。
李顺达	男	1969 年 11 月—1983 年 7 月	
胡买松	男	1987 年 1 月—1990 年 10 月	
张高明	男	1990 年 10 月—1991 年 10 月 1995 年 7 月——2000 年 12 月	

1963 年 3 月—2000 年 12 月历任支部副书记名表

姓 名	性别	任职时间	姓 名	性别	任职时间
马何则	男	1963 年 3 月—1967 年 3 月	申纪兰	女	1970 年 12 月—2000 年 12 月
张俊虎	男	1970 年 12 月—1983 年 6 月	李雪桃	女	1984 年 7 月—1990 年 1 月
胡买松	男	1972 年 1 月—1986 年 12 月	张章存	男	1995 年 7 月—2000 年 12 月
周群考	男	1995 年 7 月—2000 年 12 月			

1940 年 3 月—1953 年 8 月池底、西沟、南赛村长名表

姓 名	性别	任职时间	村政沿革
张发楼	男	1940 年 3 月—1942 年 5 月	1940 年 3 月—19 41 年 3 月称池底村公所，1941 年 3 月—1949 年 12 月称池底村政委员会，1950 年 1 月—1953 年 12 月称池底村公所。1953 年 8 月，与西沟、南赛 3 村合并。
张魁仁	男	1942 年 5 月—1946 年 12 月	
张丑孩	男	1946 年 12 月—1953 年 8 月	
郭长则	男	1940 年 3 月—1953 年 8 月	1953 年 8 月，西沟与池底、南赛合并。
张新科	男	1942 年 1 月—1947 年 11 月	1953 年 8 月，南赛与池底、西沟合并。
李秋贵	男	1947 年 11 月—1953 年 8 月	

1953 年 8 月—2000 年 12 月历任村委主任（村长、大队长）名表

姓 名	性别	任职时间	政权沿革
李顺达	男	1953 年 8 月—1983 年 3 月	1953 年 8 月—1958 年 8 月称村公所，1958 年 8 月—1967 年 4 月称管委会，1967 年 4 月—1982 年 1 月称革委会，1982 年 1 月—1984 年 3 月称管理委员会，1984 年 3 月后称村民委员会。
张高明	男	1983 年 3 月—1999 年 12 月	
周建红	男	1999 年 12 月—2000 年 12 月	

1962 年 5 月—2000 年 12 月历任村委副主任（副村长、大队长）名表

姓 名	性别	任职时间	姓 名	性别	任职时间
申纪兰	女	1953 年 8 月—1984 年 3 月	王根考	男	1995 年 7 月—2000 年 12 月
郭岗桂	男	1962 年 5 月—1984 年 3 月	王增林	男	1987 年 1 月—1999 年 12 月
张丑孩	男	1970 年 12 月—1984 年 3 月	张开明	男	1996 年 7 月—2000 年 12 月
郭江则	男	1987 年 1 月—1999 年 12 月	周建红	男	1996 年 3 月—1999 年 12 月
张保虎	男	1995 年 7 月—2000 年 12 月			

（一）培养了几代人的西沟党支部

1. 访谈对象：申纪兰

访谈时间及地点：2014 年 5 月 27 日；西沟乡政府

访谈及录音整理：刘晓丽

申纪兰：写西沟，就要写够党组织，党组织是一切，没有党就没有一切，劳模也是党培养的。共产党是伟大的，你只要听党话跟党走，只要跟党保持一致，只要跟群众在一起，什么事也能办成。过去西沟一无所有，李顺达建立了党支部，李顺达同志担任（西沟）第一任（支部书记），他带领西沟，1938 年就建立了党支部，李顺达是第一个党员，一直是听党话跟党走，那会儿党（组织）不公开，他就敢公开自己是一个共产党员，这很不容易的。

刘：这个党组织是太行区的第一个党组织吗？

申纪兰：是平顺县的第一个党组织，1938 年（成立），就是有了党组织，他才有力量，要不来他一个老农民，逃荒，也不行，他跟地下党都在一块，它就了解党哩这个发展呀，和为群众服务啊。

刘：公开党组织他也是第一个？

申纪兰：在西沟他是第一个。

刘：那也是县委让他公开的？

申纪兰：那是县委让公开的吧，不教他公开他也不敢。他站到那说："我是中国共产党！"那会儿还有国民党呢。

党支部就是抓重点，抓先进带中间，抓后进变先进。我们村里有些人有落后想法，但是咱们村里头，不指名地批评，表扬好的，带动一般，他就能走到正路上了。还是要团结大多数，打击个别。

刘：犯了错改正就行了，保证不犯就行了。

申纪兰：你瞧互助组是一个阶段，初级社是一个阶段，高级社公社是一个阶段，现在的改革开放是一个阶段。社会主义，要没有集体因素，叫什么社会主义？西沟党支部，过去就是因为穷才走了合作化道路，互助组、初级社，还是组织起来力量大，改天换地。一户一家，过去就是一户一家，那个还用学？不用学就行。党跟农村的带头人是紧密相连的，没呐[没有]党就没呐带头人，李顺达他就带不了头，过去他是逃荒要饭呢。

李：对，对。

申纪兰：有了共产党，李顺达才成了一个带头人呀。我提两条建议：第一个，要研究西沟，研究西沟的支部，因为西沟支部是很关键的，没呐[没有]党支部就带领不了群众，有了群众没呐[没有]个带头人，群众也是一盘散沙，非有党的领导不行。要研究西沟的党支部，我是全力以赴支持。要研究党培养西沟的历史，我知道什么就给你访[说]什么，一个支部就都代表了。就要突出一个，突出西沟党支部，这是个关键问题。要没有共产党，没有毛主席路线，也没有西沟。西沟过去也是个穷西沟，谁也看不起，但是西沟就出了一个带头人（然后就）带起来了，就是李顺达。谈乱了就不突出了，就要谈一个支部一个人，就是李顺达和西沟党支

图 9-1　西沟大队革委会档案

部。下头的人都配合上就行了，一个中心不要多中心，就要突出一个中心，这是我自己一点想法。第二点，要研究农村如何能真正跟党保持一致，真正要带领群众走向小康。我们做了一些工作，离小康还远，也跟着走，但是不突出，今后如何把经济搞上去，研究经济问题，把西沟来研究起来，就这两条，多了不提，一个中心两个基本点，跟党保持一致。

西沟党支部，从李顺达开始，前头有马何则，后头有马玉兴［马玉兴1952年12月—1953年8月任中共西沟村支部书记——编者］，还有张文成，还有赵相其，还有张勤则［张勤则1938年10月—1946年12月任中共南赛村支部书记——编者］，还有胡光则［胡光则1946年5月—1947年12月任中共池底村支部书记——编者］，后头是张高明、张俊虎、王根考。马何则应该好好写写，张高明比较强势

一些，王根考比较实干一些，李顺达就是全面的。我就是配合他们，每个人都有长处，要发挥他们的长处，这样才能做好工作，要不就没法往下做工作呀，这个党支部的工作线索我就给你提供了。

这个大队干部，第一茬就是李顺达。李顺达领导到了七几年，他就往外头走了，走出去了。李顺达走出去，对咱西沟的工作也有损失，他要在来，还比这会儿好，我说的是心里话。李顺达确实是我们顶梁柱，他就能深入了实际，感动了群众，他一生确实是艰苦奋斗。他黑来就是开会，全指黑来开会，我告诉你，打坝开地，造地，这是第一场工程，咱解决了温饱问题了，这就是一件大事情，我们自己觉着有了本钱了。

那时候李顺达说了算。（村干部）你今天要是汇报不出来，你就散不了会。

刘：要汇报今天干了多少活？

申纪兰：不，发现问题了，栽树来，为什么没呐［没有］栽好？这是什么原因？这就要研究。再一个是哪个队出的劳力少，下来就要批评。当场就要解决，不能搁到后头再说。我们有问题就要解决在萌芽之中，不能发现多了再解决。

刘：那时候是共同富裕。

申纪兰：实际上，中央政策，最终目标还是共同富裕，你一个人富裕了，哪像社会主义，那会儿是盼望着共产主义，什么是共产主义？万里长征才走了一步。现在不是提到小康社会了？达了小康才是共产主义，我怎［这样］理解吧，不说共产主义了，说小康社会了，这也是个目标呀。

刘：你也是为干部操心呢呀！

申纪兰：可真是，管不了他们，乡里头谁值班我就说他，轮流，应该轮流（值班），不轮流就不好了。（张）高明要不是来，再干上二年来，还可以，他的想法挺好，支部书记一把手，没有点打算就不行。

刘：您让写这个西沟党支部，很好。为什么呢？现在很多农村党支部都散了，需要找出一种办法，把农村党组织农村群众凝聚起来，把农村工作抓起来。

申纪兰：哎！毛主席为什么接见李顺达？就是把农村组织起来了。

刘：要把西沟党支部的经验写出来。

申纪兰：哎，（当时就是）用这个经验带领全国，发展全国。

刘：西沟党支部的传统好，支部成员素质好。

申纪兰：这个东西，什么也是个引导问题，我就觉着共产党好，只要有共产党在，咱就不怕。没有共产党了，咱就死了也没甚，没有共产党了，你还活着干甚？我觉着就是要把西沟党支部的这个勤俭办社、勤俭建设山区、勤俭办一切事业，跟党走听党话、带领西沟人民走向富裕生活写出来。当然要真正奔小康，西沟现在还达不到，还得努力奔小康。

刘：那天柴（玉棉）书记说了一句话，我觉得有道理，她说：西沟不做歪门邪道，如果西沟做歪门邪道，西沟也能富了。她说西沟的核桃露，不做假。

申纪兰：咱跟哪个合作来，感觉不对了，赶快分开，不（合作）了。歪门邪道咱不能跟他合作了，西沟就退出来了。有的人也说过了，说房地产甚的，咱西沟跟他合作就觉着不合适了，我们就不了，我们不考虑便宜，退出来了。咱搞是想给西沟搞，要给个人，我就当妇联主任就行了，我何必来这了？我主要是为了西沟群众，为了西沟发展。也是听党话跟党走，不发展不是就不进步了么。还是要发展，再有困难，还是要发展。

刘：你的入党介绍人是李顺达？

申纪兰：李顺达、宋金山。宋金山是组织委员，李顺达是支部书记。就是要写西沟党支部，写出这一个来，对整个农村的支部是一个推动。没有支部，就没有带头人，它是火车头，我们那会儿就把农业社比成火车头，单干户是牛车，互助组是汽车，初级社就成了火车了，都买票上车，那会儿也是鼓动大家的吧，都买上票上了火车了。车皮走得快，全靠车头带，要没有那个基础也没有现在，它也不是一下就到了顶了。

刘：刚开始咱平顺有4个全国劳模，后来又有24个全国劳模，有200多个县级劳模，为什么能产生这么多劳模？

申纪兰：我们就是要培养劳模。一个人哪能成了社会主义？全县都有带头人，这个地方有这个带头人，那个地方有那个带头人，劳模多了总要先进，劳模就是先进的方向，劳模就是带动社会主义，劳模就是创造财富。

刘：那时候县里是不是每年要组织劳模开会？

申纪兰：每年要开一次劳模会。那会儿很好，交流经验，咱县里有个劳模网，劳模是桥梁啊，劳模是带头，劳模是代表老百姓，老百姓中的劳模，一个人哪能成了劳模。

刘：你这个副手可是不好当呀。

申纪兰：可不好当。我就感到这个副职是个助手，我一直是个助手，付出，配合，合作。往前吧，也不很好。往后退吧，也退不下来，可难了，有时候自己还得吃点亏，不能争先恐后争去，还得到后头。

刘：就是这个村里修路占地，我看你就跟他们说了好多次。

申纪兰：天天说，也不听么，你是副职么，说了不算么，你可真听到了？我一直替农民说话。

刘：每次一占地你就心疼。

申纪兰：支部书记里，（张）高明是说话有威力，（王）根考是谋得不多，可是人家有主张，总是人家说了算。我都配合过，第一任是李顺达，第二任是张俊虎，第三任是张高明，第四任是王根考。我配合这些一把手，难呀。有时候还得吃点亏，还得吃点苦，受点委屈，说了不算就不算吧。

刘：你看，我们来了就很尊敬你，觉得您是全国人大代表，村里人天天跟你在一起，也不当回事。

申纪兰：不当回事。像外头人，照相弄甚的，他都觉得平常，就跟一家一样，他说了甚，我也不在乎。有时候在会上定了事情，（有了矛盾），黑夜我总要反思反思：人家是一把手，你就不能跟人家对着干，提建议是可以的，跟他合作，谁当上一把手，我就维护他。要不维护他，他就干不成，我要到下头活动活动，他就干不成。

刘：所以你这个副职是个特殊的副职。

申纪兰：特殊的副职。

刘：陪了一代又一代。西沟党组织不错，很坚强。

申纪兰：对。瞧见人家谁不合适我就要说，我要当上个老百姓一直是个好老百姓，咱就不说，见了歪也不说，你又不是个领导，你说人家干甚？农村来说，谁当家，谁惹人。惹对了的，大家理解；惹不对了，当然对你有反感。就跟我一样，走这步路，多少人看着我走哩，大家看着我走了，我要是看大家去，我哪能瞧着大家？我瞧见你了，瞧不着他，大家瞧我，走到哪里都能瞧见。当个农村干部不容易，当好一个干部更难，做点好事并不难，难的是真的给群众办实事，这就难。像那会儿，还是那县团委书记就蹲到这儿蹲点，就跟我们一块干，就跟个劳力一样，他也知道群众想什么也知道干什么，走马观花就不行。白天发生了问题，黑来就开会，白天不开会，顾不上，黑夜再研究。

刘：干部黑夜开会就不挣工分？

申纪兰：黑来开会不挣工分，白天你下地挣工分，那就促进干部劳动，那会儿大队就没啥钱，他补贴什么？（干部）跟群众一块干。

刘：1953 年，你提议免去你的军属代耕的权利，是怎么回事？

申纪兰：过去我们当兵的都有优抚，当兵的走了，家里头没劳力，村里头给我们些优待工，几十个优待工。当时我劳动上了，我说村里头也困难，就免了（这个优待工）。

刘：就是说你不要这个优待？

申纪兰：我不要这个工了，我劳动了，就代表这个工了。懂这层意思了吧？代耕工，其他人帮着给你点工，就是给钱，补助点钱。

刘：你是不要这个了？

申纪兰：不要了。我瞧着群众也困难，就不叫（给我）代耕了。所以干部就得给群众减轻负担。我当了副社长还分管过五年财务，李顺达那会儿，管得紧得很。那会儿群众困难，都想到队上借钱，我就不借给他，我说没钱。赶到收了秋，我就赶紧把队上的化肥买回来。有个人说，你借给我点钱吧，我说队上的钱我不能随便借，她说你私人借给我点吧，我想到外地看我男人，我说我也没钱，她说你借给我二十几块吧，后来，我就把我自己的钱给了她，她就去了，到后来也没还我。没还就没还吧，那时候二十多块钱，值点钱呢呀。我那时候管钱，一点也没出过差错，就为这我才会写"准支"和"不准"，因为要签字。签了"准支"就能取（钱），签了"不准"就绝对不能取，那时候财务可严格。

刘：西沟就跟你一样，你理我，是这样；你都不理我，我也是这样子。

申纪兰：这是真的。你跟我好，我该怎还怎；你跟我不好，我也该怎还怎。你就骂了我，我跟你该好还好，因为你是个群众，我总比你高一级，我是个共产党员，我党员就是要走群众路线。走不对了，你骂了我，可能我走得不对了；我要对了，你骂了我，你也有亏。你说？一个共产党员还能不吃饭了？跟党有感情才能写党，跟党有缘分才能说党。走在这个路上，一切是为党说话，这一篇文章就做好了。如果就是发财了就写，就不行。最难就是前进的方向。当然咱能斗了天？咱与这个自然灾害斗争还可以，像这个河跟这流来，掐断了，不流了。

刘：经过这段时间访谈，我就感觉年龄大的人，对党有感情。

申纪兰：对了，说法就不一样了，他体会得深，跟年轻人（记者）说了，他觉着（本来）就是那个样，其实老干部有什么了不得呀，也是个这。现在年轻人没有体会老干部（当年）的困难，没有体会到过去哩难处，他就写不出过去来。

刘：很多老干部说，西沟以前是啥样？现在是啥样？我们都知道，发展有多快，他们都知道。年轻人不知道，他以为一开始西沟就是现在这个样子。

申纪兰：他就不知道，没有见过过去。

刘：西沟有些年轻人都不知道李顺达，应该加大宣传。

申纪兰：就是说呢，现在这三四十岁的人，对李顺达就不很了解，我就在每次会上，都要提到李顺达。你说毛主席虽然不在了，那感情为什么深？他是推翻"三座大山"的带头人呀，他真正是为人民打天下办实事的人。李顺达在我们西沟就是这样。

（张）高明有能力，他能调动兵，他是总指挥，实干他不如王根考，根考是总指挥不行，各有各的特点。高明是，你干不好来跟我汇报，我还管，干不成不行。

刘：这样下头的人就惊心呢。

申纪兰：他就有了责任了。像根考这样，那些人就没责任，都在他身上哩，有事都找他一个人，就跟炮筒一样，当炮眼呢，这样就发挥不了他都［他们］（支委们）的作用。

刘：张高明那时候也是每天晚上评比呢？

申纪兰：晚上开会到 11 点，批评了他还得叫他满意，处理了他好叫他干活，他就掌握了这俩干部的特点。有的人说，你就不敢跟人家高明说，我说我说是说，人家对了我就不能说，不对了我不能对上你都［你们］说，对上你都说就打击领导威信了，就根考在会上我也不说什么呀，他是支书，我得围绕他呢，背人后说说他可以，不能对上人说，张俊虎那个时候总跟他生气，我不跟他生气，我支持他工作，我要再生气，他就不能干了。

刘：高明说，我说这些矛盾的事情，你就不用写了。

申纪兰：他也知道。该写写的吧，有矛盾，解决了矛盾才是成绩哩。

申纪兰：为什么说要走群众路线？打仗时候没有群众就打不成胜仗，党就掌握了这一条，群众是英雄，但是没党也不行。我就体验到了，没有共产党，受死你也还是不行，领导还是关键。一个村有个好支书，一个县里头有个好书记，一个乡里头也得有个好带头人。这就是最基层了，最接触群众的地方。

李顺达那会儿是农业社的社长，社长重要他就是社长，后来改成生产大队，他又成了大队长。党支部里，李顺达就是支书，一把手么。一把手非常关键，你想千家万户，都要教拥护，也不可能，但是大原则，看大方向，干部你要顾全大局，他（群众）对你就有些不满意，咱不去计较他，这就是顾大局，大局是好的就行了，你看不到问题就不能前进，要尽是好处就不用你领导了。领导就是决定因素，西沟山河面貌改变，确实是有了党支部，党支部有号召力么。就是在这个上头，（现在）开会少了，现在教育跟不上。那会儿一个生产队经常开个会，给群众开个会，这会儿一年开几个会？开会少，教育少，不说群众落后，就是谁不学习也要落后。

刘：就是，现在的人都在外头打工呢，也开不了会。

申纪兰：都打工。他就知道挣钱，其他不关心了。

2. 访谈对象：张双考（男，1944 年生于西沟村刘家地，小学文化，中共党员，退休工人）（其中有张双考妻子、儿子、儿媳的插话）

访谈时间与地点：2013 年 6 月 4 日；刘家地家中

访谈及录音整理：赵俊明（整理者）、刘晓丽

［本来准备找张双考访谈，去了不在家里，儿子和媳妇在家］

张双考儿子：我爷爷是张文成，长治党史资料里都有记载，记载得很简单，就是个出生年月，多会入党来。解放前当过潞城县第一任县委书记，后来调到天津了，

咱不知道具体是什么单位。我爷爷是李顺达的入党介绍人。平顺县的第一任党支部就是在这个院子里来［此说有争议——编者］，原来都是土窑，现在用石头碹［用砖、石或混凝土等砌拱——编者］了一下，旧址还是这个旧址，里边变了。现在这都不是以前那个了。主要是就保留不下，时代一直在发展，你还得再盖，不修就不能住了。再一个应该注重历史遗产的保存，其实这个东西都应该保留下才对，它就是照点照片啥的，画个像，那个就不解决基本问题，这个东西必须留下才珍贵。再过几年，这个窑洞也就没有了，社会发展，都成了现代化了。

赵：你们也没有安排了工作出去？

张双考儿子：我父亲安排了，他原来在清华厂来，我和我母亲在家里。

赵：你说说你爷爷的事情？

张双考儿子：我知道得就很少，我五岁上我爷爷就死了。

赵：家里有没有你爷爷留下的一些东西？

张双考儿子：照片有，也不在我手里。

［这时，张双考从外面回来了］

赵：记不记得你父亲的事情？

张双考：记得，基本上记个差不多。

赵：和我们说一说？

张双考：我父亲是33年参加革命，到中间有一段时间回来，37年又正儿八经出去了。

赵：他就是最早的？

张双考：最早，老李他们都是他培养的。

赵：解放后到了哪里了？

张双考：解放以后，他是到天津，天津解放得迟，他去接管，平顺去了13个，就有他。

赵：后来到了哪里？

张双考：后来回到平顺，最后到了乡里头，就是下乡。

赵：在哪里离休的？

张双考：平顺县实会公社农牧委员，管农业牧业的，在那里离休的。

赵：他那么早参加革命呀。

张双考：没文化，自己太老实，老实人，不愿意和公家讲价钱，反正是你让我能生活就对了。

赵：你父亲那时候的具体工作？

张双考：发展平顺党组织，都是地下的，他是在潞城，潞城县第一任县委书记。

3. 访谈对象：张章存（男，1947 年 12 月生于西沟村老西沟，初中文化，中共党员，曾任西沟村党总支副书记）

访谈时间及地点：2014 年 4 月 23 日；西沟村委会

访谈及录音整理：赵俊明、刘晓丽、郭永琴、张文广（整理者）

赵：大爷给我们讲讲你们这发展党员的情况吧。

张章存：五几年西沟最多的时候，就是六十来个党员。在这之后，西沟党员就发展得少了，每年发展一两个。领导来了以后［1995 年 4 月 13 日上午，时任中共中央政治局常委、书记处书记胡锦涛视察西沟并做了重要指示——编者］，觉得西沟应该吸收新鲜血液，发展新的党员，后来，上头领导一再讲这个。这之后我们村发展的党员就比较快，也比较多。

赵：从什么时候开始的？

张章存：从 90 年代开始，八几年也发展，可是发展得不多。90 年代以后就快了，成熟一个，发展一个。我们西沟后来就发展年轻的，从学校回来的，在家里边干工作上进心也比较强的，有些比较诚实的。当然发展党员得培养，培养以后，党支部就把他们吸收上来，给他们上党课，给他受教育，这样成熟就发展。以前了，乡里边、县里边有下的指标了，你这个乡里边一年发展多少，乡里边就把指标往村上放。那个时候，西沟大队的指标顶多就是两个三个。从 93 年开始发展比较快，93 年就是 3 个。94 年成熟了 4 个，上头只给了 3 个指标，就发展了 3 个。95 年就多了，就发展了 6 个。这以后，西沟就不限（指标）了，住党校以后，就发展，最多西沟可能就是一年发展个十来个。

赵：80 年代入党的积极不积极？想入党的多不多？

张章存：就是写申请比较多，但是没有指标。不限指标以后，写申请的比较多。发展了 12 个，写申请的就有二三十个。好中选优，就是这样发展了。西沟到了 2000 年以后，西沟（党员）从六十来个，六十四个，就发展到一百一十来个。这个就发展得比较快，年轻的就上来了。

赵：那这之后呢。

张章存：这以后，我也不管这个事情了，具体发展了多少，我就弄不清了。以前，我管那段，就发展得比较快。

赵：现在支委里头的大部分都是你那时候发展起来的吧。

张章存：支委里头是，有 94、95 年的，在班子里的领导都是经我手发展起来的。现在你看从 93 年开始，发展党员也将近 20 年了。

赵：你主持的时候，90 年代有没有组织党员外出参观？

张章存：以前，我们这没有出去的。（张）高明书记在的时候，就是跳个绳、拔个河啊。要评先进党员，给党员发个被面啊，发个被套啊，买点西瓜啊、杏啊、桃啊。还组织女的踢毽、跳绳、打乒乓球啊，弄一天。再一个，各分支比赛唱歌，前边的都要发奖。发个纪念品，发个笔记本，发个笔了。后来到七一的时候，就组织党员到外边。

赵：去过哪些地方？

张章存：有一年去过大寨一次，去过壶关，去过晋城皇城相府，来回跑跑，现在基本每年出去一趟，还去河南洛阳。去三个车，一般一个车最多的就是四十多个。去年去的皇城相府，前年去的大寨。还去了长治一次。西沟和其他地方不一样，其他地方一下放，就不管了。

赵：咱们总支现在有几个副书记？

张章存：现在有三个副书记。

赵：三个总支副书记是不是还是兼的分支书记了？

张章存：是。我那个老二就是总支副书记兼的分支书记。

赵：你家老二是哪一年上的副书记了？

张章存：第二届的。

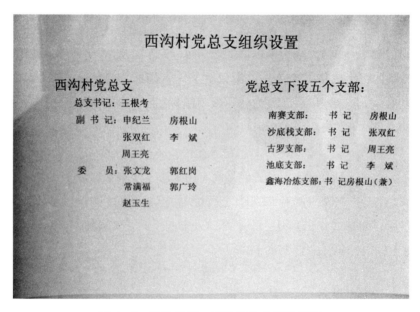

图 9-2　西沟档案：西沟革委会档案封面

赵：等于 30 多岁就当上了？

张章存：哦。我下以后，就选上他（当总支副书记）了。我在（总支副书记）的时候，他就是支委了。

赵：你这副书记是哪一年才不做了？

张章存：上一届。我实际上干副书记就是干了十几年，95 年干的。

4. 访谈对象：申纪兰

访谈时间及地点：2013 年 6 月 10 日；沙地栈

访谈者：刘晓丽

录音整理：郭永琴

刘： 西沟党组织什么时候成立的？

申纪兰： 党组织是 38 年，那会是李顺达 6 户贫农办起了第一个互助组，那会是八年抗战，三年解放战争，就弄这个。互助组 6 户有路达全，有王周则，还有宋金山，他是老西沟的，马何则是池底的，还有刘永清，就这几户。在参军参战时候，谁当兵走了，就大伙先给谁把地来种好。实际上互助组是个大帮工，你给我动几天，我给你动了几天。那会参军参战，劳力少，组织起来优越性就有了，互相就帮助了，再一个还有就是照顾。那会是开荒，灾荒年饿死人了，参加了互助组，有个政策，可以开荒，大家还能刨山药蛋，分一分，要不就感到集体好？这调动了大家的积极性。

西沟党支部是一个坚强的党支部，从 1938 年到现在我们没呐［没有］中断过，一直是听党话，跟党走。互助合作也是听党话，到成立初级社还是按照党的指向走，就到了改革开放，我们也是高度和中央保持一致，走改革开放的道路，因地制宜地把生产发展起来。说没工不富，我们就办企业，这不是也办了两企业，不过不好吧，也办了。饮料厂，还有个铁厂。我们没呐［没有］个人的合作，都是集体。就是跟外地合作了点事情，也是大队跟人家合作，我个人没有一分（钱的）股份，一千块钱股份也没啦，没呐［没有］搞过个人利益。你这个要是谋私利，就不要当干部，谋私利就不是好干部，你给大家铺不了路，也不要为自己谋利益，损害党的利益，损害群众利益。面向基层，面向实际，面向农民，我们是战斗在一起，胜利在一起。全心全意，做不到全心全意，也不能半心半意地工作。

西沟大队在山上绿化，是带领群众，在河沟修地，也还是发动群众，一直是发动群众。要战斗在一起，胜利在一起，我们才是集体化，要是个人利益走到前头，那还叫什么社会主义呀，当然私人正常劳动是可以的，整个方向是有规划、有领导、有目的地发展，再就是说（如果）个人利益占领了阵地，我说西沟党支部就没呐［没有］这么巩固。你像山上植树，走遍山，流遍汗，多少顿没啦吃上饭是家常便饭，这是实实在在的。由于是干部（就）要先干一步，领导必须走到前头，你到后低［后面］走，你还叫干部呢？人家群众也走了，你也走了，就不是干部。要谋取私利就不是一个好干部。盖房吧，我这不是三间房，跟群众一样，人家还有四间，我才三间呀，咱还是拆了旧的，盖成新的。这就是新农村不浪费土地的表现，但是新农村建设不是占了地就是新农村，把规划搞好，落实这个规划，这才是对的。最大一个问题西沟是石头山上造林，这是最艰苦事情。山上栽树，河沟造地，向荒山要地，向河沟要粮，就是艰苦奋斗的作风，是建设社会主义的总目标、总方向。最重要的规划是很主要的，方向明确，领导带头，领导带了头，群众就不发愁。这个县里头有个好（县委）书记，乡里头有个好党委书记，村里头有个好支部书记，都是领导带了头，我们工作才有盼头，你要是领导光说不干，什么事情也不好办。他去参加劳动去，他就要解决问题，光一个群众他解决不了问题，他知道种这个树得多少工，修这个岸又得多少工，群众也不能吃了亏，也不能多讨了便宜，这个规划就是总方向，西沟党支部就决定了这一点。最大一个问题是吃水问题。过去是水贵于油，走了好多远，早上五点起来就先担水，走出去担上水来了。像我们县里头开劳模会都没呐〔没有〕水，还走到漳河岸去开劳模会，现在县里头解决了吃水问题，我们西沟也解决了，大部分都能解决吃水问题，这就很不容易。再这个解决吃水，不但帮助西沟，重点是和县里头共同把漳河倒流回来，来到西沟。

再一个最主要是科学发展观，引上科学家来，瞧了瞧平顺有水。我们西沟也打出深井来了。还有个老党员叫个马何则，当过支部书记，还有一个原宝才，两个老头子都是80多岁，水也打出来了，他眼泪也流下来了，真没呐〔没有〕想到咱们西沟有水呀。过去就是死干，就没啦一个好办法。他说，纪兰，你真正是给大家办了一件实事。我就不敢说能打出来，打不出来怎么交代群众，我黑夜就睡不着觉。赶水也打出来了，我们心里头这泪也流下来了，总算给人民办了一件实事，这倒不是个大事，也是祖祖辈辈没呐〔没有〕水，改革开放，发展是硬道理，改革有新突破，西沟打出水，不容易啊，这就是我们有西沟战斗的党支部，起到了带头，高度地听党话，跟党走，永远听党话，党支部要不听党话，怎么当党员？从入党那天起，就是要吃苦在前，享受在后，要谋取私利自己就不入党。多少年来，工作中在不断克服困难，不断解决问题，在矛盾中生活，西沟才成长起来。贯彻了艰苦奋斗精神，干部带了头，解决了实际问题，说山上长不起树来也长起来了，河沟也修了点地，也初步解决了温饱问题。最主要我们办企业，也安排了一二百劳力（的就业）问题。还有的走出外头了，这会是各奔前程了，有技术人都往远处走了。

在科学发展观上，我们西沟也迈出了一步。依靠群众就是最大力量，相信群众就能办好，自己带了头就能搞好，就这三句话。我给你就说这些。这是干了的事情，我给你回想呢。还短甚，我都管。老李不会说了，我会说，再过几年，我就不在了，也说不上了。过去西沟办社就没文化，连会计都找不到，后来这是个小学生当了个会计，现在大学生多太多了。文化上也改变了。

5. 访谈对象：侯雪珍（女，1937 年 11 月生于平顺县东寺头乡寺头村，扫盲班毕业，中共党员，西沟村生产队小队长、大队妇联工作）

访谈时间及地点：2013 年 5 月 26 日；沙地栈

访谈者：刘晓丽

录音整理：郭永琴

赵：你是这个村的吗？

侯雪珍：不是。我是嫁到这个村的。我娘家是寺头公社。

赵：怎么嫁过来的？

侯雪珍：那会有亲戚介绍哩，介绍过来的。我是 57 年入了党来。赶 59 年那时候走了个，就是这个村的姓韩［韩春兰——编者］的妇女，她也不小了，她倒不在了，她在的话恐怕也 80 多岁了，八十一二。她那男人在四川当兵来。她是 9 月份走来，一走，就给我搁上了，叫我当队长，就开始瞎受了。

赵：你在哪里入的党？

侯雪珍：在这儿来吧。从那个以后，二十六七年风风雨雨的，可是真是。那会大闹钢铁，我什么活也干过啊。后来有了大病了。去年清明左右我就快不行了。那时候，年轻人吧就不知道死呀，我什么活也干过。

赵：像李顺达在西沟建立党支部你熟悉不熟悉？

侯雪珍：48 年来，我是听的，那会一直讲了吧，恐怕是 48 年建立个党组织［此处有误，应为 1938 年西沟建立党支部——编者］。过去开那个会也是怕了。过去那几年，咱是开会听人家说过这个。因为我参加党的时候，好多老党员都不在了，女的也是老多来，女的也十来个了，不少。这会也就是大队十来个，小队可没了，就我跟老申。那时候，人家就是说，一心叫做甚了，有个命令干甚呀，咱就赶紧干甚，比现在有劲。

6. 访谈对象：张高明（男，1956 年生于西沟村刘家地，中共党员，高中文化，曾任西沟村委会主任，总支书记，现任县林业局正科级科员）

访谈时间及地点：2014 年 5 月 25 日；西沟展览馆。

访谈及录音整理：刘晓丽、郭永琴（整理者）

刘：说说党支部建设吧。

张高明：我当总支书记以后，就大刀阔斧地培养了一批年轻人，我这个人不怕别人抢了我的。他们那会入个党可费事了，他们把入党那个东西（看得很重），我可不自私。西沟在什么时代，都有一批年轻人来接，一个小集团来接了，但不是说是个党员就能当了干部，妇女入党，年轻人入党，党员就更新了。

刘：西沟可以直接到县里申请党员指标？

张高明：当时我那个时候行，乡里也很照顾。

刘：那些年党员每年都增加？

张高明：我对于培养年轻人，掐得不紧。年轻人有这样那样缺点，允许人家改正，要求进步这是个好事。本身有这个那个缺点，入了党就约束他。班子更新，合理安排老干部。2004 年，我起码把三老问题已经列入党总支议事日程。

刘：三老是什么？

张高明：老干部、老党员、老村民。三老倒有了补助了，西沟村是平顺第一家，不多，起码是根据经济增长逐步往起起。国家老干部是财富，我们村里老干部怎么不是财富，他们辛辛苦苦干了多少年？我就告诉年轻人，首先要考虑到老干部，你们也要老了，要爱护老干部，尊老爱幼是中华民族的美德。不要今天当上了就瞧不起老干部了，老干部也有缺陷，但大部分都是好的。95 年胡锦涛来西沟来，他还点了我的名。他当时通过那个班子，我们那个书记汇报工作以后，他说西沟这个班子老化，还问我当了多少年了？我不是补充汇报来？我讲话也比较胆大。当时有省委组织部长支树平，有长治市秘书长申联彬，他们在给我壮了胆了："不怕，说吧。"我就提出西沟这么些年沿着路线走不容易，但西沟班子老化，党员队伍老化，再一个要发挥好名人效应，把政治效益变为经济效益，就说申主任了。当时老领导不愿意退，跟咱这个想法不一样，人呀他有一定的精力，你出完力以后，就没有那么大精力了，你到时候影响发展哩，人都是一样的。人家领导给我安排来，当时撤并机构，新成立一个单位，是管工程的，我不（干）啦，人家领导还对我有意见了。

说老实话，查了我老多次。我没呐［没有］贪污，我怕什么？那个东西咱经历过。账有问题？有，原则问题没有。有些挪用了，教育，盖这个楼来，学校这个楼改变了三次，经我手弄过三次。宽宽敞敞盖好了，没呐［没有］学生了。申主任对我最大的意见是，我这个人愿意干先进，不想丢面子，硬着头皮也要搞好，所以申主任这方面对我有意见。但申主任支持我，虽然这个孩子没呐［没有］做了特别大事，也有志气。她看着我长大，人家比我父母亲都大。走的时候，申主任流着泪，一谈话，我说申主任我走哇。

我这个人不搞帮派体系。在班子团结上，带头搞好团结，不是一团和气的团结呀，谁有缺点，谁有毛病必须指出来。但我这个人也是有感情的，同志们有困难，包括老干部的家属，他死了，即使我顾不上看，我每年还要派人去看去了，还有些贫困户。人这个东西，没有感情就不对了。

7. 访谈对象：王根考（男，1956 年 9 月 29 日生于西沟村古罗，高中文化，中共党员，西沟村党总支书记、村委会主任）

访谈时间与地点：2013 年 6 月 11 日；西沟村委会

访谈者：刘晓丽、赵俊明

录音整理：郭永琴

刘： 你们村的发展是不是也不太一样，有的村要发展得好点？

王根考： 这个是一样的，大概我们这个党员吧，有 116 个，我们这个党组织是根据这个村民小组划的，4 个分支，12 个党小组，也是 12 个村民小组。这个是怎么划的呢？过去我们是集体化时候，12 个生产小队为基础，后来又闹了 24 个生产小队。后来又弄成 12 个生产小队，形成了 12 个村民小组，12 个党小组。

刘： 村民小组和党小组不是一回事？

王根考： 基本是一回事，党小组管的不一样，你比如说南赛是最大的村，600 多口人，每个村三个村民小组，它属于一个分支。我们有四个分支。

（二）村级民主政治建设

1. 访谈对象：张文龙（男，1954 年 2 月生于西沟村刘家地，高中文化，中共党员，村委会会计）

访谈时间与地点：2013 年 6 月 4 日；刘家地家中

访谈及录音整理：赵俊明

赵： 婚事是家里自己办？

张文龙： 自己办。

赵： 村里没有理事会之类的？

张文龙： 没有。就是以各个自然村为单位，一般就是以自然村为单位，组织起来给安排了。这不是昨天晚上叫村上人都来，安排叫谁干什么，谁干什么。

赵： 你负责这个村？

张文龙： 是。

赵： 我们觉得现在六七十岁的人比四五十岁的人，想集体比想自己多？

张文龙： 对。

赵： 你们这代人受的教育不一样？

张文龙： 对，时代不一样，社会也在变。

赵： 咱们是前年换届的吧？

张文龙： 嗯。明年又到换届了，3 年太快了。有些人刚上来，他就还没有打下基础，就又换了。你说他能安下心来工作？3 年时间，他才计划干了，下届倒又换了，把他选掉了，所以说就干不成。

赵：5 年左右好些。

张文龙：能干点事情。

赵：咱们集体下来换届影响大？

张文龙：哎呀，也影响。

赵：集体下来支部的决定权不大？支书、支部与村委谁的决定权大？

张文龙：那当然是支部大。

赵：支部的连续性强。

张文龙：可是不行，现在大部分实行的一肩挑，支书、主任一个人，以前支书是支书，主任是主任，这样两个人能互相制约，但现在一个人，所以说漏洞太大，容易出问题。

赵：明年换届，选不上主任了，支书也换？

张文龙：也换，他是一肩挑，以前是分开的，后来成了一肩挑了。

赵：（张）高明完了是谁接的？

张文龙：（王）根考。

赵：高明不干了，（周）建红就不干了？

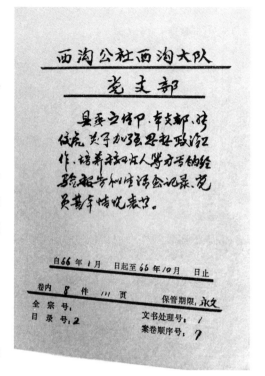

图 9 - 3 西沟党总支机构设置

张文龙：建红先不干，高明一肩挑就干了两届。2010 年换了，高明就不干了。

赵：高明干的时间挺长的？

张文龙：不短，他是从 84 年当主任。84 年大选了，把老的全部换了，全部换上年轻人。中间来来回回，支书、主任上来下去，建红走了，就他一个人。现在又是根考一个人，其他村也都是一个人，上头硬要求一肩挑。这个不好，弊病很大，按道理这些话咱不应该说。有啥弊病了，好像现在我一个人说了算，会计基本上成了个摆设，你不听我支书的，你不用干了。以前支书、主任互相有个制约，你现在没有制约了，就是我一个人说了算，我让你弄什么就得弄什么，你不听我的，你就不用干，所以现在会计不好干。我在村上这么多年，我最了解这个了，会计基本上就是个摆设，所以现在弊病很大，出问题的也很多。

赵：根考比你小一两岁？

张文龙：小两岁，也是一代人，和高明差不多，他俩同岁。

赵：西沟村有村官吗？

234

张文龙：没有。

赵：派过走了还是一直就没有?

张文龙：乡里往各村派，前几年一直有，最近没有了。

赵：原来有几个?

张文龙：一个。

赵：去哪儿了?

张文龙：人家有其他事走了。

2. 访谈对象：马怀生（男，1945 年 7 月生于西沟村池底，初中文化，中共党员，西山矿务局退休工人）

原海松（男，1952 生于西沟村池底，初中文化，长钢退休工人）

访谈时间与地点：2013 年 6 月 6 日；池底郭广玲家中

访谈及录音整理：赵俊明（整理者）：刘晓丽

赵：我们发现还有一个就是，老子是干部，儿子也是干部。

原海松：对，都是。再一个西沟大队这个，有的能干，就不在村里干，就出去干了。

马怀生：这个是这样，老子下了，选不出能干的来，他儿子就得干。老的都老了，出不去了，老百姓都要生活，你让他怎么办?

赵：实际他们收入还没有打工多?

原海松：把人都养得懒了，劳动不想出去受苦了。我在大队一个月挣上个一千四五，也不错。

马怀生：能生活开。

刘：这个地方，干部挣得也不多。

原海松：这地方，最多就是 2 万块钱。打工的有的比这好多。

马怀生：也差不多，和出去打工差不多。

原海松：我住的还是旧房子。

赵：你的孩子了?

原海松：在外边打工，在北京，两个姑娘，一个儿子。

3. 访谈对象：胡买松（男，1945 年生于西沟村古罗，初中文化，中共党员，曾任村会计、副书记、书记）

访谈时间与地点：2013 年 5 月 30 日；古罗家中

访谈及录音整理：赵俊明

赵：90 年不当支书了以后，还在村里当干部吧?

胡买松：不干支书了，还是支委，我分管林业，植树造林，防火这些都管。

赵：管到哪一年来？

胡买松：管到选举完了，人家换了新班子以后，就不管了。

赵：你完了就是张高明接的？

胡买松：我完了以后张俊虎又干了一年，完了就交给高明了。张高明是91年干上的。

赵：你们这些退下来的老干部有没有一些待遇？

胡买松：村里现在退下来的干部，人家新的领导让给帮忙，村里有事情招呼招呼［帮忙帮忙］。

赵：有没有生活补助？

胡买松：你上一天工给你记一天，给你报酬。

赵：一个工的报酬有多少？

胡买松：大队定，你在厂里随厂里，在大队随大队。

赵：现在大队是多少？

胡买松：我不清楚，我是在企业里，我在企业里上一天20（块钱），大队可能比这高些，我也闹不清。

赵：这个也不算多。

胡买松：农村就这个，它没有个经济来源。咱一辈子了，咱体贴这个。

赵：国家给不给你们些补贴？

胡买松：哎呀，像我这干了四五十年了，国家不给。就是正职连任10年以上的才有，我这干了四五十年一直是副职，正职就没有几年，就没有补贴。

赵：是这种政策？

胡买松：基层这个就是这样，没保障。真是现在社会好，就是我说的，老百姓说爹亲娘亲没有党亲，没有社会主义亲。因为什么，养孩子可不如社会主义和党，七十来岁的人，没有想到合作医疗咱能享受到，养老保险，孩子还按时给不了你，国家一月给你55块钱。哎呀，就感到高兴得不得了。

赵：村里给的钱够不够花？

胡买松：两人，农村这个就花不了个钱，种上点地，自己有粗粮，买点细粮。

赵：一年能不能收入到一万？

胡买松：没有，也就五六千块钱吧。

赵：够不够花？

胡买松：够吧。这就没有个穷尽，没有个品级，每天吃的大米、白面，你还要吃啥？衣裳啥的，自己弄上一身衣裳要穿好几年，现在的衣裳结实。再一个孩儿们

236

不穿的衣服，都是好衣裳，咱老的就都穿。

赵： 知足啊。

胡买松： 知足才是幸福，不知足就不行，我们这个年龄，想不到能享受到党和国家这样的关心和爱戴。

赵： 你这样的将来还会多给点？

胡买松： 瞧着这个形势越来越好。今年听说增加了 10 块（钱），原来是 55（块钱）来，我还没有去领了。

4. 访谈对象：张章存（男，1947 年 12 月生于西沟村老西沟，初中文化，中共党员，曾任西沟村党总支副书记）

访谈时间及地点：2014 年 4 月 24 日；西沟村委会

访谈及录音整理：张文广（整理者）、刘晓丽、赵俊明、郭永琴

张： 您 68 年刚进两委的时候，当时那个两委叫什么？

张章存： 那个时候就叫两委，西沟村委会、西沟组织委员会。

张： 我看西沟村志上写的是 67 年时候是西沟革委会。

张章存： 它也叫革委会，也叫村委会，后来就成了村民委员会了。以前就是管委会、管理区。

张： 马何则后来在村里当了什么？

张章存： 他原先是书记了，支部书记。后来就到了建设队当队长。

张： 他是支部书记，李顺达是什么？

张章存： 李顺达是主任。

张： 革委会主任？那当时是谁说了算？革委会主任吗？

张章存： 是。

张： 那是哪一年？

张章存： 那是盖接待站的时候，就是 70 年代了。

张： 您当时的情况是？

张章存： 当时我就在支委了，是委员，那时候就属我小了，都是老的，都是和我父辈一样的，我是最小的。

张： 其他委员对您怎样？

张章存： 因为当时我的年纪小，对我都还关心，数我小了。

张： 李顺达是不是比较看重您？

张章存： 谁知道？呵呵，看重不看重吧，咱也勤快，那个时候，也年轻。再一个，小的，你勤快点，就待见你。

张： 那个时候是党支部和革委会一起开会呢？

张章存：那个时候一般都是支委会（开会）多，村委一般就很少开。啥事情都是支委会定了，定了之后就干。

张：革委会和支委会，哪个说了算？

张章存：老李说了算。都是听老李的。那个时候，也不说来是支委会，也不说来是革委会，反正，一开会都来就定了，定了之后，就去干了。现在就成了支村两委，西沟成立了党总支之后，光党总支就17个支委了。管理委员会的委员就多了，有20多个。

张：西沟叫管理区是67年之前的吧？

张章存：嗯。67年之后是革委会。

张：67年之前您进管委会了吗？

张章存：我就一直没有进管委会，我在支委会了。

张：村里边的农业税是怎么收了？

张章存：这个农业税一年该交人家什么就交什么，这是国家规定的。以前税务局还说，西沟交税最早了。人家通知你，交农业税了，农业发展税，你去交什么税了，你去交就行了。

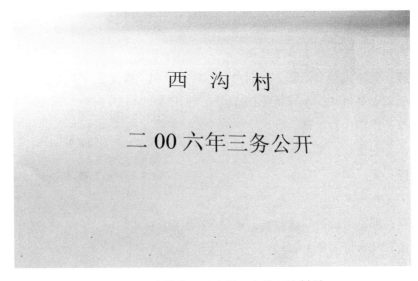

图9－4　西沟档案：西沟村三务公开资料封二

刘：马何则是不是比李顺达大？

张章存：大，他比李顺达大好几岁了。西沟79年就换成了总支了，换成总支之后，李顺达就是总支书记，也是主任，都是他。西沟成了总支以后，就把东坡、石峡这两个村都并到西沟的总支了，实际上是西沟总支带了两个村。

刘：那两个村是大队，还是自然村？

张章存：大队。西沟开总支会的话，南赛都来参加。

刘：李顺达去世前一直是西沟党支部书记吗？

张章存：是的。

刘：村长是申纪兰吗？

张章存：她没有当过，西沟的书记、主任一直是他（李顺达）一个人。老李在的时候，纪兰一直是副社长，后来就是副主任。老李是主任，她就一直是副主任。申主任一直是副的，她没有主持过西沟的工作。老李不在以后，就是俊虎。俊虎下来以后，胡买松当了四年。下来以后，就是张高明。张高明从84年换届当的主任，到了89年就是代理书记，从89年一直干到2010年，才调走。

刘：李顺达是选的吗？

张章存：李顺达也是选的。那时候的选和现在不一样。现在的选是印上票投了。李顺达的时候，是脊背后给搁个碗，放豆豆了。我同意你，我给你搁1个豆。

刘：都是选的，支部书记也是党员选的吧。

张章存：是党员选的。一般党里边吧，任命比较多。比方说西沟这个啊，只要你王根考选上村主任了，你又是共产党员，上面就是任命，任命你为书记。

刘：我记得任命是从2000年之后的事。

张章存：以前选支部书记了，就是全体党员来选了。以前的时候，老李一直是书记，俊虎一直是副书记。老李不在，俊虎主持工作。在（土地）下放之前，俊虎的威信还高。老李不在（西沟）的时候，就说，放手干吧，出了问题，我承担。老李那个时候啊，就是会计不能管现金。会计只管账，现金出纳管。老李那时候，不准报销一根烟。

张：咱们村的党支部书记是党员选呢，还是乡里任命了？

张章存：有任命的，也有选的。支书按道理是3年一选，有时候就不选了，乡里直接任命。现在是"一肩挑"，换届的时候，选村长，如果是党员，那就任命（为书记），支书村长就是一个人。

郭：咱们村有几个支部书记是任命的？

张章存：今次换届的王根考就是任命的，选上村长，任命为书记。如果你是非党（员），那就还要配备一个书记了。如果是党员，只要选上村长，那就是"一肩挑"。支书这个能选，也能不选，不选就是任命。要是村长，就必须得选。

郭：李顺达的那个时候，书记是任命还是选的？

张章存：选的。84年以前换届不多，84年以后，正儿八经就是从95年之后，特别是这几年，到2000年以后，就是3年一换。再一个，国家就有文件，到时候，省里边下发文件了，就才要换届了。

张：候选人是怎么定的？

张章存：选的时候也是推荐了吧。先推荐，推荐出来以后，经过会议讨论。以前还要让你演讲了，演讲完之后，老百姓投票。

郭：怎么演讲了，那么多村呢？

张章存：后来就没有演讲过。

郭：咱们村就没有演讲过？

张章存：没有。

郭：那是怎么选了？

张章存：定个候选人。

郭：是每个自然村先选吗？

张章存：不是，得经过两委推荐。推荐出来之后，经过选委会研究，推荐出候选人，推出候选人之后，全体公民选。

郭：都到哪个地方选啊？

张章存：原先我们分的四个分支，四个片选，去年全部集中在礼堂选。西沟大了，选举本费事。

郭：那咱们选委会有几个人呢？

张章存：选委会十几个人了。

刘：以前就没有什么竞争吧。

张章存：以前没有。后边这个，就是省里统一下发文件换届了。到那个时候，山西全换了，就不是哪个村换届，哪个村不换届。以前国家就没有定多长时间换一次。按规定 3 年一换，今年就应该换届了。

郭：咱们村现在没有人出来游说了吧。

张章存：换届在收完秋，11 月份，在冬天闲时候，才要换届了。

刘：处理村民纠纷的这个调委会是怎么回事？

张章存：调委会我就刻了个章。

刘：调委会原来是谁分管的？

张章存：调委会原来是我分管的，有四五个人。有时候有人去找我了，他们都不方便，只好我一人去了，这些都是我一个人处理得比较多。西沟处理这个纠纷，一般的，就不往上转了，大的，就给他转了。处理了之后，他签了字，就结了。

刘：都有些啥事？

张章存：农村这个啥事情也有，有打架的，有争房屋基地的，也有夫妻两人不和的，婆媳不和的，也有下雨了，下水的，也有因为地有争议的，啥都有。我弄开以后，处理了，我就登记。

刘：那再来找呢？

张章存：第一次处理完了之后，他要再来找，就给他转到乡里边了。

刘：你处理了这么多，你觉得哪一个阶段这个纠纷比较多？

张章存：都差不多。在集体时候，西沟就没有放下权来，在教育上就没有放过，他这个思想就没有散了。所以你看其他大队，一放，这个大队好像就没有事了，就不成事了。你看西沟现在这个，有姓周的，周毕雄（音）专门在这，一天在这，联系这个事。其他大队就没有人，就没有人去。来这儿的人比较多，总得有人传达、告诉啊。你要一般村，他就没有了。西沟这儿吧，有事了，就找找大队，就找上来了。

张：这里的处理意见里有一个是有关宅基地纠纷的，您能说一下当时的处理经过吗？

张章存：批房这个，必须用民调。有些他要有纠纷了呗，他不知道情况。有些时候，他找来，我给他一说，就解释清了，到底是什么情况。以前张考芳，刘家地（张）高明那个村上的，婆媳两人生气。原来有个年轻人处理的这个事，他那个老婆说来是，还没掉胎毛了，小孩（他能处理好？）。她就不相信。她后来又跑上我这来，她就想年轻人就调解不了。我就去了两次，最后，俩人就和解了。和解了以后，过了七八年，两人就又闹开了。又闹开以后，最后还是离婚了。

张：对于您的纠纷处理结果，当事人会不会对您有怨气？

张章存：一般不会。你处理这个，就得占公心了。你处理其他人的问题，你就得想想这个事情要是搁到自己身上了，要想得怎么把这个事情给处理好。

张：这个协议里面的换房是怎么回事？

张章存：换房是原先南赛的，那个村比较大，没有供销社。有一家有3间房，他在外边工作了。南赛那个地方，村大，不方便。供销社就说来，借上房在那开上个供销社，就借人家的房在那开了个供销社，一开，就二十几年。

张：有给人家的补偿吗？

张章存：那会办供销社都是集体的，这会来，你就得租房。

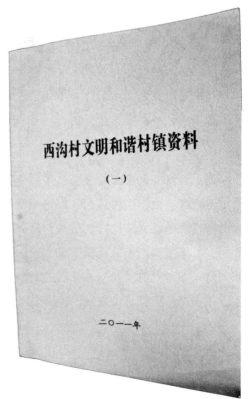

图 9 - 5　西沟档案：西沟村参加文明和谐村镇评选资料

刘：房子呢？

张章存：房子是个人的。那个时候，供销社都是村上的了，又不允许你去开个小铺，所以说就占了他的了。这个老汉退休了，老俩就都回来了。回来了，房也旧了，大队修路，又占了他的房的一部分。南赛村比较大，大队以前在上头那盖了个仓库。前头4间弄的加工厂，粮食加工厂，后头还有3间，也是仓库。这样以后，他就把原先的旧房，给集体留下。集体的3间房比较好点，就给他换了。西沟村也比较大，难免有这个问题，那个问题啊。

张：您在这当调委会主任的时候，南赛村有没有一个助手？

张章存：南赛有一个，这儿这个村上有一个，下边村上有两个。

张：池底？

张章存：池底两个，古罗一个，瓜地栈一个。

张：他们也是两委成员？

张章存：嗯。现在的民调是一个副村长管了，在二楼那。也有因为下上雨来了，水出不供了。这一家去拔水了，他家又不让他，两家就生气打架了。在古罗村上，张存考，他家弟兄们因为盖房生气，老二家一个孩，老三家三个，最后那不是老三家弟兄三就把老二家这个孩在楼上给打了，腰都跌折了。村上这个事情啊，有些你都想不到。

5. 访谈对象：王根考（男，1956年9月29日生于西沟村古罗，高中文化，中共党员，西沟村党总支书记、村委会主任）

访谈时间与地点：2013年6月11日；西沟村委会

访谈者：刘晓丽、赵俊明

录音整理：郭永琴

刘：村里有大学生村官吗？

王根考：大学生村官在我们这里没有，以前有过，就是派上来就调走了。西沟派的村官都是优秀的村官，后来村官就少了。去年，有个村官，又说挂职了，一个女的，县里借调走了，就没有来，所以我们这村官就缺着。

刘：西沟村的村长和其他村的村长不一样？

王根考：毕竟是个农民，但是肯定担的责任大。说实话，我也没得这个思想当村长、书记，我是愿意搞企业。当时95年以后，老支书退了，张高明原来是村长，后来他就成了书记。95年我成了副书记、常务副村长，为什么是常务副村长？当时没有村长，后来乡里的书记说，你得干村长。后来高明说，你当村长吧。我认为搞企业确实比当村长难，不愿意当村长。2008年，领导跟我谈话，原来的村长周建红考上公务员，走了，没有村长，你得担任村长。我还说，我不要吧，还是让张书记担任。后来，张书记说是去县里工作了，你就不敢说不干了，这样就干上了。

刘：这届村委也行吧？

王根考：总的来说比较好，现在我们的村委会普遍是文化水平不行，都是实干的，文化水平还是相当低下，（村干部）基本是小学文化程度。

赵：越年轻怎么文化程度还不如你们了？

王根考：他们现在住高中还得到县里住呢，我们过去村里就有高中，再一个现在（村干部）大部分都是初中毕业。

赵：你不能向县里要个助手？

王根考：你像西沟村2000来口人，又是个联村队，这样分散，又是个先进地方，只能搞好不能搞坏，原地踏步就是差劲了，起码必须一年比一年好。你像我那会刚进班子的时候，我就当了十几年管调解。（一九）八几年确实感到村上生气打架就是比较多。我很喜欢这个工作，当调解员是锻炼思维的好机会。农村还是缺人才。以我的水平衡量，将来他们（现在的村干部）很吃力。没有文化，就要（当）实干家。主要缺少有文化的，开始给我派那个村官就是不一样，写写画画就是不一样，现在就是不行。

赵：你干好了，这个村子就吸引人了，你可以聘用啊？

王根考：我们的班子挺团结，但是文化水平比较低，缺少有文化的年轻人。上一次选举的时候，南赛村有个年轻人和我竞争过，后来选罢，我就跟他说你这个竞争是很对的，但是我说你起码现在思想要解放，首先你起码要向组织靠拢，你说你当西沟支部书记连个党员都不是，肯定不行。南赛的那个年轻人叫艾亮，这个小孩很优秀，现在搞的合作社，领着工人。我说年轻人要慢慢来，希望你向组织靠拢。但是他不向组织靠拢，西沟的村长不是说谁想当就能当。老百姓起码，工作要认可你。西沟人是比较公道的，其他地方现在选举不很好，小村，家族大了可以当上，可是在西沟村不存在这个问题，因为我们是9个（自然）村，我这个联村，它大了，要实打实地选，选大家信任的。大村有大村的好处。小村也应该是实打实地让老百姓选代表，不然就弄乱了。

6. 访谈对象：王增林（男，1957年1月25日生于西沟村池底，中共党员，高中文化，曾任西沟村党总支副书记，分支书记）

访谈时间及地点：2013年6月6日；池底

访谈者：赵俊明、刘晓丽

录音整理：郭永琴

刘：你现在是支委？

王增林： 不是，我现在身体不好，不在班子里了，支村两委不是人员少了？少了以后（我就）退出来。村里后底［后面］有一个监督委员会，（我）退下来，后来选进监督委员会，监督委员会有一个主任，一个副主任，还有一个委员。

赵： 监督委员会有几个人？

王增林： 3个人，一般都是3个，今年春天才成立。

赵： 监督委员会有些谁了？

王增林： 监督委员会就是（西沟）乡里叫各村成立的。我们村是我、周群考、张银宗3个人，监督委员会是村委会下辖的。

刘： 之前你是支委？

王增林： 之前我是支委，分支书记。我当完，就是（郭）广玲当过，现在是李斌。

赵： 那你干了几届班子？哪一年就进了班子？

王增林： 我是83年的8月份还是7月份进的。我76年毕业，77年就在村里。集体化时候，我当过小队（村民小组）会计、副队长、正队长。

赵： 83年就进了村委？

王增林： 83年村上那会就搞选举，我们年轻人就充实到支村两委里了。我就是在村委，2005年12月份选举的时候就退出来了，身体不好。

赵： 刚下放土地，你就进了两委，刚下放土地，村里不忙吧？

王增林： 下放（土地）以后，当时整个西沟这个家产都下去了，承包这个就厘定合同，搞承包出去的收费。那段也忙，我还是行政领导，公章在我手里，也得忙一段。后底［后来］就逐渐越来越忙，刚下放利税合同，交承包费，还给老百姓服务，像购种子，购化肥，村里联系回来，拉回来，给老百姓。他就出个成本，买化肥这些生产资料买回来多少钱，老百姓给出多少钱。

赵： 像你们也挺忙的？

王增林： 我们村里挺忙的，我就一直忙到近几年。下放（土地）以后，我是搞水、电、路，分管这个，还有民事调解，那会调解可费事呢，现在生气少哩，过去那生气多哩。两口子打架，跟老婆的，还有和邻居的。近几年少了好多，集体那会是邻居生气，争地，夫妻不和，婆媳不和，这种比较多。

赵： 好不好调解？

王增林： 不好调解，在我家哭的就不走，你不给他调解也不行啊。再一个当时调解，上转数量有限，还不能转的多了，转多了乡政府还要罚你款。你一年只能转几起，所以尽量压缩吧。还有生气打架住医院的，你说得多怕？你两个生气打架了，总有一个起源吧，总不能是一个人，打你总有个原因。打你的不对，但你也有不对

244

的，一般医药费都有三七的，四六的，你出了钱，医院才让你出院。

刘：这里面妇女委员怎么不参与？

王增林：我们西沟村是双层领导班子，支委有分管的，村委有分管的，妇女委员也要参与。支委有一个妇女主任，她得参加，就是联合搞调解。我们村里最少是4个人，双班子上，就是互相结合，有调解主任、民事主任、治安主任，然后联合起来搞调解。过去我们住处非常有限，你看六七口人住一个小房子，过去老百姓取暖不好取，盖的房子小，窗子小，六七口挤着，一个才三四平米，就容易生气。那会老李和申主任说"搞先进坡，后进窝"，后底［后来］批出来好多宅基地，扩大居住面积，就有十几平米，过去是五六平米。再一个是合院，好几户住一个院，互相就容易生气。现在出去了，一家一个院生气就少了。再一个素质现在也提高了，吃得也饱了，经济条件也好了，收入也高了。穷生气，穷生气，穷了就容易生气。

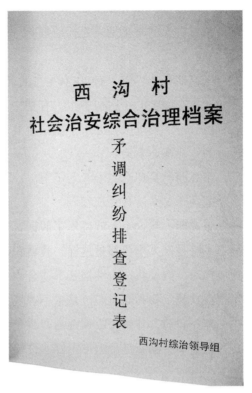

图 9 - 6　西沟村综合治理档案资料

7. 访谈对象：张高明（男，1956 年生于西沟村刘家地，高中文化，中共党员，曾任西沟村委会主任，总支书记，现任县林业局正科级科员）

访谈时间及地点：2014 年 5 月 25 日；西沟展览馆。

访谈及录音整理：刘晓丽、郭永琴（整理者）

刘：说说李顺达吧

张高明：他不在村里，但是挂着书记，一直是书记。"文化大革命"前是主任来，俊虎人家就是第一副书记，那个当时好干，我知道。李主任一直省里也挂着职，市里也挂着职，县里挂职，全省也都是从政治上讲也要跟李主任请示。但是下头像他们干就行了，不必要他们发什么愁。顶天立地，人家李顺达顶着，人家是敢作敢为敢当的。

李顺达主任是83年逝世的，83年7月，我是84年7月22号担任村委主任。那一次是西沟村政治大改革。

刘：政治大改革是怎么回事？

张高明：我也是从政治大改革中推出来的。特别是村民委员会这个班子，就是选。第一届村民委员会换届当时还达不到海选，支部拟出候选人来，村民代表投。支部拟候选人的时候是没目标地拟。

刘：怎么没目标？

张高明：有界定，有 20 岁左右的，不用 30 岁左右的，有 30 岁左右的，不用 40 岁的，有高中生的不用初中生，有初中不用小学，当时提倡年轻化、专业化。优秀的积极分子，要进入领导班子担任主要角色，县委批示就这么一句话。

刘：你那会多大？

张高明：我那会二十六七了吧。

刘：你怎么看待自己？

张高明：我这个人就说不了假话，也是性格的问题。我就是太直，跟同志们之间，不管是大人小孩都是这样。我就跟我现在的儿媳妇说，不对就是不对，我不会说成你对。按说我这个性格就不适合当领导，领导就应该是比较和气甚的。领导也不很喜欢我。我和同志们也是毫不客气，毫不保留的，批评一个人批评得也特别重。

刘：你的工作方法应该是怎么样子的？

张高明：我就是分配你干好，你给我干不好，可不好交差。

8. 访谈对象：张双红（男，1972 年生于西沟村老西沟，高中文化，中共党员，西沟总支副书记）

访谈时间与地点：2013 年 5 月 29 日；老西沟张俊玲家中
访谈及录音整理：赵俊明

赵：你现在就在村上？

张双红：干其他也没时间，顾不上。

赵：你们待遇也不行？

张双红：一年就万把块钱，而且还是西沟能给兑现，其他村上一年就三四千块钱可人家三四千块钱没有西沟麻烦，西沟外来人多，面积大。光西沟村这点林坡，管理得两三人。

赵：现在村里这点收入不够开销吧。

张双红：嗯，老婆在饲料厂上班，一年挣个万把块钱。

赵：儿子上学就得两万多，紧张吧？

张双红：紧张。

赵：姑娘就好多了。

张双红：现在姑娘也不轻松，不用给姑娘说媳妇钱，比男孩还花得多，不是说穷养儿子，富养女么。

赵：都是一样养？

张双红：相对观念来说，轻松一些。

赵：还得奋斗几年？

张双红：现在没那目标。

赵：人歇下来就不想干？

张双红：不是不想干，咱就是搞运输，现在买个车也不贵，都是大车，就是找不下干的。

赵：你在村里主要负责些啥？

张双红：主要负责农业、林业、卫生。

赵：卫生是大事？雇的人多不多？

张双红：7个保洁员，就是成天打扫，有活没活，早晚打扫。

赵：保洁给多少钱？

张双红：村上不给，县上给，一个月150（块钱），一年下来也弄2000块钱。

赵：你得招呼他们打扫？

张双红：平常领导不来，就不要紧，领导要来了，就得赶紧收拾，大队还得给补助了，另外补助。西沟光卫生，一年运输费就得3万块钱。

赵：农业方面事不多吧？

张双红：就是填个表，统计一下，发点补贴，下点地膜覆盖，现在上边也给西沟地膜了。

赵：地膜覆盖有个标准了？

张双红：按地亩给。

9. 访谈对象：张文龙（男，1954年2月生于西沟村刘家地，高中文化，中共党员，村委会会计）

访谈时间与地点：2013年6月4日；刘家地家中

访谈及录音整理：赵俊明

赵：这么大的村子事多了吧？

张文龙：忙，我每天上班，我每天在村委会，每天找我的人就一直不断，有开证明的，有办迁移的，或者其他事情。

赵：当会计多长时间了？

张文龙：呀，这就40年了吧。

赵：20岁就做村里的会计？

张文龙：开始是副会计，干了两年，后来就成了正会计了。

赵：你一直就没有动过？村里领导换，你一直没动过？

张文龙：换了好几任了支书、主任，我一直就没有动。

赵：就你一个人管？

张文龙：就我一个人。

赵：你能管过来？

张文龙：管过来了，所以每天上班。

赵：有会计证没有？

张文龙：有会计证，就是县里给发的。

赵：以前上过高中？

张文龙：高中毕业。

赵：就是村里高中毕业？

张文龙：嗯。

赵：你是哪年生的？

张文龙：我是54年，60岁了。72年高中一毕业在村上劳动了一年，73年大队修水库，我就从村上抽出来当记工员，当了一年记工员，第二年我就被抽到大队当会计。

赵：谁抽的你？

张文龙：就是大队集体研究，李顺达在的时候，研究决定叫我当副会计，到78年成了正会计，一直到现在。

赵：现在的事情多还是以前的多？

张文龙：哎呀，以前也不少，现在也不少。现在就是各种报表太多，粮食补贴、退耕还林、通道绿化、村里的保险，这个表特殊多，也得一户一户地填表。

赵：各个村也有负责的？

张文龙：各个村有个统计员，完了都去我那里汇总回去。

赵：你现在做账用手写还是电脑？

张文龙：手写，乡里有核算中心，各个村委会这个账，交乡财务中心进入电脑，他输进去，打出记账凭证来，我们再手工记账。就是乡里是电脑做，村里还是手工作账。他们电脑打出来以后，我们照着做。光凭电脑不行，我觉得账靠不住。家家户户社员的来往，你得一户一户都弄清楚，电脑上怕出错了。

赵：现在各村当会计都是五十来岁？

张文龙：有五十来岁，有四十来岁和三十来岁的，也有一些年轻的。现在的会计，就是通过乡里成立的核算中心吧，就是村上管，乡里代记账。村上也有一套账，乡里一套账，电脑上的一套账，有三套账。签字吧，村上会计整理出单据来，乡核算中心负责。村会计先签了字，民主理财组长签了字，支书签了字，乡里分管领导再签了字，4个签字，这才要进电脑，输出来打出凭证来才能过账。

赵：这么复杂?

张文龙：太复杂。

赵：以前好些吧?

张文龙：自己过账，就是村长签了字，会计签了字就能过账。现在就得通过民主理财组长签了字，还得通过乡里签了字。

赵：什么时候变成这种的?

张文龙：08 年开始。

赵：是不是村里的收入与支出都得这样?

张文龙：所有的都得这样走账。

赵：村里的厂矿这些也是这样走账?

张文龙：也得这样走账，都得通过乡上。

赵：财务很透明，很公开?

张文龙：啊。以前去银行提个款，我村上会计签个支票，就从银行提了款了。现在不行，你村上开了支票，乡里签了字盖章，你才能从银行提上款。

赵：西沟算是县里最大的村委会吧?

张文龙：西沟乡 14 个行政村，西沟村最大。

赵：现在实行村级合算，县里也给一些转移支付?

张文龙：转移支付。

赵：咱们能转移支付多少?

张文龙：西沟村就是个七八万块钱，就是办公用品、干部工资。

赵：咱们村里正常运转一年需要多少?

张文龙：这个可就多了，光干部工资就得二三十万，拨的这点钱根本不够。

赵：两委干部都需要村里自筹?

张文龙：西沟村干部多，20 个。

赵：村里本身人就多。

张文龙：人口居住分散，有 12 个村民小组，哪个小组都得有个负责人，开支就大了。

赵：核算下来，光工资、接待就得 20 多万?

张文龙：得这么多。

赵：村里大块收入是哪里?

张文龙：咱们有个矿山，从矿山上交回来一部分钱，这是最大的一部分。其他收入就不多，主要就是矿山。

赵：矿山咱们入的股?

张文龙：矿山是咱们自己的，现在是几家承包的，每年给村委会交钱。

赵：咱们的矿山，他们承包交经营费？

张文龙：对。主要是这些收入。

赵：好转起来是最近几年？

张文龙：就是这两三年，就是有矿山以后，收入才多了。

赵：矿山是什么时候有的？

张文龙：从前年开始。

赵：种下的树都是集体的？

张文龙：当时考虑不好下，比较分散，都在山上，就还是集体的。

赵：种下这么多树，对老百姓有什么实惠？

张文龙：呀，这些树，这几年也没有啥收益，以前盖房子用些。现在盖房不用木料了，木料没有用了。

赵：维护还是一大批费用？

张文龙：是。

赵：现在很重视防火？

张文龙：基本半年时间是防火时间，5月底才不防火了。

赵：防火得雇多少人？

张文龙：就是村里两委二十来个人兼的，每天喇叭广播两次，家家户户印上通知，每家发到户，签了字，不让他点火。

赵：咱们工作做得细。

张文龙：你村子大，不好管理，你要是一松了，就容易出事。对防火各村都安的喇叭，每天广播两次，早晨一次，中午一次，两委干部在路上专人巡逻。再一个你点火就要处罚你，像过年发福利不给你发，还有罚款，不这样不行，制止不住。

赵：咱们这个地方管理得不错。

张文龙：队大了，你不管理就不好弄。

赵：集体大，观念不一样。

张文龙：对对。不一样。

赵：像有些地方，以前集体不好的话，下放了就散了。

张文龙：有些村下放后连个办公地点都没了。

赵：一方面是有观念，另一方面，现在社会还是有经济基础，为集体服务的人都还有报酬，这就好点？

张文龙：是。一点报酬都没有了，就更不好管了。

赵：集体经济没了，就散了。

张文龙：你说话就不听你的，光空喊不管用。

赵：有些地方村主任、书记都出去打工。

张文龙：我这每天吃完饭就上班，每天上班，可是这个队大了，每天有人找。

赵：你每天都去村委会？

张文龙：每天都去，一趟差不多有个3里地。

赵：怎么去？

张文龙：步行，一天四趟。有时晚上开会，还得再来回两趟。还不说从村委到乡政府、银行、派出所，我一天得跑好几趟。办这个手续，跑的路多。

赵：你看上去比村里人显得年轻？

张文龙：咱这个人，换了四五任支书了，都没换我。咱这人实在，不管谁干，我都围绕他工作。换人了，不换我。这个公章，其他村，有的是主任拿，有的是书记拿，西沟村一直就是我拿的这个公章，我说我交了他这个公章，我也嫌麻烦，领导说，你拿着放心，其他人不放心。

赵：尤其是财务这种，更得靠得住，没有私心。

张文龙：像西沟过的钱比其村他多，业务他就比较大。

10. 访谈对象：周王亮（男，1975年9月生于西沟村东峪，初中文化，中共党员，西沟村委会副主任）

访谈时间与地点：2013年6月5日；东峪家中

访谈及录音整理：赵俊明（整理者）、刘晓丽

赵：说说你自己的情况。

周王亮：2001年就是村委会委员，那时候是团支部书记、民兵连连长，事也不很多。刚结婚那时候搞副业，刚开始给人家盖房子、挖井，干了几年。后来大队缺一个做饭的，我给大队做饭。

赵：干建筑挣得多，为什么还回来？

周王亮：这个轻省［轻松］点，不想受苦。

赵：现在村委收入怎么样？

周王亮：一年下来一万四五，不到两万。媳妇每个月六七百、七八百块钱。总共差不多三万元，花销一万多些。

赵：你们这花销不多啊。

周王亮：不很多，开销少，一万五都用不了，基本不花个钱，咱还抽个烟，就个吃吃喝喝，花不了几个钱，就是二百来块。

赵：团支书当了几年？干些啥？

周王亮：干了6年，团的工作村里基本没有啥。后来换届换成村委副主任，副

251

主任干了 5 年了，明年到届了，换届再选。

赵：副主任用不用选？好当选吗？

周王亮：副主任也得选，村委委员也得选，都得投票，整套班子全部都得投票选。

赵：你这个年龄愿意在村里当干部吗？

周王亮：反正也干了这几年了，不想出去了，不想受罪了。收入不是很高，村里就没什么企业，只有矿业公司和饮料厂。李斌［李斌为西沟村总支副书记、纪兰饮料公司经理——编者］比我大两三岁点，他进班子比我迟，08 年进的班子，原先一直在饮料厂，开车来。

赵：矿山是怎么回事？

周王亮：矿业公司在杏城镇的山上，开的铁矿，村里入的股，49% 的股是西沟村的，51% 的股是襄垣老板的。现在还没有见效益，还没有正常了呢。去年村里开支 100 多万，矿业公司没上交西沟大队，但其他西沟企业就得交钱。矿业公司运转起来村里可能会好点。

赵：村里的开支主要有哪些地方？

周王亮：二十多个干部，工资得三十来万，有些干部不在村里领工资，在厂里的就在厂里领工资。

赵：现在能不能干动建房子的活了？

周王亮：能干动，前年我盖房子就是自己干的，雇个大工，我和父亲当小工。自己就干了几年，干了两三年就去村里做饭了，就没学成，干不了大工，就是周布考给我做的大工。

赵：副主任在村里事情多不多？

周王亮：西沟村里事多，出勤得在三百天以上，总在三百三四十个工了，每天有事。

赵：小村的包村干部就是啥都管？

周王亮：大村里的副主任包村，就是小村里的主任，就是啥也管，村上这个不能分得那么清。

赵：你在村上分管啥？

周王亮：在村里分管水、电、路、防洪、安全。这几年抹了抹水泥路，主要是在村委和党委的领导下，前几年搞了个村村通，这两年搞了个户户通。水是自来公司管，人家下来了，配合配合，有了矛盾，协调协调。电也是电管所自己管的，有问题打电话找人家，主要就是协调协调。

刘：能不能说说你们当时选举的情况？

周王亮：差额选举，先推出候选人，整个西沟大队先推举村民代表，村民代表推举候选人，推举村长候选人两个人，副村长候选人四个，选村长一个，副村长三个。

刘：家族势力对选举有没有影响？

周王亮：不会，西沟是大村，你就是家族再大，不可能控制了 12 个村民小组、4 个支部。12 个村民小组人口不等，有的多，有的少，东峪这个村民小组才 150 口人。每个村民小组有一个村民小组长，村上有什么事情由他来通知大家。西沟村一般都能连任，都能选上，干两届 6 年的话还能干点事情。3年的话他就摊子都铺不开就到了。

刘：村委委员里有没有女的？

周王亮：有一个，郭腊苗，南赛村的，她是上一届选进来的，08 年冬天就进班子了，她分管党务资料，

刘：计划生育呢？

周王亮：好管，现在已经形成习惯了。两个做手术，生了第一个采取措

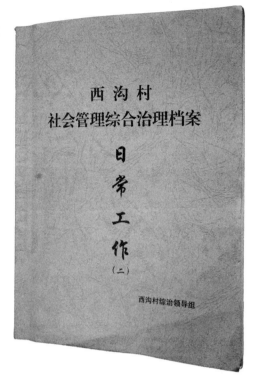

图 9 - 7　西沟村社会管理综合治理档案

施，然后按规定比如说大的到了几岁了，可以生第二个。

刘：对生女孩的有没有什么优待？

周王亮：原先有过，双女户进饮料厂。

刘：养老方面有没有补贴？

周王亮：没有。

刘：管不管森林防火？

周王亮：管，那个是大事，年年防，整天在外边。

（三）民兵与共青团组织

1. 访谈对象：张章存（男，1947 年 12 月生于西沟村老西沟，初中文化，中共党员，曾任西沟村党总支副书记）

访谈时间及地点：2014 年 4 月 28 日；西沟村委会

访谈及录音整理：刘晓丽、赵俊明、郭永琴、张文广（整理者）

刘：谢振华［1971年4月12日—1975年5月22日，谢振华任山西省委书记——编者］给子弹了，因为什么了？

张章存：因为他是关心民兵工作。我是开会去了，开省青年团会，住在迎泽宾馆六楼，省委常委们都在那住的了。那个时候我分管民兵，是民兵教导员、团总支书记。在那开会的时候，就说西沟民兵的情况了。谢振华就问西沟的情况，说西沟民兵一年打几次靶？成绩怎么样？我就说，一年最多就打一次靶。西沟那个民兵啊，女的，5发5中，最低也是45环以上，还有48环，50环的。那个时候，女的就比较厉害。

刘：女的有多大？

张章存：那个时候，女民兵年龄都是18至30（岁），这是基干民兵。谢振华说那够用？没有子弹给你弄上几箱子弹回去。一箱里有两铁斗，一铁斗750发，一箱就1500发，他就批了，给了你这个子弹。子弹到了市里边就给扣了一部分，去县里边的时候，又给你减了。

刘：一共给了多少箱？

张章存：一共给了两箱。这样以后，我们一年打两次、三次。打的时候，通知县武装部来这主持，怕出问题了。那个时候，武器都在各个连队了。县里边的武器也是在连里了，连里就可以管真枪真弹。西沟那个枪，在大队里就有专门焊的枪柜。那个时候，光西沟就有46支，全半自动的，还有轻机枪。挎上那小机枪一打，就三十来发子弹。

刘：基干民兵一共多少人？

张章存：西沟一共是100多个。西沟是个营部，现在还是民兵营。后来的子弹就都收回县武装部了。我当民兵教导员的时候，武器都是自己保管。想打靶了，给武装部打个电话。我去了武装部了，到那儿吃住都管。武器、手榴弹都是自己保管了。再一个来这，投弹你要一家伙投不出去，就把自己炸了。在投弹的时候，在汽路边挖个坑，投弹。那女的都怕了，用小拇指一拉手榴弹，它就冒烟了，有的心就慌了。挖了坑，扔出坑外，就没事。男的就在场地上扔了，画个线，看能扔多少米。女的就是在坑里扔，她也扔不远，扔到十五六米以外，就赶紧躺倒。女的扔的时候，都心慌。男的把后盖一掀，就摞出去了。

刘：79年的时候土地还没有下放了吧。

张章存：没有，82年才下放。

赵：那个时候山上的野兔多不多？让不让打猎？

张章存：多，没人管。以前的枪，开始就是发给民兵，不过没有子弹。后边就是集中保管，不给个人了，集体保管。以前我是当领导的，子弹就是我保管的。我一出去，就带上20发的子弹。我的枪法年轻时很准，打兔一枪就能打住。我打的子弹用筐可以挑两筐。

赵：后来村里什么时候把枪收回去的？

张章存：后来，村里在土地下放的时候收回去的。

刘：战备渠是咋回事？在哪个地方了？

张章存：战备渠是民兵在这修的，78年弄完的。一个野山羊大体上就是八九十斤，现在还有。过年的时候，还套住了。也不敢公开，卖了500块钱，那都是偷偷卖的，就是你给上500块钱，取上就走了。国家现在就不让弄这个。人家买羊的，一杀，卖得肯定贵。有些老百姓去套了一个，他也不敢公开卖，八九十斤也不小的了。

刘：张书记，你说土枪现在不让家里存了？

张章存：要是弄土枪的话，你还得备案了吧。你像西沟，我当民兵教导员的时候，西沟就有46支枪。一半是全自动，一半是半自动，都是现代化武器，还有机枪、冲锋枪、重机枪、轻机枪。

刘：你说那个东西给咱也没用。

张章存：那个时候是民兵训练，西沟一年要打两次靶，把东西就全都发到民兵手里头。

后来一下放，就把枪、子弹收回去了。西沟大队弄的铁箱，开始是木箱，后来是铁箱。收了一年，县里说不行，得收回到乡里边。乡里边收了一年，就全部都收回县武装部了。轻重机枪、子弹、手榴弹，民兵训练的时候都用过，现在不行，现在就土枪都不让用了。现在的枪支不让用，还一直偷，还一直出事了。美国那个枪支就没管。老毛那个时候，根本没事。现在可不行，可不敢。以前，一家人都没说老毛歪的，现在是啥也敢说了。

刘：当时就是枪给了民兵自己，你背上，也没人管你，你就为这个枪负责就行。

张章存：对。这会，都十来年了，谁还打过？

刘：年轻人组织也组织不起来了。

张章存：不在家，上哪组织了？分区以前来西沟组织过民兵，半个来小时，44个庄就全部集中起来了。现在，就没有，上哪集中了，过去老李弄那个山上，三八林、青年林、民兵林、少年林。哪个队不去栽一片林？现在全部都绿化了。

郭：以前的民兵有多少人？

张章存：西沟是个民兵营，当时有三四百号人。一到冬天就训练，刺杀的、射击的、爆破的都有，现在没人管了。

刘：年轻人也愿意。带着枪也高兴。

张章存：谁也想带上枪，那个时候积极性就高。

刘：那会有荣誉感，现在没啥荣誉。

张章存：对。现在是只要有钱就行。以前你说不给钱，有荣誉，也行，现在是给钱就行。那会参加民兵营还得政审了，政审得合格，才行了。不是说你想参加，就参加。

刘：一般是谁可以参加？

张章存：贫下中农。可靠的，才给你发枪了。

2. 访谈对象：王根考（男，1956年9月29日生于西沟村古罗，高中文化，中共党员，西沟村党总支书记、村委会主任）

访谈时间与地点：2013年6月11日；西沟村委会

访谈者：刘晓丽、赵俊明

录音整理：郭永琴

刘：你当过民兵营长吧。

图9-8 1972年西沟村学习解放军活动报道

王根考：当过。过去那民兵工作跟现在的不一样。我当民兵干部的时候，每年民兵要比赛。你看我每年还要参加县里的民兵干部的集训，那是每年风雨无阻的，要进行15到20天，有时我还要参加市里的民兵干部集训。因为当时那个民兵和现在不一样，要比武。县里比武、市里比武，都要参加。因为我脑筋好，背教案就是一万、一万来字，因为战术、训练都得领队到前头讲解、做示范，动作要好，理论还得讲出来，光那民兵教案就是一万多字、两三万字，都得背下来。我每年带着西沟民兵考核都比较优秀，市里、省里在我们这里开现场会，都是我带着。没有脑筋就记不下来，根本记不下来，你还得做动作，还得讲出来。我那会在县里民兵培训

256

就是打靶不行，我的右眼有问题。我开手扶拖拉机以后，摇车的时候，当时把眼打坏了，把眼刮拉了，缝了五六针。后来视力很受影响，0.1 的眼，影响射击，瞄不准。我除了射击不行，其他的考核都是第一名，绝对是第一名。和现在的民兵工作可不一样，刺杀、战术都不比赛了，县里市里都不重视了。

刘：平时带领民兵还要干什么？

王根考：平时也训练，训练完了也劳动。

3. 访谈对象：张明朝（男，1946 年农历正月二十一生于西沟村池底，初中文化，中共党员，曾任西沟村生产小队小队长、西沟大队副主任、东寺头乡乡长、平顺县科委副主任）

访谈时间及地点：2013 年 6 月 5 日；池底

访谈者：刘晓丽、赵俊明

录音整理：郭永琴

刘：你一直是大队上的干部？

张明朝：我是 69 年入了党以后，71 年进了支委，西沟大队党总支委员。当时那会，年轻人少，好像我是顶初中毕业了，有文化。我入党的时候就是民兵副营长。我工作长，民兵工作忙，64 年大比武，后来接着 68、69 年，备战备荒，民兵任务很大。支委里头，我一直是（负责）民兵。

刘：民兵训练怎么样？

张明朝：咱西沟老李那会当中央委员也好，或者是典型也好，好像是一切中心都在西沟。民兵自然也是军分区的（典型），训练任务也大，每天也是中午训练，吃了中午饭，稍微休息一会，准备参战，备战备荒，到工地都得带上枪。

刘：没有真枪实弹？

张明朝：有。我是觉得手榴弹不放心，手榴弹盖一拉就响了，子弹问题不大。民兵开始都是六五枪，跟日本三八式老套筒（差不多），就没呐〔没有〕子弹。打靶的时候，民兵营才发（子弹）呢。我在楼上放十来箱子弹、手榴弹，不像这会怕谁偷上要了，不存在这种情况，子弹没有任务不发给民兵。枪支每个人都有，都是真枪。只要民兵开会，就要背上枪，第一项就是检查枪，拉开栓，瞧瞧枪筒明不明，锈了要受批评。大部分都在门圪硓〔音 gelao，门脚〕挂呢，每个人都有枪。后来发给半自动步枪。一换上新枪以后，民兵们都很高兴。每次开民兵干部会，一说检查武器，哪个都嚯雷唠藤〔音 huoleilaoteng，动静很大〕，就是好。训练都是真枪，打的也是真子弹。

刘：民兵好不好管理？

张明朝：好管理。打的时候，才发子弹，不打，不发，怕有时候走火了。

257

4. 访谈对象：张仁忠（男，1952 年 6 月生于西沟村南赛，初中文化，中共党员，村监督委员会委员）

访谈时间与地点：2013 年 6 月 10 日；西沟村委会办公室

访谈及录音整理：赵俊明（整理者）、刘晓丽

赵：您在村委里边时间长了吧?

张仁忠：呀，时间长了。

赵：40 年有没有?

张仁忠：40 年差不多。

赵：哪年进村委的?

张仁忠：76 年到 83 年土地下放，我那会是民兵营长。

赵：之前民兵营长是谁?

张仁忠：以前是吴旺田、秦周则、张明朝，后来是我和张章存，他是教导员，我是营长。

赵：76 年是民兵营长，那后来呢?

张仁忠：76 年民兵营长，77 年入了党，就成了总支委员。支委待了 1 年，中间组织整顿了，人数太多，又到了村委了，不在支委了。土地下放第二年，村里换届我就退出了。86 年还是 87 年又补进（村委）。

赵：一直到现在（在村委）?

张仁忠：现在退了已经两届了，不在编了。

赵：不算全退，不是委员但还参与一些事?

张仁忠：还负责点事。

赵：当委员时负责什么?

张仁忠：我是负责一个村民小组，土地下放后，南赛的一队，后里［后来］换成（郭）红岗了。

赵：做民兵营长和副书记时，忙不忙?

张仁忠：我那会当民兵营长时可忙了，一训练一个月。

赵：收完秋（训练）?

张仁忠：这个不分季节。以前就是 6 月份有个六一九，民兵三落实毛主席的指示，政治落实、军事落实、组织落实，全县民兵大检查。八一民兵还要比武，也得训练。收罢秋也得训练，还有那时候就是备战备荒。西沟民兵营里有机枪，有挺机枪，有冲锋枪，有全自动、半自动。

赵：有没有子弹?

张仁忠：有，有手榴弹。

赵：你打枪怎么样？

张仁忠：我打枪优秀。

赵：民兵自己家有枪？

张仁忠：嗯。

赵：不给子弹吧？

张仁忠：一般不给。每年闲时打靶了。七几年，正是西沟老李不行的时候，反右倾翻案风时候，西沟正在倒运［倒霉］的时候，西沟民兵全县比武第二名。78年，全分区（晋东南地区）第二名，那会连晋城也包括在内。

赵：你也参加比赛了？

张仁忠：整个民兵全部都上。我们村有100多名民兵参加比赛，军分区教导队下来搞军事考核，政治、投弹、刺击、爆破、战术五门都考。总分下来，政治考总分是第二名，军事考核总分是第四名。

赵：下放土地后还搞不搞这些了？

张仁忠：后来搞也就是队列训练，走走步伐，武器瞄准、投弹什么都不搞了。

赵：现在还搞不搞了？

张仁忠：这一两年基本不搞了。

赵：还有民兵没有了？

张仁忠：有这个组织。那时搞备战备荒了，劳武结合，民兵就抓得紧。搞政治教育、人生观教育，那时候分区、县武装部长期有蹲点驻的啦。西沟民兵在省军区、华北军区算个点，训练好的，都备案。

赵：民兵不训练的话也得下地干活吧？

张仁忠：嗯，不训练也得下地干活。

赵：干活的主力？

张仁忠：对。七几年那个时候，搞打坝造地、垒岸、修水库，民兵就是主力。

赵：下放以后作用就小了吧？

张仁忠：下放以后作用就少了。土地下放，土地各种各，青壮劳力就搞副业了，就靠不住了。生产队的时候，都在家劳动了，那个都好搞。

5. 访谈对象：张光明（男，1986年12月生于西沟村沙地栈，高中文化，中共党员，村委委员、民兵营长）

访谈时间与地点：2013年6月10日；西沟村委会办公室

访谈及录音整理：赵俊明

赵：你现在是民兵营长？

张光明：嗯，管民兵。

赵：也是团支书吧？

张光明：是。

赵：什么时候进的这个班子？

张光明：08年，08年底选举时进来的。

赵：这就6年了？

张光明：6年了，两届。

赵：你在哪上学来？

张光明：我是职高。

赵：上的职业高中？

张光明：职业高中上学，然后当兵了，07年当兵回来在外闯荡一年，08年进了村委了。

赵：职业高中完了当的兵？

张光明：嗯，初中上高中，高中当的兵。

赵：在哪里当兵？

张光明：北京，北京警卫3师，直接就在师部站岗执勤。

赵：当了几年？

张光明：当了两年。

赵：正常退役？

张光明：当时留到部队很难，07年想留下来非常困难，指标少，就选择回来了。

赵：回来以后干什么？

张光明：在北京西站对面有个京都学院饭店，当保安，干了一年。

赵：当保安怎么样？

张光明：饭店保安部经理也是警卫3师的，我的老领导、老战友，好几个战友都在那。当时出来也没什么事，农村也安排不了什么工作，就想在外锻炼锻炼。

赵：后来为什么不想在北京干了？

张光明：家里说竞选到村上干吧，想试试看，最后选上了，选上就好好干吧。08年底干了半年，将近一年，分工了，整体大分工，谁负责干什么，干什么。

赵：班子里你最年轻吧？

张光明：最年轻的一个，我进班子时24岁。

赵：你现在分管的团支部，事情多不多？

张光明：也没什么事，现在大部分都在学校入团，村里的都不管了。再有有的学生都把户口迁走了。

赵：现在团一级在农村作用不大。

张光明：我那会入团时98年，几乎要与村里联手了，就知道。现在你就认不得，人家在学校入团了，学校倒给办了，不给你反馈。

赵：民兵这块基本上没什么事？

张光明：民兵这块也没什么事情，农村都不想当兵。按我的思想来说，当兵好，也是一种锻炼。出去看看，真正去部队也是一种，锻炼锻炼也好，

赵：最近几年，你当兵完了到现在最近几年有几个当兵的？

张光明：四五个。前年就没有，去年有一个。

赵：他们这些当兵的上到初中还是高中？

张光明：农村是上到高中，从去年开始是高中，前年以前是初中毕业。

赵：去年当兵就必须是高中毕业？

张光明：是。

赵：每年基本上走一个左右？

张光明：我那会儿，05年还有竞争的，以前当兵思想很积极，都想去。

赵：那个时候不好当兵？

张光明：05年就不好走，想去当兵的人多。现在都不想去，农村当兵两年，还是回来了。我就后悔那会没去内蒙、宁夏边远地方当兵，体验体验。我在北京，条件好，没有受罪，天天不用训练，训练很少。

赵：部队挺锻炼人的。

赵：青海、西藏，好留下，但比较艰苦？

张光明：艰苦。

赵：部队这几年待遇还不错。

张光明：08年开始倒提了，两年干完吧，服役期以外，第三年就可以拿到一千六七，一年比一年高。

6. 访谈对象：张章存（男，1947年12月生于西沟村老西沟，初中文化，中共党员，曾任西沟村党总支副书记）

访谈时间及地点：2014年4月24日；西沟村委会

访谈及录音整理：刘晓丽、赵俊明、郭永琴、张文广（整理者）

赵：你在村里干团支书的时候，主要干的是什么工作？

张章存：宣传队。那个时候，青年团和民兵都是突击队，搞大运动，青年、民兵都出来，每天学习，搞文艺活动，为党搞点宣传。共青团是党的助手。我后来就成了西沟党总支委员。团总支书记干到76年，这以后就成了民兵营教导员。当了支委又包生产队，又在老西沟这个分支当书记。党总支下属四个分支。总支副书记兼

这儿的（老西沟的）分支书记。

张：村民与村里的矛盾多不多？

张章存：现在干部工资也是国家发了。再一个老百姓不出钱，你还领钱。给你一袋硝酸灵、一袋尿素，过年了一个人给你 200 块钱，一袋面。不收老百姓的钱，还给他发钱了，这样矛盾不是就少了么。

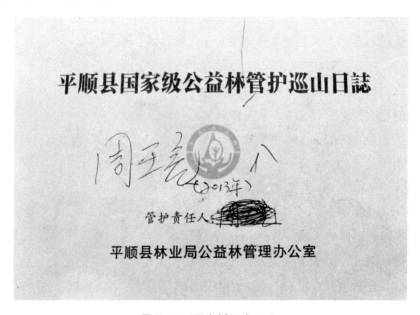

图 9-9　西沟村巡山日志

赵：去年过年也是一人给了 200（块钱）？

张章存：嗯。

刘：张书记，咱们村共青团、民兵、妇联、治保什么人都当过这些主任？先说民兵营长，从第一届民兵营长。

张章存：第一届民兵营队长就是老李，李顺达，后来是退伍军人回来以后他们当的，后来当营长的有郝启发。

刘：咱们这刚开始就是民兵营？

张章存：刚开始是民兵队长，最开始是武委会主任，后来成了民兵连，再后来改成民兵营，营长就是张明朝，教导员是秦周泽，罢了以后是我的教导员，张银中是民兵营长。他当了三年后来成了王根考的营长，现在王根考在大队当书记。之后营长换成周王亮，现在是张光明。我就一直做教导员。

刘：现在你还是教导员？

张章存：现在不了。

刘：现在是王根考？

张章存：嗯，后来就是王根考。现在营长、教导员成摆设了，以前上面也下来，武装部也下来搞训练，现在都出去打工去了。

刘：以前武装部下来是专门有人驻咱们村？人多不多？

张章存：一般驻就是两三个，来到这训练民兵，训练民兵实际上就是武装部下来，要是写材料就是政训科下来，要是搞训练就是作训科下来。

刘：都是什么时候下来了？

张章存：秋天、冬天。

刘：秋天秋收呀他们也下来？

张章存：有时候人家来了就是帮助你秋收，下地帮忙。民兵一般用得多，像石匣修那个水库就是民兵战备水库，那是平顺武装部长和政委专门来管这个工程，全部抽调民兵来修，半天修水库，半天训练。以前民兵工作比较重要，在支部来讲民兵营长和教导员都要进班子。

刘：都要进咱们的村委办？

张章存：嗯，要进村委、支委，以前都是副书记兼民兵教导员，张明朝是副书记也是营长。

刘：啥时候咱们的民兵就没什么活动了？

张章存：后来基本上就少了，到了2000年后人们就都出去打工去了，就更少了。90年代中期往前西沟大队有46支半自动步枪，还有重机枪、轻机枪、冲锋枪。

刘：手榴弹有没有？

张章存：有。

刘：地雷有没有？

张章存：有，地雷以前是自己造的。

刘：那谁当过青年团书记呀？

张章存：青年团最开始的时候是张巨才，那个时候上面还给张巨才发工资了。

刘：为啥给他发工资了？

张章存：这是上面给他发的，专门补助的。

刘：那是啥时候的事情？

张章存：那是五几年到六几年。

刘：那咱们这儿的共青团是五几年才有的？

张章存：以前也有，最早知道的就是张巨才比较早，以前再早的他们干了一两年就换个，就不清楚了。

刘：张巨才是咱们村的？

张章存：都是。

刘：后来又换成谁了？

张章存：后来是郭钢柱，郭钢柱之后是李新娥，就是老李家大姑娘。李新娥之后了是张寅生，这个人现在也不在了。张寅生之后就是我管了，68 年的。

刘：那你是不是先做的团支部书记？

张章存：嗯，我 68 年那会做的团总支部书记。

刘：那咱们下面还有支部了？

张章存：有了。在团总支我从 68 年一直干到 76 年，76 年以后换成周群考，周群考之后是张高明，张高明之后是周王亮，再后来就和民兵一样有名无实了。

刘：您当团支部书记的时候是不是事多了？

张章存：嗯，那个时候民兵青年都很活跃。西沟以前搞个什么运动，修大坝等的时候，民兵青年用得多，那会山上民兵有民兵林，青年有青年林，妇女有三八林，少年有少年林。老李在的时候，党支部下的各系统都要利用起来，就像手呀，五个指头都得动起来。像青年到五四青年节活动比较多，民兵到八一建军节时候活动多，妇女到三八妇女节的时候活动多。

刘：像那少年林是怎么回事？

张章存：少年林就是学校的，像我在学校的时候到六一节、五四节的时候也要出来去山上播种。

刘：那都是义务的？

张章存：嗯，那都是义务的。那会上山播种，老李在的时候男女老少都要动开了。像现在男的出去打工了，家里面的像种地这些事情都是那你女的了。家里面你又得考虑家，又得考虑种地，又得考虑养活老人，实际上妇女现在的负担更重了。特别是现在五十多岁的妇女的负担更重，要是家里面有一个男孩还好说，要是有两个男孩，供出一个大学生来，从小学上到大学，哪个学生不得十来万块钱，再给他盖房。

刘：张书记咱们村的支委是不是除了妇女主任还有一个女的叫吕志伟？

张章存：嗯。

刘：她分管什么工作了？广玲和妇女主任有什么不一样的？

张章存：广玲也当过妇女主任，也当过一届副书记。以前系统干部能顶到村委委员，以前民兵比较重要，所以他们是支委，我那会既是西沟大队的团总支书记，也是西沟乡团委副书记，还是团县委委员、团市委委员、山西省第六届团委委员。那会团中央开十大的时候还让我出席了，那会老李怕我走了，就不让我去，我也没去了。高明参加的团中央十一届会议。

刘：咱们这参加过团省委的会，还不少呢？

张章存：不多，就我去过，高明去过，其他都没有。

张：刚才我听您说，发展了多少个团员啊？

张章存： 团员发展了有 100 多人。

张： 发展团员的标准是什么？

张章存： 你受教育了，得有要求了，就得要求了以后，审批这个了。他都是自己申请，就跟入党一样，都是自己申请。入党程序是：先写上申请书，由支部培养，半年以后，才是支委研究，研究定了以后，这个就是向乡里边写请示，接着就是住县党校。拿到县党校的结业证以后，这就填志愿书了，填了志愿书以后，就是上交乡里边审批，就成为预备党员。预备党员一年，就转成正式党员。

张： 村里发展党员的指标大概有多少个？

张章存： 这几年就不多。

郭： 咱么这里学雷锋的时候开会吗？

张章存： 学雷锋，大会小会开。

郭： 那有没有人被表彰过？

张章存： 表彰过，学校还竖着雷锋像了，那个运动可大了。就西沟来说，毛主席一说学习之后，就学了。

郭： 县里有没有下过文件？

张章存： 下过。学校就都安排了，小学生给军烈属抬水、扫院等。

郭： 有没有比较突出的那种事情和人？

张章存： 授过奖的多了。

郭： 咱那开会是咋开会了？共青团组织的，还是咱支部组织的？

张章存： 那个时候，各系统都抓这个。团青［指共青团——编者］就是抓团青，民兵上就是抓民兵。办什么好事啊，你在这个村上办的好事，不休息去栽树啊，都有记的。妇女就是妇女系统的，都抓。就整个社会来说，也是学雷锋。

郭： 小孩，学生们学得最多？

张章存： 对。一到礼拜六了，老师就带上学生，来了之后，扫院啊、抬水啊。

郭： 像那抬水给什么人抬了？军烈属？

张章存： 军烈属、孤寡老人、有困难的。

7. 访谈对象：马怀生（男，1945 年 7 月生于平顺县西沟村池底，中共党员，西山矿务局退休工人，初中文化）

访谈时间与地点：2013 年 6 月 6 日；池底郭广玲家中

访谈及录音整理：刘晓丽、赵俊明（整理者）

刘： 在村里也干了十几年？

马怀生： 嗯，有十来年。

刘： 民兵营长管什么？

马怀生：那会儿的民兵比现在值钱，现在和平年代了，那时候也是和平年代，那会儿武装管用。

刘：*每年都有训练。*

马怀生：训练，怎么能不训练？一收罢秋，73 年我在屯留种地来，五百来亩地，秋收完了，在咱们乡里边受训四个月。

刘：*训练些什么？*

马怀生：没有部队那么严，大批训练，一个团，三个连队，一千多号人。

（四）西沟的干部作风

1. *访谈对象：张章存（男，1947 年 12 月生于西沟村老西沟，初中文化，中共党员，曾任西沟村党总支副书记）*
访谈时间及地点：2014 年 4 月 28 日；西沟村委会
访谈及录音整理：赵俊明、刘晓丽、郭永琴、张文广（整理者）

张章存：老李后来在的时候，反对老李的也不能说没有，可是反对老李的是极少数，是几个人，个别人。老李这个，没有一个不佩服的，不过老李批评也狠。从 64 年农业学大寨后，就深翻土地了，最低标准一尺二，不到这个你就不够标准。老李早上起来，就给村上的年轻人讲翻地这个了。就说，咱们明天年轻人搞个试验，看看到底能翻多少。完了以后，早上将明就上地了。一天也不回家，他那个老婆、闺女去送饭。最后，一天老李就翻了二分地。早上送饭、中午送饭，黑夜才回家。一些年轻人累得，说的是咱年轻人都翻不过老李了。那一年，西沟所有土地全部翻完。哪个年轻人不是二分二分翻了？领导是关键。老李在的时候，老百姓一看老李在地里了，就不用问，都去干了。要是一两天不见老李了，就知道老李去开会了。

赵：*老李不在，干部们就不下地了吧？*

张章存：老李对干部的要求，就是干部干部先干一步，党员党员你必须带头，你就是吃苦在前、享受在后。那才是实打实的了，那可不是（吹），人家自己就以身作则了。再一个支委干部，每年不能少于 330 个工。要查你这个出勤日，到年底就要查。他的要求比较严，有的队长去找他了，没有扫帚了啊。老李就出来取上那旧扫帚在地下一扳，给你扫帚，叫你自己去种吧。

他的要求特别严。有一次老李回来了，叫我了。一叫我，我就毛了，我就想他叫我的目的在哪了。想不出来。我就想，他既（然）叫，一定有事。赶到去地的时候，正是拔苗的时候，上了地上头了，我看那边要荒了，有两把草在地搁的了，赶紧先把地弄好。他叫我的原因就在这。去他那了，他说，吃了饭了吧。我说，吃了饭了。他说，这两天很累吧，我说也不很累。他说，生产上是什么情况，我就给他讲了讲啥情况。讲罢了，他说，你说的不是事实，我说，咋了？他说什么什么地方，有一块地荒了多高，你去看看，我还给你弄了两把，在边上扔着了。我说，你走那天，你刚走，我就安排上人去了。他就高兴了，说，其他就没什么事了，抓紧时间安排。所以说，这个工作就是实打实的，工作就抓胡〔骗〕不了他。

许多人就不愿意跟他。越高的地方，越去，越远的地方，越去。在外头开会回来了，就是坐上车，这 12 个生产队都要跑遍了。你就不用招呼他，他全知道。他十天半个月二十来天不在，他回来之后一转就全知道了。再一个，我当生产队长的时候，后背沟里的队，正是种谷子了。咱摇那个耧，前头三个，后边一个人。将弄了一块，他就去了。

他有个自留地，分的自留地都是歪地。他侄儿就找了几个人给老李种自留地去了。大早上去了，老李已经在那弄了。他们就赶紧悄悄回来了。老汉鸡不叫就起来了。那个人真是能受，过去都是吃苦出来的。河滩垫地的时候，就是申主任带领上妇女挑了。用箩头，挑上一担一担地垫地了，后来又用独轮车。修了 500 亩地啊，都是好地，那都成了千金地了。可受了，都是黑来啊，那时候我给我父母亲点的马灯，那都是稍带黑来去干了。挖坑，挖起之后，用两方土填了。把石头一遭挖起来，挖到 1 米以下，挖开以后，从远处挑上土，弄好，栽上苹果树，那样种了。那地都是在河滩上垫的。你这个生产队有多少人，给你分开，你这个生产队弄 10 个 20 个（坑）了。

当时，村里的干部开会说，咱们一年的工是 330（个），老李 360（个），当时是一个工 1 块钱。就是说给老李弄 360 块钱。给他多弄了 1 个月。当时老李不在，支委定的，郭江泽执行了。最后老李回来了，老李让会计算算自己一年的生活了、吃粮了，够不够。他估计是还得交钱了。会计一算，结果是不交钱，还得领钱了。老李说怎么回事，是不是弄错了，你给我说说这个。会计就给老李说了，老李一听就火了，你个小孩随随便便就给我加了。

老李说，不是说想给我加了，是你们想多挣。就这么批评会计了。会计就赶紧说，是支委开会定的。老李说，定的也不行。吓得会计赶紧说，我给你去了，我给你去了。这么的就没有涨起来。王谦〔1975 年 5 月 22 日—1980 年 10 月 4 日王谦任山西省委书记——编者〕就说来，我不管你村里这个，反正，你大队给你一天 1 块钱的工资，我也给你，我一年给你 300 块钱。

刘：他领两份工资？

张章存：没有，就一份。老李就说了，王谦给我这 300 块钱，到大队给我 300 个工，参与分配。我这一年就是 300 块钱，其他我不领。他当了中央委员、副省长也是不要工资，就那 300 块钱。300 块钱来了之后就入了大队，大队按 300 个工算。

申主任也没要。她当了十年妇女主任，也没几个钱，也不要。

2. 访谈对象：郭广玲（女，1972年9月12日生于西沟村刘家地，初中文化，中共党员，原西沟村委会妇女主任，分管妇女工作的副书记，现西沟村支委委员）

访谈时间及地点：2014年5月8日；西沟展览馆

访谈及录音整理：刘晓丽、郭永琴（整理者）

刘：除了这些工作，还弄啥？家长里短，调解也管？

郭广玲：也管，大事小事这一片都是咱的，在池底支部咱是支部书记，大事小事都是你管。谁家弄甚，有时候他找你，你管了。你不知道的，领导知道了，还得你管。哪头也去，是你的不是你的那几年都管，那几年在村里边也是副书记吧。我管上真是累呢。王书记、张书记那会什么事也让你管。你才来到这里，他就说你赶快去弄弄什么去吧，哪儿赶快去了，等会再干这个活。我那几年就是跑得我脚不着地的，就是那样的。这两年倒是成了委员相对好了，相对也没那样劳神了，那会正是赶不上家。人家孩子们都往县上学去了，那时候为什么我家孩子没往县里走，他就都能去县上学，咱就是上不起这个学？那个时候就一直想西沟小学没有学生，人家都跑了，我还分管教育，我说我要带头走了，是不是人家都要（走了）。我嘴上没有说这个话，但那个时候我是分管教育，我就一直领着咱的孩子，即便心里那时候有点不愿意，这儿因为没啦〔没有〕学生，老师就没劲。人家都走了，咱就是没钱，咱也想让孩子好的生活，好的条件环境了呀。到11年11月、12月份选举来，我也就不是这个了，因为有些事不能了，下来，12年4月份，我就把孩子领上县了。这些事有弊也有利，我弄上她去到那里住到那里。家里的房也是和后面的房不配套，想盖盖，都说盖它做什么。那会也分管党建、教育，这一块就乱，乱七八糟，都是琐碎。家里边，那时候你是个女的，也不想让闹。这几年来相对少了，那会你瞧申主任来了这人都是西沟村管接待，就是到申主任家也是我们管收拾卫生啦，来人端茶倒水都是我们干的，那几年就是忙。我是03年2月28号选进来，我进来以后就是那样忙，我小姑娘那时候才6个月，每天都是我妈从早到晚给我看着，我基本就没有管过。我真就是这两三年消停了，才有个时间给孩子弄个甚。那几年，晚上你回去就不早了。那时候来开会也多呀，每天晚上就是开会，一开会就是十一二点。回了家了孩子瞌睡了，有时候我妈领她吃点奶粉，我小姑娘还好，吃点奶粉，我不回就不回。跟张书记那会，他安排工作勤，晚上就是老开会，人家开到3点，我也开到3点。你说几点回，我几点回。我就感觉那几年，就没人把我当成个女的，你还奶孩子了？家里还有个不到一岁的孩子哩？赶后底绝奶以后，就更不说了，那个时候自己也不说自己是个女的了，就是每天起来往外跑。有时候真是收秋了、种地了，去去那个地，平常你也就不去，赶不上。那会我老公就在硅厂，家里边的事他也能打理打理，我妈也在家里，我就纯成了公家人了，每天真是脚不着地的。12 年真是卸了担子了。

3. 访谈对象：张虎群（男，1950 年生于西沟村古罗，小学文化，中共党员，退休干部）

崔秋喜（男，1949 年 8 月生于西沟村古罗，小学文化，退休工人）

访谈时间与地点：2013 年 5 月 29 日；古罗张虎群家中

访谈及录音整理：赵俊明

赵：咱们是前年换届的？

崔秋喜：其他地方人家谁要上台，要有个承诺，3 年以后弄成个啥。咱这就没有个承诺，弄成个啥算个啥。你要有个承诺，老百姓就要看你呢，到底能不能兑现了？

张虎群：总的来说上头政策好，上有政策，下有对策。

赵：总的来说管理不好。

崔秋喜：上头政策确实好，你像老有所养，又给你养老金，还有医保，还有五保，你怎么不行？我们退休了还有退休金，不多吧。我这退休，我也是一肚子意见，我是 79 年参加工作，01 年才退休的，他不按劳动法办事，非要按以前那个，当时你是临时工，不是正式工。退休的时候，他说你不是国家正式人员，按临时工对待。我觉得国家这个劳动法有偏见，劳动法就不存在临时工、合同工，都是农民工。可是退休是 01 年退休的，劳动法是 95 年就颁布了，你为什么不按这个执行？

赵：你是怎么退休的？

崔秋喜：我退休是退休了，他没有给我接续工龄，我是 30 年工龄，他只给我弄了 15 年、16 年，按我的缴费年限算的，这不是不合理？

赵：现在社会好多了。

崔秋喜：现在比较公平了。

现在这社会是好，共产党领导得好，问题也存在。总体上来说，还是社会不错。现在这社会是好，老人 70 岁了，坐车给你免费，有养老保险，有医保，还有低保，病了还特殊照顾，比个孩子还好了。

4. 访谈对象：杨中林（男，1962 年 12 月生于西沟村南赛，初中文化，饮料厂销售经理）

访谈时间与地点：2013 年 5 月 28 日；饮料厂办公室

访谈及录音整理：赵俊明

赵：咱们村里的干部怎么样？

杨中林：他们那个待遇也都不高，不是主要干部，也是挣工了。

赵：村里有多少干部？

杨中林：2000多口人，有20多个，这个杂事多，有时候有领导来，今天这来，明天那来。

赵：你们小村也有自己的干部？

杨中林：有，我们村是一个分支，有分支书记，都在村委支委里边，管我们村。

赵：你们村就够一个行政村了呀？

杨中林：够了，老李在的时候弄的，老辉沟、老西沟、东峪沟，那会儿12个自然庄。

赵：现在还有几个？

杨中林：五六个了，山上那些小的就都搬下来了。

赵：并到西沟之前你们村是不是一个村？

杨中林：不知道，我记不得了。

赵：退耕还林的补贴是个人的？

杨中林：咱这现在也是都种了树了，山沟里都种了树了。这个专款专用。

赵：你家有没有？

杨中林：有，不多一点，山沟里的多，也是看地方了。

赵：那个国家给补贴多少？

杨中林：那个我就弄不清楚，有一个农行卡，人家到时候就给打进去了。

赵：山多的地方土地就少，不好弄。

杨中林：对，土地少。

赵：土地多些老百姓的日子就好过一些。

杨中林：对。种地在家里自由。咱这里地小，一般都是自己做的时候多，没个大块地，原先集体时候大块地，旋耕机能够给你弄，现在有那个买手扶拖拉机的，给人家出钱，人家给你干。我们这里要土地没土地，要资源没有资源，过去李顺达盖的那一座楼，那就先进了。那就不容易了，不能和现在比。

赵：那时候也是不容易。

杨中林：老李那会儿就有魄力。

赵：是不是现在的领导都想自己想得多？

杨中林：根考这个人不，不是那样的人，还是过去过来那个人，不瞎胡闹。他这个保守，但是也没有发展。

赵：现在张高明到哪里了？

杨中林：高明能折腾，到林业局了，可能是给了他一个副局长还是啥的，不管事了，算是个国家干部，就在县城住的。

赵：原来的村长周建红呢？

杨中林：人家也是国家干部，也是在县里，在矿管局还是啥单位。人家也是考的公务员，原先闹铁合金厂来，转了公务员以后，公务员不能经营企业，把那个厂子给了一个和他一起干的人了，刚开始是村办企业，后来弄的具体咱不清楚。

赵：他干了有十几年？

杨中林：有十几年。

赵：这么大的村子也不好干？

杨中林：村上的干部都沾了老申的光了，其他村沾不了，西沟出来多少乡镇干部，在村上当当干部就出去了，去了县城也就都退了。

赵：2000 年以后就不好弄了。

杨中林：后来正规了，就不好弄了。

5. 访谈对象：房根山（男，1959 年 11 月生于西沟村南赛，高中文化，中共党员，西沟党总支副书记、南赛分支书记）

访谈时间与地点：2013 年 6 月 8 日；南赛家中

访谈及录音整理：赵俊明

赵：您今年多大了？

房根山：虚岁 55。

赵：59 年生的？

房根山：59 年 11 月。

赵：在村里当干部多长时间了？

房根山：实际上我从 17 岁就在村里当小队会计，上高中就没有毕业，就给村里当了小队会计。因为当时小队会计和队长会计弄矛盾了，会计到 3 月份就不干了，就换成我了，干了一年。干了一年以后，那会正年轻，愿意看电影，到腊月天不是要算账，就顾不上看电影了，第二年我就不干了。

赵：因为算账看不成电影，就不干了？

房根山：嗯，那会年轻，十七八岁。后来在砖厂干了一年。

赵：就在村里副业砖厂干了一年？

房根山：嗯。毕业以后在砖厂干了一年。第二年，那个包队的说："不行，你还得来村里当会计"，又在村里干了三年。干了三年以后，我又不干了，就出外边了。当了三年就快下放了，我就不干了。停了一年以后，大集体土地就下放了。后边就一直在村里，有二三年没当小队会计，后边又接上，包砖窑也一直当会计。我一直到 94 年、95 年，我是 94 年 10 月份入的党；95 年，我进了大队两委班子；96 年 6 月，就进了（硅铁）厂里了，负责管生产。反正就是兼顾，厂里有事管厂里

271

的，大队有事情管大队，反正两头兼。一直在大队，这就将近二十年。再一个咱参与村里的事情，像前几年没进入两委班，实际上村里的事情参与得不少，有时大队需要弄什么也参与了，有时大队开个会，也旁听的，也参与的。

赵：这就干了二三十年了？

房根山：30 年。从十七岁到现在，中间隔了二三年，也是咱不愿干。

赵：不愿干，大队挣的钱少？

房根山：也不是。

赵：那是嫌麻烦了？

房根山：不是。当时咱村里的事情，有时看不惯（有些人的做法）。

赵：结果后来还是把你叫回来。你属于比较能干的？

房根山：也不是能干不能干。反正咱能给老百姓办点事就办点事，不能办事咱只能是以咱的能力。再一个咱能为老百姓，对这个社员来说不能说都满意，只是咱不操这个黑心，咱俩人有点意见，我不会磕巴你。

赵：基本公平就可以了，有个公心就行了。

房根山：对，有个公心。有的有点矛盾，能多余我给你多余，不能余时咱少余，我也不操这个心磕巴你，不存在这个。再一个我说话比较急，说话也随便。因为我是说话急，我也不考虑后果，我也不打算当村长或是书记，不在意这个。你叫我干了，我干，给老百姓干几天；不叫我干了，我在家里还是老百姓。干是老百姓，不干还是老百姓。我告孩子，"你靠你自己"。所以，咱就是这么个人，不愿意低下头求人。所以说话就比较急。在厂里和工人，训了他以后，过了就没事了。咱不说有什么事再坑你，这个不存在。

赵：像你这种人就是好干部啊！

房根山：就是在下边打个下手。

赵：你现在是总支副书记？

房根山：嗯。

赵：这么多年过来，在村里哪个阶段是最难干的？

房根山：最难干，老百姓有些事情他不理解你，好像有些事情咱把好话都给他说到了，他就说你还是为你自己。就前几年盖学校，盖学校的时候，实际上这个工程不是咱大队的工程，是教育局的工程，大队当时没有安排。当时在村里我是这里的一把手，来了以后，他找咱了，他要拆这个旧学校，那个窗子、门都没用，工头说你把这个门窗拆了你生了火吧。你可得写个安全保证了，你要叫其他人，你必须给我写手续保证安全。我说我管不了那些，我只能保证我的安全，不给你造成影响，其他我就管不了。我拆了两个以后，后边都来大拆了。当时我告诉他说你把这个拆

272

的围好，为了安全，他当时就没听，他弄上铲车倒过来挖了，老百姓听说了，都来抢砖，弄其他的。当时我看见了，我说你不要来弄这个，当时我就是说，不要砸了老百姓，对我没多大的事情，顶多找着你了，你两家协商。可是老百姓不理解，说是我卸了门了，卸了窗了，我说这是工头让我生火用的。我说抢砖，与我无关，怕砸到人啦。可砸到人后，你俩打官司，我每天还都陪着。到后边又盖时，给我写的小字报，说我看的是豆腐渣工程。这就与我无关，和大队无关，上边有监理，工程监理。这个与村里无关，村里干部就是协调好，不要出事。他都是想自己弄些好处，就对我有意见了。

房根山：嗯。也不是都是，就是那么几个，都想自己弄点好处了，弄不上好处，就对我有意见。

赵：现在村里的事情多不多？

房根山：事情倒也不算多，可是有些事情也走不开，出不去了。

赵：上边有什么事都找你？

房根山：嗯。

赵：村里事情也不少。

房根山：你说是个小队，也是六百来口人。

赵：咱们南赛分支的几个人？

房根山：现在5个。一个副村长，他在矿山上；一个张仁忠，在村里边参与这个工作，说退是顶退了，但在村里还参与；一个妇女主任；还有一个总支委。副村长不在家，一直在山上。张仁忠不参与村里的事，就是管大队的事。村里有些难事，谁也不想参与，可咱不参与不行，你不参与，人家谁给你参与，你这个主任不管，其他人谁管？

赵：你在村里班子里算是年纪大的？

房根山：他们都年轻些，40多岁。西沟还是比较可以，年轻人在村里挣上万把块钱，没有人干，他就养不了家。普通家庭，一年没有3万块钱就维持不了。其他地方村干部就只能是挂个名，除了一把手不能走了，其他都出去打工了。其他大队在村里给上两三千块钱，就养不了家。

赵：咱们村里的两委成员不能出去吧？

房根山：你说不上什么时候找你开会，开会你就得去。

赵：咱们管理得好，集体也有些收入。

房根山：这个就要能护住，要不就不行。

6. 访谈对象：张光明（男，1986年12月生于西沟村沙地栈，高中文化，中共党员，村委委员、民兵营长）

访谈时间与地点：2013 年 6 月 10 日；西沟村委会办公室
访谈及录音整理：赵俊明

赵：像你们这个能考乡镇公务员吗？

张光明：能，我没考。进来非得达到工作 4 年以上才有资格参加考试，4 年干两届才有资格参加考试。没有弄成，后来说不报了。

赵：不报了？还是报吧？

张光明：还是报吧，学习吧也是经常学习，也是好事。

赵：那个待遇高点。

张光明：再一个现在的社会也是不好弄。

赵：我听红岗说他考过？

张光明：考过好几遍，每次就差那么点。

赵：你应该比他基础好点？

张光明：现在发展很快，年轻人太多，村官们太厉害。主要是村官，比我们会考，咱写个东西没人家弄得好，人家毕竟是大学毕业的，比咱们高一层。

赵：完了弄个学历证书？

张光明：就计划弄个。

赵：有没有作用？

张光明：对于农村来说，也没有什么用，还不如学一门技术。学会修电视什么，你光有学历也没用，

赵：你不考虑学点技术？

张光明：我没学什么。

赵：你家里弟兄几个？

张光明：就我一个，有两个姐姐。

赵：一个儿子，出去也不好，在家照顾父母？

张光明：出去了，在外边也费事，咱没有什么技术，出去打工吧，落不下钱。

赵：打工也辛苦吧？

张光明：倒不辛苦。我干保安，一个月下来也是两三千块钱，外头是挣得多花得多，几乎到年底落不下钱。在家这还能落点。

赵：村里不是每个月给你发工资？

张光明：不是。

赵：到年底一次性发给你存下了？

张光明：外头的工资月底就给你了，你身上装上钱就想花了，一花不就没有了。

赵：村里一年给一次，年底给就攒下了。

张光明：就是这样，你身上装上一百就想花，装十块舍不得花。

赵：钱这个东西，装得越多，花得越快。

张光明：是。

赵：回村里也不错。

张光明：哪头干好是哪头，既然选择这条路，就得踏踏实实地干。

赵：村里也更新换代，老的下来年轻的就得顶上去。

张光明：是。只要能把农村事情干好，就说明你这人就可以了。农村最不好干。

赵：农村哪些工作难干？

张光明：多了，老百姓的这一关就费事，主要与老百姓打交道，有些老百姓理解你，知道你工作非常难，他就体谅你。你遇上一些人，让他干什么，他不想干，那种人可难干了。你也不能和他起火，你越和他发脾气，他越不行，你得和他好说。他骂了你，你也不能顶，就当天骂了你晚上你还得去找他，总得说通了才行。农村反正还是难。

赵：村干部不好当。

张光明：对对。可是不好干吧，也得有人当呀。

赵：一般大部分情况都来村委会？

张光明：不来。有分工，比如公园吧，现在节省开支，一般大队锄锄草、修剪修剪花。

赵：你分工管什么？

张光明：我分工民兵，民兵就没事。现在就在公园，锄锄草、修剪修剪花。平常没什么事。

赵：维护维护这些日常？

张光明：没事。咱也不能天天来村委会，也没事。

赵：咱们这里事还比较多，相对来说，其他农村更没事？

张光明：西沟是政治义务多，隔几天这个领导来，那个领导来。

赵：你这个年龄的，换届时愿意当干部的多吗？

张光明：也有愿意的，也有不愿意的。

7. 访谈对象：马怀生（男，1945 年 7 月生于西沟村池底，初中文化，中共党员，西山矿务局退休工人）

　　访谈时间与地点：2013 年 6 月 6 日；池底郭广玲家中

　　访谈及录音整理：刘晓丽、赵俊明（整理者）

马怀生：后来解决路线问题的时候，王谦当书记，省里叫我父亲［马何则——编者］去，让揭发李顺达，申主任在北京接受陈副总理［陈永贵——编者］的指示，你回西沟要跟李顺达要划清界限，你要看路，不能看人。李顺达那个人挺好的，我父亲是书记，李顺达是大队长，纪兰是妇女主任。我父亲44年就成了政治部主任，还没解放了，共产党不公开，我父亲牵引的有三个编村，池底、南赛、西沟三个编村，后来到51年才并的池底，52年才并的南赛。我父亲就是这，（说）老李在外边的事咱不知道，工作也忙了，回来得少，汇报得就少。家里边有事，纪兰你担，我担，西沟有路线有问题不要找李顺达。哎呀，真好了。弄了我父亲十二天，叫我父亲去了，十来个人坐在那里，叫他揭发了，不揭发就用肘子捣他的胸脯。最后走了，王谦的秘书甘秘书，说他不能到我那儿吃饭，我送到省政府小院后边那个小二层，一个小巷子里，老李在东跨院那个小门里有五间住着，我知道那，去见了见老李。

后来我去了，我说我见见王谦吧，老李说你不要去。我说我不怕呀，我就去了，我穿的的卡衣服，凡尔丁裤子。王谦说，你行啊，你穿得比我穿得还好啦。我穿的的卡，他还得穿就是棉布的。见了说了说，我父亲叫我回来了。揭发了，我父亲说了三个问题，第一个问题，他回来得少了，汇报得也少了，外边所有问题我们都不清楚，西沟党总支不会清楚的；在家里边就是脱离群众，回来得少了，参加的劳动少了，这不就是脱离群众了，这是第二个；第三个是西沟路线有问题，有我和纪兰了，出了问题找我们。就这三个问题。

赵：你父亲叫什么？

马怀生：马何则。

赵：你父亲后来也给你说这些吧？

马怀生：说，就不说我也比较清楚，西沟可以这么说，西沟所有的人都不能评价西沟，我有这个资本。我走的时候在这有些职务，老父亲就是最早的党支部书记。不错，西沟确实不错。

赵：西沟那会儿更好吧？

马怀生：那会儿更好。哎呀，我回来有一个老保管，叫张丑孩，就是上边这个村的。自咱五几年开了库房，他就是仓库主任，到这个八一年，基本上这个粮呀，库房就储存粮少了，牲口也不多了，机械化高了，公粮也卖得少了，当年收下也就卖了。那会儿西沟每年要卖到二十几万到三十万。最后不干了算账，少了120万斤粮，那会就不要这个仓库了，现在是饮料厂了，就是那个旧厂。他在村口有个碾子上坐着，他从上边看着我，他说孩子你来，我就去了，他哭着跟我说，我当了这么多年保管，粮少的我没有多吃过一两粮，现在这个俊虎跟我算账，少了120万斤，这120万哪来呀？1000斤玉茭穗子你要出570斤干玉茭，其实最大的就是出530斤不到540斤，这就要570多斤。收到这个玉茭穗，收到场里边，集中送到仓库。你收1000斤穗子，出578斤玉茭，入库就是这样入的，几十年下来就短了120万斤。他就和我说，这大问题我就找老李。我找到老李，老李说，怀生啊，我说你写。上边写：俊虎，仓库存粮问题上张丑孩不存在贪污。

我初中毕业后在医院待过一段时间。张丑孩那个姑娘吃麻饼，吃得大便不下来，憋住了。你得灌肠，我和段红章灌肠了，段红章是医生。老李见了，问怎么了，段红章他说，李主任，这是吃麻饼了，憋住了，没事，小孩麻饼就不能吃。我一找老李，他就说，怀生，他记得他姑娘吃麻饼，憋住了，你给灌肠，他就记住这，他如果能贪污下，还用吃那麻饼？村里这老干部真的好得不得了。俊虎，你又不是不知道，咱每年入库是怎入库的，打下粮来，卖公粮是怎卖的，你很清楚。我把这个写好后，他在下边写了个李顺达，他说明儿你坐车回，叫我把这个交给俊虎。我就回去了，第二天早上我去俊虎家，他在窑洞里，趴在土炕下做饭，我坐在土炕上吃了他两个稆莜〔疙瘩〕。我把信交回他。他说，这就好说了，你又给老同志办了点好事，要不你没办法交代呀。我解决了两个人的问题，还有一个。

赵：还有一件是什么呢？

马怀生：还有一件，他叫崔福兴，他是副业大队长，古罗的。58年大炼钢铁了，他从西沟往壶关东长井送钱、送粮，我父亲是平顺县大炼钢铁的副总指挥，那有个总指挥姓杨，他光送西沟的，不是全县都管。有一次是送340块钱，去了就交了，交了就没有要收据，就没打条子，说他贪污。可把他整坏了。他和我说了，我又去找老李去了。当时他有个女婿了，跟我在一个单位了。我领着他女婿一起去，他女婿叫张银考。我也想了，如果再给俊虎写个东西，也叫我给俊虎，我还得再往回跑一趟，六块四毛钱的路费。路费也不是你不想出，我开八十三块五，我下了四年零七个月的坑了，后来我才到了安检处了。当时新人全部下坑，老的全部上坑，我回了家了，我去食堂了，倒不叫我吃饭了，名单已经到了队部了。后来，我就带他去。他去了以后，我说是叫这个他女婿办吧。我还得再给你回来。我领他去说了，其实他本人去也行。我就说了说，福兴58年大炼钢铁的时候，给咱那儿送了340块钱，没有单据。大队会计叫张有则，他不干了，总得交账，一查，这个账不清楚，这个借款。老李也写了个这么个，大意就是：老同志不存在收据什么的，人都是讲信用的。李顺达就说了这么个实话，就不存在什么借条什么的，你拿上走就对了。那里要多少钱，你拿上钱走就是了。送上去了，不存在贪污，也是给俊虎写的。两个人相差几个月，一个就是春季，一个秋季。老李说，怀生你还得回，我说叫银考回吧。他说银考是他女婿，我说这有你的签字，我不来回跑了，我还要上班挣钱了。要不你来回没有三十块钱不行，回了不给当家买点吃的，太原到长治坐火车，来回六块四毛钱的路费，一块来钱从长治到平顺。

老李死了以后，12天，7月31号死在五台，（8月）1号山西台就播了，一直不叫西沟去。那个时候，我就在那儿了吧，所有外边来的人，我和这个张银考一直招呼着。（8月）12号那天火化，就是在二院放的，在礼宾室开了追悼会，部队上来人多。

277

十、何去何从西沟未来

【深度论述】

西沟展览馆

展览馆坐落在西沟村沙地栈。馆内陈列和展出了西沟人民在中国共产党领导下，在全国劳动模范李顺达、申纪兰的带领下，从新民主主义革命时期的互助组到社会主义时期的初级社、高级社自力更生、艰苦奋斗、勤俭办社、建设山区、立足山区、脱贫致富的实物和图片，展示了西沟人民走社会主义道路的坚强决心和辉煌业绩。

1966 年，平顺县人民政府在西沟村设立接待站，有 3 名工作人员，接待少量来西沟参观人员和过往客人。1969 年，晋东南地区革命委员会开始筹建西沟接待站，1970 年开始正式办公，属晋东南地区革命委员会直属的处级机构，具有行政和事业双重职能。从 1976 年以后，李顺达受到不公正对待，西沟接待站也受到了冲击，西沟接待站被撤销，砖木结构的展览馆，逐渐坍塌了，里边的展品也没人管理，展览馆逐渐荒废。

1995 年 4 月 13 日上午，时任中共中央政治局常委、书记处书记胡锦涛视察西沟村。此前，为了迎接胡锦涛到来，当地政府已组织人把展览馆进行了简单的修缮。展览馆原来是土木建筑、砖木建筑，当地政府就用瓦片把透的洞修复了。修复了以后，打扫了卫生，进行了简单的布置，还增加了些照片。

上午 8 时 40 分，胡锦涛一行参观了西沟展览馆，听取了申纪兰关于西沟历史及现状的介绍。胡锦涛走后，西沟展览馆重陷混乱，展览馆的顶部也塌了下来。附近的学生经常到展览馆里进行破坏，又挖又毁，致使展览馆破损不堪。

2000 年 2 月，吕日周来到长治任职以后，认为西沟精神，不仅是太行精神的一部分，还是太行精神的内涵所在。他重视西沟的发展，重视西沟的荒山绿化、产业结构调整、科技种田技术的推广等工作。

吕日周来西沟调研后，看到展览馆的破败，感到很气愤，于是决定修复西沟展览馆。不久平顺县成立了以县委书记为组长，县委副书记、县政协副主席为成员的西沟展览馆修复领导组。领导组先到省委宣传部拿到修复展览馆的批文。然后找到设计院进行设计，设计的新展览馆既有窑洞特色，又有民族风格。修复领导组决心用西沟精神和申纪兰精神修复西沟展览馆。领导组去全国各地找回来了不少照片，然后又组织人精心编写了解说词。2000 年 6 月 29 号展览馆终于建成了，这之后又修水泥路，修雕塑，恢复西沟李顺达故居，共花费 130 多万元。最后又给展览馆制定了相关的规章制度，定门票，培训讲解员等。

随着展览馆的成立，2001 年平顺县成立了西沟接待中心，当时是个副科级建制，总共五六个人。一直到 2009 年底，又成了正科级建制，人员也增加了。西沟接待中心的职责就是主要负责西沟展览馆和西沟红色旅游系列景点的开发、保护、建设、管理，属于县直属事业单位。

关于参观人数，70 年代，参观西沟展览馆的人数非常多，最多的时候一年达到 40 万人次。2000 年修复展览馆以后，当年的参观人数就有 3 万多，后来人数基本维持在 10 万人左右。08 年有 12 万人，09 年有 9 万多人，10 年有 10 万多，11 年有 9 万多，12 年有 8 万多人。

平顺县目前正在修建西沟展览馆红色旅游基础设施建设项目，包括停车场、道路和客服中心。道路有 11 公里长，停车场有 8000 平米，客服中心有 1000 平米，以后还要修 14 公里的步游道。这个建设项目，国家计划投资 2260 万，现在一期工程落实了 1280 万，第二期项目，省里还计划投资，市县还有配套资金，整个工期是两年。

现在的展览馆年代长了，里边的陈设也很简单，没有现代化的声光电设备。因此，计划在 2015 年之前扩建展览馆，还计划把李顺达、申纪兰早期植树的那些地方都开发成景点。让游客们到了金星峰，可以坐索道或缆车到李顺达纪念亭［李顺达纪念亭坐落在西沟展览馆背后的沙石山脊、青山翠柏之间，亭子上方悬挂着由原全国人民代表大会常务委员会委员长彭真题写的"劳动模范李顺达纪念亭"亭额一块。亭内立有黑色大理石碑一通。碑的正面是由老一辈无产阶级革命家薄一波题写的"劳动模范李顺达纪念碑"碑名，纪念碑背面刻有介绍李顺达生平事迹的碑文——编者］、李顺达墓［1983 年 7 月 1 日，李顺达逝世，按照李顺达的生前嘱托，西沟村在苍松翠柏的大山丛林中为李顺达修建了墓地，并将其骨灰移至西沟——编者］。然后转过去以后，就到了老西沟。老西沟是李顺达当年成立互助组的地方，平顺县第一个秘密基层党支部，也是在老西沟成立的，里面还有革命杨［即金星杨，在老西沟互助组雕塑的前面，有两棵高大挺拔、枝叶茂盛的杨树，西沟人叫它金星杨。金星杨其实就是大叶杨树。1952 年李顺达荣获农业部"爱国丰产金星奖"之后，从河南林县老家移来 6 棵大叶杨栽于老西沟，巧合的是当人们掰开杨树枝时，其枝心竟有着"金星"状图案，为此人们将这 6 棵杨树称为金星杨——编者］。

此外，还计划对西沟水库进行开发。西沟水库是个季节性水库，开发后，水库将既有泄洪的功能，同时又将有一些娱乐功能，游客来了能在水库边上玩耍。

西沟的教育

1956 年 3 月 1 日，西沟村成立了幼儿园。1938 年，古罗庄和南赛庄建立了小学校，1947 年老西沟在一座破羊窑里创办了第一所小学。1953 年，西沟、池底、南赛合并后，西沟对小学校进行了整合。到 1966 年，西沟小学已发展成为拥有 6 个教学班、200 多名学生的中心小学校。1968 年，增设初中班，1970 年实行从幼儿——小学——高中一条龙教育，在校生达到 425 人。1977 年，恢复高考之后，西沟学校毕业生的高考成绩在全县学校中独占鳌头。1977—1978 年，先后有 2 人被全国重点大学录取，有 11 人被省、市大学录取，12 人升入中等专业学校。1980 年，西沟学校实行规模调整，停止招收高中班。只招收初中班。1982 年，又实行了中小学分家，经济上实行单独核算，教育上各自管理。1996 年，西沟小学进行一期工程改造，命名为西沟希望小学，2001 年又进行了扩建。

2000 年以后，随着人口出生率的下降和外出务工人员的增多，西沟学校的学生人数逐年减少。04、05 年撤校并点之后，西沟村只剩下西沟希望小学和南赛小学两个学校。西沟希望小学只剩下四五十人，南赛小学人数也比较少。撤校并点之后，孩子们上学变得不太方便。有很多家长为方便孩子上学，就在县城里租上房，照顾孩子。西沟村大多数村民的经济条件不是很好，但是他们都在全力以赴地供自己的孩子上大学。他们认为，自己虽然没钱，但是在孩子的教育问题上应该和有钱人比。他们的孩子考上大学之后，交不起学费，有相当一部分人会申请大学里的助学贷款，帮助自己读完大学。西沟村也对考上本科的和大专的，进行 3000 块钱的专门奖励。

西沟人看西沟

在李顺达的时候，实现了"楼上楼下，电灯电话；耕地不用牛，点灯不用油；走路不小心，苹果碰了头"，西沟走在全国的前列。但在改革开放之后，西沟的发展已经落后了。

西沟落后的原因，一是思想观念没有根本性的改变，不能适应改革开放和市场经济的大潮；二是领导干部没有李顺达时代那么强的奉献意识，村集体对村民的凝聚力也在下降；三是缺少人才，留不下人才；四是村里没有找到适合西沟发展的路子，村里没有相应规模的企业，导致村里的年轻人在村里就不了业，选择了外出打工，于是村里只剩下一批老人、妇女、孩子，村庄的活力在一点一点丧失；五是体制上的问题，申纪兰一直不是西沟的一把手，西沟的发展没有发挥好申纪兰的作用。

西沟的发展虽然落后了，但不可否认的是，村两委也一直在不断地努力，想重新振兴西沟。在 2000 年，村两委搞了一个西沟发展十大思路：以党带村，以法治村，以党组织带动全村，科教兴村，信息灵村，旅游名村，农业稳村，林果富村，商贸发村，企业强村。

按照这个思路，西沟先是退耕还林1000亩，全部栽成山桃、山杏，之后栽核桃树，当时实施了三五工程，三百亩水晶梨，五百亩核桃树，五百亩山桃、山杏，一万亩阳坡绿化。然后做大做强饮料厂和硅厂。最后，整理村容村貌，把44个自然村合并成12个，让村民从东峪沟、辉沟、老西沟搬出来，形成两大块，三个片。还计划在十年内，培养100名进修的本科生，100名专科生，100名中专生，200名有技术的农民。

西沟现在是省级森林公园，正计划申报国家森林公园。西沟还积极发展红色旅游。村两委计划把老西沟过去六户互助组的老房子还原、恢复。还计划在辉沟打造劳模田园，让旅游的人来了以后可以下去干活，体验用镬、深沟犁、机械化耕种的全过程。同时村里还在努力地把矿业公司搞起来，把西沟饮料厂弄好。同时积极引进外来企业，解决西沟村民的就业问题。

外界看法

外界认为从经济总量上、发展速度上和人均GDP上，西沟虽然不是很突出，但是西沟在发展中不忘党，始终遵循党的宗旨，它不通过一些非常规手段或者是违背经济客观规律的方法去寻求致富之路，始终理性发展。在发展的过程中，西沟坚持科学发展、绿色发展，始终把党和人民的利益放在第一位。为此它不单纯考虑经济效益，更注重社会效益。西沟核桃露就是一个典型，绝不添加任何对人体不利的东西。并且还应该看到，西沟在这几年确实是发展了，只能说发展的步伐没有人们期望的那么大。因此，西沟还应当继续努力，埋头苦干，把村里建设好，让村民能享受到改革的红利。

（一）留住历史的西沟展览馆

1. 访谈对象：申纪兰

访谈时间及地点：2014年5月23日；西沟乡政府

访谈及录音整理：刘晓丽

刘： 吕日周是哪年来咱这儿的？

申纪兰： 吕日周当长治市委书记〔2000年2月吕日周任长治市委书记，2003年2月调离长治任山西省政协副主席——编者〕，改造长治市容面貌，人家是起了一定作用的。吕日周下乡也不通知，实际上人家就是那个作风，他住到老百姓家里头，我还不知道呢。我在太原，村里打了个电话，说书记来下乡来了，住到老百姓家里头了，人家那作风就过硬啊。在街上拾烟头，改造街道，这都是人家做过的事情。

刘： 吕日周是不是在这里开了十几次党课？

申纪兰：讲党课，最后还研究咱这个精神，（成立）纪兰精神研究会［申纪兰精神（平顺西沟）研究中心，成立于 2009 年 1 月——编者］。他来了平顺，当时这儿的工作还不顺，在那个关键时刻，他就来了，来长治当书记，来西沟下乡。他要看看展览，我说，哎呀就不能看，为什么不能看？塌了，没人管，关了倒［已经］4 年了。他说为什么不修修啊？我说，没有钱。再一个，没人管，市里头也不管了，县里头也不管了，我们就把它锁起来了。

（吕日周来西沟展览馆）这是接待中心［即西沟展览馆——编者］的第二次进步［1995 年 4 月 13 日胡锦涛来西沟参观西沟展览馆，这是第一次进步——编者］。（到）咱这个接待中心后，他就深入实际调查，为什么展览馆这个历史教育基地塌了，谁也说不上来。

刘：他来了以后才重修展览馆？

申纪兰：他通知（修）了，拨了点钱，把展览馆开起来，先是杨显斌［原平顺县政协主席——编者］，后来是王小平［原西沟展览馆馆长——编者］，才筹备起来。上面拨了点钱，恢复起来，红红火火又开始了。这就是党领导重视问题，关心问题，这是最基层的一个东西，人家领导不来，谁能给人家去反映这个问题？就这样，西沟这个展览馆才一次一次红火起来。

刘：参观展览馆的人数，哪几年是最多的？哪几年人少？

申纪兰：最近人就最多，六几年也很多来。学大寨时候，有的去了大寨了，有的就要来西沟，那一段咱这是地区接待中心。长治市接待，派的都是那主要干部来蹲点，县委副书记蹲点，很重视这展览馆。那会儿李顺达同志也在，那会儿就很重视。我为什么相信党培养，没有共产党，没有党的培养就是不行，没有党的领导就没人支持，没有党的宣传谁来看？他也是为了教育大家，为了提高大家的认识，李顺达搞互助合作是全国的典型，在全国是第一个互助组，第一个初级社，在农村也是第一个党支部。

刘：吕日周就看到这个了。

申纪兰：吕日周对党就重视，就非常认真研究了，最后他安排弄成了，还来看了。

刘：吕日周带着长治的干部来这开过现场会［2001 年 4 月、8 月中共长治市委常委会两次在西沟召开——编者］。

申纪兰：来这培训，驻村。那会儿那干部下乡就在农村住啊，哪有招待所？没有。那会儿我们西沟工作组也多，家家派饭。

刘：吃派饭？

申纪兰：吃派饭，没有招待所。

282

刘：这会儿不吃派饭了。

申纪兰：这会儿没有了，这会儿都也招待不了了，标准高了。这就是典型引路啊，这是社会主义的带头人，社会主义发展的根据地。

2. 访谈对象：王晓平（男，1958 年 6 月出生于平顺县北社乡西北坡村，中共党员，曾任西沟展览馆馆长，现任平顺县政府办公室副主任）

访谈时间及地点：2014 年 5 月 21 日；平顺县政府办公大楼

访谈及录音整理：刘晓丽

刘：您是哪一年去的西沟？

王晓平：我是 2001 年 12 月去的。

刘：在西沟工作了多长时间？

王晓平：从 2001 年到 2008 年 2 月份。

刘：那干的时间挺长的，正好筹建西沟展览馆吧？

王晓平：展览馆的前期工作已经结束了，也就是修复了。修复完以后，我去的。

刘：那您去了具体干了些什么？

王晓平：去了以后，干了个二期工程，就是第三层的展厅。

刘：是布展吗？

王晓平：是建设，盖房子。

刘：第三层是后面加上去的？

王晓平：对。原来修的就是一层和二层。第三层从基础设施开始吧，从打根基、搞设计，然后施工，这些完了以后，整体的布展。都是在那一段时间。

刘：这些在您离开之前都已经弄完了？

王晓平：我在那的时候已经弄完了〔西沟展览馆 2000 年 7 月修复扩建，2001 年 6 月 29 日修复竣工开馆——编者〕。从 2002 年开始，因为咱们这个地方办事比较困难，都是慢慢做的。你想快也快不了，这样就是到 2005 年布展结束的。基础设施是 2004 年结束，2005 年春天开始布展，当年"七一"前就要完成，三层整个统一的布局。

刘：那基础设施部分的资金是村里负责的？

王晓平：不是。村里不管这个事情，建设的资金这些都是县里管的。然后去省里面、市里面争取点资金。

刘：申主任去争取一些？

王晓平：反正在西沟争取资金的渠道还是比较多的，多渠道去争取。

刘：布展这个事情是请县市里的专家还是省里的专家弄的？

王晓平：布展是请省博物馆的一个老师弄的，然后从太原请的专业公司。

283

刘：那布展的内容都是以前有的？

王晓平：布展的内容有以前的相当一部分，因为它是一个历史性的东西。原来咱们展览馆的一层坍塌了，从那个里面有一部分。"文化大革命"后期的资料基本是缺乏的。咱们重新搜集了一部分。

刘：在哪搜集的？

王晓平：咱们到北京、晋城、太原，咱们老张〔张章存——编者〕还参加了这些资料的搜集。

刘：怎么搜集的？

王晓平：走访当年有关的、在西沟的人。

刘：调的时候人家给不给？

王晓平：有的给，有的人家也不给。你像那个李顺达当年那个农业丰产金星奖章，那个奖章就是给你拿出来〔奖章在李顺达的女儿手中——编者〕，给你拍个照片，然后咱们根据那个模型做的一个仿制品。

刘：咱们展厅里的是个仿制品？

王晓平：是仿制品，咱们那个（仿制品）也大，人家那个（真品）小，可能有3厘米左右。把资料弄回来以后，进行整理、筛选和过滤，最后起草的布展大纲。

图 10-1　西沟系列课题组与申纪兰在西沟展览馆前合影

刘：布展是两个内容，一个是内容，一个是形式。这两个都是太原的人搞的？你们也一起参与了吧？

王晓平：这个既有太原的，也有长治的，还有咱一些平顺的对西沟历史比较了解的（人）。

刘：我在档案里看到了你们当时布展的内容草稿了，包括一些布展词什么的。因为你们前面做了，我们就把你们的工作过程记下来。

王晓平：在这个（修复的）过程当中，又把小北楼收拾了收拾。

刘：小北楼是哪里？

王晓平：就是现在那个报告厅，那个报告厅是那时候盖起来的。这个厅是2005年展厅结束了以后，2006年开工的，2007年基本收的工。

刘：还有展览馆旁边的小房子是什么时候盖的？

王晓平：两边的小房子吧？那是人家一期工程的时候修的。

刘：那你当馆长的时候，能感觉到参观的人数有什么变化吗？

王晓平：我在的那个时期，反正除了七一那些高峰期之外，因为咱不是一直去外边宣传？参观的人是越来越多了，每年都有增加。

刘：咱们有记录吗？

王晓平：基本都有记录。每年参观的人，除了春节这几天，人比较少以外，剩下的几乎每天都有人。一般每年有800多批次。

刘：特别冷的时候人们就不来了？

王晓平：特别冷的时候也有人。

刘：都是哪里来的人？

王晓平：这个就多了，反正就是周边的比较多吧。像这个四川的，浙江的，福建的，这些就来得比较少了。去年［2013年——编者］上海行政干部学院还专门联系（我），要过来。

刘：学生来得多不多？

王晓平：学生不是太多。

刘：咱这里不是有爱国主义教育基地的牌子吗？

王晓平：学生方面，更主要的是咱们县里组织的比较多点，另外就是一些大学，比如说太原理工大（学），山西大学，搞社会实践活动就要来这里。

刘：我看展览馆外头挂了很多牌子，那些牌子是怎么挂的？有什么程序吗？是与展览馆联络还是要通过县委？我看那里有好多牌子。

王晓平：太原理工大学好像不用跟县委联系，他们自己来搞活动。

刘：比如全国爱国主义教育基地，那就要通过审批程序了吧？

王晓平：那个要逐级逐级申报批下来以后才行。

刘：您走了以后就是郭雪岗（当主任）？

王晓平：对。我布展的时候，（张）章存、（郭）雪岗就一直参与了。2007年雪岗就在那当副主任，这样就连起来了。

3. 访谈对象：张章存（男，1947 年 12 月生于西沟村老西沟，初中文化，中共党员，曾任西沟村党总支副书记）

访谈时间及地点：2014 年 4 月 27 日；老西沟

访谈及录音整理：刘晓丽、张文广（整理者）

刘：第一层是啥时候盖的？

张章存：第一层是 70 年代后期盖的，04 年又盖了二层、三层。一、二层是（介绍）李顺达的，三层全是（介绍）纪兰的。

刘：以他俩为主弄的？

张章存：嗯。以他俩为主。后来光展览馆看一次，就得半天时间了。再后来就把这一层后一半这个，把李顺达的后一半给切了。切了以后，把老申那个后一半给移下来了。一般领导来的时候，就只看底下，就不去上边了。因为他一遭看了之后，时间就不够。把申纪兰的弄到一层之后，前半部分是李顺达的，后半部分就是申纪兰的。这个展览馆，领导一个小时就看完了。它也是根据形势变化弄的，一直变化着了。

刘：它大规模换了几次？

张章存：最后一次就是 04 年。实际上开始都是在底下了，就是 04 年又扩建，房子也盖了，正是柴玉棉来时候，把那个都扩盖了。加了两层。这样以后，一层二层就全是老李一个，三层就全是老申，都是照片。04 年那时候，弄的材料也比较多了。一般就不细看，你要细看，就得从一展、二展到三展。

4. 访谈对象：杨显斌（男，1953 年 11 月生于平顺县龙镇新城，高中文化，中共党员，曾任平顺县政协主席）

访谈时间及地点：2014 年 5 月 13 日；平顺县杨显斌家中

访谈者：张章存、刘晓丽、郭永琴、张文广

录音整理：柏婷

刘：您能说说有关西沟的事情吗？

杨显斌：这主要是看哪一个方面了，你看西沟它是个老典型，西沟因为它所处的历史时代，尤其是这个经过"文化大革命"那十年动乱的洗礼，它有冷的时候，有热的时候，起伏比较大。但是西沟，我对它（的印象）永远是山区、贫困地区艰苦奋斗的一面旗帜，它包括西沟精神，包括李顺达精神、申纪兰精神，它永远是我们建设社会主义新农村的这么一种精神体现，它确实是很重要的。西沟不管有多少挫折，有多大变化，它的信念非常坚定。你看西沟的变化也很大，和上次你们来的时候（比），就变化得不一样了。

刘：您先看看这个，了解了解这个课题。山西就两个名村，大寨咱们写了，西沟想先做西沟口述。我们不知道成立了申纪兰研究会，要知道这个吧，这里边的人可能都是这儿的一些专家，联合起来比较好。

杨显斌：西沟展览馆恢复我就在那儿，那是九几年的事，98 年、99 年到 2000 年。那段（时间）任务很重，时间要求很紧。

刘：西沟展览馆很重要，我们去都是先去那儿，它这个历届的操办人和过程，比较详细的，我们想听一听。

杨显斌：西沟展览馆它是成立于 20 世纪 60 年代，70 年开的馆。西沟展览馆过去叫晋东南地区西沟接待站。当时就是 64 年毛主席发出"农业学大寨"号召以后，山西一个是大寨，一个就是西沟。为什么是西沟？它历史比较久啊。一个是建党，西沟是 1942 年建党支部［应为 1938 年——编者］，这个比较早了。再一个是它在 40 年，在抗日战争的战略相持阶段，西沟就走"组织起来"的道路了，当时延安整顿，毛主席提出"组织起来"，西沟比毛主席的"组织起来"题字还早，西沟是很老的一个典型。当时邓小平在太行区黎城的南委泉召开第一次群英会［1944 年 11 月 21 日—12 月 7 日召开——编者］的时候，西沟就成为"边区农民的方向"。后来又开群英会，领导们提出边区农民的方向，山区什么的道路［1948 年，李顺达被中共太行区委和太行行署表彰为"翻身农民的道路"——编者］，就很早。

西沟的变化老张［张章存——编者］最清楚了，从老西沟起家，从互助组到合作社，合作社它也分高级和初级，初级社和高级社，高级人民公社。山西是从 52 年以后才起来，所以 42 年到 52 年以前，十几年的历史，西沟是非常辉煌的，这段辉煌主要是李顺达。当时有革命委员会，委员会就有个西沟接待站，那个接待站还是比较好的，住了来自全国各地的那么多人。那时候我还是个小孩，上初中了，全国各地来参观学习的人挺多，熙熙攘攘，西沟当时就写下了"点灯不用油，耕地不用牛，走路不小心，苹果碰破头"，70 年的苹果产量要达到了七十几万斤。那会苹果最好的 2 毛 5 一斤，它就是国光、香蕉、黄香蕉、红香蕉，就是那一类品种，那就是很罕见，就不得了。我也是出生在平顺，但是我那个地方比较高寒，海拔在 1500 米以上，来了以后看到人家这个苹果，你看我们山上只有那个小丘丘，就是那个海棠，叫海棠果。来了看到这么多的苹果，就馋得不得了，满树都是苹果，整个河滩都是，没有 10 里也有 8 里，8 里长，到处都是苹果，到处是果树，就是叫你去那里，确实是馋得不得了。当时觉得西沟确实是了不得。

我是 70 年 4 月份以后才参加的工作，跟西沟是一个公社。西沟公社还有一个过程，和大寨那样，西沟公社原来和龙镇是一个公社，一直到 71 年的 6 月 20 号［应为 1971 年 6 月 8 日——编者］，西沟人民公社成立 20 年的时候，西沟和龙镇就分开

287

公社了。分开公社，把石岭东边的那几个村就归了龙镇了，就现在的龙溪镇。同时，将城关人民公社所辖的石埠头、川底大队划入西沟公社。那会西沟展览馆就开放了，而且西沟展览馆搞得很好，都是电脑配（图），都是手工画，弄的绣也很多，挺好的。展览馆我也去看过，尽管面积不大，展线不长，但是把西沟的历史，给说清楚了。没有几年，到75、76年展览馆就不行了。

图 10 - 2　西沟展览馆食堂

刘：展览馆怎么就降下来了？降格了？

杨显斌：展览馆降格的原因就是，76年粉碎"四人帮"以后，大寨就上来了。这是和高层有关系，从那个时候开始，西沟就压下来了。西沟地区接待站就撤走了，当时有个招待所，铺盖什么就拉到长治去了。这个不是我的经历，就是知道这个事。展览馆当时是砖木结构的，以后就坍塌了，里边的展品啊什么东西没人管理，西沟就一下从高处跌到低谷了。李顺达当时不在西沟了，已经是省政协副主席，后来到了省人大，但是西沟的大事小情好像还要跟他请示。当时那个年代出现了这些情况，西沟就降下来了。

从76年以后，西沟成了李顺达帮派典型，李顺达当时到中央学习班，不来平顺，他是83年7月1号在五台山去世的。从83年一直到86年，大概是这个时间，西沟怎么发展，人们不敢提它，总怕沾上西沟受了害，那个时间我就在县委组织部，这个中间经历过震荡。

展览馆后来就坍塌了，修复展览馆是从98年［应为2000年——编者］提出的，98年［应为2000年——编者］吕日周来到长治以后，他就看到西沟这个西沟精神，是太行精神的一部分，是太行精神的内涵所在。吕日周多次到西沟调研，他的作风是很过硬的，不管别人怎么说吕日周作秀。吕日周先后从 99 年到 03 年［应为 2000 年到 2003 年——编者］，就这么几年时间，先后十几次市委学习会开在西沟，他多次重视西沟的发展，重视在西沟搞调研，包括荒山绿化啊、产业结构调整啊，科技种田技术的推广啊（等等），而且他比较重视西沟展览馆的建设。

这个中间还有个小插曲，这个插曲从什么时候开始的，时间我记不清了，大概就是 96 年以后，98 年到 99 年、2000 年这个过程中，一年多时间，咱们省里有个发展导报的李丁（音），这个李丁我现在不知道去哪儿了。李丁在西沟那个下乡工程队，人家就在那下了一番功夫，把西沟展览馆又修补了一下。西沟展览馆这个屋顶漏了么，原来它不是这个混凝土建筑，是土木建筑、砖木建筑，（他就）用瓦片把透的洞就修复了。修复了以后，李丁（就）临时把这个展览馆重新布置了。

李丁把展览馆修复以后，因为胡锦涛来［1995 年 4 月 13 日，胡锦涛视察西沟村并做重要指示——编者］，我当时已经是（县）政协副主席，组织部还兼的副部长，我从 4 月几号从省委组织部开完会以后，回来见了那个宣传栏。胡锦涛来山西，他当时还是党中央副主席，中央书记处书记。当时咱们省委组织部长是支树平［1995 年 2 月—1998 年 10 月支树平任中共山西省委组织部长——编者］，省里面成立调查组，调查组还是组织部的事情，他们调查组先过来。过来就摸不清人家（调查组）要什么（资料）了。县里就说你在组织部是老组织了，这一块做的是非常努力，你闹［弄］，第一次我们闹的是农村基层干部的建设情况汇报，就是农村这块，第二个稿子就是说到这个山远边贫地区党的基层组织建设。这不是第二稿出来了，他说还是不行，不是要这方面的。一直到明天你比方说胡锦涛来，今天晚上支树平来了，12 点了，咱都已经筋疲力尽了，年轻的也顶不住了，没有办法，最后说是主要是搞农村后进支部整顿这个问题，后进支部，搞这个。这下晚上整不出经验来了，说是怎么办，我和我当时的（平顺县）组织部长，我们两个人分开，这不是县委有两台打字机么，我们口述，人家打，这么赶到了黎明才把这个稿子给闹［弄］出来，拿着汇报材料。

胡锦涛来了以后有这个照片，这就说到展览馆了，到西沟以后就进了展览馆，在展览馆给它提了个字，还签了名。咱这个展览馆，就是以七几年代为基础，打扫了打扫卫生，布（置）了布（置），剩下的还增加了些照片，大的这个整个布景没有大变，又增加了胡锦涛这个。这个是 97 年 4 月份［应为 1995 年 4 月 13 日——编者］的事。

吕日周来这调研后，看了这个感到很气愤，就说要尽快修复西沟展览馆。在这个过程中，申主任也做过大量的工作。申纪兰主任说："西沟的历史不能断了。"我立刻安排项目响应。当时申联彬当长治市长，后来去了晋城。当时（他）来了县里很有意见，很有看法，意思是说要闹［弄］就闹得好一点。就这么个过程。

后来我去了不是专门有个修复领导组？西沟展览馆修复领导组组长是当时的县委书记，副组长是副书记，我是政协副主席，事情不是很多，就给我弄了个修复领导组副组长兼办公室主任，实际上就是叫我在弄，具体操办这些事。去了以后西沟乡里乡村都很注重，都上了手，吕日周已经去过几次了，要做规划、做方案。闹［做］出来以后都不行，要找县领导、市领导，市里头也没有这方面政策。

当时中央99年还是2000年出了两个文件，一个是1号文件，严禁修建楼堂馆所，当时中央就有这个规定。第二个是叫个7号文件，严禁国家领导人修建纪念馆这一类的。不许修西沟怎么办？当时没有开工呢，一个是没有资金，再一个是没有做好规划。我接手以后，先做规划，规划做出来需要批复，当时我就跑，没有人，那时我们总共就15个人，没有车，我当时都是坐班车。规划做出来以后，领导嫌规模小，省里头说中央不让闹［做］，这资金就没有着落。后来说先搞这个批复吧，这不是从县里头、市里头打上报告，去省里边找。省里边当时是省委宣传部分管这一块工作。当时我去见的省委宣传部的办公室主任，去了几次，他说你放下吧，我们宣传部管不了这个事情，得去省委办公厅，省委办公厅不是有问询处么，问询处给你传个信，你往中央找。

这不是当时跑了好几趟，我每天就是张罗这些事。一直到有一次去了太原，到省委办公厅见到了一位姓李的处长。李处长看了以后说，到中央猴年马月才能批下来，这就不用去中央批，因为西沟是70年代就有这个展览馆了，只是在原地址上恢复，这修复还用到中央去？你又不是新建，这就不需要往中央走。李处长拿起规划说是退回宣传部，我说我不敢去找。李处长抓起电话，打了个电话说你们来回推什么推，西沟的事就这么很简单的一个事，原来就有个展览馆，在原基础上修复，这不是很简单么，说是你们不用推往北京走，你们闹［弄］就行了。

当时领导人都签了，后来这个省委宣传部上了个会，大概隔了一个星期，给我来个电话，说已经出来，是寄过去还是你来拿？我想寄过来得好几天，我说我去拿，星期天我早上大概很早就起来了，坐了个班车就去了，去了以后在省委宣传部拿上文件就返回来了，返回长治搁到宣传部，然后就回来。文件上批了这么一句话："同意在原基础上修复西沟展览馆。"这不是就有这个方宝剑了。没有这个尚方宝剑以前，我们也打过很多要钱的请示报告，但是不敢给批。没有这个尚方宝剑，中央三令五申我不敢给你钱，而且咱山西的财政也这么紧，就是宽，也不敢给你钱。

规划也做出来了，找了山西第六设计院，就是长治这个，他们给设计的，设计出来还获过奖。展览馆现在挺好的，既有窑洞这个特色，也有民族的风格，还比较有意思。规划出来以后，总体下来，一直到布展完，到2000年6月29号展览馆就建成了。特别紧张，包括老西沟，冬天铺水泥路，修塔布［台阶］，这是冬季施的工，虽然说我不都管。当时市里头派柴玉棉来了，柴玉棉是 5 月份来的，5 月 8 号还是几号，县委副书记主持工程，她非常重视这个，来了以后，我们也上手，柴玉棉也在那儿帮助指导。她当时想扩大规模，包括修 5 米宽的塔布［台阶］，在那个高的山上修，当时很多人都是有非议的，包括西沟人，（都说）应该修不起来，（我们）就硬着头皮搞下来了，要搞就搞长远一些。

作为县委派出的这么一个人，工程的进度、质量要求这是要管的，水泥路、修雕塑、恢复西沟李顺达故居这我是要管的。没有资金我也是要做规划，要管。在这个过程中，展览馆一共花了多少钱呢，130 万。

刘：是省里给的还是咱们自筹的？

杨显斌：这个展览馆 130 万，现在 1300 万闹［弄］不下，包括西沟展览馆底下，一层装饰，包括二层楼梯的规划，都是我在搞，一共才花了这么多钱，我们在那儿没有吃的地方，没有住的地方，就在这么个过程（中），西沟展览馆恢复了。我们恢复西沟展览馆，要用西沟精神来修复西沟展览馆，用申纪兰精神来修复西沟展览馆。当时因为丢的东西很多，我们出去调照片，去往全国凡是在西沟工作过的（调照片），包括申主任都没有提供几张照片，都是到北京新闻单位、全国妇联、省里的新闻单位（找），哪怕一张，这么弄回来。最后我们写解说词，到开馆的时候规模很大。

就这么的，时间很紧，西沟从乡政府那里一直到老西沟，3 公里多，修路打的水泥路，立冬了，下了两场雪，整个工程都不能施工了。县里头开会，给我下了任务，说西沟今年要办三件事，因为西沟展览馆是一直没有资金，只有规划，后来资金要下了一年多，开工已经到了 9 月份了。给我下的任务是，必须把瓦片挂上，封了顶以后不挂瓦就是无用功。第二个，台阶必须铺下来。第三个，老西沟的水泥路必须打出来，就这三件。开了半个会我就跑了，我头大得不行，任务这么重，跑到西沟就协调乡里边、村里边，包括西沟展览馆，说不能停工，放了假的叫回来，这三个任务必须完成。下一步怎么办，这是我们研究的事情。西沟展览馆怎么挂瓦片？西沟风大，怕把瓦片刮下来。我说当时走一步看一步，最好展览馆挂上瓦片以后，弄上水泥，最后上边用塑料布盖住，最起码凝固住以后风吹不倒，明年春天老百姓再返回来弄。

台阶是湖北家施工，是春天的工程，这不是我就跟村长、湖北的施工队和老百姓商量么，一个是石头的问题，原来是在西沟就地取石头，赶不上，工期很紧，后来就到外地买石头。就这个标准，一车是多少钱，运回来是多少钱，这是买石头。施工技术怎么办，当时我说全力以赴，总体来说工程挺好，后来我们都拿下来了。

291

下来是水泥路，当时有各种非议，生怕我们劳民伤财，生怕我们做不好这个工作，我的压力也很大。叫的西城那里的工程队，水泥是高标号，这是第一，第二个加防冻液，第三个就是厚膜覆盖，一层不行两层。后继［后头］还有两条措施，水泥打起来 20 公分高，必须达到一定高度，厚度够了边上还要用西沟的沙子把两边围住。围住它上边怎么办，那年西沟大旱，水库里头都种的是玉米，把西沟水库的玉米秆全部给我运回来，大面积覆盖到上面，就这么弄出来以后，实践证明，比夏天打出来的路还好，咱那个路质量是挺好。

展览馆到 6 月 29 号［2001 年——编者］顺利建成，建成大路以后，定一些规章制度，定门票，培训讲解员等，就这么个过程。展览馆总体上就是这。

5. 访谈对象：郭雪岗（男，1970 年 8 月生于平顺县西沟乡青行头村，高中文化，中共党员，西沟接待站主任）

访谈时间与地点：2013 年 6 月 12 日；西沟接待站

访谈及录音整理：刘晓丽、赵俊明（整理者）

刘： 先给我们说说咱们接待站的情况。

郭雪岗： 原来这个是叫晋东南地区西沟接待站，西沟接待站它成立得比较早，六几年就成立了，最起码 64 年、65 年就成立了，当时它是个处级单位，（接待站的领导）应该和县委书记是一个级别。这个一直到 83 年以后接待站撤了。咱们展览馆是 68 年建馆，71 年开馆的，它也比较早，作为一个村级展览馆，可以说是最早的。然后是 2000 年的时候咱西沟展览馆修复开馆，96 年时候展览馆就塌了，塌了以后，一直就没有人管这个事情。一直到 2000 年，那一年咱们还修了金星峰、李顺达互助组雕塑、村史亭纪念碑、西沟这个石门，它叫个西沟爱国主义教育系列景点，那个时候竣工剪彩来。就是那一年成立了西沟接待中心，当时是个副科级建制，当时就是五六个人。一直到 09 年底，这个又成了正科级建制，人员就增加了，增加到 21 个编制了。西沟接待中心的职责就是主要负责西沟展览馆和西沟红色旅游系列景点的开发、保护、建设、管理，属于县直属事业单位。但是它还是，我感觉吧首先为平顺县委县政府服务，为西沟乡党委政府服务，为西沟村服务，你肯定得把这个职责弄明确了，就是这个情况。参观人数吧，过去西沟展览馆的时候参观的也人多，最多的时候一年达到 40 万人次。2000 年修复展览馆以后，接待人数逐年增多，头一年当时是"七一"开馆来，那年下来有 3 万多人次，后来就是逐年增加。08 年以后，每年就控制在 10 万人左右。

刘： 能不能给我们提供一下具体的数字。

郭雪岗： 它是一年和一年不一样，这个能给你提供。这个西沟接待中心今后做什么，你瞧咱们修这个西沟展览馆红色旅游基础设施建设项目，包括一个是停车场，一个是路，路有 11 公里长，停车场有 8000 平米，还有个 1000 平米的客服中心，游客接待管理用房。下来咱们还有 14 公里的步游道，就是山上的步游道，这些咱们也都要修。

刘：修好以后，游览的景点还是周围这些？

郭雪岗：旅游的重点就放到山上了，东峪沟山上、老辉沟，包括金星峰这一带，将来的景点，咱们从金星峰修个索道，坐缆车就到了这边了。关于西沟未来的发展，我觉得吧，红色旅游这是一个重点方向。污染的企业是绝对不能上了，农副产品加工，或者轻工类产品这些企业可以上，劳动密集型那种企业也行，老百姓哪怕一个月就是（挣上）1000 块钱左右，或者妇女八九百块钱，男劳力就是 1500 到 2000 块钱左右。但是绝对不能上那种高耗能、高污染的企业。比如说咱过去关闭了一个硅厂，我给西沟村提了一个建议，不要把它拆掉，就摆到那里，把它留下来，作为一个景点来参观，这也是历史发展的见证。这个具体实现了实现不了。有时候咱也主宰不了，我觉得西沟就是走这两条路，旅游是一个主要方向。

刘：我们这些天在这里，发现景点还是挺多的。

郭雪岗：将来咱们这个红色旅游，你瞧咱们西沟现在还正在申报国家级森林公园，咱们现在是山西省省级森林公园，将来把红色旅游和绿色生态旅游结合起来，咱们已经做出西沟红色旅游总体规划了。一个就是咱们要扩建西沟展览馆，现在的展览馆，一个是年代长了，再一个不适应这个时代的需要了，里边的陈设也很简单，没有一点现代化的声光电这种设备，咱要扩建展览馆。在 15 年以前，咱争取要把扩建展览馆的项目上了。将来旅游就是来了以后，在下面停车场，从那里上，展览馆也要往老辉沟那边移，包括咱们要修建一个培训中心，让一些单位来这里参观学习培训，咱们这里环境特别好。旅游重点就是辉沟，进去以后，把包括申主任早期植树的那些地方都开发成景点，到了金星峰，坐咱们的索道或者是缆车，到了这边，有李顺达纪念亭、李顺达墓。然后转过去以后，后边有路，就到了老西沟，老西沟是李顺达当年成立互助组的地方，包括当年平顺县第一个秘密基层党支部，都在老西沟成立的，里面有革命杨、血泪凹。我们这个景点连成一条线。同时我们还要对西沟水库进行开发，现在有两套方案，一个是做水面，一个是搞赛马场这些。

刘：我不明白这个水库是怎么回事。

郭雪岗：就是下边看到这个，过去也有过水，但它是个季节性水库，当时水库修的时候，上游来了水，它能拦一下，对下游的县城和村里有好处，可以说就和拦洪坝一样。现在由于咱们植树造林，可以说山上下不来水了，过去一下雨，山上光秃秃的，水就都流下来了。现在水土保持得好，叫土不下山，水不出沟，所以就没有水了。现在做水面，有些领导和专家说，假如说咱遇上一个百年一遇的大水，是不是还得考虑泄洪了。这样我们考虑做这个叫太行小草原或者什么的，全部绿化了，种上草，喂马、养马、赛马。一方面游客来了，也能拉长时间；再一个给老百姓增加一些收入；第三个，如果说有了洪水了，它是个漏库，一个就渗走了，有些就流走了，它就最多泄洪一个月，就又干了，我们再撒上草籽，几天就又长起来了，我们还能赛马。

刘：赛马场这个想法不错。

郭雪岗：这个可是不错，长治附近没有这样的（地方）。现在光是种地这块儿就是150亩，后边还有150亩，包括山上、周边两边，有将近500亩的地。

刘：都征了以后老百姓就不用种地了。

郭雪岗：再一个本身种地，它不都是好地，你要是大平原来种地也行，咱们都是山坡地，都是开出来的小梯田，产量就不高，就不合算。

刘：老百姓也得跟着转型。

郭雪岗：对，西沟未来的发展，我觉得一个是红色旅游，一个是绿色生态游，一个是上轻工类企业。你比如说饮料厂这个企业确实就不错，但是由于咱销售商还有其他方面还不适应市场，销售人员，包括咱资金上短缺，打不起广告，但是这个企业确实不错。西沟饮料厂它是95年开始建厂，97年投产的，一直建起来到现在，还是不错，尤其饮料竞争激烈。将来就是要上这一类企业。

刘：咱们饮料的质量好，可以弄一些小杂粮什么的，这个比较好。

郭雪岗：以后也计划成立旅游公司，西沟要成立旅游公司。

刘：你是什么时候到这里的？

郭雪岗：我是90年参加工作的，就在西沟乡政府来，刚开始我是临时工。那时候平顺县的高考达线率很低，我们那届300来个学生，达线的才5个。我是88年高中毕业，这样就说是，一直到96年县里边公开招聘文化员，那个时候高中毕业就行，考的文化员。06年底，担任了这个西沟接待中心副主任，08年1月份担任了主任。

刘：你当了主任之后就一直设想发展这个旅游？

郭雪岗：嗯，一直在考虑。我上任之后就一直在跑这个西沟红色旅游基础设施建设项目，这个项目国家投资2260万。现在一期工程已经到了1280万了。第二期项目，省里的投资计划就又有了，省发改委已经下了文件了，马上又给860万。省里边总共给了咱就是2210万，市县还需要配套50万，整个工期是两年。这些就是停车场、接待中心、旅游公路、步游道、环境整治、厕所这些。

刘：其他项目还得再找资金。

郭雪岗：对对，新展览馆、缆车这些还得再找资金。

刘：70 年代西沟展览馆的一些管理人员能不能找到了？

郭雪岗：哎呀，过去在我前头有一个人到了平顺县政府办了，他是王小平主任。70 年代展览馆我就具体说不上来谁在来，那个时候人多，人家方方面面都有，有宣传的，有照相的等。你可以问问王根考书记，他最起码知道谁在这里负责来。问一问前一任的张高明书记也行，因为张高明书记从村委主任、支部书记到总支书记，干的时间比较长，知道得也多一些。95 年胡锦涛来的时候，他担任总支书记，他对这一段比较熟悉。他 84 年就是村委主任，还当过一段时间支部书记，95 年西沟村的总支书记。其间张俊虎当过一段时间支部书记，胡买松还当过一段时间。张高明他这个时间就长了，可以说将近 30 年了，他现在到了农业局了。

刘：咱们这几年具体的接待人数有多少？

郭雪岗：最近几年，12 年是个 8 万人次，11 年是 96100 人次，10 年是个 102600 人次，09 年是个 93800 人次，08 年多，是 12 万人次。

6. 访谈对象：周德松（男，1956 年 6 月生于西沟村东峪，高中文化，村委会办公室主任）

访谈时间与地点：2013 年 6 月 10 日；西沟村委会办公室

访谈及录音整理：赵俊明

赵：接待站什么时候恢复的？

周德松：2000 年左右。展览馆塌了，有一部分图片，拿回来放到党员活动室，摆了一部分，有些人来了，申主任如果在了，申主任给他们说一说，她不在就是我给人家说一说。展览馆没有修起来以前，来了参观申主任给他介绍介绍，需要 40 分钟。咱就是大概给他说说，说不了那么长时间。

赵：你负责的那几年来的人多不？

周德松：也不算多。主要就是"七一"前后来得多。

赵：村里接待？有没有招待？

周德松：一般来了不用招待，有些人让申主任给他们讲一讲。（咱）顶多给倒点水，有些领导来了，摆个烟，摆个水果。其他没啥。

赵：到 2000 年就是负责这个？

周德松：现在也负责这个，少了，有接待中心了，咱基本上不管了。

赵：村里有些领导来了还得接待？

周德松：有些管，有些也不管，现在就脱钩了。现在就是一般日常事务，有什么人来找东西，给他找一找，有些事能办就办了。有些有意见的给人家领导汇报汇报，给领导收集点东西吧。

7. 访谈对象：郭生平（男，1954 年 10 月生于平顺县西沟乡下井村，小学文化，西沟接待站厨师）

访谈时间与地点：2013 年 6 月 11 日；西沟接待站

访谈及录音整理：赵俊明

赵：来这里（展览馆）几年了？

郭生平：整 4 年。

赵：之前那个做饭的呢？

郭生平：来以前就有个做饭的不干了。去年来得人最多，夏天人多，冬天人少。去年吃饭的人多，因为培训的人也多。今年就没有人，很简单。

赵：来这个地方参观的人多不多？

郭生平：今年也不多，就是去年很多，前年也不很多。

赵：来的人哪里的多？

郭生平：旅游的人多，太原的来得不少，河南人来得也不少。来旅游的都是来找申主任，来聊聊天，看看她。

赵：一般能见到她（申纪兰）？

郭生平：都是来接待站，看看展厅。她在外边的名声太大，来的人都想见见她，照个相片，其他的也不干啥。

赵：现在西沟村生活比你们村好吧？

郭生平：我们大队穷，啥也没有。

赵：去年冬天拍电视了？

郭生平：嗯，在拍了两个多月，也是七八十个人住的，就在这边吃饭。好几个人做饭，6 个人给做饭，吃饭人多了，工资也涨，每天给些补助。

赵：村里有当群众演员的吗？

郭生平：有了，一天给 50（块钱），我没有当。

（二）面向未来的教育理念

1. 访谈对象：常开苗（女，1948 年农历五月初五生于平顺县青阳镇崇岩村，高中文化，曾任西沟村妇女主任）

访谈时间及地点：2013 年 5 月 24 日；西沟村沙地栈

访谈者：刘晓丽

录音整理：郭永琴

刘：孩子们小时候是不是先在村里边上小学？

图 10 - 3　今日西沟学校

常开苗：邻近的村都在底下古罗的希望小学念书，那学校（以前）都是好学校。以前村里有高中、初中，现在没啦，职业中学也撤到县了。下头这个（希望小学）老师很好，学校也很好啊，但是这会人的思想不知道怎么想的，反正都是望子成龙的思想，都是（到）城关念书，赁上家［租上房］，小孩们都去那里（读书）。

刘：底下的希望小学也有学生吧？

常开苗：小学一个年级才有两三（个学生），一共那个学校才二十多个学生。

2. 访谈对象：杨永胜（男，1955 年 2 月生，中共党员，高中文化，西沟乡中心校会计，小教高级）

王书英（女，1966 年 3 月生于西沟村老西沟，中共党员，高中文化，西沟乡中心校教师）

访谈时间及地点：2013 年 6 月 4 日；西沟乡中心校

访谈者：刘晓丽

录音整理：郭永琴

刘：您是哪年来西沟的？

杨永胜：（我）以前不在这里，但是稍微也了解一些情况。我是 75 年 10 月份参加工作的。当时这个地方是九年一贯制，小学校长可能是王全义、刘志清，从一年级一直到高中。那会高中老师也就是十来个（人），小学那会（老师）少，顶多七八个人。那会学生可是不少，小学一到五年级，双轨，都是两个班，一个年级就百八十个人。六、七、八、九四个年级，有几个也是双轨，也是一个班六十来个人，有的班七十几个人。很早以前，我还住高中，72、73 年，在全国推广"队校一体三统一"，现场会还在这儿开。78 年以后，中小学就分开了。那会用的大多数还是民办教师，公办教师少，我也是民办教师转正。大概84年实行民办教师全出村，我往申家坪走。那个时候高中就撤了，丢下个初中。

刘：民办教师全出村是说什么？

杨永胜：聘任老师，民办老师不能在自己村，到别的村任教。

刘：为什么撤了高中？

杨永胜：是上边的指示。我是89年来了这里的。75年在自己村当民办教师。89年秋天来到这里，当时叫联校，我调到这里当联校会计。来了以后，中学那时候初中学生逐渐地就一年比一年少了。我来以后就是百把个学生，三个班。逐渐到2000年的时候，初中只丢下［剩下］三个年级十来个学生。这样把下边初中并到上边的职业中学，叫平顺县农业职业中学，就分开了高中部、初中部。职业中学这个初中，2000年的时候丢下［剩下］十来个学生，这样就把这个初中并到了县二中。

刘：您觉得小学人数少主要原因是什么？

杨永胜：主要是出生率。我来了以后搞这个会计，也建统计，每年登记出生率，从每年出生一百多（人），七八十个（人），到2006年全县进行改革，我年龄大了，会计不让干了。到那个时候，全乡出生率统计下来一年就是出生四五十个。九几年快到两千年是一百多（人），八九十个（人），六七十个（人），逐年减少，出生率是关键。有些在外边打工的，带到外边。即便不在外面打工，老百姓眼高了，有往县城走的、有往市里走的。你就是不在那里打工，自己去给孩们租房做饭，也走了。几种因素（导致生源）逐年减少。全西沟乡现在不足100个学生。

刘：经费怎么划拨？

杨永胜：经费国家拨，以学生人头往下拨，不足百把学生，一年就是四五万块钱，四十来个老师，日常还要开支。公用经费现在就跟不上。

刘：怎么组织教学？

杨永胜：还是一个班一个班的。现在教师充足，学生少，有年级两个学生也是一个班，没有搞复式的。

刘：六年级有几个学生？

杨永胜：六年级这个地方是6个（学生），成绩倒是差不多。整个中心校是15个（学生）。

刘：什么时候退休？

杨永胜：60周岁。家里没什么压力，就是儿子年龄大了还没完婚。他在外边打工，04年学校毕业后，不分配，在市里打工。

刘：学校的学生里边独生子女多不多？

杨永胜：独生子女不是很多，大多都是农村户，农村的两个（孩子）的多，三个（孩子）的不是绝对没有，但是也少。

刘：孩子们的生活水平怎么样？

杨永胜：比咱们那会高，家长支付费用没问题。

刘：以前西沟村的高中毕业生多吗？

杨永胜：（西沟村）有好多高中毕业的。你像咱现在西沟的支书王根考就是高中毕业的，以前的村主任张高明也是高中毕业的。这高中毕业的有好多人都搞得很不错，住名牌大学的也有，现在其他主要岗位工作的也有，当时办高中，那两届毕业生，现在有好多弄得很好。

刘：哪两届？

杨永胜：74、75这年毕业生，高中成绩很好。当时西沟教师水平就在那里。当时李顺达把平顺高水平的老师都调来了，他到县里要的。那会的教师调到哪里算哪里，水平比（平顺）一中的老师还高。

刘：恢复高考以来考的最好大学是什么？

杨永胜：76年以前推荐（上）清华（大学）的工农兵有几个。恢复高考以后，我不知道了。去年11年六年级毕业的就是她［王书英——编者］带的。

刘：去年六年级几个学生？

王书英：去年带了9个学生，11年考了3个。我是班主任，最近连续二年带毕业班了。

刘：哪年参加工作的？

王书英：我88年参加了工作，在羊井底中学校干了1年，然后就调到西沟了，家就是西沟的，（我当老师）24年了。

刘：来了带哪个年级？什么课？

王书英：哪个年级都带过，目前带一年级。小学就是需要带什么带什么，语文、数学全包。

刘：你是村里人？

王书英：我婆家就是这里。儿子现在20（岁），闺女23（岁）了，都在上大学。

刘：孩子怎么样？

王书英：闺女在临汾师大［山西师范大学——编者］，儿子在太原科技大学。

刘：学生显著减少是从什么时候开始？

王书英：出生率本身就低，这会家长外出打工，都把孩子带走了。本地也没啦［没有］中学，有的大的去念中学了，把小的也带到县城了，各方面的因素。

刘：留下的孩子安定吗？

杨永胜： 只要留到这里就安定。

王书英： 也要相互影响了。

刘： 幼儿园有多少学生？

图 10 - 4　今日西沟幼儿园

王书英： 10 个（学生），三四个龄段在一块了。幼儿教师是一个（人）。

刘： 现在一年级有几个学生？

王书英： 8 个（学生）。

刘： 校长每天发愁啥呢？

王书英： 发愁生源。每年一开学，校长首先就是看看有几个学生。

杨永胜： 没学生没经费，现在开支也大。

刘： 你做民办教师时，在西沟有没有补助？

王书英： 工资是县财政局发的，村里不给。那就不叫工资，叫生活费。平顺县那年普及九年义务教育哩，招聘民办教师。我是 86 年高中毕业的，后来当的民办教师，以前那会民办老师村上有工分呢。

3. 访谈对象：杨忠平（男，1964 年 10 月生于平顺县青羊镇王庄村，大专文化，西沟小学校长）

访谈时间与地点：2013 年 6 月 4 日；西沟小学

访谈及录音整理：赵俊明

赵： 给我们说说咱们学校的情况吧。

杨忠平： 我是 2010 年 9 月来的，过来以后，咱们学校就是搞寄宿制，寄宿学生有 40 多人。现在没有寄宿（学生）了。在方圆 20 华里以内搞这个，学生比较少，上学不很方便，资源也不足，这样的话，尤其是我们英语老师比较缺，我们就搞寄宿。效果呢，那年［2010 年——编者］很好。平顺在小学六年级进行测评，打破了前三年进不去前 100 名的状况，那年咱们学校前 100 名进了 3 个，得到了申主任、王书记的认可。

赵：最多时有多少寄宿学生？

杨忠平：最多 50 个。两个教室，一个班 25 个学生。

赵：弄了一两年就弄不下去了？

杨忠平：弄了一年，第二年就不好弄。主要是学生少了，寄过来以后，五六个（学生），一个村就一个两个，孩子们没有个伴，孩子们不想来，就搞不下去了。

赵：现在本身孩子也少了。

杨忠平：我们学校去年从管理、教师素质培训整体调整以后，效果不错，6 个学生考了 1 个全县前 100 名的。在教学方面也可以。学生少了，经费比较紧张，维修呀，办公室屋顶漏水，都是西沟村委人家给弄的。再一个，幼儿园重新维修，这些都是村委做了大量工作。再一个通过村委从县财政、市财政联系，给我们学校捐了 40 台电脑，不过这些电脑也比较陈旧，有些不能用，只有三四台能用。

赵：其他的不能用？

杨忠平：捐的时候不配套，有些主机装不上去，现在没有使用起来。

赵：现在想弄一个电脑室？

杨忠平：设了一个机房，硬件方面还是有些差。文化校园这块，从 2010 年到现在，逐步增设学生活动器材，再一个利用人家当地的老板、外地的老板捐一部分，自己补充一部分，搞一些活动，这个处理了。近几年我们又搞了魅力校园环境的布置，给学生创造一个良好的氛围，学习的氛围。搞了个大型的六一活动，搞得比较好。今年县电视台有关电视报道都来现场。2011 年六一（儿童节），我们联合长治舞蹈学校，和我们过了一个大型的六一（儿童节）。

赵：学校有多少个老师？

杨忠平：算上我，10 个老师，还包括幼儿（教师），幼儿专门是 1 个（教师）。

赵：总共多少学生？

杨忠平：总共 55 个，幼儿 10 个。科目都得开，老师投入太多，老师出力不讨好。我们这个地方搞文化氛围活动多，老师非常累，没有专门人搞音乐。本来我们有一个专职音乐老师，人家带了两个语文班，二年级语文和四年级语文。我们现在老师最低带两个班，还得加其他社会、科学、美术。现在这个投入也比较多，老师也比较累。

赵：老师就不专业了。

杨忠平：什么也得搞。再一个我们搞课改什么，这需要大量的时间，大量的精力，老师非得加班不可。总的来说，我们老师少。

赵：老师少，学生也少。

杨忠平：这个政策应该是，过去按学生比例下放，比如九个学生一个老师，可现在不行，学生少，可你科目不能不开。

赵：这就是两难。

杨忠平：特别是我们西沟来说，要求比较高，他不光是语数外，其他科目都得开，他就比较累。

赵：你从哪边调过来的？

杨忠平：川底。

赵：川底学校大还是西沟学校大？

杨忠平：它很小，只有十几个学生，两三个老师。

赵：咱们学校就是附近最大的？

杨忠平：西沟乡就4所学校，川底、南赛、申家坪和西沟。学生多的还是咱们，学生越少越得办好，如果你办不好，学生就越少。你更得让社会满意。所以，现在必须咬住牙，我给老师讲，咱们再穷再累，学生再少，咱们必须规范地全上课，这样一段时间后，总有一天，会有外地读书的回来，现在就有这个苗头，现在很多想返回来了。出去以后，家庭的负担大，老师的精力也有限，一个班四五十个人，咱们一个班十来个人，面对面地讲。外边主要靠家长。

赵：只要重视、用心，肯定能教好。

杨忠平：每个学生都好那是不可能，不同的孩子情况不一样，家庭也不一样。不是单老师的问题，我们也很敬业。整体来说，我们学校老师素质还可以，从年龄这个角度来说，你看像我就比较算大，剩下都是30到40岁之间，年富力强，既有经验，又有知识。要是年龄很大了，知识就退化了；太小的，没有经验。像我们现在这个老师讲课什么，确实有一套。

赵：你来的3年生源减少了没有？

杨忠平：能维持住，中间往外走的没有。总之一句话，就是干一行爱一行，总得有这个态度才行。要不你心里动力投入就会不足。我个人感觉当老师挺好的，第一生活是有规律，一年有两个大假期。再一个孩子们挺有意思，都有童心。当老师挺好的。

赵：你教学工龄有30年？

杨忠平：我是88年毕业的，26年了。

赵：师范毕业？

杨忠平：后来进修到师范。

赵：就一直在小学？

杨忠平：开始我是初中，我是学物理专业的，在初中二十来年。

赵：在哪个初中？

杨忠平：先是在杏城中学，后来在申家坪中学。在申家坪中学待的时间长，15年，我在那就是辅助校长，后来撤并了，就到了小学，在申家坪 1 年，川底 2 年，在这里 3 年，一共就是 6 年。

赵：你爱人啥工作？

杨忠平：原来在一起，在初中当英语老师，现在下小学也是教英语。我们 3 口现在 3 个地点，她在龙溪镇扬威，孩子在长治。

赵：你的家安在哪里？

杨忠平：老家在平顺王庄，在县城买的房子。

赵：父母在不在了？

杨忠平：父母都不在了，我挺苦的，在我上高中时我父母就不在了。

赵：周末就回县城去住？

杨忠平：有时候回去一下，因为回去也是一个人。假期三口人能回去，周末有时候去长治看看孩子。

赵：在县城买房子学校有没有组织？

杨忠平：上次教师节会上，吴书记和局长提出准备解决教师的住房问题。去年也报名来，有条件。

赵：经适房吗？

杨忠平：上次也报了，就是去年报了，报了有那个条件，有收入，解决你这个经济收入低这种的。

4. 访谈对象：武反珍（男，1948 年生于西沟村刘家地，初中文化，退休教师）
访谈时间与地点：2013 年 6 月 4 日；刘家地家中
访谈及录音整理：赵俊明

赵：一直就在咱村当老师？

武反珍：也到过川底，到过石埠头，到过龙家。

赵：就附近这片？

武反珍：嗯

赵：教什么课程？

武反珍：就是什么课也代。

赵：小学老师？

武反珍：啊。

赵：做老师是民办转正的？

武反珍：民办转的。

赵：什么时候开始当老师？

武反珍：68 年。

赵：初中一毕业就开始当老师？

武反珍：初中。

赵：哪一年转正的？

武反珍：哎呀，记不清了。

赵：多大年龄转正的？

武反珍：我也记不清了。

赵：80 年代、90 年代才转的？

武反珍：不早了，后来转正的，五十来岁转的。

赵：转时用不用考？

武反珍：到长治考。

赵：考了好几次才转？

武反珍：在长治考了两次。

赵：当民办教师待遇不行吧。

武反珍：那会儿挣钱很少，六几年，一月就是国家给十几块钱，大队给记的工。

赵：给工分，完了分钱、分粮食？

武反珍：嗯。

赵：在西沟当民办教师比其他村里好？

武反珍：那会儿西沟大队工高，一个工是一块钱。

赵：其他地方呢？

武反珍：就是几毛钱。

赵：在西沟待的时间长？

武反珍：长。

赵：六几年当老师时村里有多少学生？

武反珍：那会学生多了，总共有 100 多人。

赵：一个年级有三四十个学生？

武反珍：后来学生少了，现在就很少了。

赵：你在哪个学校退休？就在希望小学？

武反珍：就在西沟退休的。

赵：希望小学哪年盖起了？

武反珍：我也不记得了，有好些年了。

赵：退休时西沟学校还有多少学生？

武反珍：退休时学生也不少了，百把学生了。

赵：08 年退休？

武反珍：就是那个时间。

赵：这几年就没有了？

武反珍：就是计划生育就少了。

赵：五个年级？

武反珍：有的年级有 30 多个学生。

赵：你带的几年级？

武反珍：代的三四年级，一般就是代语文。那会学生多了，后来越来越少，现在总共有三四十个。

赵：那时候有多少教师？

武反珍：我退休时有十二三个。

赵：都是正式的吧？

武反珍：还有一个民办的，她没有考上，一直是民办。

赵：学校还有幼儿园？

武反珍：啊。

赵：快退休那几年，西沟小学比附近的小学算好些？

武反珍：算是好些。

赵：现在整个西沟乡有几所小学？

武反珍：川底、西沟、南赛、申家坪，就这几所。

赵：西沟乡村子有二十来个？

武反珍：村子老多了。学校都并了，学生少了就并了。

赵：学生上学家长送来？

武反珍：幼儿班有的送了，大点就不送了，也不算远。

赵：你做民办教师时最高挣多少钱？

武反珍：也就一月十几块钱。

赵：刚开始十几块钱，后来呢？

武反珍：转正以后挣得多了

赵：现在退休了挣多少？

武反珍：2900（块钱）。

5. 访谈对象：张志斌（男，1940 年生于西沟村南赛，退休工人，小学文化）

　　　　　　 王金山（男，1948 年生于西沟村南赛，中共党员，退休教师，中专文化）

访谈时间与地点：2013 年 6 月 7 日；南赛房根山家中

访谈及录音整理：赵俊明

赵： 那会你们就上外语？

王金山： 嗯。

赵： 上的什么外语？

王金山： 英语，平顺从六几年以后开始就有了英语，有英语，有俄语，两样。

赵： 你上到高中？

张志斌： 没有，后来自学考试成才的。

赵： 你是 78 年恢复高考考的大学？

王金山： 没有，回来当的民办老师。

赵： 在哪当的老师？

王金山： 就在本村，民办（教师）就不能出村。66 年到 68 年有个复课闹革命，68 年以后回来，当了 30 年民办然后才转正。

赵： 咱们村里，你当老师的时候，学校最多时有多少个学生？

王金山： 六七十个、七八十个。后来发展到不光本村，还有邻近村里也来。再后来有了复式初中，东坡、石匣就都来了，然后就变成中心学校了。

赵： 大队给不给老师发钱？

王金山： 挣大队工分。

赵： 与下地的人一样工分？

王金山： 略低于上等劳力，算中等劳力，一天算八分工。后来到七几年以后，国家才有点补助，就是一月八块钱补助。西沟就不一样，你挣八块钱以后，就扣你一部分工钱，反正你不能高于上等劳力。到了 84 年以后，全县来了个民办（教师）出村，这个就不挣工分了，工资最多 70 多块钱。84 年民办教师，我是工资最高，72 块钱。那会工资是评等级了，我就是最高。

赵： 哪年转正的？

王金山： 我 93 年才转了。68 年当了民办教师，那个时候咱是个初中毕业生。每年考试，考高中东西咱就没见过，就不会，尤其是高中数学根本就不懂。咱只能等机会。那硬性考试文化考试就考不过。90 年我把手续就办到师范，办到师范民师班，每年暑假放了假去师范培训。到 93 年，当时转正看的一个是工龄分，再一个学生成绩分，主要是学生成绩分，你学生成绩能上来就优先考虑，还有模范证件。县级模范是多少分，市级模范是多少分，整个打分，然后排队，有几个指标。

赵：用不用考试？

王金山：文化课也考，我转正那年全县是 17 个指标，我是第 9 名，全县第 9。后来 84 年以前的民办老师，就基本都转正了，这个民师班就结束了，要不长治师范的老师，咱都认得，住了两年了。

赵：哪年退休的？

王金山：08 年，整整干了 40 年。

赵：退休工资有多少？

王金山：平顺工资低，2000 来块钱。平顺县工资不高，财政收入低，再涨也高不了。平顺县和人家壶关县比，同等的差 1000 多块钱。我这样的，人家的工资都是3300（块钱）。

赵：你教书那会儿，学生们有时也下地干活？

王金山：星期天干。以前上学与现在不一样，黑夜上自习，早上上自习。那个时候最辛苦的就是老师，起得最早的是老师，躺得最晚的也是老师，两头见星星嘛。晚上干到八九点，早上不明就出操。

赵：学生住校呢？

王金山：不住校，都是本村，早早地都集中出操。早上不上自习，晚上不上自习。零几年沁源出了事故，它就是早上出早操，他在大路上跑了，结果货车出事故，以后山西就不允许出早操，早上 8 点以前学校不准有学生。像我们 5 点就得到学校，尤其是带上毕业班，成绩上不来不行，自己就上心，礼拜天不休息。我基本每年带毕业班，你成绩上不来，就批评你了。我就记得我第一个毕业班，83 年，第一次全县抽查 30% 考试，在咱西沟接待站来，我是个不及格。县教育局长来了去学校，人家问我，考得怎么样，我说不及格，人家说这能行？还有一个月时间，你考虑考虑吧。可真是一个月，还有一个月时间，你干吧，最后考了一个一中。那时候我一个人带，一个人包班，十六七个学生，语文、数学啥的都是一个人带。咱西沟考上了3 个，考上（平顺县）一中。83 年以前就没有一个（学生考上平顺县）一中。

赵：后来一直带毕业班？

王金山：后来老师多了以后，也是带毕业班。那时转正了，你起码学生成绩上来，这是第一。你干什么没成绩就不行。人家不用说你，你自己也不光彩。

6. 访谈对象：裴书开（女，1954 年 3 月 10 日生于平顺县赵店村，小学文化）

张淑霞（女，1967 年农历十月二十一生于西沟村刘家地，高中文化）

访谈时间及地点：2013 年 6 月 8 日；西沟村南赛

访谈者：刘晓丽

录音整理：郭永琴

刘：你上过学？在哪里上的？

裴书开：我倒也上过两天来，不多吧。不在这里，我娘家离这里十几里地，也倒是这个公社，我是赵店。我还念了4年（小学），多少认个字。那会那个四年级，我还很行呢。这会四年级这（课本），我认得了，写不上来，照住才能写上来。

刘：南赛小学几个人？

裴书开：他这一茬子8个（人），我小孙子说8个座位都坐满了。

张淑霞：咱村上方便。这村上大部分都是奶奶送上学的。

刘：有幼儿园吗？

张淑霞：有。小幼儿，大幼儿都有。一般他妈在家的都引上孩子去县城上学。人家去做饭，让他上学。奶奶照（看孩子）的，一般都在家（上学）。

7. 访谈对象：张庆玲（女，1972年农历十一月初九生于西沟村池底，初中文化，群众）

访谈时间及地点：2013年6月6日；池底

访谈者：刘晓丽

录音整理：郭永琴

刘：孩子多大了？

张庆玲：孩子21（岁）了，上大学，今年升大三了。

刘：在哪儿上大学？

张庆玲：太谷，山西农大。

刘：几个孩子？

张庆玲：两个孩子，一个在平顺上高中，今年升高二，后年考大学。两人挣的钱还不够供孩子上大学。

刘：小儿子上学一年多少钱啊？

张庆玲：小儿子一年得差不多8000千块钱吧。没啦［没有］住校，原来他住校来，（但是）他比较捣蛋，班主任经常打电话。我现在在县城租了个房子，我看着他，做饭。今天是那个高考，他放假。我就回来了。大儿子是市里太行中学上的高中来，上的是英才班，第一年（没复习）就考上了。小儿子学习也可以，就是有点不听话。

刘：那大孩子贷款贷了多少？怎么贷？

张庆玲：头一年贷了6000来（块钱）。往大学走的时候，带了贷款证明，去了后底［后来］就不符合学校要求，第二年3月份，就没有贷上款。去年没有申请，也就没有贷。今年也不知道申请不申请。去年盖了房来，（钱）也紧，走的时候东借西凑的，给他弄够6000块钱，带上就走了。今年他要是贷不上，再给他凑凑。

刘：学校贷款有什么要求？

张庆玲：不用（家庭）收入证明，就在（山西）农大开出证明、手续，在平顺贷款。

刘：他周围同学贷款的情况多不多？

张庆玲：多了，几乎都是。我姐姐两个儿子上大学，去年就是贷款，我没有听说她弄成了没有。我那个是贷上来，第二年三月份，说不符合要求，就没有贷成。

刘：贷款，还得要求什么？

张庆玲：毕业了一次性还清，多会毕业多会还清。你要说是还不清就领不上毕业证，反正毕业了就得把钱出清，在学校不用出利息。瓜地栈［西沟村沙地栈——编者］（有个小孩）在太原上科技大学，（贷款后）打到卡里叫吃饭。

刘：考上中专给不给奖励？

张庆玲：不给，考上本科以上奖励。在平顺县考上了，县委就给了，大队就不给了。我这个儿子在市里边考上的，市里就不给，就到大队申请。他是大队的户口，在市里就没有这个说法，到县城里考上才有（奖励）。我儿子是我们村第一个在市里考上的，其他都是平顺县考上的，复习上一年考上的。他在太行中学［在长治市——编者］英才班里最好的一个班（上学），他学的是文科。但是（长治）一中、（长治）二中都录取他了，他考了 620（分），他胆小，太行中学门口就能等上平顺的车。（他）选择了个交通方便，到（长治）一中、（长治）二中（上学）还得打车，（在太行中学上学）坐公共车，一次也省个打车的钱。

刘：在哪上的初中？

张庆玲：小学考初中的时候，考了 280 分，三门课 300 分。小学在西沟上的，那会他们班上有 20 多个人，我姐姐在县城教书，带他去市里参加考试，（结果）平顺也录取了，长治实验中学也录取了。他胆子小，不想出去，就到平顺一中报到了。后底［后来］上了高中才去了市里。平顺录取的时候，定的是 580 分以上，到平顺念书三年免费，奖学金 1000 块钱；考 600（分）以上的是三年全免费，奖学金 1500（块钱）。（孩子）花正常收费到市里念书，也没有享受这些待遇。考这个农大就嫌不理想，在（长治）九中高考，没有休息好，没有考好，想到平顺复习一年，平顺的校长开车接他去平顺，他在那里复习了六天，他觉得压力很大，就走了。

刘：你儿子中考那一年，太行中学和（长治）二中哪个分数线更高一点？

张庆玲：太行中学英才班最低录取分数是 614（分），（长治）二中也是六百一十几（分），二中还降了分数来，太行（中学）没降。班主任说，他平时学习挺好，高考的时候没有休息好，心理太紧张，压力也有点大，复习一年也心重。班主任叫个刘爱国，是沁水的（人），也打电话说："走吧，到了大学再考研究生。"反正一本跟二本的证也都是一样，二本也是个好二本。那一年（二本）录取分数是个490（分），他考了个520（分），让他顺其自然吧。

刘：大孩子学的什么专业？

张庆玲：学的是旅游管理，他报的第一个志愿就录取了他了。农大那个学校倒是还是挺好，我去送他来，（太谷）县城和平顺差不多，学校挺大。总体来说，在山西说了还是比较不错。住的那宿舍也都很好。他住的那个地方有山东的、安徽的，长治市就他一个人，剩下都是远处的。

刘：每年放假就回来了？

张庆玲：去年回来了，今年就说不上了，他想去打工了。去年家里正盖房子，他回来也说想出去打工，我说没几天了，不要出去了。今年可能（打工）不合适就回来了。

刘：种地花不了多少钱？

张庆玲：地里吧够吃就行，有时还不够吃。大米白面都是买呢，就是吃点玉米疙糁，我们两个没什么开销，除了他抽点烟，就是两个孩子花。前年考上大学的时候，西沟大队有补助，在外地考上本科，还有2000块钱的奖励。一次性奖励。

8. 访谈对象：韩连凤（女，1968年12月生于西沟村南赛，初中文化，村民）
访谈时间及地点：2013年6月9日；南赛。

访谈者：刘晓丽

录音整理：柏婷

刘：你几个孩子呢？

韩连凤：两个，一个姑娘，一个小子。

刘：姑娘大了？

韩连凤：嗯，姑娘大了，姑娘快毕业了。

刘：姑娘在哪儿上学了？

韩连凤：姑娘在太谷了。

刘：太谷那个农大？

韩连凤：嗯，对。

刘：哦，那个学校不错。

韩连凤：今年就毕业了。

刘：那学的什么专业？

韩连凤：学的食品专业。

刘：专业也不错。

韩连凤：专业不好找工作。

刘：还有一年就毕业了？

韩连凤：今年就毕业了，7月份就毕业了。

刘：还往上考不考？

韩连凤：不往上考了，供她（上学）也是供不起。

刘：上大学可是费劲了。

韩连凤：嗯，咱们农村供这个还是供不起，出来了找份工作先干上，到长治那个达利园（上班）了。

刘：学校有帮他们找工作么？

韩连凤：学校有，但是找的那个地方有的太远，不方便。

刘：咱这好多孩子上学，有贷款上学的么？

韩连凤：嗯，贷款，可以贷款。

刘：贷款的多不多？

韩连凤：多。

刘：你家有贷么？

韩连凤：我家没有贷，贷的话不好贷，有要求，允许一年贷6000块钱。

刘：最多贷6000块钱？

韩连凤：嗯，最多6000块钱，毕业以后还了。

刘：毕业以后是几年还，有个期限吧。

韩连凤：毕业以后是一半，找到工作了全还，没有利息。

刘：那还不错。

韩连凤：直接就打到学校了，不给你钱，就是办上贷款的手续，带去学校。

刘：那学校不跟你收钱就行了。

韩连凤：嗯，就是打了学费了，其他用品你该交就交。

刘：学校有没有助学金？

韩连凤：有吧，有奖学金。

刘：多不多，你孩子得过没有？

韩连凤：得过吧，我也弄不清她那都是什么钱，有的是1000块钱。

刘：1000块钱可能是奖学金，助学金好像没那么多。

韩连凤：好像是三等还是几等，还有3000（块钱）的。评上贫困（生）吧，也有钱。在大队开上这个贫困证明，大队给乡里，年年申请。

刘：孩子从小上学你没有去县里面陪着人家？

韩连凤：没有。

刘：自己住校呢？

韩连凤：嗯，自己住校。

9. 访谈对象：张明朝（男，1946 年农历正月二十一生于西沟村池底，初中文化，中共党员，曾任西沟村生产小队小队长、西沟大队副主任、东寺头乡乡长、平顺县科委副主任）

访谈时间及地点：2013 年 6 月 5 日；池底

访谈者：刘晓丽、赵俊明

录音整理：郭永琴

刘：78 年之前上大学是推荐吗？

张明朝：嗯。你像来咱西沟的许国胜啊，那时是属于推荐来的。马烽家的马炎炎，在山西省肿瘤医院那个，那都属于指标下到你这个县，县里边在插队青年里边，或者咱农村青年里边，有知识的，选上最优秀的。咱这西沟就选马烽的大孩子［马炎炎，马烽次子——编者］。马烽在咱这里住了 2 年，他是属于改造对象。他的闺女慧芳［马烽女儿——编者］（那会）是小学，后来考上的。走的时候，还小呢，都叫她梦灵。

刘：每年推荐多少？

张明朝：每年就推荐一两个。咱农村老百姓推荐了也多了，有去五七大学的，有去清华（大学）的。

刘：推荐出去怎么样？

张明朝：都还行，都在机关呢，都在咱省。去了清华大学水利系（毕业了）就在市水利局，最差也在县农业上、水利上。

10. 访谈对象：秦江峰（男，1995 年 5 月 2 日生于西沟村东峪，长治市二中学生，共青团员）

秦有龙（男，1968 年 10 月 8 日生于西沟村东峪，初中文化，村民）

郭广玲（女，1972 年 9 月 12 日生于西沟村刘家地，初中文化，中共党员，原西沟村委会妇女主任，分管妇女工作的副书记，现西沟村支委委员）

访谈时间及地点：2013 年 6 月 7 日；东峪沟

访谈者：刘晓丽

录音整理：郭永琴

刘：小学在哪上的？

秦江峰：小学在潞城我姑子那里上的。

刘：他就没在这里上学？

郭广玲：我们这里以前队里头没有小学，都是投亲靠友。

秦江峰：初中是在县上的，县三中，后来（县）三中和（县）二中合并了。

刘：那咱县有几个中学？

秦江峰：两个。

刘：完全中学有两个？

郭广玲：（县）二中就没有高中，就有个职业高中。

刘：那你高中在哪上啊？

秦江峰：长治二中。

刘：怎么上的（长治）二中？考上的？

秦江峰：没有报志愿，后来找上的。

秦有龙：也顶是考上的，开始不是没有报志愿，分数也差不多。

刘：一个年级多少个班？

秦江峰：现在18个（班），前面是重点班，后面是平行班。

刘：重点班几个？

秦江峰：10个（班），一个班50多个（学生）。

刘：说说学习生活吧。

秦江峰：开始有点不适应，现在学习也不是很好。

刘：可能是老师的方法没有适应。

秦有龙：是，教学方式不适应。

刘：怎么样上自习？

秦江峰：学校规定是上到晚上10点，后来是加了半个小时（自习）。

刘：住校生都上？

秦江峰：有的班主任规定是晚上熄灯才能走。11点过几分就熄灯。

刘：住校几个人一个宿舍？

秦江峰：8个人，男女生各有一栋楼。现在大部分学生搬到外面住了。

刘：你同学都是哪些地方去的？

秦江峰：长治的比较多，最远的好像是沁源的，（外地的）也不是太多，就是每个班都有一两个。

刘：想学文还是理？

秦江峰：理吧，文科不好背，背不下来。

刘：文科班少？

秦江峰：我们那里平行班有个文科班，重点有一个文科班。（长治）二中学理的多。

刘：文科哪里好？

秦江峰：好像是（长治）一中文科好。

刘：有没有补课？

秦江峰：没有。有的同学补，在星期天好像是请人补。

刘：星期天上课吗？

秦江峰：星期天不上课，星期日上午还得自习。

刘：那星期六呢？

秦江峰：星期六还是正常上课。现在（长治）二中是有个一卡通措施，以前（长治）二中没有洗澡、理发的和超市，现在都有了。小食堂又改了两个。三区广场新盖个教学楼，教学楼盖了个新的。

刘：礼堂有没有？

秦江峰：科学会堂能在里面做实验、开会。一中是宿舍楼不错。

刘：你们班男女生比例如何？

秦江峰：我们班是男女生各一半。重点班里的文科班总共人数60多个人，男生（有）十来个（人）。去年（长治）二中考得还不错，就是（长治）二中和太行（中学）年年比，是二十七连冠，比山西省考上清华大学、北大的人数。

刘：清华、北大考了多少？

秦江峰：3个（人）。

秦有龙：太行好像是尖子生多，考好学校的多，（长治）二中是整体水平高，去年太行10个（人）里面考了7个（人）。

刘：你感觉怎么样？

秦江峰：压力挺大的。

刘：回来和同学交流吗？

秦有龙：他时间短，星期天回来，待半天就走了。

秦江峰：现在班主任都是进来以后十几年的老师当班主任，我们班的班主任就是教过好几批的，教数学的，他带的班有他的风格。每次考完试以后，就让学习比较行的，各科学得好的，在班会课上，让那几位同学说说自己的做法、方法、技巧，分享一下，挺有效果的。

刘：这是（长治）二中的校服？

秦江峰：（长治）二中有好几套校服。

刘：你几个孩子？

秦有龙：还有一个。

刘：现在担心什么呢？

秦江峰：担心会考，就是毕业考试。我们地理老师说，其他兄弟学校都在攻会考，按比例算，怕（长治）二中挂得比较多。副科，有些人平时不很下功夫。现在每个礼拜，每个科的副科就是一节，有些科一个月就是一两节，平时不看书，就怕过不去。历史、地理、信息技术，平时练的时候，做的题比较简单，前几天（长治）二中做了个模拟考，觉得做的题比平时难得多了。题量比较大，难度比平常大。

刘： 你家大孩子在哪了？

秦有龙： 她在洛阳念那个计算机专业，毕业了。昨天下午去晋城了。她学的是计算机，顶职业高中那一类的。

11. 访谈对象：张双兰（女，1967年3月生于西沟村南赛，初中文化）
访谈时间与地点：2013年6月4日；刘家地家中
访谈及录音整理：赵俊明

赵： 你家老公上班，你就一直在村里，还干点什么？

张双兰： 也没干啥。

赵： 你家老公当教师，是考学考出去的？

张双兰： 嗯。

赵： 他在哪上的学？

张双兰： 长治师范，那时候考的，这就30年了吧。

赵： 那时候考学校很难。

张双兰： 他爹娘也老了，供他费事，年年喂上一口猪供他上学。他说一个月下来花不到30块钱，还得给他送上去一些其他东西了。

赵： 那会儿上学有补贴啊。

张双兰： 人家说那会儿是大锅饭，有时候吃不饱，有时候两个人买个火烧分着吃，一人半个。

赵： 你家这电脑谁用了？

张双兰： 孩子和老公都用。

赵： 村里有电脑的多不多？

张双兰： 也有，不很多。

赵： 咱们村里现在有多少人？

张双兰： 在家里的顶多有一二十户人，孩子念书，都搬到县里去了。

赵： 你家孩子念书，你有没有在县里租房子住？

张双兰： 嗯，孩子上初中，租了3年。没有上高中，大专走的。

赵： 上的什么学校？

张双兰： 在长治上的高级技工学校。学电焊的，他选的专业，人家喜欢这个。

315

那个很怕，前两天把脚烧了。

赵：技术现在费用高？

张双兰：也高，学费3500（块钱）。他一个月要800块钱的伙食费，主要是涨价了，刚开始500来块钱，这会儿不行了，再一个小孩也瞎买的吃了。

赵：上了几年了？

张双兰：这才2年，要上5年了，连大专。

赵：有的上两三年可以实习？

张双兰：上三年半，剩下一年半就是实习，有的是学校就给你联系下了。

赵：现在技术工人缺。

张双兰：也是瞧［看］自己用心不用心，自己真要学上好手艺了，出来工作也不愁。我家这孩子，自己自立能力不行，就是只靠家里，我说他可得在外头锻炼了。礼拜天回来，也是让他出去跑。

赵：男孩子小时淘气点的，不能太管，长大了有出息。

张双兰：这就是扔出去就这样了，我家孩子淘气得就不行，管不了。

赵：淘气的孩子自己有主意。

张双兰：是啦。他的脑子是真有呀。

赵：村里考上大学的多不多？

张双兰：多了，这会儿基本上都能上了大学，主要看是上什么学校了。孩子们上学真是费劲了，就没有休息的时间。

赵：你家除了孩子念书，还需要开支多少？

张双兰：呀，也得六七千吧，不算孩子念书，就是光咱自己家里开销。

赵：孩子上学花费就比较多？

张双兰：要是那几年孩子和闺女都上学的时候，一个人工资供不上。太原一个，长治一个，可不够。

（三）西沟人看西沟未来

1. 访谈对象：秦周则（男，1938年五月十八生于西沟村，高中文化，中共党员，曾任西沟村团支部书记、民兵营长、西沟乡党委副书记）

访谈时间与地点：2013年5月24日；沙地栈本人家中

访谈及录音整理：刘晓丽

刘：你觉得西沟以后该怎么办？

秦周则：从西沟来说，现在的条件比过去好很多，过去是荒山秃岭啊，现在山上有了树了，河滩上有核桃树、苹果树，都有了。在这个基础上，如何再开发，这是一个相当不简单的问题。

现在的开发就是，有山，在山上搞些什么东西，能为大家服务。就地取材，可以给大家谋福利，这是一个新的任务。改革开放以后，中国跨越转型，从农村来说，从一个老百姓来说，在思想上也得有这个准备，也得有这个转型，也得有这个步伐。国家提这个跨越转型，西沟应该在原来的这个土地上，再绘出一张新图来，再搞新的开发。西沟几十年不掉队，也不能掉队，你举这个红旗，必须一直举，子孙后代，后继的西沟人必须一直往上举。

图 10-5　村民办的农家饭店

新的开发，你比如现在这个饮料厂、硅铁厂，不够。按现在这个转型发展，不突出，不能用老眼光看新问题，还要有行动，你有了行动，还必须有效益呀。搞这个山区发展，你没有效益。这叫什么行动？光花了钱了，没有效益，过去讲实话，办实事，成绩摆在大家面前了，你要是光说空话大话，这些话就是失败目标，你就得不到群众的拥护。

按现在的新形势，西沟的下一步分两步，一个是要在原有土地上，从山上再搞一些新的开发，这样以后，老百姓有盼头，生活上有提高，（村里）面貌上有新的发展。西沟有申纪兰，申纪兰一直是（全国）人大代表，申纪兰住的地方必须有新的打算，有新的开发，有新的目标，这样才能引得大家的尊重、学习。

刘：您说可以在村里的旧房子里养猪、养羊，这个办法不错。

秦周则：第二个就是个人搞这个养猪养羊，符合两条腿走路方针。因为这个农村不比城市，你在农村盖大楼，就不很适合。因为老百姓基本上都住上（房子）了，你要盖大楼，搞大工厂，效益一两年出不来，因为农村土地很少啊，中国13亿人口，18亿亩土地，你要是土地再不整治，继续占，还是越来越少啊。

所以这个个体搞农林牧副，养鸡养猪养羊养兔，它不拘数量多少，按你的能力按你的地方，不占土地，我也能搞了，我就有了收入。这个收入也不拘多少，收入高了顾了全家，收入低了起码能顾了这个电费呀什么的，也行。因为一分钱逼倒英雄汉，多少是一点。闲散地方也都要利用起来，不要让这些东西再睡觉了。

现在搞新农村四五年了，你比如说西沟，像东峪沟、辉沟、老西沟，这些地方的人都搬到外面来了，那些旧房子、地基，那些地，还在休息，我的意思说，要把这些东西，要收拾起来，能干甚干甚。

现在有些后生说，搞这个家庭副业，困难。我的意思是说，适当给他些鼓励性的东西。你比如说，我要在这个旧房子里头养猪，10头20头30头都行，这里头有些旧房子都塌了，如果你需要补需补需，整理整理，村上大队上就要适当投资点，比如（需要）1000块，村上投上500块，他自己投上500块，这样两头一鼓，他就干起来了。这样把大小机器都动起来，大小土地都利用起来，不要叫［让］闲散了，有地方不用，这叫浪费。

2. 访谈对象：胡买松（男，1945年生于西沟村古罗，初中文化，中共党员，曾任村会计、副书记、书记）

访谈时间与地点：2013年5月30日；古罗家中

访谈及录音整理：赵俊明

赵：咱们山上这个树收益行不行？

胡买松：现在随着社会发展，环境变了，人家盖房子都是钢筋水泥，这些树就变不成个钱，没有个收入，再一个国家也管理。咱就大部分都是檩子、椽子，没有人要这种木料了。

赵：大树多不多？

胡买松：不多，咱这个荒山造林，石头山，长得慢，大部分没有土，在石头缝里。

赵：就是改变了环境了，老百姓受益不大？

胡买松：就是改变环境了。

赵：以前苹果这些还行？

胡买松：过去西沟都是果园，后来管不好，都淘汰了。再一个汽路两边栽上那个小柏树，苹果树全部有病害了，不能和苹果树一起栽。

赵：你觉得咱们这地方能够发展些啥？

胡买松：呀，这地方，你引不来企业，没有企业还是不行，你发展啥？山上植树造林，已经改变了环境了。土地少，你不搞企业？现在都在外头打工，村里就没有年轻人。种地这个就不行，地太少，看不见多少地。现在想办法就是搞旅游，搞不成，需要投入大。

赵：村里现在也是要搞旅游呢？

胡买松：现在就是，平顺县也是没办法，重点搞旅游，没有其他出路。

赵：能搞起来老百姓也能受益？

胡买松：真搞成个样子，你得依靠国家给钱。西沟搞森林公园请示了好多年，最近才批下来。

赵：可以引进一些资金啊。

胡买松：主要是引不来啊，也引不进来人才啊。

赵：山多，坡多，可以发展养殖业啊。

胡买松：牧业和林业的矛盾，这个好多年了。过去就有二百多个大牲口、三千多只羊，这些东西要上山吃草，把树木毁坏了，后来大队就是干脆封山，都让圈养，最后就都卖了。这几年牧业就下来了，林业起来了。

赵：牧业老百姓有效益啊。

胡买松：有个环保问题，过去一家一户都养猪，现在就没有个地方。批上个猪场，经常有领导来，这不行那不行，来了以后嫌环境不好。

大学生没工作，我就一直有个观点，真正农村这个还是缺人才。把大学生来了以后，给他加上重担子，就让他成长，一个他有文凭，一个给他加上压力。人是逼出来的，你不给他加担子，农村人就没有胆量，没有思路，想法也不行。这么多大学生，这么好的条件，利用起来，都到农村，支书、主任、会计你让他当，自己搭班子，再闹［弄］不好也比农村这个人弄得好，搞不坏啊。现在不用他，农村缺乏人才，他又找不到合适的工作。

赵：村里考上大学出去的也不回来呀？

胡买松：谁愿意回来了？再一个大学生回来以后，国家给他带上工资，让他来农村来，他有保障就没有顾虑了，让他好好干，哪个人没有上进心？就是国家不带工资，国家政策规定一条，大学生当村官来，村里保证人家的工资，自己一个村上还保证不了他的工资？能花多少钱？

赵：村里有没有村官？

胡买松：也有，他都在乡里边，也没有权。就是打扫打扫卫生，下下乡，他就有职无权，就是个名义。

3. 访谈对象：张俊玲（女，1973 年生于西沟村南赛，核桃露厂员工，初中文化）

访谈时间与地点：2013 年 5 月 29 日；老西沟家中

访谈及录音整理：赵俊明

赵：相对来说，西沟还算好些的？

张俊玲：你去外边打工吧，没有个地方，就没有个做的，都是在家坐的。（西沟）不是很好，南边上头村上有矿，东边山上也有矿，再往南走，都能上班。往北边走，都能去长治、潞城的厂里上班。就正好我们这个地方，也不能扔下家去长治等地打工，其实就数咱这地方不好。

赵：你刚嫁过来的时候，咱们这个地方比其他地方好？

张俊玲：那会儿好也是个别的，就是包苹果树的有钱，那会儿去外边打工也不行。

4. **访谈对象：马怀生（男，1945 年 7 月生于西沟村池底，初中文化，中共党员，西山矿务局退休工人）**

原海松（男，1952 生于西沟池底，初中文化，长钢退休工人）

访谈时间与地点：2013 年 6 月 6 日；池底郭广玲家中

访谈及录音整理：刘晓丽、赵俊明（整理者）

马怀生：咱西沟确实不错，现在一届领导不如一届，领导不好。当时我也和纪兰说过，给咱们西沟弄这个大学生来，给咱们当参谋。

刘：你觉得西沟该怎样发展？

马怀生：晚了。纪兰也不行了，薄一波也死了，那时候我看她在家了，我和纪兰说你怎么在家，纪兰说，我不到家，我到哪里呀？薄一波在的时候，和胡富国一起来过。薄一波不在了，彭真不在了，就很淡化了。国家也确实给了点钱，但太穷了，也很有限。小白龙工程，弄水浇地，农村所干的事就是把管埋到地下。

赵：就是那个引水工程吧。

马怀生：对，胡富国给了 400 万。西沟历史不错，老同志不错，老李、纪兰人家都不错。真的呀，这个是事实。村里有个老汉，一辈子的老黄牛，初一下午担羊粪，一百多斤往上担。老了担不动了，嘴里一直念，"下定决心，不怕牺牲，排除万难"，我在前边，最后跟我说"怀生，这不管用"。可怜了，真的呀。哎呀，这地方的人。

原海松：就没有多大发展。

马怀生：基本到顶峰了。山上种了树了，国家再给你投资钱，搞点旅游，咱尽量发展吧。

原海松： 机会就已经错过了，紧跑你都跟不上外边。

赵： 发展旅游有没有前途？

原海松： 没有多大的前途，但是国家要投资，钱是要花在这个地方，将来以后有多大收益？这个地方没有水，发展起来也不好，旅游需要有山有水，你没有水，城市人不愿意来，就光看你那几棵树，那个哪里都有。

原海松： 西沟当地这个人思想就不开放，本地就出不来人，你就出不来。

赵： 现在的年轻人也不行？

马怀生： 稍微有点前程的都奔前程去了，留不下。这个地方就是养老，空气好，就这一点。

原海松： 西沟这个地方，必须有外来领导，农村必须有经济，咱这个地方，将来引进一些绿色企业，污染性企业绝对不行，是个淘汰的东西。这个地方自然条件限制，技术人员必须从外边引进来。现在家里的人，就是守着个小摊。就是谁家想富，你出去打工，搞副业。

图 10 − 6　西沟市场房

赵： 打工只能是糊口，富不了。

原海松： 你说现在能活不能活？能活，但就是不富裕。但是这个人必须劳动，不劳动你就没有收入。

赵： 咱们办的企业，自己不能干，包给人家就能干了。

原海松： 是，包给人家就能干，大队自己干，公事公办，送礼的少，就不好办。

人家外边这个人，该怎么办怎么办，该送礼就送礼，所以就能干成。这就是中国现在的情况。

赵：咱们还是不适应现在的市场经济。

原海松：西沟现在等于说是落后了，前几十年以前就是这个形状，现在就是老百姓盖了些房子。有的盖起三四年了，家里都没有粉刷，玻璃都安不起，就那样将就住。发展了个啥？就没有发展。老百姓有收入，盖了厂子了，这也是劳动得来的。有些人老了，将来怎么办，修个养老院啥的，他们根本不考虑这些。需要有一笔钱积累些，养活老一代人。

马怀生：就是盖了些房子，还是自己盖的，借钱盖的。

原海松：要是李顺达活到现在，西沟不是现在这个样子，在全国都没有盖排房的时候，李顺达就开始盖了，就给你设计好的。西沟的展览馆、接待站都是李顺达那时候修起来的。

马怀生：李顺达要了四个 100 万，招待所是 100 万，石匣沟水库是 100 万，修水渠 100 万，百里滩修地 100 万。

原海松：西沟就不应该修这种房子了，国家不兴这个了，应该集体盖大楼，老百姓都住进去，集体供气，集体供暖，集体供水，就解决了。现在不要说引不来，就是引来天然气也没办法处理，下水道处理不了，没有排的。现在就不能批这样的房子，竖起楼来，腾开地。将来引进个什么厂子，还有点地方。修起这么多房子，都打工出去了，没有人住，老人们看房子。

赵：村里人就这样，你家修我家也要修啊。

原海松：就是这，将来小孩们，都出去了，30 岁以下的小孩，不给你劳动了，不下地，下地也不会干。咱们这退休了，还能干些。种上 1 亩地，一年收上 1000 块钱，受死你了。西沟人的思想不开放，跟不上形势，受了一辈子，不知道干啥了？为啥南方的人就是不修盖，我挣上钱就是吃，消费，完了往出跑。哪个地方发展也比平顺快。

赵：我觉得不能说是最穷，但总是省里后 10 名的。

原海松：武乡原来很差，现在不错了，人家那个八路军纪念馆弄得不错。

马怀生：平顺没资源，李小鹏当了省长了，都不来这个地方转一转。

原海松：来你这转啥呢？你这个地方，就没什么发展，看个什么？前一段来了一百多个记者，人家说我前十年来这样，现在还是这个样，人家就有这个思想，我可是听见人家这样说了。没有什么发展，关键还是领导，老百姓是一个方面。像你给老百姓盖个房子，把钱集中起来，一家分个一百多平米，自己掏个三四万，国家给补贴点。国家那几年给西沟投资也不少，最后这个钱都没有利用好，老百姓没有得上实惠。胡富国给了几百万让漳河倒流，解决吃水问题，最后光是埋了管子了，没有闹成。

赵：现在这个旅游项目投资几千万呢。

原海松：2800 多万，长治一个煤老板投资的，国家也给一部分。现在关键就是投资实打实地来，专款专用，直接人家管理，好一点了。西沟修金星峰，那是原来那个县委书记柴玉棉修的，要不连个那都没有。

原海松：西沟听名字了不错。就在西沟写西沟，就写不出个什么东西来，就是个光荣历史。

赵：这个不好弄，本身西沟是落后了，但咱们不能表述出来。

马怀生：大众语言就行了。

赵：咱们说的就是实话。

5. 访谈对象：郭增贤（男，1951 年 2 月生于西沟村池底，初中文化）

访谈时间与地点：2013 年 6 月 6 日；池底郭广玲家中

访谈及录音整理：刘晓丽、赵俊明（整理者）

刘：咱们村该如何弄才能更好？

郭增贤：难说。

刘：村里不像以前红火了？

郭增贤：小学也不行了，孩子一大都往城里走，从幼儿园就往城里走。现在还有点年轻的，再过几年没年轻的了，就是留几个老头。这个村［池底——编者］也都在外头。

赵：不出去打工就生活不了。

郭增贤：种一亩地能收下多少？打下 1500（块钱），落下 1000（块钱），根本不够花。那时候打下那么多粮食也没吃的，都交国家。原来西沟，30 万斤都交国家了，那时候广积粮。这个社会一直发展。

刘：现在比以前好。

郭增贤：也是到什么社会都有它的弊端，都有好处。

赵：那时的好处是啥？

郭增贤：那时有大队，有保障，你再困难也饿不死你，现在挣不上钱，你就不行，贫富不均。那时只要你会动，你有病，重活不行，到秋天看苹果什么呀，能给你个轻活，总能生活。现在就没人看你，除了孩子管你，谁管你呢。孩子不行，不就不行了？各有各的弊端，这是死的。

6. 访谈对象：周俊平（男，1972年8月生于西沟村东峪，初中文化，硅铁厂工人）

访谈时间与地点：2013年6月5日；东峪家中

访谈及录音整理：赵俊明

赵：你觉得西沟这三十多年的变化怎么样？

周俊平：我感觉发展得不太行。

赵：你觉得原因是什么？

周俊平：关键原因是思想，就照上李顺达那个思路发展，现在都不是这个样，应该上好几个台阶。人家那时候楼上楼下，电灯电话；耕地不用牛，点灯不用油；走路不小心，苹果碰了头。这些早就实现了，那是什么年代？与以前相比，应该上十几个台阶。现在的发展是，以前在山头，现在已经下了沟了，就这么个差别。

赵：你觉得发展慢的原因是啥？

周俊平：我觉得能力是一方面，观念也是一方面。

赵：我们看到现在农业耕地都是人工，比以前都倒退了？

周俊平：现在耕种都是人工，以前和现在对比，上几个台阶。我靠自己出力干活，出外打工干活挣钱。现在是党的政策好，改革开放让我富起来了，我现在可以这么说。

赵：村里的经济建设怎么样？

周俊平：西沟说起来十几个厂，其实现在就是一个饮料厂，一个硅厂。硅厂还养着七八十个劳力工，还有点作用。饮料厂也养活着二三十个人，那个经济效益根本也不行，就是过年前二三十天开工生产，就是年前来个单子才开（工）生产。

赵：我觉得主要还是观念的问题。

周俊平：村里的干部不少，应该干实事，你是为老百姓服务的，村子发展了，面貌改变了，这才行。

赵：村里工厂的招工怎么弄？

周俊平：饮料厂上班双女户抓阄，我们村也有二个闺女的，有三闺女的，也都没抓到过。

赵：出去打工的村民都干些啥工作？

周俊平：打工的多得很，不出去打工，钱从什么地方来？就没有生活来源，（每家）四五口人都靠这一个人打工。都在家里（坐着），半年都吃不下来，不出外打工钱就没地方来。像咱们这个年龄，就是盖楼房，架桥梁，做建筑的多。

赵：有没有在外边做技术的？

周俊平：做技术活的，年轻点的有，我们这个年龄主要都是做苦力活，年轻人观念和咱们不一样。

赵：你家在村里是不是就算条件好些的？

周俊平：我记事以来我家里就是最穷（的）。我的思想观念和其他人不一样，穷不能祖辈都穷下去，当爷爷的穷，当父亲的也穷，到咱手里还穷？现在你不重视教育就还得穷。我有一个弟弟、一个妹妹、一个姐姐，我排行老二。记事以来，那时候年年过年吃不上大米、白面，借上十元八元，就过了年了。以前的过年和现在的过年是天地之差，这个我能感觉出来。那时候十块钱都拿不出来，现在千儿八百一下子就花掉了，就这么简单。

赵：娶媳妇花了多少钱？

周俊平：几乎全靠自己娶的媳妇，94年结的婚，一共花了11000元。只有旧房子，老父亲的家产，全部都是土坯房，典礼就在那里边。住了二十多年，这才盖了新房。

赵：你也是挺不容易的。

周俊平：不容易，养两个孩子。还得干10年，努力奋斗，不努力都不行，主要奋斗方向是供孩子上学，这是主要方向，其他的可以缓缓。上学就是努力攻坚，必须完成，上学费用高，但也得供。再穷你也不能穷教育，再一个虽然咱没有钱，但在教育事业上应该和有钱的人比。起码你应该有这样的心，自己不能叹气，要有信心。

赵：咱们村里有电脑的人家多不多？

周俊平：我们村里电脑也有，很少很少。现在像我也可以买电脑，主要是经济跟不上，只要是经济跟得上，肯定要买。我也愿意买，主要是经济不行啊。

7. 访谈对象：郭红岗（男，1974年12月生于西沟村南赛，大专文化，中共党员，西沟村支委委员）

访谈时间与地点：2013年6月12日；西沟村委会办公室

访谈及录音整理：赵俊明

赵：这个地方适合养羊？风险不大吧？

郭红岗：吃的草，基本没什么投资，风险很小。

赵：核桃发展起来也不错。

郭红岗：在某一个地区，周围都没有人弄的时候，你弄你就行。你要有一种超前意识，要有眼光，过几十年以后是个啥，你需要考虑。

赵：你觉得干什么对？

郭红岗：我觉得市场在变，真说不上来，现在都不种地了，还是种干果好些。可是你也得投入，也需要管理。有些人就管理，有些人就不管理。技术是一方面，再一个关键是巩固，主要是有市场。就这一种产品，适合咱这个地方，必须巩固住。

比如说核桃树，确实每棵树结的果子很好，过了几年以后，有了房产，都进了城，谁还管这个树，有的黄了，有的死了。

8. 访谈对象：王支林（男，1951 年生于西沟村池底，初中文化，经营粮食加工厂）

郭开花（女，生于西沟乡赵店村，小学文化）

访谈时间与地点：2013 年 6 月 5 日；池底家中

访谈及录音整理：赵俊明

赵：看见（王支林）身体挺好的啊。

郭开花：腿不行。

赵：怎么啦？

郭开花：那年把腿伤了，两条腿骨头都折了。

王支林：本身我的腿不行，残废了。

赵：腿是怎么残废的？

王支林：走路摔倒的。

赵：没接好？

王支林：接好了，可现在不行，重活干不了。

赵：接好了，有后遗症？

王支林：没后遗症。平地行，上坡不行，劳动一天就肿了。

郭开花：搁的钢板了，钢板取了。

赵：年纪大了就是养好身体就行了。

王支林：人和种庄稼一样，就是一茬一茬的。现在社会保障不一样，给你弄个养老保险，再弄个医疗保险。现在社会好，跟过去不一样。我那时候考虑只要能吃饱就不错了，现在不但能吃饱，还能吃好。过去的人就比较满足，现在的年轻人吃上馒头还嫌不好，他就没有满足。

郭开花：我和人家去栽了一天树，人家姑娘就说我了，出了事情都是她们的事，人家不让就（去栽树）。

赵：咱们这个地方下放土地以前耕地怎么耕？

王支林：下放以前那时候起码是牲口（耕地），大部分都是拖拉机（耕地），现在都成人工（耕地）了。这个就是退步了。现在都变成小块土地，拖拉机就进不去了，没有办法。

赵：现在大部分人家能不能赚到 2 万块钱？

王支林：不一定行。老百姓感觉不很明显，也不提什么意见。自己自由就行了，我出去打工挣个钱就行了。

郭开花：这会儿就是你想干啥干啥，没有人管你。自由，人家没有领导你，挣不了钱，只能是怨你自己。

赵：咱们集体把大环境弄得挺好。

王支林：对对对，你要是瞧这个新农村发展，从表面上来看，不算穷，实际上发展不是很好。

郭开花：搞副业都是靠自己，年轻人还可以，这会儿还好活，每天有个钱挣。没有个组织啥的，年纪大了老了，就不好活了。

赵：你觉得怨谁呢？

王支林：我这个要求就不高，穿没有啥要求，吃饱肚子就行了，冬天不冷就行了。

郭开花：怨自己老了，不能怨谁，人家孩子只能顾自己。

赵：集体把大环境，像街道呀这个弄得挺好，但老百姓没得到实惠。

王支林：是。

郭开花：老了，我就是那种人，老了，还不想啥都不干。

王支林：哎，说这个实在话，随着形势走就行了，不用说老百姓，现在的领导也是这样。这个社会就是个这，（生活能）亏对过去就算了。就是老申说的，"修好路，栽好树，吃饱肚"，只要和党中央保持一致就行了。

总的来说，咱这个北方发展，和南方就不一样，南方人家头脑快，有什么市场，很快就投入了。

赵：咱们和山那边的林州比差多了。

王支林：国家对你扶持不少，咱这些地方，扶持不到实际地方。

郭开花：条件比那会儿好了，出入方便了，路好了，水也好了。

王支林：李顺达那个时候也是可以，西沟也是红火。现在下放了，没那时红。我那时候年龄小，外地来的人多，招待所每天都有人。现在旅游参观的不多。

郭开花：那会人来人往，真是热闹，全国各地的都来了。

王支林：美国那个记者韩丁还来过。

赵：你见过吗？

王支林：见过。我是民兵，给招待所站岗值班。

赵：站岗给不给工分？

王支林：给工分，晚上加班也给。那个时候真是红，全国各地的人都来，西沟真是可以。

赵：你去过大寨吗？

王支林：去过。

赵：什么时候过的？

王支林：学大寨的时候去过，后来没有去过。

9. 访谈对象：房根山（男，1959 年 11 月生于西沟村南赛，高中文化，中共党员，西沟党总支副书记、南赛分支书记）

访谈时间与地点：2013 年 6 月 8 日；南赛家中

访谈及录音整理：赵俊明

赵：村里怎么弄能够会好点？

房根山：条件就这样。企业没有个正经企业，土地也少，说实话，不好发展。

赵：像你们当领导也不好当？

房根山：考虑弄个什么，比如弄企业，还得有水，咱这还缺水，还缺地。有些想来投资，就凭咱这地，这个厂房都没有地基。

赵：有想来干的？

房根山：有，都没谈成。

赵：他们是想干什么？

房根山：河南有一家，搞煤矿的瓦斯设备，后边没谈成。

赵：嫌咱这条件不好？

房根山：不知道。

赵：什么时候来？

房根山：去年。

赵：村里工作也不好做？

房根山：老百姓总得有钱，凭空口说话没用。

赵：社会大环境就是这样。

房根山：现在弄个甚，都得掏钱了，不掏钱怎么能行？自己想受益，自己也得掏钱。

赵：农村交通、水都好了，但人越来越少了，

房根山：基础条件相对于以前好多了。

赵：软件还是不行。

房根山：教育不行。没人，住房再好也不行。现在 50 岁以下的人倒没有了，在外边打工。再过几年以后，老的老了以后，村里边倒没人了，你硬化那个道路，没用了。

赵：这种投入也没有必要。

房根山：盲目投资。

赵：大地方永远有人，小村十年八年就没人了。

房根山：像咱们这个村［南赛——编者］六百多口，假如现在没有学校，将来这个村都没人了。没有学校，孩子们就都走了。

10. 访谈对象：张光明（男，1986年12月生于西沟村沙地栈，高中文化，中共党员，村委委员、民兵营长）

访谈时间与地点：2013年6月10日；西沟村委会办公室

访谈及录音整理：赵俊明

赵：*你觉得最近十来年咱们发展得还可以吧。*

张光明：发展可以，的确有了变化。我记得（以前）村上吃水都是大问题，最近几年有很大变化。我记得六七岁的时候都是土路，也不宽，现在都是水泥路，也好走了。发展也是一步步变化了。

赵：*硬件弄得好了。*

张光明：有变化。栽的树多，对咱的空气好，环境也好。晚上下雨，第二天早上起来空气就是不一样。

赵：*老百姓收入变化大不大？*

张光明：大，收入也提高了。

赵：*打工的工资高了？*

张光明：以前小工出去才四五十块钱，最近两三年出去都是100（块钱）、150（块钱），一个好大工就有180、200（块钱）。收入大，可是消费也高。

赵：*农村的消费稍微涨了点。*

张光明：农村和城市不一样，城市你非买不行。农村他有玉米可以吃稔莶［疙瘩］，自己种菜他能吃。城市不买你就不行，农村你不买也能吃饱，咱不要求吃多好。

赵：*盖房子的情况怎么样？*

张光明：盖房子物资都涨了。

赵：*省吃俭用盖房子。*

张光明：南方人一辈子就不说盖房子，南方人就是吃，享受生活，他不管以后，他不管你子女能不能生活。北方人一辈子就为了盖房子、娶媳妇，就为了这两件大事，辛辛苦苦一辈子就为了这两件事。

赵：*南方孩子也挺好的。逼得你去干。*

张光明：逼着你，自己不干，就娶不上媳妇。咱们这形成一种依赖。十八九（岁）一毕业，你就硬逼他出去，自己就想自己的办法。（为了）娶媳妇我要多挣，有个收入才能娶到。现在大部分是我在外头打工了，也落不下钱，但我有依靠呀，依靠家里父母。

赵：你觉得西沟这种情况，将来能再发展得更好点需要弄什么？

张光明：首先要让农民致富，农民富了咱就发展好了，这是一大难题。为了让农民富，必须引进几个企业，剩余劳力进企业，富裕了咱就发展好了，我想就是引进几个企业，有企业了咱就富了，有企业就可以带动农村剩余劳动力。想发展更好，必须先解决农村的剩余劳动力。老百姓都富裕了，咱（西沟）就发展好了。

赵：发展就是让老百姓得到更多的实惠。

张光明：对。也就是老百姓富了，过上好生活了，咱（西沟）也能发展好。

赵：最好弄上几个企业？

张光明：对，多多少少能挣点，地也不误，钱也挣了。

赵：发展这么多年，办厂十几年了，一直也办得不怎么样。

张光明：主要是没引进好企业，引进的干了两年了，企业就倒闭了，（因为）什么污染、超标呀。

赵：决策和国家政策没有一致了？

张光明：没决策好。

赵：最近不是规划想弄旅游，你觉得行不行？

张光明：旅游倒也行，毕竟外地人、城市人，富裕了，想来农村体验体验，（对于）老百姓（来说）倒也是一种致富的好方式。只要把旅游做好，带动当地老百姓搞点收入，也不歪［不坏］。老百姓开个农家旅店，这就行了。只要旅游哗哗人来了，就能带动地方经济。你要是一年来了几个人就不行。旅游搞好了最好，项目多了，经常有来参观的，就好了。

赵：咱们有一定的影响，不用搞宣传什么的，还是有人来的。

张光明：有人来了，咱这留不住人家，留不住客人。客人来了展览馆瞧一瞧就走了，只要留住就可以。早上来了，第二天走，就会消费。

赵：咱们没有市场化。去年你去大寨了，觉得大寨发展怎么样？

张光明：大寨比咱们发展（好），还是企业多，人口少。

赵：面积也比咱们小呀。

张光明：咱年轻，说不上个解决方法。

赵：人家大寨的旅游弄得就可以。

张光明：这个地方人还是没有能尝到甜头，观念不很解放，人非得走出去，带动一部分人出去，瞧瞧外边的世界，弄个农家乐啥的，买东西啥的，非带动起来不行。人家大寨都是卖东西的，（要）拉下这个脸，不怕败兴。咱这个人观念不很解放，出去卖个什么，还是觉得败兴。

赵：河南林州发展比咱们好。

张光明：是，是。

赵：村里发展一些养殖业行不行？

张光明：养殖业得规模大的，小的你就不行。

赵：据我们了解，现在咱村有养猪、养鸡、养羊的，小打小闹也比打工强。

张光明：比打工强。老百姓的观念还是没有解放。（外地人）旅游来了，咱去卖个土鸡蛋、卖点山货，就能挣上钱。有的人不愿意去卖，拉不下这个脸来。

赵：市场经济的意识不强。

张光明：是，没有尝到甜头。

11. 访谈对象：崔秋喜（男，1949年8月生于西沟村古罗，小学文化，退休工人）

访谈时间与地点：2013年5月29日；古罗张虎群家中

访谈及录音整理：赵俊明

赵：去过大寨没有？

崔秋喜：我去过，"文革"以后，大队组织去的。

赵：大寨的条件还是比咱们好一些。

崔秋喜：对，比较集中，土地多些，自然条件比较好。

赵：现在看，你们这些出去（工作）的就好点。

崔秋喜：有保障。

赵：你这从外边回来的，现在想在村里还是城里？

崔秋喜：老了以后就没有什么追求，能生存就行，儿女都成家了，下一代都好就行。自己老了，有点地种一种，没有事就转转、看看。

赵：咱们比平顺的其他地方还是好点吧。

崔秋喜：对，相对来说好些，它这个自然环境、人际关系还是不错。

赵：整个平顺县，是不是土地都不多？

崔秋喜：就是西边苗庄、北社那块土地多点，其他地方都没有多少土地，两山夹一沟，没有地方，有些地也是垫下的。

赵：比其他富裕地方还是差些。

崔秋喜：比其他富裕的地方有些落后，比其他落后的地方有点先进。

赵：这样一个地方，李顺达他们能够弄成这样子，也是不容易。

崔秋喜：自然环境就限制死你了，确实不容易。退耕还林这么多土地，都是山上开出来，垒起来，石头缝里抠出土来，垫起来，种那么多土地，养活两千多口人，真是确实不容易。

赵：村里最多的时候有多少土地？

崔秋喜：那个咱弄不清。

赵：可是咱们就没有土地呀。

崔秋喜：种庄稼不行，绝对赔，种上一亩地，投入 500 块钱，打好了能卖一千五六百块钱，除了投入，剩下最多不到 1000 块钱。

赵：种一亩地一年需要五六个工？

崔秋喜：不行。要不了就都不种地了，年轻人就不种地了，把土地都租出去了，一亩地租五六百块钱。

赵：村里种地最多的有几亩？

崔秋喜：也就一共四五亩地，就是比其他人家多一些，也是顾不过来。你总得有资源，有土地资源也行，你没有土地，有煤矿也行，没有煤矿有矿山也行，像东南山就有铁矿，家家都在矿山里挖矿，那个收入也行。没有资源要想富不容易。

赵：咱们地方大，发展一些林果业、养殖业也可以。

崔秋喜：对对。大队得扶植他，你需要场地给批个地方，因地制宜也可以。领导要有这个思路才行，领导没有这个思路，老百姓努力弄就比较难。总的来说主要还是思想不解放。

赵：咱们整个山西就比较封闭。

崔秋喜：我最早接触人家那个温州人，就是八几年来，人家在长治做那个水暖器材，后来人家就不做了，转成电器了。

赵：咱们这地方交通这些还是挺好的。

崔秋喜：还算可以，相对来说，比那些偏僻的地方还是好一些。

赵：咱们这个山上的树也没有效益。

崔秋喜：不行，山上有点石头，也不让你弄，我就想不通为什么。

赵：有时候政策有些一刀切。

崔秋喜：就是这样，退耕还林我认为咱们西沟就不需要，咱们山上都是树，就没有多少地，你还搞这个，就不合适。

赵：平顺在山西算是比较差的。

崔秋喜：平顺就是有点铁矿也很少，没有资源。再一个，没有人来投资搞企业，企业也少。

赵：咱们观念也不行。

崔秋喜：比南方人差多了，我前 20 年接触来，南方人思路就开阔，比方说你买他个东西，他就给你抽烟、喝水，你说多少钱就多少钱，山西人就不行。咱们这里更差。

赵：有些东西只要思想解放，还是能够弄成的。

崔秋喜：你也守旧，他也保守，你也怕赔钱，（他也）没有信心搞。反过来说，自己也有问题，没有思路。

赵：村里现在的情况，你觉得能发展些什么？

崔秋喜：主要是没有企业，老百姓就没有事干，地没有，工厂也没有，条件差点，老百姓没有钱。

赵：怎么就能有了钱了？

崔秋喜：还是得领导想办法，给村里老百姓引进一些企业，村里的土地是有限的，太少了，不搞企业怎么弄？现在都在外头打工了。

赵：没有资源，能闹什么企业？

崔秋喜：再一个说了，你靠山吃山，有山你可以开个石料厂，这个可以吧，可是不让开，也就矛盾了。有人想开，搞个石料厂，打个预制板，老百姓盖个房，现在都可以。县里就不让干，嫌破坏植被。这个你可以规划，开发了以后再复垦成土地啊，都不妨碍，就是思路有问题。干部是嫌麻烦，你要开了以后就会有安全问题，他就怕负责了，干脆不让开，我分析是这样。你让他开了以后，他也不愿意死了人，他就会注意安全。搞点这个，起码能解决一些劳动力，我们这些个老弱病残，也能去动一动，年轻人基本不在家，都在外边打工。

赵：种果树是不是效益不错？

崔秋喜：它一个有个什么问题，不成规模就不行，成了规模才行。我还种的一点苹果树，有二十多棵果树，去年收入三千多块钱，就比种地强，不到一亩地，种地也就千把块钱，搞果树种植还是有效益，但相应误工，它也要掌握一定的技术。以前这个村里都有苹果树，大部分都死了，我退休回来以后管理得比较好些。

赵：你这是能人啊。

崔秋喜：倒也不是，爱琢磨，喜欢看书。现在条件好，有书，有广播电视。（种了）29 棵树，去年那个小年，收入三千多块钱，我感觉就不错。

赵：今年是不是就不行？

崔秋喜：今年冻了一次，开花的时候受了天灾了。

赵：你那个苹果树有没有挂果？

崔秋喜：我那个也有，不多，有去年的一半就不错了。管理不一样，你比如说它受冻以后，你赶紧加补，加药，追加肥料，把损失最大地挽救回来。技术这方面很关键，搞什么没有技术就不行，养殖业你没有技术不行，种植业没有技术不行，搞林业没有技术也不行。为什么现在的小孩们不愿意念书，他是没有意识到这个。我就和我家的小孙子、小外甥说，没知识，你将来以后就没办法生存。现在这个社会越发展越快，你不懂电脑不行，给你个手机不会打不行，不懂拼音不行。

赵：还种点啥？

崔秋喜：谷子，收个百把斤，土豆，弄个四五百斤，地就不多，总共种的不到2亩地，连自留地，带苹果树地。我们这个年龄，回来种个二三亩地，单纯种粮食，完全能种了。因为它不是机械化，都是靠手工做了，要是靠机械化的话种20亩也不是问题。可是都是山地，拿上镢头刨了，地还没有两米宽，机械开不进去，自然条件就限制死你了。土地就不大，最大的地3亩地，还是分的好几家，不很好耕作，都是靠镢头。

赵：后来种的核桃树的效益好不好？

崔秋喜：效益好。不过你要是遇上今年这个天灾就不行。

赵：核桃树好管理。

崔秋喜：它好管理，单纯。数苹果树不好管理，你一个礼拜不去，它就发病了，不处理它，就坏了事了，就减产了。

赵：你这种劳力能够管理多少苹果树？

崔秋喜：我现在这个水平，管理十来亩没有问题，那就是专门管理。可是你没有那个条件，就没有那个地方，你往哪里种呀？

12. 访谈对象：张中林（男，1970年4月生于西沟刘家地，中共党员，饮料厂办公室主任）

访谈时间与地点：2013年5月28日；饮料厂办公室

访谈及录音整理：赵俊明

张中林：西沟这个地方，在咱们当地算是条件稍微好点的。但是平顺这个地方没有资源，没有工业，没有工业你就富不了。就是山上这点木材也能卖点钱，我就是设想，如果每年能伐点卖钱，肯定能富了老百姓，但是不让卖。

赵：现在就批不下来。

张中林：不知道，这个东西如果卖的话，也能带动一定的经济发展，老百姓还能富起来，伐了还能再栽。说那个不好听的，每年防火，一旦发生火灾，就烧了。去年从县城那个地方就烧到西沟这个地方了，救火我去了。山上这个就是弄，也得修成路，这样才能运下来，这是发展方向。

赵：山上也有大树。

张中林：有，六七十年代栽下的，那时候李顺达带领栽树，后来是申纪兰，每年栽，山上全是松树，说个夸张的话，松子都很厚了。往山里头走，都是大树。如果把山上的树让老百姓能变成钱，西沟可以说是个富地方。

赵：平顺县里也没有啥企业吧。

张中林：就是山上有点矿石，也没有多少了。

赵：硅铁厂怎么样？

张中林：是外地的老板干了，老板赚钱。在其他地方不好干，在西沟还能干。咱这个地方主要还是资金少。

13. 访谈对象：王增林（男，1957年1月生于西沟村池底，高中文化，中共党员，村监督委员会委员，曾任党总支副书记）

访谈时间与地点：2013年6月6日；池底郭广玲家中

访谈及录音整理：赵俊明

赵：你觉得村里应该怎么发展？

王增林：发展要靠年轻人，不能靠老人。老人也是没眼光，为什么这会儿的年轻人出去就不一样，接触的就不一样。

赵：可是年轻人能干的都走了，不在村里。

王增林：你说人家考上大学，还到咱这个地方发展？咱这没有给人家资助多少。你考上了，学费全部自己负担，都是老百姓一口一口抠出来的，向朋友借，向亲戚借，供了个大学生。人家来这没有用武之地。所以说就留不住人才。

赵：没有人才，将来更难了。

王增林：现在我又体会到教育这条，已经给老百姓身上又造成了负担。寄宿制吧，本身过去一个村有学校。寄宿制住不开，还得去县城，都往县城集中，你说这妇女不用跟孩子去？你说他不赁家［租房］，不用费用？不给孩子做饭？你说到县城住，还得坐班车，不是费用又增加了？好老师都在外边，不想到乡下去。我们这小学校，以前我在学校一个班五六十（人），现在一个学校还没有五六十（人），就100（个人）吧，分成六七个班能弄成？你说这么大的小孩就得到县城幼儿班上学，这不是又给老百姓造成负担了？也不知道咱这个想法对不对？当然教育是对，集中是对。现在这个乡镇人口，出台了一个100口人往大村集中，这个很对。100口（人）集中到大村，大村本身就不大，像我们西沟大队2000口人，集中到一村一个学校就好管理。可是老师挣的工资也不少，这会儿主要是不给你好好教，乡下他就没劲。让我教上3孩子也没劲，我教上20个学生，那就好教了。再一个我也体贴这个老师，一篮子［复式班——编者］学校很难教。就说你是一个老师，我那天去了山上一个学校，一个老师教6个班，6个班就这一个家［教室——编者］，6个班十来个学生，怎么去教？还是个妇女，就是个男人，就是个专科生、本科生、研究生来让他教教这6个孩子（那也不行）。所以混班上学，你带上3个年级可以，你让一个老师带上6个年级，他精力再大也不行。课还非常多，我也体谅老师。实际上应该呼吁，农村的这个教育还得叫专家好好研讨研讨，怎么个集中法？应该给老百姓想想办法，老百姓怎么样能脱贫奔小康，当然建成小康是个目标，如何能建成，这个是（需要）很长（时间）的，目标是我们要实现农村这部分人（脱贫），山里可有穷地方了，水解决不了，也没有电。

赵：咱们这里在平顺还算是好地方了。

王增林：我们这地方（在平顺）就是好地方，可跟人家长治周边县市（比），这就是最歪的地方，但是比我们上边山上，尤其交通不便的地方好。我们国家大，这几年国家投入也很大，老百姓的确觉得政策也好。

另外我跟你说，这一代领导上台，反腐败的确就是硬，一个人贪1个亿、几千万，搁到学校、搁给工人、搁给教师这块，好好教孩子，创造多少财富？反腐败这个东西，党的确抓得非常紧，今年出台了"几不准"那个，不准吃喝呀，都不错。习近平主席上来抓到底，肯定人家要抓，我跟习主席都在我们西沟握过手，人家很实在。这一代领导这样抓下来，工人、农民，所有社会上各种人都富起来才行，不能叫个别的富，只能说当时的政策是个别富起来带动一部分，你能带动了？有些还是自己捞了，不好。把咱们党的威信降低了，你做的那个事太不好了。当然你在外边，人家南方搞古建筑的来了，没那个歌厅也不好，唱唱歌，娱乐娱乐，潇洒潇洒，唱个歌、跳个舞这都正常，也不能搞那些歪门邪道，侵吞了国家的，损害了人民了，这个是必须抓，还得狠狠抓。

要让我说，实际上村里是最苦，乡里干部比较好当，县里就有了权了，一个县委书记今天可以提拔你，给你安（排）那个了，连下层那个老师，我叫你到龙镇教书，你敢不去教去么？所以县委书记我觉得权力大了。

赵：咱们这边是100口（人的小村）都往（主村）并过来了？

王增林：现在是说100口，今年还是100口并，100口以下村往主村并，现在让填表搬迁。咱们村都不存在100口，已经都到了100口以上了。

赵：搬迁过来的住房怎么办？

王增林：自己再建，给他弄地方，自己盖房。

赵：国家给一部分补贴？

王增林：以前我们村第一年2000（块钱），第二年2500（块钱），第三年3000（块钱）。集体搬了3年，把沟里的都搬出来了。还有条件差的搬不出来，你说老母亲有病，孩子还念书，他就搬不出来，补上2000（块钱）就不行。

赵：按户还是按人补？

王增林：按人口补，这个政策国家出得好。近几年党的确为民办了好多实事，减免税收，包括胡书记这几代领导，还是政府有了钱了。

赵：政府怎么能有了钱呢？

王增林：企业上交的税收多，国家税收增加了，才能有资金。你现在考虑养老这块，60 岁给你 55（块钱），他比例不多，只能逐渐的增加。

农民种地补贴，我们这里地少，但是也补啦。老师提工资，国家公务员提工资，就是工人有时候提不起来，你这个单位不行，（你）就不行。

另外，我认为通道绿化是适合大平原，大平原以前咱也走过，大宽马路，道路两边没树。我们这两边就是山，就是树，地里满共［总共——编者］一家就两三分地，你再搞个通道绿化，栽上树，侵占了百姓的口粮地，能长好？长不好的情况下，不是就减产了？老百姓怎么能保住地。一旦国家进（口）不来粮食，口粮就护不住老百姓了。不过这几年咱考虑国家有产粮地，集中大户，产粮区产量增收，粮食增产，可是反过来一旦遇到灾年减产怎么办？当然运输好了给我们拉回来，全是吃的小麦、大米、面粉。通道绿化，我考虑就是适用平原地带，不能说山旮旯树这么多，你就也是搞通道绿化。我的理解是平顺县西沟这一带搞通道绿化不很符合现实，在地里栽 10 米宽的树，本身就没有那么多地方。

你比如这个合作医疗，这会儿是国家补的大头，中央财政、地方财政、省、县（出大头），老百姓出少部分。这个费用是个好事，但好事也得办好。医院卖你 10 块钱的药，报销上百分之七十，你出上 3 块，国家给你补 7 块。假如说这种药你到外头市场上买，还有 6 块，还有 5 块，感觉你吃上还行。咱是探讨这个事了。

现在农村这个子女养老，两个孩子，一个闺女，一个儿子，两个都是独生，养的四个老人，的确他们很难。现在农村难，将来城市也难。你说两个（人）哪顾上看老人呀？

赵：你觉得如何办？

王增林：现阶段外头有个养老院，送到那里，人家挣的钱多，你退（休）了还能供养起。农村这个你给的 60 来块钱，谁来供养呢，他能顾上谁呀。4 个老的都在农村，怎么搞，农村这个逐渐也应该加大扶持。

赵：咱们县里不给弄养老院？

王增林：你得符合条件才能去，农村弄上，你能支付起？村里有多大收入？农村这个（养老金）也应该增加，逐年也应该增加。不要说公务员退了就是三千两千领，一月就是坐在家里得，老百姓本身就挣得少，要让我说，也得让他生存，一个月有个五百六块钱，一年六千来块钱，最起码两个老的也就能生存了。就我在福利院住了两天，给了你钱了，你不给人家伙食费？一天 5 块了，你就自立了，也能给你弄得整整齐齐，也得给人家个钱。还得打扫卫生，水电呀，电视啊，都是要钱。所以农村得提提养老金这块，农村逐渐提，这才是一个出路。

赵：你想得很全面。

王增林：农村这个最终，这个农村干部国家应该给（退休金）。咱俩同样是毕了业，76 年参加工作，你当时考了个国家的，现在你退了，一天就百八十块，农村这个，也当了 30 年退了，谁给你钱了？应该给。农村最辛苦，麻烦也最多，国家也应该呼吁给农村解决这个待遇。老了，受了一辈子，稍微体现体现，体现共产党的好处。咱不说咱在农村，就说从村上出来的这个干部，他一年 13 个月工资就是 3 万。农村这个退了，也就得 55、60（岁）以后，才 600（块钱），你说他怎么生存？

赵：存在不存在不想当村干部的？

王增林：村里，我病了以后，病以前我就体验老百姓的难处，中间我就找过村里的老书记和申主任，不想当。当时我入了党以后，人家就说你听党的话不？党需要你就得干。咱要出去以后，我有会计证，到哪个单位也挣个钱。村委 1 块、2 块、3 块、10 块、11、12、13、14、15、16，前年才成了 30（块钱），和老百姓一样。南方人来了，湖南、广州的来搞厂，我也在。人家说，你们的条件真差，就是吃个土豆，顶多个小白菜，连个西红柿、黄瓜都没有，油都不搁。我们大部分就是过个节割点肉，有些年轻人这几年生活条件好了，一礼拜吃点肉。他怎么个生存呀，这不就是贫富差别吗？

农村真苦，乡往上的干部都好当，村上最不好当。能当了乡（长），当不了村（长）。乡党委书你给他弄个村支部书记，哪怕挣上国家财政呢，他要能给你弄好了？就西沟大队这个，就是个村委委员、支委委员，出去当个乡长干，还不给他干漂亮？

再一个农村这个基础教育得改改，都到了县里，真的很危险。老师都是光往外走，要让我说，县城老师教书就是 3000（块钱），农村老师教书就是 4500（块钱），你不来，你不给我教好，我就不给你 4500（块钱）。

赵：国家不弄，不是弄不好。

王增林：一个大学生，能来农村，多给你 1500（块钱），还不够你坐车的？还没教上就走了。我就想，只要是老师下了功就行，小时（候）就是看好他，引导了，不需要有多大水平。主要是看好了，你不能把他放回家里，现在好多老师是靠大人辅导孩子，农村人辅导不了。过了 40（岁），过了 50（岁），记忆力差，有时候那个作业咱也做不了。

14. 访谈对象：张高明（男，1956 年生于西沟村刘家地，高中文化，中共党员，曾任西沟村委会主任，党总支书记，现任县林业局正科级科员）

访谈时间及地点：2014 年 5 月 25 日；西沟展览馆

访谈及录音整理：刘晓丽、郭永琴（整理者）

张高明：在 2000 年，搞了一个西沟发展十大思路。这会也忘了，不念我那经了。西沟两委干部提出来，以党带村，以法治村，以党组织带动全村。第三个是科教兴村来，第四个是信息灵村，第五个是旅游名村，第六个是农业稳村，必须稳定农业。第八个是林果富村，1万亩油松，1万亩阳坡侧柏、山桃。商贸发村，企业强村，这是十大思路。所以是通过这个大思路以后，有线条地规划，退耕还林1000亩，全部栽成山桃、山杏，下来栽核桃树，当时就三五工程，300亩水晶梨，以梨为主，但是有桃啊，杏啊，500亩核桃树，500亩山桃、山杏，1万亩阳坡绿化。如果成了效，这项收益也是不小的，还想万亩油松伐下来，搞个小型的松枝加工厂，搞个松针粉加工。我想在饮料厂，搞个山桃，山桃也是一种很好的东西，在中药里就要配它哩。你感冒了以后，首先要吃这个山毛桃，生吃上，马上就好了。或者这个炒上也行，生吃是破血了，炒上是和血了，包括妇女闭经这些都有疗效，每个中药里都有，这个东西是个很大的收入。把山桃、山杏这些干果全部做了饮料，为什么发展干果呢，水果是不很好保存，季节性的。梨呀这些全部做了饮料，包括核桃，当时生产上就是这些。企业上，通过饮料厂就地加工这些。我们把劳累，最困难的事搞了，再往以后就是高科技了，把这个饮料弄成产业链。下来是科教兴村。西沟村在10年内，（培养）100名连进修的本科生，100名专科生，100名中专生，200名有技术的农民。必须搞这个思路来，首先从我那小村开始，第8生产队，我们村是有文化的村，每年考学校率可高了。胡富国书记说了，你个农民想摆脱穷，我家富裕了，就是我从学校毕业了挣的钱。一个村有一个村的生存条件，我们那个村在什么时候都是遥遥领先的。

刘：你们村叫什么村？

张高明：刘家地，瞧见那个庄子不起眼，对文化教育是特别起眼。我没手机的时候，我们村里有30部手机了。我们村人会消费，会挣钱，会读书。我一直在大会上说，谁家考了多少学生，鼓励这个。你最没本事的，咱也得住个技校，通过教育，你这个脑子就不一样了。你就给外头去饭店打工去，现在每天报菜，20楼就报到1楼菜了，你也得会这个东西哩。咱就是搞副业也要有这个基础。我就一直在教育上突破，首先树典型，谁家是教育之家，大会表扬，我们（刘家地）村那个考学校全（西沟）村最高，全村7个，我们那个村民小组就考5个。我们刘家地村就是特殊吧。在小学，前3名都是我们小庄的。通过这种鼓舞、鼓励，农民思想改变，在风气上改变。下来以党带村，以党组织这种形象，组织能力，带动全面发展。以法治村，必须以法律来治，不能胡来胡搞。信息灵村，首先是开通电话，那会这就了不得了，都配上手机。环境美村，首先是整理村容村貌，100户将军楼，100户二层楼，100户砖木结构改造，44个自然村并成12个，这是一次改革。从东峪沟搬出来，从辉沟搬出来，老西沟搬出来，形成两大块，3个片，都搬到一处来。

刘：搬的过程中有没有阻力？

张高明：有阻力，你可不要说，东峪沟开了一黑夜会，才两户出来。现在他都[他们]说我好了。那个（村的）支委，你（要搬）不出来，（我就）免了你。我在大会上说，要三年内改变西沟村面貌。底下就有人说，你就瞎吹了，结果村里面貌就是变了。提供给你石头、场地，沙子卸给你，木料卸给你，接到工地上电，每天鼓舞优先者，教育落后者，都发了火了，都盖了新房了。

刘：将军楼在哪里？

张高明：小区都是。潞城、郊区叫干部去看房去，西沟村面貌不改怎么能行？首先是村容村貌改了，有了街道，美化了。西沟村最大的毛病，从李主任到以前，西沟不讲卫生，不愿意学习，这是最糟糕的。你像我们那一代，我就比较先进，我们那个村[刘家地——编者]就比较先进，我们那个村最开始戴手表。70年代末到80年代，我们就开始买衣服。其他村把邋遢的，穿得邋里邋遢的，看成光荣。这是一种斗争啊。他观念上就是咱们先进地区穿的就最歪，那会我爸在县里当老师给村里男人说对象，都是钉那鞋，补那补丁，一去，人家那个大姑娘不啦不啦[不愿意]。我当团支部书记给他改变。我们一个村，不管大人小孩，就包括70岁的，只要过年都要买一身新衣服，现在都是，其他村都是过年也不洗。所以改变一个地区，领导可不是一下就能改变的。有些村教育落后，不愿意学习，小孩早早就不学习了，他爸爸喂着狗，孩子喂着狗，出来就是打架。我说，你们搞副业，只能搞副业。我们刘家地就是当干部，就是要就业哩，就是高等就业，像你们只能搞副业，搬砖，抬石头哩。你想死了那张保虎供了3个大学生。申主任这个庄子最是两极分化，傻的瞧着太阳照也可以，精的跟猴一样，懒汉最多也是申主任这个村，光棍最多就是申主任这个村，不往先进处走。我就批评这个村，训这个村。我们那个庄子就是争强赌气，他们村就是30（岁）上没说上媳妇，我就40（岁）也不说，比这个。我们那时人家考上这个学校，那个考那个学校。人家是平顺就了业了，还在长治就业，东北就业哩，在广州就业哩，都是这，攀比不一样。像我们村80年代就业的我们村就30个哩。我们那个村死受的人就很少，出力的人就很少。想的就不一样。像现在你们外头人用的手机在我们村就是歪的不可能再歪的手机，人家用那就像个小电脑一样。我们村的妇女穿得也最好。你想改变一个村，方方面面改变，大会教育，小会教育，大会讲，小会讲，树榜样，树标兵，形成一种体系。当时就是谁穿得好是牛×哩，谁说了个好媳妇，是洋人，是不和群众结合在一起。谁穿上袜子了，就是享乐主义。

我那会当村委会主任，申主任是小布袋装着袜子，她穿上还怕旁人笑话了。我说申主任，小布袋装什么了？来了客人再穿上，这是什么传统？把先进东西看成是（落后）。通过这种教育，小区改造，方方面面的提高，西沟村下一代就确实是改了面貌了。包括王书记那个村，古罗那个村，孩子们开车、开饭店这类多，搞建筑的多，有匠人的多。有一部分人是在这里投资了，商业投资了。商业投资是我那个村带动的。现在南赛也改变了呀。旅游这一块，当时批了森林公园，挖开那条路，柴玉棉书记来了。最后 2000 年，搞这几个小公园。当时申主任对这个都是不满意的。申主任有个好处是，满意是不满意，我干工作她是不满意，干罢了以后，她就理解了。搞了几个公园，因为西沟你要搞红色旅游带生态旅游。

我想事业是一代一代完成的。但我想旅游可不是个架子，我把所有山头，160 里路，全部山头，160 里都修成公路。有几个地址，什么是钓鱼的地址、休闲的地址、阳光的地址、吸氧的地址、采集的地址、生态的地址。搞那些林果呀，水果呀，通过跟几个大学联手，计划和几个大专院校联手。下来把柏枝，咱们柏树也比较多，弄上个小型企业，柏枝养心丸，松枝食品，柏枝养心丸是最好的，对心脏、对脑（都好）。计划以旅游发展经济，但那都是后话了。所以说就是通过旅游带动群众的经济，计划跟山西农大、山西医学院合作，一年给我代培多少。和太钢、太重合作，搞焊工、模工、铆工、车工，走这种行当，把西沟农民素质提高一层，把经济提高一层。或者设计院，比如说有一些学习不行，他美术又行，你得发挥每个孩子特长哩，每个孩子都有他优点，要体会他的优点，把家庭整个素质提高。

刘：李顺达可不仅仅是个农民，在当时很先进吧？

张高明：我接触人家少。李顺达这个人最大的好处，瞧了先进东西很快就要接受了，他和申主任想法不一样，再一个他跟专家教授接触多。最关键西沟这个发展差是申主任不当一把手，不当一把手责任就小啊，就和家里头，当了爷爷奶奶和当父母亲是两回事，这是体制上的问题，也应该搞研究，不能搞这种体制。吴仁宝是党政企一把手，37 个副书记，多少个常委，多少个委员。史来贺，刘庄的（也是）。所以说可惜就可惜在，李主任逝世后，申主任应该搞 10 年至 20 年一把手。但这会叫人家干，不对。我每次在生活会上说，没有发挥好申主任作用，领导也训（我），说你就不会发挥好申主任作用？发挥个作用可不容易。所以这是体制上不好呀，体制不好也应该做研究。

刘：现在国家也很发愁，许多村都散了。

张高明：我在西沟村的时候呀，群众也很支持我。我只要说了这个话，都要执行，不执行的很少，即便就是有点牢骚也要执行。你首先给群众做好事才行了。往往都是当时不理解，最后理解了。（赵）玉生那两楼才花了 6 万呀当时，他也不想出。我这个移民并庄，往出并，我还省了土地了，他在里头住，一家就占老多地，外头统一规划占地少。再一个他在里头自由惯了，随便拉屎，随便尿尿，住着那叫山庄窝铺。十点吃的早起饭，下午三点钟吃的中午饭。你们跟市场就不接轨。咱们一直就各方面教育。他就差，认识问题，什么问题就都差，我说，南北有区别，我们一个村，我们这个联村还都有区别了？有一次，我跟领导别［争论］开了。领导说华东地区发展了，我们这里怎么（不发展）？我说华东地区在唐朝和汉朝就是国家收税的大地区，不是这会发展了，国民党时候也是富裕地区，别［争论］得面红耳赤。最后，教授在了，（说）人家西沟村这个书记可比你说得对。就不瞧历史，就不瞧甚。华东地区发展了，我们怎么没有发展了呢？基础差。鸦片战争对不对哩，不好，但是，鸦片战争给中国带来进步。首先是开发了广东地区，广东人做买卖，我自己说的就是鸦片战争教给他怎么做买卖，投机倒把我就发了财了。改革开放为什么广东人就早开放了，政策放得早，邓小平叫他弄得早，本身从血统上就知道怎么做买卖，鸦片战争培养了一部分商贩子，每一个东西都有它的优点呀。（这是）我的个人认识。所以农民是最散的，最差的，而且我们这是特殊贫困县，本身教育就落后。不通过这种方式，说老实话，跟人家那好干的，交流上半个月，我觉得我的思想还要进步了，咱这个人是就比较差。所以必须有文化，必须下一代有优秀农民，要不村里跟城市悬殊越来越大。再不行就是住技校，学技术。像建中家的孩子，来这开着车，我们那个庄的，往家里邮回钱来，盖了7间楼。这会他那老三也开上车了。人家说媳妇还赚了钱了，人家就是高级打工者。也不是什么名校毕业，就是长治技校，还是个厂里的一个技校。我那会就说考不上学校，不要硬考，国家缺少焊工、缺少车工。画图纸的都有，具体承办者少。

15. 访谈对象：王根考（男，1956年9月29日生于西沟村古罗，高中文化，中共党员，西沟村党总支书记、村委会主任）

访谈时间与地点：2013年6月11日；西沟村委会

访谈及录音整理：刘晓丽、赵俊明、郭永琴（整理者）

刘：咱们饮料公司还是搞得可以的，是吧？

王根考：还是可以，前景还是可以的。这个村上想富裕还是必须要搞企业，不搞企业还是不行。我们现在吧，重点一个是把饮料厂搞好，一个就是把矿山搞好。在这个基础上我们才能发展我们的红色旅游。红色旅游现在效益还是没有。当然长远看来，社会效益比较好。现在经济效益还是没有，见效慢，一直在投入，一有资金就投入，形成规模就好了。现在停车场投入两千多万。但是我们今年，县里组织和三元煤业公司谈，这个还没有弄出个所以然，我们也得继续搞。他们说是西沟联合太行水乡和神农湾整体打包，基本谈了个差不多了。对于我们来说，还是不能停步。

赵：三元煤业，在哪了？就是咱们县上的？搞什么的？

王根考：不是，就在长治。它实力比较雄厚，它有煤矿，搞煤层气。这个西沟红色旅游还是比较有前景的。再说绿化，我们现在是省级森林公园，现在计划申报国家森林公园，这是一个。老西沟，现在我们计划就是，老西沟其实是我们西沟村的发源地，李顺达在那个地方。这不是过去六户互助组老房子已经没有了吗？我们现在计划先把它还原、恢复起来，（在）六户互助组的地方。再一个就是辉沟这个地方，计划打造劳模田园，你来了以后可以下去干活。从50年代开始，到（一九）六几年，开始就是用镢，后来就是深沟犁啊，机械化什么，可以体验。今年先把路修通，把停车场修好，投资确实比较大，将来以后肯定是好。现在平顺就是以旅游为龙头的，这是平顺的整体（规划），平顺有很多好山水。所以说我们红色景区，还是有潜力的。但是目前必须搞好企业，必须抓企业，抓经济。每年老百姓的福利你必须提高。不能降，只能提。作为一个村长，你必须想方设法把老百姓的生活提高了，他才满意呢，一年不如一年肯定不行。一年比一年好，（老百姓）肯定愿意。目前来说把矿业公司搞起来，把西沟饮料厂弄好。把这两个企业弄好，其他的炼铁吧，一年就是给你个十来八万，挂个名字，这就不错了。你看我们的刺绣厂、粗布加工吧，主要是能解决出不了门的妇女就业，这个对集体没有多大效益，但是对妇女有用，你坐在家里就能挣钱。

刘：您觉得，没考学校，留在这里了，西沟对你成长有什么帮助？

王根考：我从小吧，李顺达就在身边，小时候对李顺达就很佩服，后来在申主任身边，我这人就一直想，人活着要知足。自己就能感到不能和谁比，只能说是现在和过去比，要有幸福感。尤其是咱这个受罪过来的，现在在西沟照样可以给大家做工作，照样可以发挥余热。从我开始搞民兵工作，西沟的民兵就是呱呱叫，没人敢笑话。就是我一手办起这个饮料厂，是西沟唯一延续下来的（企业），这个企业一天比一天发展壮大，企业一天比一天好。（西沟）最开始办过罐头厂、塑料厂。当了书记，西沟两千多人富裕道路就是你领上走呢。有申主任，西沟发展潜力也是比较大的，还得靠人家，人家（申纪兰）名字（虽然）是副书记，我是书记，（但是我）还是得跟上申主任。利用申主任这个资源，把西沟发展好。

今年就是力争把矿山企业投了产，在此基础上把饮料厂搞好。矿山企业搞好以后，慢慢滚大。正在跟长钢联系，它用石料比较多，再到山上搞个石料厂，上面有火车专用线，运费非常低，一步一步搞，现在先把这步搞起来。利用支柱企业，把其他的发展起来。西沟要想发展没钱还是不行，那是说空话呢，没钱你想干什么都不行。这两年我感觉发展还是可以，不能光想着和国家要，国家只能要一部分。其他的，尽量还是得靠自己。还是有资源的地方富的比较多。咱们去皇城相府看人家，也是靠资源。既然咱有矿产，就要利用资源，搞起来以后，同样可以把西沟旅游业发展起来。企业带动农户，（搞）农家旅社，客人来得多了卖点家乡特产，都能提高人民收入。尽管对集体作用不大，但是有社会效益。把自己村企业搞起来有了钱，再往旅游上投入。

16. 访谈对象：张朋考（男，1937 年出生于西沟村沙地栈，小学文化，中共党员，林场工人）

访谈时间及地点：2013 年 5 月 27 日；沙地栈

访谈者：刘晓丽、赵俊明

录音整理：郭永琴

刘：咱们村怎么干能更好点？

张朋考：就没土地，老百姓是种地哩。农业就没啦［没有］个什么大收入。现在搞养殖业行。刘家底双考吧，你说他搞养殖一年收入多少钱，收入十几万。今年卖了五六十个羊哩，一个羊就是 3000 块钱。我的想法还是想办法搞养殖业。咱们没啦［没有］土地，什么也干不成。像咱这个有工资保证，老百姓就不行，农业没办法，二三分地，你能收入多少？只能收一季。

17. 访谈对象：张天勤（男，1953 年农历四月十三生于西沟村沙地栈，曾任西沟村生产小队记工员，林业队技术员）

访谈时间及地点：2013 年 5 月 26 日；沙地栈

访谈者：刘晓丽

录音整理：郭永琴

刘：你觉得西沟以后怎么发展更好？

张天勤：企业多了才好了。企业少了，老百姓富不了。山沟没啦［没有］什么厂，厂少了，老百姓富不了。现在主要是体制不一样，想富必须是企业多，企业多了老百姓就都富了。老百姓起步就起不了，本身就没有那个资金，再一个老百姓就没有那么大那胆量。

刘：旅游发展也行。

张天勤：旅游发展得经过投资出来，不能当天看了（就）走了。如果来了住了十几天还看不完，咱老百姓就能搞个小旅馆、小饭店，挣点钱。搞旅游倒是不错，必须投资大些，投资小了不行。如果来了一天就走了，人家一瞧就是个这了，一宣传，就都不来了。

18. 访谈对象：牛全秀（女，1966 年生于西沟村池底，小学文化，经营小商店）

访谈时间与地点：2013 年 6 月 4 日；东峪商店

访谈及录音整理：赵俊明

牛全秀：去年冬天还来了一部分记者，开什么记者招待会来，我们都还管饭来，往下派饭的。好像是记者，拍影视的，挺冷的那两天，派了一顿饭，可能是来了一天，那天很冷，我们这个家弄上小电暖气，我看见他们都顶不住，你们在外边暖和家惯了。我还管了一顿饭，大队安排的一个人，来了两个人，他们也是不愿意一个人到一个家，没个说话的，他们都想两个人，还主动给我们照了个相，我们想人家照上走了就走了，还给你了？没想到过年了端的大框框里给送来了，人家摄影摄得很好。来了冬天这个家，看见他就顶不住，我们这个地方特殊冷，这个沟沟是个风口，特殊冷。听说西沟都来了，来了都觉得这个地方真是不好。

我们这地方吧，不管哪个厂也好，本地人就都干不起来，都得包给人家外地人。外地人来了，西沟那个刺绣厂，都是外地人，用的老婆〔指申纪兰——编者〕那个名，人家就行。不过在人做了。

19. 访谈对象：张仁忠（男，1952年6月生于西沟村南赛，初中文化，中共党员，村监督委员会委员）

访谈时间与地点：2013年6月10日；西沟村委会办公室

访谈及录音整理：刘晓丽、赵俊明（整理者）

刘：你觉得村里哪个阶段变化最大，发展最好？

张仁忠：变化不大，可一直在变。咱这个条件歪〔不好〕。

刘：我们感觉农业社时候更好，发展更快？

张仁忠：各有各的历史背景，不一样。在集体化的时候，有集体化的好处。没有集体化那段，像现在这个搞荒山绿化，河堤、大坝造地，人心就到不了一起。现在用老模式也不行。从西沟历史来看，外人来看变化不大，要在本地人来看，回忆回忆一步步走过来，变化也是不小。咱这条件太差，原先是什么面貌，现在是个什么面貌，就觉得变化大了。外人来看，这个山也是个山，咱那个山也是个山，平原上的人一瞧你这个树，他们以为是天然林，老天爷造的，松树也是天然的，把老一代的功劳都抹杀了。土地是一担一担，担上土垫的，原来都是石头河滩。你要说在平原上，这还算个地？咱这个条件差，一步步走过来，能发展到现在也不容易。原先搞水库，我们每道山沟里都有坝，下了雨山上的水就下不来，山上沟沟岔岔全都有。七几年就是几个大沟里修了拦水坝、大水库，现在山上造林以后，洪水基本就没了。七几年，76还是77年，陈永贵来过一回。咱这个外边打的蓄水坝，坝中间也造的地，结果那年遭了一次洪水，一冬天、春天造的地，一场洪水全都冲了，不按自然规律办事。七几年往后，洪水也大，八几年以后，山上洪水少了，现在基本就不流了。

刘：门前水库没水了？

张仁忠：以前有，溢洪道还出水了。八几年还有，现在没了。老西沟那个水库，南赛后边的水库，玉茭都长得好。这几年是干水库。

（四）外界对西沟的设想——理性小康绿色西沟

1. 访谈对象：李海滨（男，1972年9月生于昔阳县大寨村，大专文化，中共党员，曾任大寨村村委委员，现为大寨镇驻大寨村干部，兼任大寨村团支部书记）
访谈时间及地点：2014年11月16日；大寨村村委办公室
访谈及录音整理：刘晓丽、郭永琴（整理者）

郭：你觉得西沟应该怎么发展？

李海滨：我去了一回，不很了解。我总是觉得西沟也是个山区地方，我们大寨也是个山区地方，要想把村子建设得更好，就要找一个平一点的，大一点的地方重新建设一下。我也一直想我们大寨这个地方不大，我们把村民不是说迁移出去吧，就是说找个大的地方，也可以说是迁移出去，然后我们大搞旅游，平的地方，搞工厂，搞建设。这样的干法，本地也不丢，经济也发展大了。居民区和旅游区不要混在一起，单纯的旅游区好管理。像现在村子里面的人跟旅游的人车来车往地混在一起，有时候还搞不清楚。我就是喜欢平遥那个模式，我这里就是搞旅游区，就是搞经济开发。

21. 访谈对象：柴玉棉（女，1958年7月生于沁水县，中共党员，大学文化，曾任长治市发展与改革委员会主任）
访谈时间及地点：2014年5月16日；西沟展览馆
访谈者：刘晓丽
录音整理：柏婷

柴玉棉：西沟当然有它的历史条件，因为它有一种理念，尽管我也在发展，但我也一定要追随党的发展脚步，又不去过多地追寻那些奢华。从它的这个建筑风貌也好，从它的发展理念也好，从它的经济增量也好，从它对这个社会的所思、所想、所用来讲，它也是在党的要求范围之内。不像其他的一些地方在社会发展大潮中，背离了党的一些本质要求，我要达到致富，我可以通过别的手段，它不弄这些。从总书记的要求和党的方针、政策、路线方面来考虑，西沟是一个可塑的典型，西沟就是西沟，西沟就是独树一帜。

从党的这个改革发展历史时期来讲，不同时期有不同的指导思想，但是作为西沟来讲，也跟着党的这个方针、政策、路线走了，它的准则、原则没有变。你考究它这种东西，我不会背离了党的这个宗旨，通过一些不择手段的或者是违背经济客观规律的方式去寻求致富之路，西沟没有。我依赖于土地、依赖于山、依赖于农民，我就在这个地方发展，这也是我们党提倡的东西。

所以这个地方能提高人的精神，申主任是西沟人的这个精神的代表。我觉得你要展示这个地方，你就把联系点就放在这个地方，这样呢你可写可塑，如果说你要跳出地域地点，那你就不可比，你要找它这个可比的，可比才可塑了，没有可比的地方你就没有可塑的地方。

图 10－7　西沟村口的李顺达互助组雕塑

西沟在响应国家号召的过程中能回归理性，我始终遵从党的宗旨不变，共同富裕的理念不变，始终能把握这个正确的方向。在整个发展过程中，在某一个时期、某一个阶段，它没有采取违背党的政策的一些行为、措施。所以说西沟在发展中不忘党，始终遵循党的宗旨，始终回归理性，这个是他们坚持的。西沟的党员干部你可以一个一个去调查了解他，他没有一个人骂党。没有一个地方发展起来了还要骂党的，富裕起来了还要骂党的。他就是觉得在这个发展过程中有些不是党所要求的东西。

当然对于推出去的一个典型，不同的人肯定也有不同的反映，但是从理论的这个实际意义来讲，讲得通。你像多数发展典型，为什么又跟党的这个法律体系相悖？它违背了党的宗旨，在具体的实施经济发展过程中，他没有遵从党的原则去实行。尽管说我发展的这个经济总量也好，经济速度也好，或者是人均 GDP 也好，我没有别的地方多，但是我没有违背党的这个地方，所以这就塑。不管我是这个人大代表也好，我还是党的代表也好，不管我是当的书记也好，我还是党员也好，你看西沟就没有犯罪的。因为党的政策和党的法律它是有它的一致性，这个从理论上也是说得通的。我不去为了你想利用我的时候违反党的政策规定，达到一时的好处。人家的党员，不管老党员也好，传帮带也好，他遵从这么一条。所以西沟的这个典型，我觉得在目前的党的路线教育、反"四风"、反腐败的时候，是一个好典型。我西沟不是静止，我不是么［没］发展，我更不是倒退，我更不是做了什么违反国家法律、政策的事情，我没什么不科学，我能站得住脚，堂堂正正屹立在这个太行山上。

图 10－8　今日西沟展览馆及李顺达塑像

所以那个时候你比如说科学发展观的贯彻落实，我觉得西沟也是一个典型。它依靠当地的自然条件去学习一些科学知识，去形成它的经济发展总量，西沟永远是绿色的。有些村干部在发展过程中，挡不住金钱的诱惑，不顾国家利益，不顾党的形象，坑害百姓，但西沟党支部它不会啊。它发展也是科学的，所以这几年经济发展上来了。有的地方在科技发展以后，就背离了党的原则，破坏党的形象。你看那个三聚氰胺也好，食品添加剂也好，西沟的核桃露不会，它就永远是健康的。所以这些东西都是可塑的，它考虑了人们的健康，它要不考虑这些，它的核桃露完全可以做大，可以卖出去。它不是没有发展，它的这种发展是遵循党的原则发展，它是把党和人民的利益放在第一位考虑的，它不是先去考虑经济利益。事实上，这几年它也发展了。

西沟方言简注

一圪哆〔一小堆〕

一溜〔一行〕

一遭〔一起，一趟〕

上里〔放上〕

小〔儿子〕

小虫〔麻雀〕

勾搭〔介绍对象〕

亢〔渴〕

火圪郎〔锅台〕

玉茭顾略〔音 gulue，指玉米掰了籽后剩下的棒子〕

另家〔分开家〕

生活〔活儿〕

他都〔他们〕

圪转〔遛弯〕

圪到〔音 gedao，颠着，形容以前小脚女人走路的样子〕

圪绺〔条〕

圪溜〔音 ge liu，出去逛〕

圪擦〔煮〕

圪蹴〔音 gejiu，蹲〕

老了〔去世〕

芊〔音 qian，啄〕

有哩〔有的〕

早起〔早晨〕

吃不住〔不牢靠〕

后底〔后面〕

访古〔讲故事〕

矶溜矶溜〔汗流得止不住〕

乱活 [乱动]

你都 [你们]

岔岔 [岔路]

这骨朵人 [这伙人]

没呐 [没有]

担杖 [扁担]

扤 [音 kuai，把盛物工具挂在胳膊上]

招 [招呼，看孩子]

委 [呆着，不活动]

受制 [遭罪]

疙瘩 [音 geda，将玉米面捏成饼状，放入小米粥中熬熟]

疙糁 [音 geshen，一种用玉米碎熬得粥]

疙缭 [弯曲]

沱 [音 tuó，在房屋施工过程，由于木料湿度比较大，在使用一段时间后木料发生变形的情况]

实打实 [实实在在]

甾 [音 zai，扔]

按插 [安排好]

歪 [不好，差]

背处 [僻静地方]

怎 [这样]

胖 [肿]

急档 [很快]

珩上 [音 heng，拿上]

捉胡 [骗人]

脑有 [音 naoyou，农作物的顶部]

㧐 [音 suan，反复洗]

袅 [音 niao，搅拌]

烘火 [烧火]

野鹊 [喜鹊]

圈古垒 [放农家肥的地方]

摘 [音 nan)，握]

喜 [笑]

搁浅［凑合］

黑明圪粗［黝黑］

稀不溜［稀汤］

蛮茎［马铃薯］

瑙头［上头］

歇歇［休息］

歇霍［高声叫喊］

滚上［（水）开了］

瞎糊［胡乱］

蹅［音 za，踩］

注：本附录搜集自山西方言著作。因我国方言的纷繁复杂，故与正文中口口相
传的方言有部分出入。

［赵俊明］